Meral Akkent/Gaby Franger

Das Kopftuch
Başörtü

Zu diesem Buch gibt es eine Ausstellung, die der Verlag bei Bedarf vermitteln kann.

Meral Akkent/Gaby Franger

Das Kopftuch
Başörtü

Ein Stückchen Stoff
in Geschichte und Gegenwart
Geçmişte ve Günümüzde
Bir Parça Kumaş

Dağyeli

CIP-Kurztitelaufnahme der Deutschen Bibliothek

Akkent, Meral:
Das Kopftuch : e. Stückchen Stoff in Geschichte u. Gegenwart = Başörtü / Meral Akkent ; Gaby Franger. - Frankfurt (Main) : Dağyeli, 1987.
ISBN 3-924320-61-6

NE: Franger, Gaby:

1. Auflage 1987

Merianstraße 27, D-6000 Frankfurt a.M. 1, Telefon 069/43 81 38

Umschlaggestaltung: Mehmet Özdemir
Layout: Ömer Yaprakkıran, Meral Akkent, Mehmet Çitoğlu
Satz: Verlag K. Freihold GmbH, Berlin
Druck: Fuldaer Verlagsanstalt, Fulda
Printed in Germany
ISBN: 3-924320-61-6

Sponsoren

Ausschuß für entwicklungsbezogene Bildung und Publizistik, Stuttgart

Die Bevollmächtigte der Hessischen Landesregierung für Frauenangelegenheiten, Wiesbaden

Bezirk Mittelfranken, Zur Förderung der Trachtenpflege, Ansbach

Bundesministerium für Familie, Jugend, Frauen und Gesundheit

Herr Gerhard Didion, Ansbach

Mutter-Kind-Stube e.V., Nürnberg

Dr. Heide Nixdorf, Museum für Völkerkunde, Abteilung Europa, Berlin

Ökofonds der Grünen Bayern

Frau Renate Schmidt, MdB

Frau Lilo Seibel-Emmerling, MdEP

Stadt Wiesbaden, Frauenbeauftragte beim Oberbürgermeister

Verein zu Förderung von Staatsbürgerlicher Bildung und Mitarbeit von Frauen e.V., Bonn

Danksagung an /Hepinize candan teşekkürler:

Melahat Akkent, Başak Baytak, Rosemarie Beigel, Füsun Canay, Deniz Çamlıkbeli-Düleç, Helga Dağyeli-Bohne, Renate Dannhauser, Lore Dederding, Güran Erbek, Anneliese Franger, Mualla Görkey, Mine Gökbuget, Kunigunde Habermann, Regina von Haller-Beckmann, Eva Hohe, Anneliese Huhle, Frau Hosemann, Cahide Keskiner, Naciye Kurt, Heinrich Lenz, Tevhide und Nihat Mut, Bedia Muvahhit, Jutta und Günther Müller, Alice Münscher, Nezih Neyzi, Candeğer İrfan Nilhan, Brigitte Sellach, Mehmet Önder, Atilla Öztat, Gaby Paulus und ihre liebe Mutter, Nuran und Semih Tezcan, Sabahattin Türkoğlu, Pars Tuğlacı, Frau Uğur, Margerete Voith, Umran Yılmaz, Anni Zehren, Barış Dağyeli, Anna, Nikolaus, Theresa, Simone, Ramona

Unter Mitarbeit von /Çalışmaya katılanlar:

Elisabeth Bala, Luitgard Biermeier, Margarete Derfuß, Melahat Derefındığı, Ümmü Dikbaş, Margarete Erber, Kamile Erdemir, Asiye Ercan, Eveleyn Gillmeister-Geisenhof, Barbara Kist, Kunigunde Kugler, Marie Lorbeer, Rosa Nepf, Herr Rzejak, Marie Spatz, Şerafettin Usta, Sabiha Özbe, Hasan Sadi und seine Gehilfen/ ve çırakları Bilal und Hüseyin, Sabiha Tansuğ, Tülay, Frau Weiseckl, Anna Will, Lale Yalçın-Heckmann, Hanife Yılmaz

Fotos von /Fotoğraflar:

Meral Akkent, Elisabeth Bala, Gaby Franger, Lothar Schiffler Engels, Evelyn Gillmeister-Geisenhof, Carmen Janusch, Götz Schwanhäußer, Lale Yalçın-Heckmann.

Inhalt / İçindekiler

Die sicher einfachste und aus ethnographischer Sicht am weitesten verbreitete Art, den Kopf zu bedecken, ihn vor Regen und Sonne zu schützen, ist das Tragen eines Kopftuches. Bis heute gebräuchlich war es meist Schutz und doch auch Schmuck der Frauen. Sie umhüllen mit dem Kopftuch, dreieckig oder rechteckig, verziert und unverziert, ihren Kopf, binden es unter dem Kinn, verschlingen seine Enden über der Stirne oder knoten es im Nacken. Zwar bestimmten Sitte und Tradition für die Frau das Tragen des Kopftuches, aber eine Kopftuchmode gibt es dazu sicherlich, die auch hier eine Zweckmäßigkeit selbstverständlich einschließt. Aus dem Kopftuch entwickelt sich geformt und gefestigt die Haube, gewickelt und gebunden der Turban, aus feinem Stoff wird es zum Schleier.

Yağmur ve güneşten korunmak için başı örtmenin en kolay ve etnolojik açıdan en yaygın biçimi başörtü kullanmaktır. Günümüze kadar kadınların hem korunma, hem de süslenmesine yaramıştır. Üçgen veya dörtgen, süslemeli veya süssüz bir örtüyle kadınlar başlarını örterler, onu çenelerinin altından bağlarlar, alınlarına dolarlar ya da ensede düğüm yaparlar. Gerçi gelenek ve görenekler kadının başörtü takmasını belirler, ama bunun yanında tabii ki, ihtiyaca cevap veren bir yönde gelişmiş bir başörtü modası da vardır. Şekil verilerek ve bu şeklin muhafazası sağlanarak başlık, sarılıp bağlanarak türban ve ince kumaştan yapıldığında ise peçe olur.

Giriş

Bir Parça Kumaş: Başörtü

Sadece bir parçacık kumaş. Peçe olmuş örtününülmüş, başörtü olmuş bağlanmış, başlık olmuş takılmış. Yüzyıllardan beri buyruklara, yasaklara konu, kadınlara yapılan haksız davranışlara, erkeklerin seksüel hayallerine alet, kadınların baskı altına alınmasına ya da gene onların baş kaldırmasına yol açmış bir kumaş parçası. Amacımız, başörtünün "ataerkil anlamını" araştırmak, bunun yanında doğu ve batıdaki çeşitli toplumlarda, başörtüsünü zamanın akışı içinde izlemek.

Her ne kadar, başörtü olgusunun kökeni çeşitli ideolojilerde, dini görüşlerde, ataerkil gelenekte bulunsa bile günümüzde bütün bunların ötesinde başörtü takan her kadının, bu konuda kendine göre nedenleri var. İmalâtıyla, üzerindeki işleme veya süslemeleriyle, her kültürde belirli bir yer tutan başörtü, onu takan kadının giyiminde de belirli bir parçadır. Başörtü takan kadınlar, çeşitli nedenlerden dolayı, bu bir parça kumaştan hoşlanmakta ve sırasında başörtü, onlara hatta keyif veren bir olgu olmaktadır.

Din tarihi profesörü Colpe, bir konuşmasında anaerkil, yani kadınların egemen olduğu toplumlarda, baş ve yüz örtme olgusunun olup olmadığını, ya da böyle bir toplulukta kadınların başörtü veya

Einleitung

Ein Stückchen Stoff — Das Kopftuch

Nur ein Stückchen Stoff — verarbeitet zu Schleier, Kopftuch oder Haube — und doch seit Jahrtausenden Anlaß für Ge- und Verbote, Diskriminierungen, sexuelle Männerphantasien, Unterdrückung und Widerstand von Frauen. Wir wollen der "patriarchalischen Seite" des Kopftuches nachgehen, sie verfolgen durch die Zeit und in verschiedenen Gesellschaften, in Orient und Okzident.

Es gibt aber auch jenseits von Ideologie, Religion oder Patriarchat — auch wenn die Ursprünge dort liegen mögen — individuelle Gründe für Frauen, ein Kopftuch zu tragen. Es ist ein Bekleidungsstück, das Frauen aus den verschiedensten Gründen lieb ist, das zum Wohlbefinden von Frauen gehört, dessen Herstellung und Schmuck ein Stück Kultur sind.

Der Religionshistoriker Prof. Colpe stellte in einem Vortrag die Frage, ob Frauen auch in einer matriarchalischen, einer Frauengesellschaft, ein Kopftuch und eventuell einen Schleier getragen haben, bzw. ob sie es tun würden oder nicht? Für archaische Frauengesellschaften ist die Frage wohl nicht mehr zu beantworten. Für heute können wir allerdings sagen, Frauen tragen Kopftücher freiwillig und für ihr eigenes Wohlbefinden, aus eigener

peçe kullanıp kullanmayacakları sorusunu, ortaya koymuştu. Geçmişteki anaerkil topluluklar için, bu sorunun yanıtını bulmak oldukça güç, ama günümüzün ataerkil toplumları için şu gözlemler yapılabilmekte: Kadınlar, başörtüyü ya hoşlanıp, arzu ettikleri için, veya kişisel dini inançlarından ötürü ya da geleneklerinde başörtü bulunduğu için kullanmakta ve bu tutumu, kocalarının ya da çevrelerindeki diğer erkeklerin etkilerinden bağımsız olarak göstermektedirler. Hem de bu, içinde yaşadığımız ataerkil topluluklarda olmaktadır.

Başörtü: Günlük Hayatta Bir Kültür Öğesi

Gündelik hayatın yarattığı bir kültür vardır. Bu gündelik kültür çerçevesi içinde, başörtü halk sanatı konularından birisi ve toplum tarihindeki değişmelerden etkilenen bir giyim öğesidir. İşte bu kumaş parçası, onu kullanan kadınlar arasında, ait oldukları kültürlerden bağımsız olarak, bir iletişim sağlayabilir ve sağlamaktadır.

Başörtü, sadece Federal Alman Cumhuriyetinde değil, Türk işçilerinin yaşadığı diğer Avrupa ülkelerinde olduğu kadar, Türkiye'de de duygusal tartışmaların odak noktası olmakta ve *"geri kalmış"* Türk kadının bir simgesi olarak algılanmaktadır. Bu çalışmanın ana düşüncesi *"tanımadıklarımızı"*, kendimizden bildiklerimiz yani, *"tanıdıklarımızla"* ilişki kurarak açıklamaktır. Çünkü böyle bir tutum, *"tanınmayanı"* anlamaya olanak sağlayabilir.

Bu kitap ağırlık noktası "kadın" olan ve kadın tarihinde belli bir konuyu ele alan bir çalışma. Başörtü kullanan kadınlar, başörtü konusunda neler düşündüklerini açıklıyorlar. Bunun yanında Osmanlı İmparatorluğu'ndan, günümüz Türkiye'sine kadar geçen tarihsel süreç içinde, hep sessiz, söz dinleyen kişiler olarak görülmüş ve karar verme gücünden yoksun oldukları kabul edilen kadınlar, belli bir açıdan, yani "başörtü" örneğinde izlenecek ve kadınların var olan aktifliği gözlenecektir.

Bu kitabın "Başörtü, geçmişte ve günümüzde bir parça kumaş" adını taşıyan sergiye katalog olma görevi vardır. Bunun yanında pedagojik bir amaç da güden bu kitap, başörtü konusunun derinlemesine incelenmesiyle, önyargıların değişmesine, Türk ve Alman kültürleri arasında karşılıklı merak ve ilgi uyandırmaya ve bu arada herkesin belki de kendi unutulmuş kültür öğelerini hatırlamasına katkıda bulunabilir. Sergide de aynı hedef güdülmektedir. İstenen, sergideki mesajın sergi sınırlarını aşması ve sergide kazanılan yeni fikirlerin çevrede-

religiöser Überzeugung oder aus Tradition, unabhängig davon, was ihre oder andere Männer dazu sagen — und dies in unseren patriarchalischen Gesellschaften.

Das Kopftuch — ein Stück Alltagskultur

Das Kopftuch ist ein Stück Alltagskultur, ein Gegenstand der Volkskunst und ein Kleidungsstück, das sozialhistorischen Wandlungen unterliegt. Dieses Stückchen Stoff verbindet Frauen, die es tragen, unabhängig von ihrer kulturellen Zugehörigkeit.

Das Kopftuch der türkischen Frauen ist ein Thema, das in der Bundesrepublik Deutschland und in anderen Einwandererländern ebenso wie in der Türkei immer wieder ein Dreh- und Angelpunkt emotionsgeladener Diskussionen wird, gilt es doch als *das* Kennzeichen der türkischen *"rückständigen"* Frau schlechthin. Der Ansatz dieses Buches ist, *das Fremde* mit dem Eigenen, *dem Bekannten*, im Zusammenhang zu sehen, da eine solche Haltung leichteren Zugang *zum Fremden* ermöglicht.

Dieses Buch ist ein Frauenbuch, das ein Stück Frauengeschichte zeigt. Frauen, die ein Tuch tragen, nehmen zu ihren eigenen Tüchern Stellung. Gleichzeitig wird ein Teilbereich der Geschichte der Frauen aus der Türkei betrachtet. Diese Frauen wurden in der Geschichte im allgemeinen als stumme, folgsame Geschöpfe betrachtet, und viele Autoren/innen haben ihnen in ihren Darstellungen Eigendynamik und die Fähigkeit, selbst zu entscheiden, abgesprochen. Der Drang der Frauen zur Veränderung wird am Beispiel des Kopftuches durch die Geschichte über die Jahrhunderte verfolgt.

Dieses Buch ist gleichzeitig auch ein pädagogisches Buch. Mit der differenzierten Darstellung des Kopftuches soll ein Beitrag dazu geleistet werden, Vorurteile abzubauen und Neugier und Interesse für die jeweils andere Kultur — die türkische wie die deutsche — zu wecken, dabei aber gleichzeitig auch die eigene, vielleicht vergessene wieder zu entdecken. Die Ausstellung "Das Kopftuch — ein Stückchen Stoff in Geschichte und Gegenwart", zu der dieses Buch als Katalog gedacht ist, hat den gleichen Anspruch. Im idealen Fall geht die Vermittlung über die Grenzen der Ausstellung hinaus, die gewonnenen Erfahrungen werden in die Öffentlichkeit weitergegeben; die Auseinandersetzung, besonders im Falle von Vorurteilen, kann zu Hause mit Eltern, Freunden und Nachbarn weitergeführt werden.

kilere aktarılması, ve özellikle önyargılar konusunda aile içinde, arkadaşlar ve komşular arasında yapıcı tartışmalara yol açmasıdır.

Kültürler arasındaki şimdiye kadar önemsenmemiş ilişkilerin temel teşkil ettiği "Başörtü" konulu bu çalışma, önyargılarla yüklü konulara tarihsel ve sosyolojik açıdan nasıl yaklaşılabileceği ve pedagojik çalışmaların nasıl olabileceği konusunda bir örnektir.

Kitabın İçeriği

Kitabın içeriği aynı adı taşıyan sergide de korunarak belli açılardan, çeşitli kültürler arasındaki bağlantılar vurgulanacaktır. Bu bağlantılar, başörtü konusunda hakim olan düşüncelerin tartışmaya açılmasına, kişilerin başörtü olgusuna bakış açısının genişletilmesine ve belli davranışlar arasındaki ortak noktaların gösterilmesine katkıda bulunacak önemli etkenlerdendir. Aşağıda kitabın en önemli dört ağırlık noktası tanımlanmaktadır:

»Başörtüm«

Bu bölümde, üç kültürden on bir kadın kendi başörtüleriyle ilgili kişisel düşüncelerini dile getirirken, başörtü kullanma konusunda, birbirinden farklı tutumların ortaya çıktığı görülmektedir. Bu her üç kültürde de, başörtünün dini bir kökeni olmasına karşın, bir çok kadın için bu içerik, başörtü kullanmanın yegâne nedeni olmamaktadır. Başörtü, kadınların giyimlerinin ayrılmaz bir parçası olmuş ve kadınlar bu örtüyü "kendi malları" haline getirmişlerdir.

Ataerkil Düzen ve Bir Parça Kumaş

»Ataerkil düzen ve bir parça kumaş«, »Binbir Gece Masalları« ve »Örtünen Kadın Acaba Ne Şeytanlık Düşünmekte?« bölümlerinde başörtünün ataerkil yönü üzerinde durulacaktır. Kadınların kapanması konusu, erkeklerin yüzyıllar boyu kadınlar üzerinde hakimiyet kurma ve kadınlar adına karar verme yetkisini ellerinde tutma çabaları açından oldukça ilgi çekici bir konudur. Bu bölümlerde bir taraftan kadının kapanmasını emreden, öte yandan kadının kapanmasını yasaklayan çabalar izlenecektir.

Für die pädagogische Arbeit ist "Das Kopftuch" ein Beispiel dafür, wie man vorurteilsbeladene Themen historisch und soziologisch bearbeiten kann. Dabei sind zwischenkulturelle Verbindungen, die bisher nicht beachtet worden sind, die Grundlage für unser Konzept.

Zum Aufbau des Buches

Mit dem Aufbau des Buches, der auch in der Ausstellung beibehalten wird, werden Querverbindungen zwischen den verschiedenen Kulturen hergestellt, die die gängigen Vorstellungen zum Thema Kopftuch in Frage stellen, das Blickfeld erweitern und das Gemeinsame sichtbar machen. Im folgenden zeigen wir vier tragende Bereiche des Inhalts:

»Mein Kopftuch«

In diesem Abschnitt kommen elf Frauen aus drei Kulturen zu Wort. Sie verbinden unterschiedliche, individuelle Gefühle mit dem Tragen des Kopftuches. Das Kopftuch hat in allen dreien dieser Kulturen religiöse Aspekte — diese sind aber den meisten Frauen, die die Tücher tragen, nicht deutlich bewußt. Für sie gehört das Tuch heute einfach zum Lebensstil, sie haben es zu "ihrem Eigenen" gemacht.

Das Patriarchat und ein Stückchen Stoff

In den Abschnitten "Das Patriarchat und ein Stückchen Stoff", "Orientalische Märchen" und "Was treibt die verhüllte Frau hinter ihrem Schleier?" wird den Wurzeln der patriarchalischen Seite des Tuches nachgegangen. Verschleierung und Verhüllung ist ein Punkt, an dem Männer durch die Jahrhunderte hinweg versuchten, über Frauen zu verfügen, sei es, daß sie sich verschleiern oder entschleiern sollen.

Zur Entwicklung der Kopfbedeckungen

In diesem Komplex wird die Geschichte des Kopftuchs durch die Jahrhunderte bei den Germanen, in Deutschland, in anatolischen Kulturen, bei türki-

Baş Örtmenin Tarihçesi

Başörtünün tarihçesi Cermenlerde, Alman kadınında, Anadolu uygarlıklarında, Türk ve Osmanlı kadını örneklerinde günümüze dek uzanan bir zaman şeridi içinde yüzyıllar boyu izlenecektir.

Başörtü Kültürleri

"Başörtü kültürü" ve "Bir Kommunion resminin peşinde" bölümlerinde, Türkiye ve Almanya'daki köylerde yapılan etüdler yoluyla, başörtünün kırsal bölge kültür öğelerinden biri oluşu da izlenecek ve çeşitli kadınların başörtülerine karşı tutumları örneğinde, geçmiş ve günümüzdeki başörtü ile ilgili davranışlara açıklık getirilmesine çalışılacaktır. Türkiye'deki kadınların başörtü ile ilgili açıklamaları ise, Federal Alman Cumhuriyeti'nde ve Türkiye'de yapılageldiği gibi, başörtünün sadece dini ve politik düzeyde algılanmasının, konunun çok yönlülüğünü görmezden gelmek olacağını da gösterecektir.

Başörtü Üretimi ve Ticareti

Bu bölümde, bu küçük kumaş parçasının imalâtında ne kadar çaba, emek, yaratıcılık yattığı ve başörtü kumaşı imalât tarihindeki evreler, ayrıca başörtü imalâtı ve yapım tekniği yoluyla gelişen kültürel ilişkiler izlenecektir.

schen und osmanischen Frauen bis in die Gegenwart verfolgt.

Kopftuch-Kulturen

In den Teilen "Kopftuch-Kulturen", "Auf den Spuren eines Kommunionbildes" und "Das Kopftuch im Weißenburger Land" werden Meinungen von Frauen aus der Türkei und aus Deutschland zum Thema "Kopftuch" wiedergegeben. Dorfstudien in der Türkei und in Deutschland — in Franken — zeigen das Kopftuch als einen Teil bäuerlicher Kultur. An den Beispielen des Umgangs mit dem Kopftuch in fränkischen und türkischen Dörfern werden historische und gegenwärtige Verhaltensweisen erfaßbar gemacht; und es wird deutlich, daß das Thema Kopftuch nicht — wie es in der Bundesrepublik Deutschland und auch in der Türkei vielfach geschieht — nur auf die religiösen und politischen Aspekte reduziert werden darf.

Herstellung und Handel

In diesem Kapitel wird gezeigt, wieviel Arbeit, Kreativität, Mühe und welche geschichtliche Entwicklung dazu nötig war, um so ein kleines Stückchen Stoff herzustellen. Darüberhinaus werden auch hier kulturelle Verknüpfungen aufgezeichnet, die durch Handel und Technik der Kopftuch-Herstellung entstanden sind.

»Başörtüm« »Mein Kopftuch«

»Eskiden Kiliseye Baş Kapatmadan Gidilemezdi«

Margarete Erber

Neunkirchen / G. Almanya, 64 yaşında

Evet, benim köylü giysim çoktur. Yaşıtlarımın çoğu bu giysiyi giymekten vazgeçtiler. Ben yapmadım. Köylü giysisi, şehirli kılığından daha çok hoşuma gidiyordu. Ayrıca kocam da köylü giysisini pek severdi.

Savaştan kısa bir süre sonra hani ben de delilik etmedim değil. Kısa bir süre köylü giysilerimi giymemiştim. Ama kocam, köylü giysilerimi tekrar giymemi söyleyince, benim de işime geldi. Çünkü köylü giysilerim, baştan aşağı komple tamamdı. Şehirli işi kılığı yeni baştan düzmem gerekecekti.

Aslında şehirli kılığı giymek pek o kadar problem yaratmıyordu ama savaş sırasında kumaşlar bulunmaz olmuştu. Benimse, evlenmeden önceki köylü giysilerim yetip de artıyordu. Kendime ilk defa 1960'larda, piyasaya tekrar kumaş çıktığında, biraz bir şeyler satın aldım. İlk defa ne zaman mı? Babam öldüğünde, 69 ya da 70 senesiydi. İşte o zaman, yeni yeni piyasaya kumaşlar çıkıyordu. O güne kadar neyim varsa onu giyiyordum.

Aslında giyimin kuşamın değişmesine, savaş yol açtı. Köylü giysilerimizde kullandığımız kumaşlar kalmamıştı piyasada. Sonra kadınlar elbisenin rahatlığının da farkına vardılar. Kadınlar tarlaya çalışmaya giderken, eğer şehirli elbisesi giymişlerse, bu elbisenin üzerine önden iliklenen, pardösüye benzer fakat kolsuz bir iş önlüğü giyiyorlardı. Ama köylü giysisi giyen bizler, tarlaya kat kat eteklerle giderdik. Hava çok sıcak olduğunda, önce üstümüze sımsıkı oturan yeleğimizi, sonra da alttaki, ya da üstteki eteklerden birini çıkarırdık. N'olsun, işte öyle pek komikti halimiz. Hatırlıyorum da, yeleğimizi çıkardığımızda Greiner ana dediğimiz yaşlı bir kadın bize hep bağırırdı "Hiç bir şeye benzemiyorsunuz" diye. Eğer bir kadın, üst eteğini çıkarıp da sadece alt eteğiyle dolaşırsa, yarı çıplak sayılıyordu. Öyleydi işte! Hele annem, ölünceye kadar bir kere bile olsun, o sıkı yeleğini çıkarıp da sadece bluzu ile gezmedi.

»Früher wär man nie in die Kirche reingegangen ohne Kopfbedeckung«

Margarete Erber

aus Neunkirchen in Oberfranken, 64 Jahre alt

Ja, Tracht hab ich viel. Die anderen haben sich umgekleidet, und ich hab nicht gemocht, weil mir halt die Tracht besser gefallen hat wie die Kleider. Und meinem Mann hat eigentlich die Tracht auch besser gefallen.

Kurz nach dem Krieg, da hab ich halt auch a weng gesponnen und hab kurz meine Tracht abgelegt. Aber da hat mein Mann gesagt, ich soll sie wieder tragen, und mir ist das auch entgegengekommen, weil ich alles gehabt habe und das Neue hätte ich alles kaufen müssen.

Mit der Kleidung ist es halt einfacher. Und dann hat man auch keinen Stoff mehr gekriegt damals. Ich hab schon genug gehabt, schon von daheim, ich hab nichts braucht. Gekauft hab ich eigentlich erst was, wie die Stoffe wieder so aufgekommen sind, in den sechziger Jahren. Wann hab ich denn das erste Mal was gekriegt? Wie mein Vater gestorben ist, 69,70, da ist erst der Stoff so aufgekommen. Vorher hab ich mein Altes angehabt.

Das Umkleiden hat viel der Krieg mitgebracht, weil man halt die Stoffe nicht mehr gekriegt hat, und weil dann die Leute gemerkt haben, daß die Kleider viel bequemer sind. Weil man ist dann meistens nur mit einer Mantelschürze auf den Acker gegangen,und wir haben halt doch immer viel an. Dann haben wir, wenns arg heiß war, das Mieder auch runter und einen Unterrock runter oder einen Oberrock. Naja, aber da ist man immer so komisch angezogen gewesen. Ich weiß noch, die Greiner-Mutter hat immer geschrien, wenn wir das Mieder runterhaben: "Da sieht man nichts gleich". Da ist man halt bloß halb angezogen, das ist so, wie wenn man das Kleid wegläßt und mit dem Unterrock läuft. Meine Mutter hat nie ihr Mieder runter, nie.

Bei unserer Tracht ist das so, daß man nie Ton in Ton geht. Je bunter und farbenfroher, desto schö-

Köylü giysisinde renkler şimdi şöyle: Önce, aynı rengin çeşitli tonlarına kesinlikle rastlanmaz. Bir giysi ne kadar rengârenk olursa, ne kadar canlı renkler bir araya getirilmişse, o kadar güzel sayılır. Renklerin birbirine uyması hiç lâzım değil. Ayrıca, bir rengin çeşitli tonları da bir arada kullanılmaz. Yani mavinin çeşitli tonları bir arada olamaz. Renkler her zaman biraz göze batmalı, giysi biraz rengârenk olmalı. Hangi renklerin bir arada bulunması gerektiği, insanın içinde olan bir şey. Protestanların yaşadığı bölgelerde kadınların kılıkları, baştan aşağı kara idi. Neden bilmem! Katolik bölgelerde ise kadınların kılıkları hem açık renkli, hem de çok renkli olurdu. Nedenini Allah bilir.

Bu başörtüyü, bana vaftiz anam vermişti. Kilisede yapılan *Firmung* törenine gidecek her genç kıza, vaftiz anası komple bir giyim satın alıp, hediye ederdi. Bir etek, üstüne önlük ve bir de başörtü. Bu başörtüyü kiliseye gittiğimizde takmak zorundaydık. Okulu bitiren aşağı yukarı on dört yaşına erişmiş her genç kız, başını kilisede örtmek zorundaydı. Eskiden kimse kiliseye başörtüsüz gitmezdi. Ama ben şimdi, yazın başörtüsüz de gidiveriyorum.
(Resim 1)

Bild/Resim 1

Kışın hava soğuk olduğu zaman omuzumuza bir atkı alırız. Pazar günleri kadife atkı kullanırız. Eğer hava çok soğuk olursa atkıyı başımıza örteriz. Hafta içinde yün atkı kullanırız. Kahverengi ya da koyu yeşil ve kareli olur. Şalı başımızaı sınalım diye koyarız, tıpkı sizin palto giymeniz gibi.
(Resim 2)

ner. Da brauchen die Farben nicht aufeinander abgestimmt sein. Die gehören auch nicht aufeinander, nicht blau in blau oder so. Es muß immer a weng abstechen, ein bißchen bunt sein. Die Zusammenstellung hat man im Gefühl. Ich weiß auch nicht, in den protestantischen Gegenden, da ist alles schwarz gewesen. Bei den Katholiken soll alles hell und bunt sein, warum, das weiß man nicht.

Das ist jetzt das Tuch, das ich von meiner Patin gekriegt habe. Immer zur Firmung hat man von der Patin die Kleidung gekriegt: Rock, Schürze, Tuch. Das Kopftuch hat man in die Kirche tragen müssen, wenn man aus der Schule rausgekommen ist, so mit 14 ungefähr. Früher, da wär man nie in die Kirche reingegangen ohne Kopfbedeckung, jetzt im Sommer mach ich das schon. (Abb. 1)

Im Winter, wenn es kalt ist, nehmen wir einen Schal rum. Ich habe ein Plüschschal für sonntags, und wenn es noch kälter ist, setzt man den Schal auf den Kopf. Für die Werktage hat man einen wollenen gehabt, braunkariert oder grünkariert. Daß man halt wärmer war, das ist, wie wenn Sie den Mantel anhaben.
(Abb. 2)

Bild/Resim 2

Bu başörtü, pazar günleri veya bayram günleri giyilen giysi ile birlikte kullanılır. Kumaşı yünlüdür ve üstü işlenmiştir. 1933 Noelinde bana hediye edilmişti. Böyle başörtüleri, *Noel, Ostern, Pfingsten, Fronleichnam, Bettag, Maria-Himmelfahrt* ve *Patronatfest* gibi önemli dini günler olunca, hep takarız. Normal pazar günü kullanılan başörtü gene ayrıdır. O başörtünün püskülü olmaz. Bu başörtü el işi değil, makina işi. Ama bunu bile bugün satın almak imkân harici. (Resim 3)

Das ist das Kopftüchle, wie es am Sonntag und Festtag zur Tracht gehört. Es ist ein gesticktes Wolltuch, ich habe es 1933 an Weihnachten gekriegt. Die haben wir die großen Festtage noch auf: Weihnachten, Ostern, Pfingsten, Fronleichnam, Bettag, MariaHimmelfahrt, Patronatsfest. Für die Sonntage hat man dann wieder was anderes, ohne Fransen. Das Tuch ist maschinengestickt, kaufen kann man das heute nimmer. (Abb. 3)

Bild/Resim 3

Bu hafta içinde kullanılan bir başörtü. Mevsimlik başörtü olarak da kullanılır. Mevsimlik başörtü olarak kullanıldığında ensede bağlanır. Kışın, çenemin altından bağlarım. Ama yazın ensede bağlanır. (Resim 4)

Bu şehre giderken takılan başörtüdür. Ben Altötting'e ya da bir işim olup da şehre gidersem, ya da ne bileyim *Kunigungenfest* veya Bergkirchweih olur Erlangen'de, işte o zaman bu örtüyü örterim.

Bizim köylü giysimizin eteğinde veya eteğin üzerine takılan önlüğün üzerinde iki sıra dantel varsa, bu kişilik kılık anlamına gelir. Ama sadece iki sıra şerit dikiliyse, günlük kılık anlamına gelir.

Şimdi başörtümü çenemin altından bağladım. Fakat yanlış bir şey, çünkü köylü giysisiyle böyle bağlanmaz. Buralara yerleşen muhacirler başlarını böyle bağlarlardı. Onların adetiydi, buradakiler de o adete uydular. Ama eskiden bizim buralarda bir kadın başını çenesinin altından bağladığında, "At arabasındakilere benziyorsun" derlerdi. Yani çingeneye benziyorsun demek isterlerdi. Annem, örtüsünü hiç çenesinin altından bağlamadı. Ama böylesi insanı daha iyi ısıtıyor. (Resim 5)

Bild/Resim 5

Bild/Resim 4

Das ist ein einfaches Kopftüchle für den Werktag, mehr für die Übergangszeit. Das ist nach hinten gebunden, im Winter bind ichs reinwärts, aber im Sommer wirds hinterwärts gebunden. (Abb. 4)

Das ist, wenn man in die Stadt geht. Wenn ich auf Altötting fahr oder in die Stadt, daß irgendwas ist, Kunigundenfest oder ein Ausflug oder Sonntag in die Kirche gehts auch. Oder meinetwegen, man geht auf die Bergkirchweih in Erlangen oder sowas.

Das sieht man am Rock oder an der Schürze, da sind jetzt zwei Spitzen darauf, das ist schon was besseres, wenn bloß zwei Bändle drauf sind, dann ist es mehr Werktagstracht.

Da hab ich jetzt das Tuch reingebunden. Das ist eigentlich verkehrt für die Tracht. Die Flüchtingsfrauen, die haben das so aufgebracht. Die haben das mitgebracht, und dann hat man das auch so gemacht. Aber bei uns früher, wenn man das Tüchle reingebunden hat, hats immer geheißen, »du siehst aus, wie die vom Wagen raus«, da habens die Zigeuner gemeint. Meine Mutter hat ihr Tüchle nie so aufgehabt, aber wärmer ists. (Abb. 5)

Bei Regen: Rock über den Kopf. Fei echt, das haben wir gemacht, wenn wir von der Schule heim sind und es hat geregnet, schnell so einen Rock rauf. Früher waren sie etwas weiter, und dann hoch und im trab heimgelaufen. Das haben alle gemacht, auch die alten Leute. Vorne zusammengenommen, daß die Schürzen nicht naß geworden ist, und auch wegen dem Kopftuch, daß das keinen Regentropfen gekriegt hat, weil die sieht man.

Bild/Resim 6

Eteğimizi "hop" diye başımıza geçirirdik. Hele ne güzel olurdu! Okuldan eve gelirken yağmur yağdığında, geçirirdik eteği başımıza. Eskiden etekler biraz daha genişti, başımıza geçirir, koştura koştura eve giderdik. Herkes böyle yapardı. Yaşlılar bile. Önden de iyice kapatırdık ki, eteğimizin üzerindeki önlük ıslanmasın diye. Ayrıca başörtümüzün de ıslanmasını istemezdik. Çünkü başörtü ıslanırsa yağmur lekesi olur.

»Keyfime göre taktığım çeşit çeşit başörtülerim var«

Ufuk Özbe

Adanalı, 12 yıldan beri Almanya'da

Bizim oralarda, her ailenin evinde mutlaka bir camekân vardır. İçi ağzına kadar yağlık dolu olur. En fakirinin bile iki camekân dolu yağlığı vardır. Camekânlar yatak odasında, çoğunlukla elbise dolabının üstünde durur. Her camekâna kırk, elli yağlık sığar. Yağlıkların çeşitli oyalarına bakmaya doyum olmaz.

Bild/Resim 7
Vitrine
Camekan

Her kadın kendi oyasını yapar, bilemedikleri olursa, onları da arkadaşları, akrabaları ona hediye ederler. Ismarlama oya yaptıranlar da vardır.

Evlenmeden önce ben de oya yapardım ama sadece tığla. Bir kadın, normal bir tığ oyasından günde bir, bir buçuk metre işleyebilir. Fakat iğne oyası kolay gibi görünse de yapması çok zordur. Ablam bana "Yıldızlı" denen bir iğne oyası hediye etti. Bunun üzerine boncuklar sonradan iğne ile dikiliyor.

Oyanın rengi, yağlığın rengine uygun olmalı. Meselâ, eğer ben işlemek için üç ayrı renk boncuk alacaksam, bunlardan birisinin rengi mutlaka yağlıktaki renge denk olmalıdır.

Bir arkadaşım, bana menekşe motifli iğne oyası hediye etmişti. Üç ay uğraşmıştı onları yapmak için. Bu başörtünün kumaşına demor diyorlar. Her çiçekte dört renk kullanılır. Bir başörtüsü için kırk

»Meine Tücher sind so wie ich mich fühle«

Ufuk Özbe

aus Adana, seit 12 Jahren in Deutschland

Jede Familie in unserer Gegend in der Nähe von Adana besitzt kleine Glasvitrinen. Sie sind gefüllt mit Kopftüchern. Wir nennen sie Yağlık. Dort wo ich herkomme, haben auch die ärmsten Familien zwei Vitrinen mit Yağlıks zu Hause. Die Vitrine steht im Schlafzimmer, oft über dem Kleiderschrank, in jede passen 40- 50 Yağlıks. Wir schauen sie mit ihren verschiedenen Borten (Oya) immer wieder gerne an.

Die Borte macht jede Frau selbst und wenn sie bestimmte Techniken nicht beherrscht, dann bekommt sie diese von Freundinnen oder Verwandten geschenkt. Manche Oyas werden auch in Auftrag gegeben und bezahlt.

Vor meiner Heirat habe ich auch Oyas gemacht. Aber ich kann sie nur häkeln. Von einem "normalen" Oya kann eine Frau am Tag ein bis eineinhalb Meter häkeln.

Es gibt aber Techniken, wie beispielsweise "İğne Oyası", die sehen vielleicht einfach aus, sind aber sehr kompliziert mit der Nähnadel herzustellen. Meine Schwester hat mir ein "İğne Oyası" Sternmotiv geschenkt, dabei werden auch Perlen mit in die Borte eingenäht.

Die Farbe der Borte muß passend zum Yağlık gewählt werden. Wenn ich beispielsweise drei verschiedenfarbige Perlen nehme, muß die Farbe einer Perle eine Farbe im Tuch aufnehmen.

Von einer Freundin habe ich drei Kopftücher mit "İğne Oyası Stiefmütterchen" bekommen. Sie hat drei Monate daran gearbeitet. Den Stoff aus Georgette habe ich in der Türkei gekauft.

Jede Blüte des Stiefmütterchens hat vier Farben. 40 solcher Blüten braucht man für ein Tuch. Eine Frau kann höchstens vier Blüten am Tag machen. Zwischen jeder Blüte ist ein Verbindungsstich - wir nennen ihn Giraffenhals -, der ist auch ziemlich schwer.

tane lâzımdır. Bir kadın günde ancak dört çiçek işleyebilir. Her çiçek arasında zürafa işlenir. Bunu yapmak da çok zordur.

Bu örtüyü gezmeye ya da misafirliğe giderken takarım. Giydiğim elbisenin, paltonun rengine uydurmaya dikkat ederim. Başörtünün çiçeklerini, bir yere gideceksem takmadan önce kolalarım. Dik dik dururlarsa daha güzel görünürler.(Resim 8)

Bu örtüyü normal günlerde kullanırım. Kocan seviyorsa, seni böyle beğeniyorsa, böylece bağlarsın. Kocamla oturup, sohbet ederken işte böyle serendez usulü bağlarım. Türkmen kızları gibi olurum. (Resim 9)

Bild/Resim 8

Bild/Resim 9

Dieses Tuch nehme ich, wenn ich Besuche mache oder spazierengehe, passend zur Farbe meiner Kleidung. Die Blüten stärke ich jedesmal frisch, damit sie voll zur Geltung kommen. (Abb. 8)

Dieses Tuch kannst Du nehmen, wenn Dein Mann Dich mit Kopftuch schön findet. Ich nehme es an normalen Tagen zu Hause, wenn ich mich mit meinem Mann gemütlich unterhalte. Ich binde es in der Serendes – Art, so sehe ich wie ein Turkmenenmädchen aus. (Abb. 9)

Yazın sıcağında, şöyle bir basma elbise giymişsin, oturmuşsun divana! Arkadaşlarıyla sohbet yaparken, çayını kahvesini içerken hanımlar genellikle hep böyle örtünür. "Rahat örtünüş" deriz bu şekil örtünmeye. (Resim 10)

Bunu namaz kılarken kullanırım. (Resim 11)

Bild/Resim 11

Wenn es Sommer ist und man sich ein Kleid aus Baumwolle angezogen hat, an warmen Tagen, wenn man auf dem Diwan sitzt und sich mit Freundinnen unterhält, Tee oder Kaffee trinkt, dann bedecken die Frauen ihre Haare so. Wir nennen es die "gemütliche Art". (Abb. 10)

Das ist mein Gebetstuch für Namaz. (Abb. 11)

Bild/Resim 10

Çocuklar beni üzdü mü, başım ağrıdı mı, böyle sararım. İnan böyle sardım mı, adeta dinçleştiğimi hissederim. Böyle üzgün anlarımda: "Aman yavrum, bana bir aspirin, bir de çay getir" derim. Uzanırım, başımı da sımsıkı sararım. Sanki bu *çatkı* kafamı tutuyor gibi olur, hissederim bunu böyle. Tabii, alışkanlık da var! Bizim ailede hep yaparlar. Türkiye'de de genellikle başı ağrıyan bir çok kadın sarar böyle. (Resim 12)

Bu beyaz tülbentleri ne her çamaşıra katacaksın ne de çamaşır makinasına atacaksın. Elde yıkayacaksın. Bakımı çok zordur yani. Dikkat etmek lâzım, leke filân olmasın diye. Bunlar biraz lekelendi mi çok ayıp!

İş yaparken böyle yazmalar kullanırım. Sıkıca bağlarsın. Fakat bazı kadınlar böyle bağlarlar tülbentlerini iş yaparken. Ama hiç rahat değildir. Başını böyle örten kadının yaptığı iş de beceriden yoksundur. (Resim 13)

Bild/Resim 12

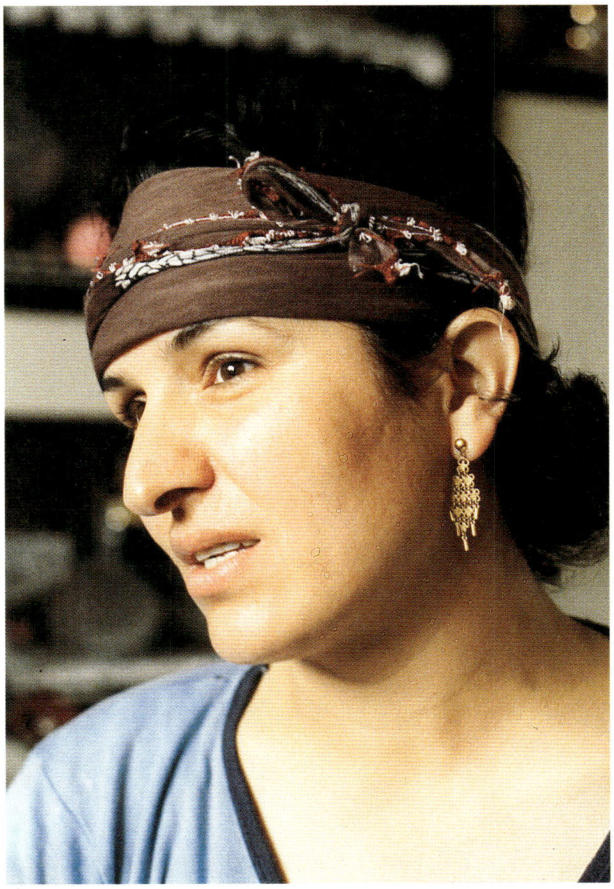

Bild/Resim 13

Wenn die Kinder mich ärgern und ich dann Kopfschmerzen habe, binde ich das Tuch so. Dann fühle ich, wie ich frische Kraft schöpfe. An solchen traurigen Tagen sage ich meinen Kindern, sie sollen mir ein Aspirin bringen und ein Glas Tee. Ich lege mich hin, binde mein Tuch ganz fest und merke, wie es meinen Kopf zusammenhält. Es ist natürlich auch eine Gewohnheitssache. In unserer Familie macht man es. Überhaupt binden viele Frauen, die Kopfschmerzen haben, die Tücher so fest. (Abb. 12)

So ein weißes Tuch ist schwer zu pflegen. Man muß gut aufpassen, daß kein Fleck draufkommt. Es ist eine Schande, wenn sie fleckig sind. Dieses Tuch nehme ich, wenn ich arbeite. Manche Frauen binden es so, aber es ist eine sehr ungeeignete Form bei der Arbeit. Mit dieser Bindeart sieht die Arbeit auch entsprechend lasch aus. (Abb. 13)

Ben sabah kalktım mı, bunu böyle kıvırır, çevirir, örtünürüm. Böyle örtünmeden iş yaptığım zaman, çok beceriksiz bir iş yapıyormuşum gibi gelir bana. Yaptığım işten bir zevk almıyorum. İllâki bunu böyle sıkıca bağlıyacağım. Arkadan sarkan ucu da sıkıştırırım içeri. Kollarımı da sıvadım mı, önüme gelen iş kurtulmaz evelâllah! Mecburen işin bitmesi lâzım! Ne varsa yapılacak, çabucak yapıp bitirmeye çalışırım. Ondan sonra rahatça dinlenir, huzur duyarım. (Resim 14)

Bild/Resim 15

Wenn ich morgens aufstehe, dann muß ich meine Haare ganz fest bedecken. Wenn ich das Tuch nicht fest binde, dann komme ich mir sehr unbeholfen vor. Ich habe dann keine Freude an der Arbeit. Ich muß das Tuch ganz fest um die Haare binden, das Ende stecke ich auch fest. Wenn ich lange Ärmel habe, dann krempel ich sie hoch und dann bin ich im Arbeitskampf die Siegerin. Die Arbeit muß gemacht werden. Ich mache sie schnell und entschlossen, und dann mache ich es mir wieder gemütlich. (Abb. 14)

Çocuklarımın sünnet düğünü ya da buna benzer bir eğlence filân olursa, saçlarımı yaptırmak da hoşuma gider. (Resim 15)

Bild/Resim 14

Bei festlichen Anlässen, wie zum Beschneidungsfest meiner Söhne, gefalle ich mir auch ohne Kopftuch. (Abb. 15)

»Keyfim yerindeyse, mavi ya da firuze rengi kullanırım«

Helga Waglechner

Frankfurt

Elisabeth Bala

Helga Waglechner ve Elisabeth Bala'nın "Başörtü" üzerine yaptıkları bir konuşmadan notlar:

Helga ve Elisabeth 1960'larda Viyana Tatbiki Güzel Sanatlar Akademisinde birlikte öğrenim gördüler. Helga Waglechner'in çocukluğu Doğu Avusturya'da Getzersdorf'da geçti. Moda ve sanat öğreniminden sonra, Frankfurt'a yerleşti ve şu anda antika eşyalar sattığı bir dükkânı vardır. Helga kırkına yakın, üç çocuk sahibi bir annedir.

Helga en sevdiği dört çeşit başörtü bağlama usulünü gösteriyor:

1. Kışlık usulde bağlama
2. "Sıcacık kulaklar için" Türban
3. Yazlık usulde bağlama
4. Gece için, şık baş bağlama

I. Giriş

Helga'nın kızları Josepha (15) ve Anja (17) annelerinin başörtü kullanma alışkanlığından hoşlanmadıklarını belirtiyorlar. "Ne yapıyorsun öyle! Şu haline bak!" Bu arada bana dönerek: "Bizimle Chicago'da bu kılıkta dolaştı! diyorlar.

Elisabeth: Sizleri rahatsız eden ne?
Anja: Tıpkı bir rahibeye benziyor.
Elisabeth: Yoksa bir Türk kadını gibi mi?
Anja: Hayır, Türk kadınlarının başörtüleri daha güzel, en azından Türkiye'de kullandıkları başörtüler daha güzel. Resimlerde görmüştüm. Almanya'ya gelince sentetik kumaş kullanıyorlar.

Helga başörtüsünü böyle örtmesi yüzünden, çoğunlukla bir yabancı, büyük bir olasılıkla da bir Türk kadını olarak görülüyor.

II. Röportaj

Elisabeth: Annen başörtü kullanmaya alışkın olduğu için mi, sen de başörtüyü benimsedin?

»Wenn ich mich gut fühle, nehme ich blau und türkis«

Helga Waglechner

aus Frankfurt

Elisabeth Bala

Aufzeichnung eines Gesprächs zwischen Helga Waglechner und Elisabeth Bala in Sachen "Kopftuch". Beide haben in den 60 er Jahren zusammen in Wien an der Akademie für Angewandte Kunst studiert.

Helga Waglechner ist in Getzersdorf, Niederösterreich, aufgewachsen. Nach einem Mode – und einem Kunststudium lebt sie in Frankfurt und ist Besitzerin eines Antiquitätengeschäfts.Sie ist Ende dreißig und Mutter von drei Kindern.

Helga zeigt vier ihrer Lieblingsbindearten:

1. Winterbindung
2. Turbanbindung "Warme Ohren"
3. Sommerbindung
4. Abendkopftuch

I. Vorspiel

Helgas Töchter Josepha (15) und Anja (17) zeigen Entsetzen über die Kopftuchgewohnheiten ihrer Mutter: "Was treibst Du denn? Wie siehst Du denn aus!" und zu mir gewandt: "So ist ist sie mit uns in Chicago herumgelaufen!" (Bindeart 1)

Elisabeth: Was stört Euch dabei?
Anja: Sie sieht aus wie eine Nonne.
Elisabeth: Oder wie eine Türkin?
Anja: Nein, Türkinnen tragen schönere Kopftücher, zumindest in der Türkei, das habe ich auf Fotos gesehen. Bei uns tragen sie meist Synthetik.

Helga wird oft mit dieser Bindeart für eine Ausländerin, wahrscheinlich für eine Türkin, gehalten.

II. Interview

Elisabeth: Du hast das Kopftuch von den Kleidungsgewohnheiten Deiner Mutter übernommen?
Helga: Ja, im Winter. Wir haben nie Mützen getragen.

Helga: Evet, özellikle kışın. Bizler hiç bere giymedik.
Elisabeth: Annen hep başörtü kullanır mıydı?
Helga: Evet, hala örter. Bazen Frankfurt'a gelirken şapka giyiyor. Bu da bana çok tuhaf geliyor. Annem başörtüsünü, çenesinin altından son derece normal bir şekilde bağlar. Yazın bahçede çalışırken güneşe karşı korunmak için, ya da büyük temizlik yaparken "temizlikçi kadın" gibi de bağlar. Ben de, büyük temizlik yaparken saçlarım tozlanmasın diye, saçlarımı başörtü ile korurum. Başörtü benim için, başa takılabilecek şeyler içinde en rahatı. Bere kaşıntı yapıyor, çünkü ben başıma ne takarsam takayım, alnım ısınsın diye kaşımın üstüne kadar çekerim.
Elisabeth: Sen kışın hep başörtü ile dolaşıyorsun. Başörtün olmadığı zaman kendini tam giyinmemiş mi görüyorsun?
Helga: Hayır, üşüyorum. Başımın iyice sıcak olmasını istiyorum. Kulaklarımı kapatan türban (2. model) bir çeşit moda oyunu. Kendini süsleme! Bunun başörtü geleneğiyle hiç bir ilgisi yok.

Başörtü bağlama şeklimi sık sık değiştiririm. Bu kendimi nasıl hissettiğime bağlı bir şey. Akşamları kocamla herhangi bir yere gideceksek, saçlarım da temiz değilse ne yapacağımı bilemiyorum.

Bild/Resim 16
Winterbindung
Kışlık usülde bağlama

Bild/Resim 17
Turbanbindung »Warme Ohren«
»Sıcacık kulaklar« için türban

Elisabeth: Deine Mutter hat auch immer ein Kopftuch getragen?
Helga: Ja, trägt sie auch heute noch. Manchmal kommt sie nach Frankfurt mit einem Hut, das sieht für mich so komisch aus. Sie trägt das Kopftuch ganz normal am Kinn gebunden. Im Sommer nimmt sie es bei der Gartenarbeit als Sonnenschutz, oder beim Großputz im "Putzfrauenlook". Das mache ich übrigens auch, bei der groben Hausarbeit zum Schutz, damit die Haare nicht staubig werden. Ich finde einfach das Kopftuch bequemer als jede andere Kopfbedeckung. Die Mütze kratzt mich, weil ich alles in die Stirn hereinsetze, damit die Stirn warm ist.
Elisabeth: Du gehst also im Winter immer mit Kopftuch aus. Würdest Du dich ohne Tuch nicht komplett angezogen fühlen?
Helga: Nein, – ich friere. Ich möchte den Kopf richtig warm haben. Turban mit Ohrenschutz (Variante 2) ist aber ein modischer Gag, Spielerei, modische Spielerei, sich zu gestalten. Das hat mit Kopftuchtradition nichts zu tun.
Ich mache oft, je nach dem wie ich mich fühle, das Kopftuch anders. Abends komme ich öfter in Verlegenheit, daß meine Haare nicht frisch gewa-

Elisabeth: Kocan senin başörtü alışkanlığını nasıl karşılıyor?
Helga: Bu konudaki fikrini şimdiye kadar hiç belirtmedi.
Elisabeth: Ama seni yanında götürüyor mu?
Helga: Zevkine çok ters düşen bir durum olursa, o zaman karşı koyar tabii.
Elisabeth: Senin başörtü kullanma alışkanlığın, beni korkunç etkiledi.Uzun süreli etki bıraktı. "Başörtü" kelimesini duyduğum zaman, aklıma hep sen geldin. Akademide öğrenci iken, çoğunlukla siyah başörtüyle gezdiğini hatırlıyorum.
Helga: Şimdi bile siyah başörtülerimi, gece bir yere giderken, uzun küpelerle birlikte takmak çok hoşuma gidiyor. Böylelikle daha bir şık oluyor kişi, özel bir şıklık ortaya çıkıyor.
Elisabeth: Türban bağlamayı kendi kendine mi öğrendin, yoksa moda dergilerinin etkisinde mi kaldın?
Helga: Moda dergilerine bakmam, zaten zamanım da yok. Yalnız her zaman aktüel modanın etkisi altında kalındığına da inanıyorum. Zaten bunun önüne geçmek de mümkün değil.
Elisabeth: Benim ise şimdiye kadar böyle şeyler yapmak içim sabrım olmadı. Ama yaptığın çok da hoşuma gidiyor. Kızların senin bir rahibe gibi gö-

Bild/Resim 18
Sommerbindung
Yazlık usülde bağlama

Bild/Resim 19
Abendkopftuch
Gece için şık baş bağlama

schen sind, und ich muß mit meinem Mann irgendwo hingehen.
Elisabeth: Wie reagiert denn Dein Mann auf Deine Kopftuchgewohnheiten?
Helga: Er macht keine Anmerkungen, nie.
Elisabeth: Und er nimmt Dich mit?
Helga: Also, wenn es für seinen Geschmack ganz daneben geht, dann wehrt er sich schon.
Elisabeth: Also mich haben Deine Kopftuchgewohnheiten schon schwer beeindruckt, bei mir hast Du "Langzeitwirkung". Bei dem Stichwort "Kopftuch" habe ich sofort an Dich gedacht. Ich erinnere mich, daß Du als Studentin an der Akademie meistens schwarze Kopftücher getragen hast.
Helga: Die trage ich auch heute noch gern, meist abends mit langen Ohrringen.Ich finde, man bekommt dadurch mehr Eleganz, eine besondere Eleganz.
Elisabeth: Die Turbanbindung, hast Du Dir die selbst erlernt, oder läßt Du Dich von Modezeitschriften beeinflussen?
Helga: Ich schaue keine Modezeitschrift an. Meistens habe ich gar keine Zeit dazu. Allerdings glaube ich, daß man immer beeinflußt wird von der aktuellen Mode, das läßt sich gar nicht vermeiden.

ründüğünü söyleseler bile, insanın sadece yüzünü göstermesini de çok güzel buluyorum.
Helga: Doğruyu söylemek gerekirse, benim esas derdim saçlarımı örtmek. Saçımı örtmemdeki nedenlerden biri olan, soğuktan zaten bahsettim. Ayrıca saçlarım, benim pek ender hoşuma gider. Böyle bir durumda ne yapılır ki, başörtü takıyorum. Fazla zaman kaybetmeden meseleyi hallediyorum.
Elisabeth: Bana içindeki duyguları başörtüler ve renklerle dile getirmek istediğinden bahsettin. Bu durumda senin için önemli olan başörtü ve elbisenin renklerinin birbirine uyması mı, yoksa başörtünün senin duygularına mı uyması?
Helga: Duygularımı dile getirmek zaten her zaman daha ağır basıyor. Keyfim yerindeyse, mavi ya da firuze rengi kullandığımı farkettim.
Elisabeth: Keyfin yerinde değilse?
Helga: Kendimi iyi hissetmiyorsam, o zaman açık pembe filan gibi iç açıcı renklerle, keyfimi yerine getirmeye çalışırım.
Elisabeth: (İmrenerek) Şimdiye kadar, o günkü keyfime göre giyindiğimi hatırlamıyorum. Tam aksine, keyfim yoksa daha da pejmürde olurum.
Helga: Haklısın. Ama dış dünya ile ilişki devam ettiği sürece, kişinin kendini toparlaması gerekli. Bazen bir telefon geliyor, çabucak hazırlanmam, kendimi toparlamam gerekiyor.
Elisabeth: Tabii, insan ne de olsa iyi görünmeye çalışıyor. Ama bazen de, kişi kendini hiç mi hiç iyi hissetmez.
Helga: İnanılmayacak bir şey ama, böyle bir durumda başörtü takınca kendimi daha iyi hissediyorum. Kendimi iyi hissetmediğim, ya da çirkin bulduğum günlerde, güzel bir başörtü ile durumu değiştiriyorum. Ya da bana öyle geliyor.
Elisabeth: Akademi ve Moda Okulu için Viyana'ya geldiğinde, başörtü alışkanlığına devam mı ettin, yoksa başörtüyü yeniden mi keşfettin?
Helga: Alışkanlığıma devam ettim. Şapka takmak benim için her zaman maskaralık anlamına gelmiştir, şapka giyince kendimi çok süslenmiş gibi hissediyorum. Fakat başörtü takınca, kendimi dikkati çekecek kadar süslenmiş hissetmiyorum.
Elisabeth: Ama başörtü takmak da kendine güven ve bir cesaret meselesi değil mi?
Helga: Cesaret ve kendine güven meselesi mi? Alın sıcak durmalı. Kendimi iyi hissetmediğim zaman, faydası oluyor. Tabii, başörtülerim de ipek, yün, kaşmir gibi en iyi cins kumaşlardandır. Suni kumaşlar kullanmam.
Elisabeth: Hiç mi suni kumaş kullanmıyorsun?
Helga: Hayır.
Elisabeth: İpeğin baştan devamlı kayması bir dezavanaj değil mi?
Helga: Bir kaç saç tokası ile buna bir çare bulunabilir. Başta ipek kumaş taşımak fevkalade bir şey.

Elisabeth: Ich selbst habe noch nie Geduld gehabt mir diesbezüglich etwas auszudenken. Schön finde ich es auch. Ich finde es auch schön, wenn man nur das Gesicht zeigt, auch wenn Deine Töchter sagen, Du siehst aus wie eine Nonne.
Helga: Wenn ich ehrlich bin, geht es mir hauptsächlich darum, meine Haare zuzudecken. Über das Kälteproblem habe ich schon gesprochen, meine Frisur ist eigentlich selten so, daß sie mir gut gefällt, also nehme ich ein Tuch, das kostet nicht soviel Zeit, und ich werde damit fertig.
Elisabeth: Du hast mir auch erzählt, Du würdest gerne soweit kommen, auch Deine Stimmungen mit Tüchern und Farben auszudrücken. Geht es Dir da um die Abstimmung zwischen Tüchern und Kleidung oder um Deine innere Stimmung?
Helga: Sowieso um die inneren Stimmungen. Ich habe bemerkt, wenn ich mich gut fühle, nehme ich gerne Blau und Türkis.
Elisabeth: Und wenn Du Dich schlecht fühlst?
Helga: Dann versuche ich, mit ganz freundlichen Farben meine schlechte Laune aufzubessern, ein blasses Rosa oder so.
Elisabeth: (neidisch) Ich habe noch nie bemerkt, daß ich mich nach Launen kleide. Höchstens, daß ich dann noch mehr herunterschlampe.
Helga: Ja, natürlich. Aber wenn dann eine Gelegenheit von außen kommt, dann muß man sich ja zusammennehmen. Da reicht ja oft schon ein Anruf, um dann schnell das beste aus seiner Situation zu machen.
Elisabeth: Na klar, man versucht dann schon, gut auszuschauen. Aber manchmal fühlt man sich ja von vornherein nicht wohl.
Helga: Ich habe da nur bemerkt, daß ich mich mit dem Kopftuch dann immer noch besser fühle, eigenartigerweise. Wenn ich so einen Tag habe und ich fühle mich häßlich, mach' ich das mit einem hübschen Kopftuch wieder gut. Also zumindest bilde ich mir das ein.
Elisabeth: Als Du nach Wien gekommen bist, an die Modeschule, an die Akademie, bist Du da einfach bei Deinen Kopftuchgewohnheiten geblieben, oder hast Du sie für Dich neu entdeckt?
Helga: Nein, ich bin bei meinen Gewohnheiten geblieben. Hüte, das war für mich immer mehr Karneval. Also ich kann mich an keinen Hut erinnern, obwohl ich öfter versucht habe, einen zu kaufen, aber irgendwo kam ich mir damit immer, na ja, aufgeputzt vor. So ein Gefühl habe ich beim Kopftuch noch nie gehabt, daß ich mich damit "aufdonnere".
Elisabeth: Es gehört aber doch auch Mut und Selbstsicherheit dazu?
Helga: Ob das was mit Sicherheit zu tun hat? Die Stirn soll warm sein. Wenn ich mich schlecht fühle, geht's mir besser.- Ich verwende aber auch tolle

Özellikle alın için. Bu nedenden, başörtüyü kaşıma kadar indiririm.
Elisabeth: Yazın da ipek kullanır mısın?
Helga: Yazları pamuklu, patiska ve ipekten yapılmış başörtüleri kullanırım. Garip ama, şu incecik ipek kumaş kışın çok ısıtır. Başörtüyü böyle bağlayınca, anında ısındığını hisseder insan.

(Bu yanıtlar bende, Helga'nın başörtüyü, öncelikle pratik nedenler ve hava şartlarından dolayı kullandığı kanısını uyandırıyor. Güzellik için başörtü bağlamanın kendisi için ikinci planda kaldığını düşünüyorum.)

Elisabeth: Başörtünün ensede nasıl bağladığını da biliyor musun?
Helga: Evet, böyle bağlamayı da pek severim. Özellikle kışın, hava soğuk olursa büyük bir başörtüyü böyle bağlarım. Bu tip bağlamayı ben çocukken, bizim evde birisi hastalandığı zaman, örneğin kulağı ağrıdığı zaman yapardık. İçinde çeşitli tahıllar galiba yulaf olan, keten torbalarımız vardı. Taneler ısıtılırdı. (Daha sonra bunun yulaf olmayıp çavdar kepeği olduğu ortaya çıktı, zira Helga'nın ailesi çavdar değirmeni işletiyormuş.)

Elisabeth: Bunu kendi çocuklarına da uyguluyor musun?
Helga: Evet, ama benim çocuklarım bunun dışında hiç başörtü kullanmazlar. Bere giyerler, zaten belli bir süre sonra da hava sıcakmış, soğukmuş aldırmazlar. (Tipik anne!)
Elisabeth: Senin kızların hangi modayı takip ediyorlar?
Helga: Şimdi çeşitli renk ve şekilde saç tokaları takmaktan çok hoşlanıyorlar. Anja "Çamaşırcı kız modasında" olduğu gibi, başına bir örtü bağlayıp, önde fiyonk yapıyor. Ama bu işe sınıfının yarısı fiyonk bağladıktan sonra cesaret ediyor. Öyle sanıyorum ki, alın bağı ve buna benzer cesaret isteyen şeyler daha sonra olacak. (Eksanrtik başörtülerin kullanılmasının da bir cesaret işi olup olmadığı sorusu yanıtsız kaldı.)
Elisabeth: Aranızda kimin ne giyeceği konusunda tartışmalar oluyor mu?
Helga: Kızlarımla aramda herhangi bir çatışma yok. Bana göre kendileri daha muhafazakâr bir zevke sahipler. Ama onlar bana "Böyle dışarı çıkılmaz!" diye sık sık laf söylerler!

III. Bölüm

Helga Boa adasından gelen başörtülere bayılıyor. Daha sonra bu başörtülerle neler yapılabileceğini gösteriyor: boyuna koyulan fular, plaj ve saunada bikininin üstü yerine geçecek şekilde sarınma, peştemal olarak kullanma.
Anja ise Kenzo marka başörtülere bayılıyor.

Materialien, Seide, Wolle oder Kaschmir, synthetische Tücher nehme ich nicht.
Elisabeth: Kunstfasern würdest Du überhaupt nicht tragen?
Helga: Nein.
Elisabeth: Hat Seide nicht den Nachteil, daß sie rutscht?
Helga: Na, da kann man sich mit ein paar Haarspangen helfen. Seide ist toll am Kopf, speziell auch auf der Stirn, deshalb setze ich sie ganz tief.
Elisabeth: Nimmst Du im Sommer auch Seidenkopftücher?
Helga: Im Sommer nehme ich einfache Baumwolle, Batist oder Seide. Eigenartigerweise ist schon diese ganz zarte Seide warm im Winter. Wenn ich das Tuch jetzt so aufsetze, dann fühlt man es gleich, es wird schon viel wärmer.

(Diese Antworten führen mich zu der Meinung, daß Helga in erster Linie aus ganz praktisch-klimatischen Gründen und in zweiter Linie aus Gründen der Schönheit Kopftücher trägt.)

Elisabeth: Kennst Du auch die Bindeart, wo das Kopftuch hinten im Nacken gebunden wird?
Helga: Das mache ich auch sehr gerne, speziell im Winter, wenn es kalt ist, mit einem großen Kopftuch. Wir haben das früher zu Hause eigentlich nur gemacht, wenn einer krank war, zum Beispiel bei Ohrenschmerzen. Da haben wir Leinensäckchen gehabt, wo verschiedene Körner darinnen waren, ich glaube Hafer. (Später stellte sich heraus, daß es Roggenkleie war, weil Helgas Eltern eine Roggenmühle betrieben haben.) Die Körner wurden warm gemacht.
Elisabeth: Machst Du das bei Deinen Kindern auch?
Helga: Ja. Aber sonst setzen meine Kinder nie Kopftücher auf. Sie tragen warme Mützen, und irgendwann ist es ihnen ganz egal, ob es draußen warm oder kalt ist. (Typisch Mutter!)
Elisabeth: Welche modischen Orientierungen haben Deine Töchter?
Helga: Jetzt finden sie es toll, ganz viele Haarspangen zu tragen, viele Farben und viele verschiedene. Anja bindet sich gerne ein Tuch um den Kopf und macht sich vorne eine Schleife, so im "Wäschermädellook". Aber das traut sie sich auch erst, wenn schon einmal die halbe Klasse eine Schleife trägt. Ich glaube, die mutigen Sachen, Stirnbänder und so, das geht erst später los.
(Die Frage, ob das Tragen extravaganter Kopftücher nun doch etwas mit Mut zu tun hat, bleibt ungeklärt.)

Elisabeth: Habt Ihr manchmal Konflikte, wer was anzieht?
Helga: Mit meinen Töchtern habe ich keine Konflikte, für mich haben sie ja einen konservativen

IV. Bölüm, sonuç

Frankfurt'ta bir elma şaraphanesinde

Helga'dan iki yaş büyük olan ağabeyi, hastalıklarla nasıl mücadele ettiğini anlatıyor. "Vücudun her yeri özellikle baş, sıkıca sarıp sarmalanacak!"

Bu bana, şimdiye kadar sağlık konusunda bu derece bilinçli ve şifayı örtülerle sağlayan başka böyle bir aile ile karşılaşmadığım kararını verdirtti.

Helga'nın ağabeyi, kendilerinin Getzersdorf'lu olduğunu ve Getzersdorf'un da çok rüzgârlı olmasıyla tanındığını büyük bir ehemmiyetle vurguluyor. Soğuğa karşı en iyi "Einmuggeln" ile karşı konulabileceğini ve bu kelimenin "Mogul" (moğol) kelimesinden türediğini söyleyerek, bu çeşit sarınmanın Türk'lerden gelen bir tarz olduğunu anlatıyor.

Bunun üzerine ikisini de serginin "Missing link"-leri olarak ilân ediyorum. (Missing link: Çoğunluğa ayak uydurmayan kişi)

Son söz:

Helga'nın ağabeyi, annelerinin kız kardeşinin "doğru dürüst" giyinmesine çok önem verdiğini de anlatıyor. "Doğru dürüst giyin, başına bir başörtü ört!". İki kardeş "doğru dürüst" kavramının, acaba soğuğa karşı iyi giyinme mi, yoksa kılık kıyafet bakımından düzgün giyinmeyi mi içerdiği konusunda, fikir birliğine varamıyorlar.

Geschmack. Bei mir sagen sie schon öfter, so kann man nicht weggehen!

III. Teil

Helga schwärmt von Tüchern aus Boa. Zeigt was man sonst noch alles mit Tüchern machen kann, Halstuch, Oberteil für Strand und Sauna, Hüfttuch.

Anja schwärmt von den Tüchern von Kenzo.

IV. Teil, Nachspiel

in einer Frankfurter Apfelweinkneipe

Helgas Bruder, zwei Jahre älter als die Schwester, erzählt, wie er Krankheiten bekämpft: "Alles fest einwickeln, besonders den Kopf!"

Daraus ziehe ich das Resümee, noch nie so eine gesundheitsbewußte und auf Heilung mit Tüchern bedachte Familie kennengelernt zu haben.

Helgas Bruder betont mit großem Nachdruck, daß sie aus Getzersdorf stammen, und Getzersdorf ein gefürchtets "Windloch" sei. Gegen Kälte kämpft man am besten durch "Einmuggeln" an. "Einmuggeln" erklärt er, leitet sich von "Mogul" ab, wäre demnach eine von den Türken übernommene Einwickeltechnik. Darauf erklärte ich die beiden zum "missing link" unserer Ausstellung.

Schlußsatz:

Helgas Bruder erinnert sich noch, daß seine Mutter großen Wert darauf gelegt hat, daß sich seine Schwester "anständig" anzieht. "Zieh' Dich anständig an, setz' Dir a Tüch'l auf!", worauf sich Schwester und Bruder nicht einig sind, ob "anständig" gekleidet der Kälte entsprechend oder der "Ordnung" gemäß bedeutet hat.

»Şapka takma, sakın bana bunu etme«

Elisabeth Müllegger

Bad Ischl / Kuzey Avusturya
Elisabeth Bala — Marie Lorbeer

Her kıza çeyizini evlenirken ailesi verirdi. Şimdi eskiden bizde şöyleydi: Biraz tarlamız filan vardı. Ben evleninceye kadar, annemlerin yanında oturdum ve kendi tarlamızda çalıştım. Tabii bu durumda ücret alınmıyor. Ama işler iyi giderse biraz harçlık verirlerdi. İşte bu yüzden kızlara, evde çalışmasına karşılık olsun diye mutlaka çeyiz verilirdi.

Benim başörtüm bana anneannemden kaldı. Yani başörtümü bana annem satın almış değil. Bu başörtü hala durur. Bu başörtüler bir iki nesil boyunca, birinden öbürüne geçer. Ama sonra kumaş kırılır. İpek uzun zaman dayanmaz.

Benim bir tane başörtüm var. Zaten normal olarak herkesin, bu tip tek bir başörtüsü olur. Benimki anneannemden kaldı ve onun yaptığı »yuvarlak usuk bağlama« adı verilen modeli yaparak kullanıyorum. Ben »Folklor Giysileri Derneğinde« üyeyken de bu tip bağlardık. Ama şimdi »dört köşe usul« bağlanıyor. Annem de dört köşe usul bağlardı. Annemin doğumu 1909. İşte o zamanlar, Firmung dediğimiz, gençler için yapılan özel dini törene gençler onbeş yaşında giderlerdi. Bu tören münasebetiyle genç kızlara başörtü hediye edilirdi. Bazen de kızlar, zaten az olan gündeliklerinden arttırdıkları parayla kendilerine bir başörtü satın alırlardı. Eskiden ücretler de pek azdı canım!

Eskiden başörtü »dört köşe usul« bağlanırdı. Bu belki birisinin aklına geldi, tıpkı şimdi kızların aklına gene başörtü takmak gelmesi gibi, belki birisi bir denedi. Bazıları kendini beğenmişlik olarak görülmesin, günah sayılmasın diye başörtüyü sımsıkı sararlardı. Hiç güzel görünmezdi. Daha sonra başörtüyü biraz bol takmaya başladılar, daha güzel görünsün diye. Kocamın annesini evine geri göndermişlermiş, saçlarını sardı da, saçı da başörtüden dışarıya çıktı diye. Ama sonraları bol başörtü takmak iyice adet oldu. Daha sonra »dört köşe usul« daha güzel diye herkez öyle yapmaya başladı. Ama ben bu tip bağlamayı çok ciddi bir bağlama şekli olarak görüyorum. Bence »yuvarlak usul« pek

»Tut's mir des ja net an und setz's an Hut auf«

Elisabeth Müllegger

aus Bad Ischl, Oberösterreich
Elisabeth Bala — Marie Lorbeer

Die Aussteuer hat man eigentlich von daheim gekriegt, früher war das ja so bei uns: wir haben eine kleine Landwirtschaft gehabt und ich bin daheim geblieben, bis ich geheiratet habe - da kriegt man dann keinen Lohn. Natürlich kriegt man ein wenig Taschengeld, wenn's gut geht, aber dafür bekommt man dann die Aussteuer, was man zum Heiraten eben braucht.

Mein Kopftuch habe ich von meiner Großmutter geerbt, das hat mir meine Mutter nicht gekauft, und das hab' ich noch immer. Eine oder zwei Generationen wurde das Kopftuch schon vererbt, aber dann brichts, die Seide hält nicht so lange.

Ich habe ein Kopftuch gehabt, eigentlich hat man immer grad eins, und ich hab das von meiner Großmutter - und ich trags auch so rund gebunden wie sie. Wie ich beim Trachtenverein war, haben wirs auch so getragen, aber heut haben sie es schon viereckig, und meine Mutter hats auch viereckig getragen. Meine Mutter ist 1909 geboren, naja und wie sie halt so mit 15 Jahren zur Firmung gegangen sind, dann haben die Mädchen ein Kopftuch gekriegt, oder sie haben es selber gekauft, von dem kargen Lohn, den sie bekamen, - des war ja ganz wenig dazumal. Damals trug man das Kopftuch eben viereckig: wahrscheinlich ist das einer eingefallen, genauso wie es jetzt den Mädchen wieder eingefallen ist, das Kopftuch zu tragen, und dann hats halt mal eine probiert. Viele habens ja dann, i sag wegn der 'Hoffartsche' (Hoffart) ganz fest ummidraht, des war dann wie ein Strick; aber dann haben sie es schon ein wenig gelockerter tragn, daß's schöner wird. Die Mutter von meinem Mann ist noch nach Hause geschickt worden, weil sie ihre Haare aufgedreht hatte und die dann zu sehr beim Kopftuch hervorsahen. Aber dann hat sich das Lockerere doch durchgesetzt, und dann hat man es halt viereckig getragen, weil das schöner war, aber ich finds strenger, ich finds

daha sempatik ve tatlı bir şekil. Bir çok genç de benim gibi düşünüyor.

Sonra şapka modası çıktı. Fakat babam şapkadan hiç hoşlanmazdı. »Şapka takma sakın, etme bana bunu« derdi. İstemezdi. Babam şapkayı şehirli kılığı olarak görürdü. Bir kere kendisine, bana bir şehirli elbisesi alsın diye yalvardığımda »Git de bir çuval geçir üstüne, daha iyi« demişti. Bizim köylü kılığımıza »Leibkittel« ya da »Bauerngwand« derlerdi. Bugün »Dirndl« diyorlar. İşte biz bunları giyerdik, geri kalan kılıklar babam için hava cıva idi. Şimdi adına »Dirndl« derler, »Tracht« derler, ama bizim için adı »Gwand«dır. Gwand iki parça olurdu: Bir etek, bir ceket. Herkesin mutlaka bir bayramlık, bir pazarlık Gwand'ı olurdu. En fakirin bile vardı. Pazar günleri, bayram Gwand'ı giyilmezdi. Bayram Gwand'ı sadece Paskalya, Noel, Pfingsten, ve Fronleichnam gibi bayramlarda giyilirdi. Pazar günleri giyilen Gwand, gündeliğe giyilmezdi. Bugün artık hepsi değişti. Hafta içinde de pazarlık Gwand giyenler var. Ama ben yapamam!

Önündeki önlüğü ile Gwand, başörtü ya da Goldhaube dediğimiz başlık, bugün ısmarlandı mı yaptırılabilir. Ama omuza konan bir atkı vardır, işte onu yaptırmak olanaksızdır. O eski atkı kaşmir de-

Bild/Resim 20
Frau Müllegger bindet ihr schwarzes Seidenkopftuch
Elisabeth Müllegger siyah ipek başörtüsünü bağlıyor

lieblicher rund und viele von den Jungen heute auch.

Bild/Resim 21
Frau Mülleggers Großmutter mit dem schwarzen Seidenkopftuch
Elisabeth Müllegger'in büyükannesi siyah ipek başörtü ile

Und dann ist es Mode geworden, einen Hut zu tragn, aber mei Vadder hats net mögen. "Tut's mir des ja net an und setzt's an Hut auf," er hats net haben wolln. Des war für ihn ein städtisches Gwand. Und als ich ihn einmal um ein Kleid bat, meinte er: 'Kannst eh an Sack nehma' - unser Gwand ist der Leiblkittel oder des Bauerngwand gwesen, heute sagt man Dirndl, und des war unser Gwand und des andere, des war für ihn alles nix. Jetzt sagt man Dirndl oder Tracht, aber für uns war es unser Gwand: der Kittel (=Rock), der Rock (=Jacke); ein Feiertagsgwand und ein Sonntagsgwand hat jeder gehabt, so arm wie's gwesen sind, aber a jeder hat eins gehabt, wenn's grad eins war, aber da war ein Unterschied: die Sonntag hat man nicht das Feiertagsgwand angezogen, das ist meistens nur zu Ostern, zu Weihnachten, zu Pfingsten und Fronleichnam angezogen worden; und das Sonntagsgwand war ein besseres Gewand, aber daheim hätt' man es nie tragen dürfen. Heute ist das nimmer so, leider, heut gehns auch so unter der Woche, aber ich kanns nicht.

diğimiz, ince bir yünlü kumaştan yapılırdı, üstünde Türk deseni vardı. Çeşitli renklerde olurdu. Bunların çok büyük boyları vardı, bir de normal boyda olanları vardı. Üçgen yapılıp, başörtünün ya da Goldhaube'nin üstüne örtülürdü. Eskiden palto yerine bu örtülere bürünülürdü, bazen de başa örtülürdü.

Bild/Resim 22
Frau Mülleggers Mutter mit dem schwarzen Seidenkopftuch
Elisabeth Müllegger'in annesi siyah ipek başörtü ile

Bu usulde başörtü bağlamayı kendi kendime öğrendim. Önce kaynanamda gördüm nasıl yapıldığını, sonra kendi kendime denedim. Bu başörtü böyle hazırlandıktan sonra bir daha açılmaz. Benim başörtüm otuz seneden beri böyle bağlı durur. Zaten başörtüleri eskidikçe açıp, yeniden bağlamak olanak dışı. Çünkü düğüm yaparken kumaş kırılır. Kumaş akar, biraz çekince de yırtılır. Ama eski başörtüler çok güzeldir. Kumaşı biraz tırtıklanmış olur ama dolgun dururlar. Yani işte öyle...

Beceren kadın takarken başörtüyü her sefer yeniden bağlar. Anneannem her takışında yeniden bağlardı. Başını bir yere dayardı. Kapı olur, dolap olur, neresi kolayına gelirse! İşte böyle bağlardı başlık gibi. İğne koymak gerekmez böyle olunca, nasıl olsa açılacak. Bağlarken en dikkat edilecek şey arkadan sarkan iki ucun güzel bir şekilde üst üste gelmesi. Yapana kadar uğraşmalı. Bayram elbisesi bu, muntazam, derli toplu olmalı! Aynanın önüne geçip iyice kontrol etmeli.

Das Gwand mit der Schürze, das Kopftuch oder die Goldhaube, alles kann man sich heut neu machen lassen, nur das Schultertuch nicht. Das alte Tuch war Kaschmir, so feine Wolle und die Türken-Muster drin, und die verschiedenen Farben: Es gibt ganz große Tücher und dann die normalen; man legt sie aufs Dreieck und trägt sie zum Kopftuch oder zur Goldhaube. Früher hat man sie anstatt eines Mantels getragen, manchmal auch übern Kopf.

Das Kopftuch-Binden hab ich mir selber beigebracht, ich habs zuerst bei meiner Schwiegermutter gesehen, und dann hab ich es halt probiert. Eigentlich hebt man das Tuch gebunden auf, ich hab meins jetzt schon 30 Jahre so gebunden, und wenn die Tücher älter werden kann man sie nimmer aufbinden und neu binden, weil sie dann brechen, wenn man sie zusammenziehen würde, sie sind dann eben schon schleißig, und wenn man a bissl anzieht, hat man wieder einen Riß, aber sie sind schon schön, die alten Tücher, a bissl verwutzelt, sie habn a mehr Körper, oder wie man sagen möcht....

Aber man kann sie auch jedes Mal wieder neu binden, wenn man es selber kann. Meine Großmutter hat sichs jedes Mal wieder neu bunden.

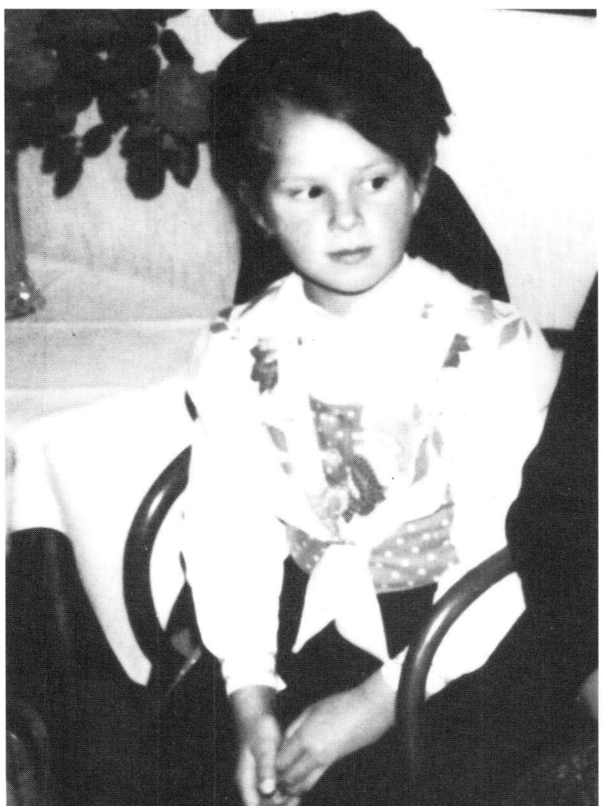

Bild/Resim 23
Frau Mülleggers Enkelin mit dem schwarzen Seidenkopftuch
Elisabeth Müllegger'in torunu siyah ipek başörtü ile

Bild/Resim 24
Frau Müllegger zeigt, wie das schwarze Seidenkopftuch gebunden wird
Elisabeth Müllegger siyah ipek başörtünün bağlanışını öğretiyor

Da hat sie sich mit'm Kopf irgendwo anglehnt, auf'd Tür oder am Kasten, oder wo, und so haben sie s' Hauberl aufibundn. Da braucht man dann gar keine Nadeln, weil man es ja nach dem Tragen wieder aufmacht. Und wichtig beim Binden ist, das muß schön sein, der Schwanz, die beiden Spitzen müssen schön übereinander passen, das richt man sich dann schon und da muß man sich halt so lang unterhalten, bis man das hinkriegt, s'ist ja eine Festtagstracht, und des muß ordentlich sein, und man muß sich vorn Spiegel stellen, damit man anständig daherkommt.

Milli giysinin Bad Ischl kentinde değişime uğramasından önce, bu kentte Geleneksel Bayram Giysisi ile birlikte kullanılan siyah ipek başörtüyü kullanan son kadın Elisabeth Mülleger oldu. Bugün bu başörtüyü yeniden bayram günlerinde kullanmak isteyen kadın ve genç kızların kullanabilmeleri için hazırlıyor ve başa takılacak şekle sokuyor.

Frau Müllegger war die letzte, die in Bad-Ischl das schwarze Seidenkopftuch noch getragen hat, bevor es wieder erneut von jungen Mädchen getragen wird. Sie bindet heute vielen Mädchen das Kopftuch.

»Başörtü takmak oldukça cesaret isteyen bir iş«

Astrid Neureuter

Bad Ischl / Kuzey Avusturya

Elisabeth Bala — Marie Lorbeer

İki sene önce başörtü takmaya başladık. Önce benim bir tanıdığımın aklına geldi, bir başörtü satın aldı. Onun bana cesaret vermesiyle ben de başörtüyle dolaşmaya başladım. Başörtü takmak oldukça cesaret isteyen bir iş. Sokakta tek başına giderken, herkes sana bakıyor, dikkati çekiyorsun. Ama bir çok kişinin de hoşuna gitmiyor değil, pek beğeniyorlar. Tabii bunu bilmek de, bize hemen bir başörtü satın aldırdı. Şimdi bizim de hoşumuza gidiyor.

Başörtü takınca, mutlaka *Tracht* (Geleneksel Köylü Giysisi) giymek gerek. Ama tabii en önemli

»Es gehört schon Mut dazu, mit dem Kopftuch zu gehen«

Astrid Neureuter

aus Bad Ischl, Oberösterreich

Elisabeth Bala - Marie Lorbeer

Vor zwei Jahren haben wir wieder angefangen, das Kopftuch zu tragen. Eine Bekannte von mir hatte die Idee und hat sich auch als erste ein Kopftuch gekauft. Und sie hat auch den Mut gehabt, mit dem Kopftuch zu gehen. Es gehört schon Mut dazu, wenn man allein geht, schaun einen halt die Leute an und man wird beachtet — aber eigentlich haben sich die Leute gefreut, viele sind auch ganz begeistert. Und da haben wir uns natürlich auch gleich eins kaufen müssen. Und uns selber hats dann auch gut gefallen.

Zum Kopftuch gehört schon eine bestimmte Tracht: entweder ein weinrotes Dirndl, oder ein

Bild/Resim 25

parça siyah ipekli önlük. Bu önlüğün etek ucunda da çepçevre siyah dantel olmalı. Bir de kadifeden ceket giyilir *Samtspenzer* dediğimiz.Eskiden bu cekete *Joppn* denirdi.

Benim kız kardeşim gelin olurken, başörtü takmıştı. Başörtü takan gelin, başına çiçek takmaz.

Bild/Resim 25 a

blaues oder ein grünes — aber ganz wichtig ist die schwarze Seidenschürze, um die rundherum eine schwarze Spitze genäht sein sollte, und der Samtspenzer, Joppn hat man früher gesagt, gehört dazu.

Meine Schwester hat im Kopftuch geheiratet, da trägt man dann keinen Kranz dazu.

»Köylü gibi dolaşma«

Kamile Erdoğan

Almanya'da bir Ispartalı

Benim ailem kapalıdır. Bana da başımı kapattırdılar. Küçükken ortaokula giderken, annem babam "başını kapat" derlerdi. Annem "cehenneme gideceksin, başı açık gezme" derdi. Eşarbı bağlardım. Köşeyi dönünce çantaya koyardım. Dönerken yine bağlardım. İşte bu şekilde idi annemin söylemesi. "Yanacaksın, başını bağla". Annem cahil, okuma yazması yok. Sadece kulaktan duyduğu gibi. Bir şey bilmediği için bana sadece onu söylerdi.

Ben şimdi çocuklarıma Kuran-ı Kerim'den bahsederek dini öğretiyorum. Onlar da ilerde istediklerini o şekilde yapacaklar. Ama annem babam bana bir şey öğretmediler. Sadece baskıyla olduğu için ben onun bilincinde değildim o zamanlar.

Kocam ilkokul öğretmeni. Biz 12 sene köyde çalıştık. Köyde başörtülü olduğun zaman daha güzel oluyordu. Açık olduğum zaman köylülerin yanında hoş karşılanmıyordu. Onun için örtüyordum. Ama şehre gidince açıyordum. Bu arada ben namazlarımı kılıyordum. Devamlı olmasa da.. Vakit bulduğum zaman namazımı pek geçirmiyordum. Başörtüsüne o kadar düşmüyordum." Namazını kıl, orucunu tut, belki açık gezdiğimi Allah affeder" diyordum. Sonra Almanya'ya geldik. Baktım, Türk'lerin kapalısı da çok, açığı da çok burada..

Geldiğimin birinci ya da ikinci haftası idi. Karlsruhe'de C&A'ya gittik. Orada bir nonne gördüm. O çok hoşuma gitti. Yaz idi. Beyazlar giymişti. Dikkatle baktım ona. "Ne kadar güzel örtünmüş. Biz bir müslüman olarak böyle örtünemiyoruz. Bunlar müslüman olmadığı halde demek ki örtünün bilincine varmış. Biz neyiz" dedim. Düşündüm kendi kendime.

Almanya'ya gelince bir sene başımı açtım. Bana okul aile birliği tarafından baskı yapıldı. Etlingen'de idik. "Sen öğretmen hanımısın. Nonne'ler gibi dolaşamazsın. Sen protokolde baştasın – Mehmet orada tek öğretmendi. – Senin açılman lâzım. Böyle

»Lauf nicht wie eine Bäuerin herum«

Kamile Erdoğan

aus Isparta lebt in Deutschland

In meiner Familie tragen alle Frauen Tücher. Sie haben mich auch dazu bewogen, ein Tuch anzulegen. Als ich die Mittelschule besuchte, wollten meine Eltern, daß ich ein Tuch trug. Meine Mutter sagte: »Wenn du ohne Tuch ausgehst, dann wird diese Sünde mit Höllenqualen bestraft.« Als ich aus dem Haus ging, trug ich das Tuch immer, sobald ich um die Ecke war, tat ich es in die Tasche. Abends, kurz vor dem Heimkommen, band ich das Tuch wieder um. So war es. Meine Mutter hat nichts anderes gesagt, als »leg dein Tuch an, sonst wirst du bestraft«. Sie war Analphabetin, sie hat mir das weitergegeben, was sie von den anderen gehört hat. Eigentlich wußte ich sehr wenig. Heute bringe ich meinen Kindern die Religion bei, indem ich Beispiele aus dem Koran erzähle und wenn sie erwachsen sind, werden sie sich dann selbst entscheiden müssen. Meine Eltern haben mir in dieser Richtung nichts beigebracht. Sie haben nur mit Drohungen Druck auf mich ausgeübt. Ich hatte das heutige Bewußtsein damals noch nicht.

Mein Mann war Volksschullehrer. Wir arbeiteten zwölf Jahre lang in den Dörfern. Ich fand es immer schöner, wenn ich im Dorf ein Tuch trug. Die Dorfbewohner haben es auch nicht gerne gesehen, wenn ich ohne Tuch ging. Deswegen hatte ich immer eins auf. Aber wenn wir in die Stadt gingen, trug ich keins.

Zu dieser Zeit betete ich, auch wenn es nicht regelmäßig war. Wenn ich Zeit hatte, verrichtete ich mein Gebet. Nur das Tuch nahm ich nicht so ernst. Ich dachte mir eher, wenn ich mein Gebet verrichte und die Fastenzeit einhalte, wird mir Gott vergeben, daß ich die Haare nicht immer bedecke.

Dann kam ich nach Deutschland. Da sah ich viele türkische Frauen, die ein Tuch trugen und auch viele ohne Tuch. Ich ging manchmal mit und manchmal ohne Tuch. Wenn ich ein Tuch trug, war

köylü kadını gibi dolaşma" dediler. Bu benim çok ağırıma gitti.

Bir de Alman komşumuz kapımızın önünden geçerken güldü bana. Ben de aşağıdaki Türk komşuma sordum, »bu kadın neden güldü?« diye. Komşum da »başörtüne güldü« dedi. Ben başörtümü evde iken uçlarını arkaya götürür, açılmasın diye düğüm atarım ve uçlarını önden sarkıtırım. O da başını benim sevmediğim ve bohçacılar örter dediğim şekilde örterdi. »Benim başörtüme gülmedi, benimki daha güzelmiş. Senin başörtüne güldü« deyince sinir oldum. Ben daha Almanya'ya geleli üç hafta olmuş. Benim küçük görülecek ne tarafım var. O okuması yazması olmayan, dağ köyünden gelmiş bir vatandaşımız. Ben hiç olmazsa sekiz sene bile olsa bir mektebe gitmişim. Benimle alay etmesi ağırıma gitti. Mehmet'e »başımı açayım mı, açmayayım mı« dedim. Mehmet » Günahı sana, ben bir şey demem. Sen ister aç, ister açma« dedi. Açtım bir sene Etlingen'de. Ondan sonra Nürnberg'e geldik. Ben Türkiye'ye izne gittim. Kuran-ı Kerim'in Türkçe'sini aldım. Ben Kuran'ı Arapça'dan okurum. Türkçesini anlamıyordum. Şimdi Arapçasını okurken Türkçesini de okuyorum. Meali nedir diye. Başörtü ile ilgili yerleri okudukça »demek ki, ben bir Müslüman olarak eksikmişim. Başkalarından utandığım için başımı açıyorum. Bundan sonra başımı kapatacağım, bir daha da açmayacağım« dedim. 1981 Ekiminden beri örtünüyorum. 24. Surenin 31. ayeti ve 33. surenin 59. ayeti bence bunu açıkça belirtiyor. Başımı örttükten sonra bazı Türk arkadaşlar yadırgadılar. Gene de yadırgayanlar var. Benim konuşmamı, girişkenliğimi başörtülü oluşum ile bağdaştıramıyorlar. »Sen her şeyini kendin yapabiliyorsun, erkek gibi bir insansın, ama neden modern değilsin!« diyorlar.

2 sene önce Lauf'da Evangelische Kirche'nin bir yabancılar gecesi olmuştu. Biz otururken, bir Alman hanım geldi, bizim masamıza oturdu. O toplantıda bir Heim'da Erzieherin olarak çalışan bir Türk kızı da vardı. Alman kadın iyi akşamlar diledi, biraz sohbet ettikten sonra, "anlayamıyorum, Gülen sen de Türk'sün, bu Frau da Türk. Ama sen açıksın o kapalı. Neden oluyor bu?" dedi.

Gülen "Türkiye'de çok yöreler vardır. Ve her yörenin değişik giyinişi vardır. Bu birinci sebep. İkinci sebep taşradan, köyden gelenler umumiyetle kapanırlar. Çünkü açıldıkları zaman ayıp olacağını, ayıplanacaklarını zannederler. Ben burada doğdum burada büyüdüm. Baş kapatmayı bilmiyorum. Benim annem de bilmiyor." dedi. Benim o zaman Almancam şimdikinden az. Ama dedim ki: "Arkadaş yanlış söylüyor, çünkü benim kapanmam ne yöreye ait, ne taşraya, ne köye ait. Benim kapanmam islâmiyet inancımla ilgili." "Nasıl?" diye

es aus Gewohnheit, es war kein religiöses Bewußtsein dahinter.

Es war in der ersten oder zweiten Woche in Deutschland. Wir waren in Karlsruhe, und gingen zum C&A rein. Da sah ich eine Nonne. Sie gefiel mir sehr gut. Es war Sommer. Sie trug eine weiße Kleidung. Ich schaute sie mir gründlich an. Ich dachte mir, wie schön sie sich bedeckt hatte. Ich fragte mich auch, warum wir uns nicht so bedecken, obwohl wir Moslems sind. Ich dachte mir, daß die Nonnen die Bedeutung des Tuches erkannt haben, obwohl sie keine Moslems sind. Dann fragte ich mich: Was bin ich eigentlich? Ich dachte darüber nach.

Nachher, als wir in Ettlingen waren, hat mich der türkische Elternbeirat unter Druck gesetzt. Sie sagten: "Du bist die Ehefrau eines Lehrers, du darfst nicht wie die Nonnen rumlaufen!" – Mein Mann war dort der einzige Lehrer – sie meinten, daß ich auch zu den Honoratioren gehören würde und ich mein Tuch ablegen müßte. "Lauf nicht wie eine Bäuerin rum!" so sagten sie. Das hat mich sehr getroffen.

Ein weiteres ist noch passiert: Meine deutsche Nachbarin belächelte mich, während sie an meiner Haustüre – wo ich stand – vorüberging. Ich fragte meine türkische Nachbarin, warum sie mich belächelte. Sie meinte, daß mein Kopftuch der Grund sei, weil sie mein Kopftuch nicht schön finde. Ich hatte mein Tuch so gebunden:

Ich nehme beide Enden und binde sie im Nakken zu einem Knoten. Die Enden lasse ich dann nach vorne herunterhängen. Der Knoten des Tuches liegt unter der dritten Spitze des Tuches im Nacken.

Die Nachbarin bindet das Tuch anders, und zwar macht sie den Knoten im Nacken über der Spitze des Tuches. Das gefällt mir überhaupt nicht. Ich nenne diese Art "bohçacı" – Art, (das sind Frauen, die Bett – und Tischwäsche oder Handarbeiten von Haus zu Haus verkaufen – in türkisch hat dies einen leicht abwertenden Charakter.)

Die Nachbarin sagte: "Sie hat nicht wegen meinem Tuch gelächelt, sondern wegen deinem, weil sie mein Tuch schöner findet."

Als sie das sagte, hat mich das sehr geärgert und empört. Das war in meiner dritten Woche in Deutschland. Ich habe es nicht nötig, mich von den anderen herabsetzen zu lassen. Die Nachbarin war eine Analphabetin, eine Bäuerin.

Ich habe acht Jahre lang eine Schule besucht. Daß sich gerade diese Frau über mich lustig mach-

Bild/Resim 26

sordu kadın. "Bizim dinimizde müslüman bir kadın mutlaka kapanmalıdır. Kuran-ı Kerime inanırsa, dini inançlarına sadıksa, o kadının kapanması gerekiyor. Ben de bu yüzden başımı örtüyorum." dedim.

Alman komşularım devamlı söylüyorlar."Heiss" diyorlar. "Neden başını kapatıyorsun?" diyorlar. Ben de "Besser jetzt heiss, als in der Hölle." "Es ist mir besser jetzt unangenehm als später in der Hölle". "Hölle" deyince "Ah, gut!" derler. Başka bir şey demiyorlar.

Dün Mutter-Kind-Stube'ye giderken, yaşlı bir kadın bana bakıyordu. Ben yürüyüp geçtim. Bir, iki metre uzaklaştıktan sonra arkamdan yüksek sesle birşeyler söylemeye başladı. Konuştuğunu anlayamıyorum. Yalnız bana kızıyor bu belli. Devamlı bir şeyler söylüyor. Ben de "Was ist denn los?" dedim. Bana "Verschwinde, verschwinde!" dedi. "Warum?" dedim. "Warum interessiere ich Dich?" dedim. "Du sollst nach Hause gehen!" dedi.

Uzun bir süre bağıra bağıra gitti. "Nonne" filân dediğini duydum. Sebebini şöyle açıkladım: Nürnberg'de bir okulda "başörtüsü" yüzünden olay olmuştu. Ben o aileyi tanıyorum. Gazeteler de yazdı. Herhalde gazetede o olayı okumuş kadın. Başörtülü görünce benim Türk olduğumu anladı. İşte böyle.

te, hat mich besonders getroffen. Ich habe mich sehr geärgert.

Ich sprach darüber mit meinem Mann. Ich fragte ihn, ob ich mein Tuch ablegen solle. Er sagte: "Es ist deine Sache, und es ist auch deine Sünde. Ich sage gar nichts, du mußt dies entscheiden."

Ich legte mein Tuch ab. Ein Jahr lang, in Ettlingen. Dann kamen wir nach Nürnberg.

Als ich im Sommer in die Türkei fuhr, kaufte ich mir eine Übersetzung des Korans. Ich konnte den Koran in arabisch zwar lesen, verstand aber nichts. Jetzt lese ich arabisch und türkisch parallel, damit ich die Bedeutung auch verstehe. Als ich die Stellen im Koran, die das Tuch betreffen, las, merkte ich, daß ich in meinem Handeln als Moslem nicht vollständig bin. Ich habe festgestellt, daß ich mein Tuch abgelegt hatte, weil ich mich vor den anderen genierte. Ich habe mich entschlossen, mein Tuch wieder anzulegen, und seit Oktober 1981 trage ich es. Sure 24 Vers 31 und Sure 33 Vers 59 zeigen dieses Gebot meiner Meinung nach sehr eindeutig.

Als ich mein Tuch wieder umband, haben meine türkischen Bekannten das sehr ungewöhnlich gefunden. Es gibt immer noch welche, die so denken. Wie ich spreche, wie ich mich verhalte, können sie nicht mit dem Kopftuch vereinbaren. "Du kannst alles alleine schaffen und meistern, aber warum bist du keine moderne Frau?"

Yakın komşularımdan böyle bir şey görmüyorum. Zıtlık veya bana karşı kötü hareket yok başörtülü olduğum için.

Ben Alman'ların çoğu giyinişe ehemmiyet vermiyor diye düşünüyorum. Başörtümden daha çok Türk'ler rahatsız oluyor gibi geliyor bana. Türk'ler "Başı kapalı mı? Cahildir, gericidir" diye düşünüyorlar. Bu "gerici" lafı hiç doğru bir şey değil. Özellikle Hz. Muhammed hadislerinde, "Kadınlar silah kullanmayı, ata binmeyi ve yüzmeyi öğrenmelidir" diyor. Yani kadınları evin içine kapatmıyor. "Müslüman kadını çalışkan, bilgili, doğru, görgülü olmalıdır" diyor.

Evet namahreme görünmemek var. Ama bir müslüman kadın mutlaka evinin içerisinde otursun, dünyadan habersiz dursun ya da "kocam getirsin de ben yiyeyim", ya da "ben sadece çocuk doğurayım" yok. İslâmiyet bunu emretmiyor. İslâm dini ileri bir din. İleri bir insan yetiştirmek istiyor. Kapalılık, namaz kılma, oruç tutma bazı kimselere ağır geldiği için İslâm dinini gerici olarak yoruyorlar.

Yukardaki röportajda Kamile Erdoğan'ın kullandığı Almanca sözcük ve tümceler:
Heiss: sıcak
Besser jetzt heiß, als in der Hölle. Es ist mir besser jetzt unangenehm als später in der Hölle«: Bana cehennemde sıcak olacağına, daha sonra cehennemde sıkıntı çekeceğime, şimdi sıkıntı çekmek daha iyi.
Hölle: Cehennem
»Ah, gut!«: demek öyle
Mutter-Kind-Stube: Türk kadınları için açılmış bir danışma merkezi
»Was ist denn loß?«: Ne oluyor?
Verschwinde«: Toz ol karşımdan!
»Warum interessiere ich dich?«: Seni ne ilgilendirir!
»Du sollst nach Hause gehen!«: Geldiğin yere git
Nonne: Rahibe

Vor zwei Jahren war ich auf einem Ausländerabend der evangelischen Kirche. Als wir dort an einem Tisch saßen, kam eine deutsche Frau an unserem Tisch. Nach einer Weile der Unterhaltung deutete sie auf eine junge Türkin, die auch an unserem Tisch saß und als Erzieherin in einem Behindertenheim tätig ist, und sagte: "Ich verstehe nicht, Hatice, du bist Türkin und diese Frau auch.

Du hast aber kein Tuch und sie hat eines auf. Warum ist das so?" Hatice antwortete: "In der Türkei gibt es sehr viele Regionen, und jede einzelne hat unterschiedliche Bekleidungen. Das ist der erste Grund. Der zweite Grund ist: Frauen, die aus den Dörfern stammen, bedecken sich immer. Und wenn sie ihre Haare aufdecken würden, würde ihnen das sehr ungebührlich erscheinen. Ich bin hier geboren und groß geworden. Ich habe nie gelernt, die Haare zu bedecken, und auch meine Mutter macht das nie."

Damals war mein Deutsch nicht so gut wie jetzt. Aber trotzdem wollte ich auch einiges sagen. Ich sagte: "Das was sie sagt, trifft für mich nicht zu. Ich bedecke mich nicht deswegen, weil ich zu einer bestimmten Region gehöre oder aus einem Dorf komme. Ich trage ein Tuch, weil das in dem Verständnis meiner islamischen Religion beinhaltet ist."

Die Frau erkundigte sich, wie. "In unserer Religion muß sich eine islamische Frau unbedingt bedecken. Wenn sie an den Koran glaubt, und wenn sie ihrem religiösen Glauben treu ist, muß sie sich bedecken. Ich bedecke meine Haare aus diesen Gründen" sagte ich.

Meine deutschen Nachbarn sagen ständig: "Heiß", wenn ich das Tuch aufhabe, und fragen nach dem Grund. Und ich antworte: "Besser jetzt heiß als in der Hölle. Es ist mir lieber jetzt unangenehm als später in der Hölle." Wenn sie Hölle hören, dann sagen sie: "Ach gut". Sonst sagen sie nichts weiter.

Vor ein paar Tagen, als ich in die Mutter-Kind-Stube ging, hat mich eine deutsche alte Frau angesehen. Ich ging vorbei. Nachdem ich mich ein bis zwei Meter entfernt hatte, fing sie an, hinter mir mit lauter Stimme etwas zu sagen. Ich konnte nicht verstehen, was sie sagte, ich merkte nur, daß sie sich über mich geärgert hatte. Ich drehte mich um und fragte: "Was ist denn los?" Und sie sagte: "Verschwinde, verschwinde!" Ich fragte warum, warum interessiere ich dich? "Du sollst nach Hause gehen!" sagte sie. Dann lief sie weiter. Ich hörte nur, daß sie,während sie ging, ständig gesprochen hat. Ab und zu hörte ich auch das Wort "Nonne". Ich habe mir diesen Vorfall so erklären können: In

Bild/Resim 26 a

einer Nürnberger Schule war wegen einem Kopftuch ein Vorfall gewesen. Zeitungen haben auch darüber berichtet. Ich kenne diese Familie, um die es ging. Ich kann mir vorstellen, daß die alte Frau diesen Vorfall in der Zeitung gelesen hat, und als sie mich mit dem Kopftuch sah, merkte sie, daß ich Türkin bin. So ist das.

Von meinen näheren Nachbarn habe ich diesbezüglich keine schlechten Erfahrungen gemacht. Sie haben sich nicht unfreundlich verhalten, weil ich ein Kopftuch trage.

Ich denke, daß viele Deutsche nicht soviel Wert auf die äußere Erscheinung legen. Ich habe das Gefühl, daß sich eher die Türken, nicht die Deutschen an meinem Kopftuch stören. Die Türken meinen, wenn eine Frau ein Kopftuch trägt, dann wäre sie reaktionär und rückständig. Dieser Begriff "rückständig" trifft überhaupt nicht zu. Besonders der Prophet Mohammed empfiehlt in seinen Reden den Frauen, daß sie schwimmen und reiten lernen sollten und sich mit den Waffen auskennen sollen, d. h., er sperrt die Frauen nicht in die Häuser. Er sagt, eine moslemische Frau muß fleißig, klug, ehrlich und erfahren sein. Es ist zwar richtig, daß die Frauen ihren Körper nicht unbedeckt den anderen Männer zeigen sollen, das bedeutet aber nicht, daß die moslemische Frau unbedingt nur in ihrem Haus bleiben und ohne Kontakt zur Außenwelt sein soll. Der Islam will nicht, daß die Frau nur eine Gebärmaschine ist oder der Mann ihr alleiniger Ernährer. Ich finde den Islam eine sehr fortschrittliche Religion, weil er aufgeschlossene Menschen hervorbringen will. Ich kann mir vorstellen, daß das Sichbedecken, Gebete und das Fasten für viele eine Last bedeuten und sie deswegen diese Religion als eine rückständige Religion bezeichnen.

»Düğüne giderken başımı açıyorum«

Tülay

Nalbant Köyü/ Adana, 18 yaşında

Evde başörtü bağlıyorum yemek yaparken, ekmek yaparken. Saçlarım yemek kokmasın, ya da yemeğe saç düşmesin diye. Ev süpürürken toz oluyor, saçım tozlanmasın diye bağlıyorum.

Başım devamlı bağlı olunca, alışıyorum, öylesine komşuya da geçiyorum. Baş hep bağlı olunca saçlar yatıyor, hiç kabarmıyor, onun için de bağlıyorum komşuya falan giderken. Düğüne giderken açıyorum. Yıkayıp, fönlüyorum. Güzel tokalar takıp güzel bir şekilde yapmaya çalışıyorum.

Bazı arkadaşlar oyalarını fular gibi boyunlarına takıyorlar. Bunu düğüne giderken, gezmeye giderken, yani süslendikleri zaman yapıyorlar. Mavi bir

»Wenn eine Hochzeit ist, dann trage ich kein Tuch«

Tülay

ein Mädchen aus dem Dorf Nalbant bei Adana, 18 Jahre alt

Ich trage Tücher zu Hause, wenn ich koche, wenn ich Brot backe, damit meine Haare nicht nach Essen riechen, oder damit die Haare nicht ins Essen fallen, sie können ja sehr leicht in das Essen gelangen. Wenn ich die Wohnung sauber mache, dann kommt der ganze Staub auf die Haare, wenn ich nicht möchte, daß meine Haare staubig werden, dann binde ich sie mit einem Tuch.

Wenn ich dann die ganze Zeit ein Tuch trage, dann gewöhne ich mich so sehr daran, dann denke ich gar nichts dabei und gehe auch zu den Nachbarn damit. Außerdem, wenn man längere Zeit ein Tuch trägt, dann kleben die Haare am Kopf, sie stehen dann nicht mehr so füllig und

Bild/Resim 27

gömlek giyerlerse, güzelce mavi bir yağlık koyarlar. Moda olduğu için takıyorlar.

Daha çok elbiseye süs olsun, değişiklik olsun diye takıyorlar yağlıkları. Şehre gidince yağlıkların fular gibi taşındığını görüyorlar, sonra onu uyguluyorlar.

schön. Deswegen lasse ich es auf, wenn ich zu den Nachbarinnen gehe. Wenn eine Hochzeit ist, dann trage ich kein Tuch. Ich wasche und ich föhne meine Haare und trage schöne Spangen.

Ich versuche meine Haare so schön wie möglich zu kriegen. Es gibt auch Mädchen, die ihre Tücher mit Perlenoyas am Hals tragen, wenn sie zu einer Hochzeit gehen, oder wenn sie Besuche machen, wenn sie sich halt schön herrichten. Wenn sie eine Bluse tragen, nehmen sie ein Tuch, das in den Farben harmoniert, dazu binden sie es so schön, weil es Mode ist.

Sie nehmen sie häufig als eine Verzierung des Kleides. Sie haben in der Stadt gesehen, daß dort die Tücher so am Hals getragen werden. Dann haben sie ihre Tücher auch so gebunden.

»Adamı aldık, illa baş açacaksın, saç keseceksin«

Asiye Köktürk

Kozan/ Adana

»Mein Mann möchte nicht, daß ich das Tuch trage«

Asiye Köktürk

in Kozan bei Adana

Bild/Resim 28

Ağabeyimiz, bizi gençken hiç başı açık gezdirmezdi. Kapalıyı çok severdi. Beyimi aldım, beyim açığı severdi. Ben kız iken çok kapalıydım. Evlendik, Adana'ya gittik. Saçımı kestirdim. Bir gün japone kollu bir elbise ile bir bakkala gittim. Giderken de bizim evde oturan komşuya, "beni ağabeyim böyle görse, çok kızar" dedim. "Nereden görecek kızım, o nerede oturuyor, sen nerde" dedi. Ben tam bakkalın önündeyken, ağabeyim tesadüfen karşıdaki dükkâna gelmesin mi! Kalbimden vurulmuş gibi geri döndüm. Komşum "Hayrola kızım, ne oldu?" diye sordu. Oldukça yaşlıydı. "Korktuğun şeye bak, ne olmuş ki" dedi. Sonradan öğrendim ki, ağabeyim anneme "Asiye bunu hayatta yapmazdı. Bunu yaptıran kocası" demiş. Annemin anlattığına göre çok kızgınmış. Karısı ve annem gönlünü yapana kadar ne çekmişler.

Bana kocam "kapan" dese, memuniyetle! Beş vakit namazımı kılardım. Adamı aldık, illa "baş açacaksın, kol açacaksın, saç keseceksin". Bir arkadaş "Sen sanki namaz kılmak istesen elinden mi alacak" demişti. Gözüm kör olsun, namaz kılmamı istemiyordu. Sonra bir hoca ile konuştum. Anlaşamadığımız tek sebebin bu olduğunu anlattım. Hoca "Senin hiç günahın yok, bu işin vebalinin tamamı kocana ait" dedi. Kocam yanımdaydı. "Tamam günahı da, günahını da kabul ediyorum" dedi.

Kız kardeşim başını bir süreden beri kapattı. Neden mi? Çünkü, saçını göstermeyi günah diye düşünüyormuş. Kocası ne yapacağını bilmiyor, şaşırmış. Kocası diyor ki "rüyasında kapan, günah" diye söylemişler. O günden beri hiç kısa kollu giymiyor, saçını açmıyor, namazını kılıyormuş.

Mein Bruder hat uns nicht erlaubt, daß wir ohne Tücher ausgingen. Es hat ihm immer sehr gefallen, wenn wir mit Tüchern unsere Haare bedeckten. Dann heiratete ich, und mein Mann liebte Frauen ohne Tücher. Siehst du, jeder hat einen anderen Geschmack.

Ich ging mit bedeckten Haaren, als ich ein junges Mädchen war. Nach der Heirat ging ich nach Adana zum Friseur und ließ meine Haare schneiden. Eines Tages trug ich ein Kleid mit kurzen Ärmeln und ging so in einen Lebensmittelladen. An dem Tag, als ich aus dem Hause ging, sagte ich einer Frau, die in unserem Haus wohnte, wenn mein Bruder mich so sehen würde, würde er sich ärgern. Sie antwortete mir, wo soll er dich nur sehen, du wohnst ja ganz weit weg. Als ich im Lebensmittelladen war, sah ich plötzlich, daß mein Bruder zufällig in den gegenüberliegenden Laden kam und dort jemanden besuchte. Er war sehr aufgeregt. Ich ging in die Wohnung zurück. Die gleiche Frau, mit der ich eben gesprochen hatte, fragte mich, was los war. Damals war sie schon sehr alt. Sie sagte: Davor sollst du keine Angst haben. Es ist ja gar nichts dabei. Dann erfuhr ich, was mein Bruder mit meiner Mutter gesprochen hatte. Mein Bruder sagte meiner Mutter: "Ich bin sicher, daß ihr Mann das gewollt hat." Meine Mutter und seine Frau haben ihn mit großer Mühe beruhigt. Wenn mein Mann gesagt hätte, ich soll meine Haare bedecken, hätte ich das gerne gemacht. Ich habe auch vor der Heirat fünfmal am Tag gebetet. Nachdem ich geheiratet hatte, sagte mein Mann, ich soll kurzärmelige Kleider tragen, meine Haare nicht bedecken und kurz schneiden lassen.

Wenn du selbst beten wolltest, könntest du es doch machen, sagte meine Freundin. Glaub mir, er wollte nicht, daß ich bete, sagte ich. Dann sprach ich mit einem Priester. Ich sagte ihm, daß dies der einzige Grund ist, worüber ich mich nicht einigen könne mit meinem Mann. Der Priester antwortete, ich würde dadurch keine Sünde begehen, denn mein Mann trägt einzig und allein die Verantwortung über solche Entscheidungen. Er sagte, wenn er mich bei meinen religiösen Pflichten behindere, dann würde er selbst sündigen. Mein Mann war auch dabei. Er sagte: "Okay, ich akzeptiere, daß es eine Sünde ist und bin einverstanden, daß es meine Sünde ist."

Meine Schwester hat ihr Haare seit neuestem bedeckt. Warum?

Sie denkt, daß es eine Sünde ist, die Haare zu zeigen. Ihr Mann ist so verzweifelt. Er weiß gar nicht, was er tun soll. Er hat mir erzählt, daß ihr eines Nachts im Traum gesagt wurde, daß es eine Sünde ist, die Haare zu zeigen. Seitdem trägt sie keine Kleider mit kurzen Ärmeln und zeigt ihre Haare nicht, und sie hat das Beten angefangen.

»Başörtüyü başıma böyle oturtmayı hiç mi hiç sevmem«

Barbara Schleicher

Röthenbach, Franken

Cumartesileri çiçek ve şifalı otlar satmak için Nürnberg'e geliyorum. Önce otobüsle Erlangen'e kadar geliyorum. Sonra da trenle Nürnberg'e.

Benim doğduğum yerde, *Tracht* dedikleri köylü giysisini giyenler hala çok var, ama Röthenbach'ta pek yok. Bizden sonra gelen nesil içinde köylü giysilerini kullanan kimse kalmadı. Biz köylü giysisine *Tracht* demeyiz. *Bauermontur* deriz. İşte, köylü giysisini çıkaran elbiseye dönüyor. Aslında bu dönüş savaştan sonra başladı. Köylüler, artık tarlalarında değil, başka işlerde çalışmaya başlamışlardı savaştan sonra. İşte böyle işlere giden kadınlar, elbise giyip işe öyle gitmeye başladılar. Bilmem neden ama, köylü kılığı demode görülmeye başlanmıştı.

Bizim Kommunion o zamanlar, biz yedinci sınıfta iken yapılırdı. İşte benim kommunion'um olduğunda, bizim sınıfta 17 kişi köylü giysiliydi. Bugün kala kala tek ben kaldım bu giysiyle dolaşan. Herkes giyimini kuşamını değiştirdi. Ama benim hep söylediğim bir laf vardır: "Ancak kendi malını, kendi alışa geldiği malı giyen, adama benzer!" Hadi işin bu tarafını bırak, biz köylüyüz yahu!

Giyimini kuşamını değiştiren kadınlar da başörtü takıyorlar ama, öyle işlemeli, hani o pazar günleri kullanılanlar var ya, işte öyle örtüler takmıyorlar. Benim de var o işlemeli örtülerden. Bu çeşit örtü, başa örtülmez, başa geçirilir. Çünkü, onun belli bir başa sarılma şekli vardır. Hayat boyu sevemedim, başörtüyü öyle başa geçirmeyi. Evet, başörtüyü çenemin altından bağlarım, kulağım filan ısınsın diye, ama başörtüyü ensede bağlamayı hiç sevmedim, sevemem de! Bayram seyran olduğunda mecbur kalıyorum. Bayram günü yapmak lâzım!

»Die Tüchle zum aufsetzen, die mag ich halt gar nicht«

Barbara Schleicher

in Röthenbach, Franken

Ich fahr samstags nach Nürnberg und verkaufe Blumen und Kräuter, Ich komme mit dem Bus nach Erlangen und fahre dann hierher mit dem Zug.

Wo ich geboren bin,sind noch mehr in Tracht, aber in Röthenbach selber wenig. Also, was nach uns kommt, da sind überhaupt keine mehr dabei, die Bauernmontur tragen, die haben alle Kleider. Das war die Umstellung nach den Kriegsjahren, da haben dann alle Kleider angezogen, weil alles auf die Arbeit gegangen ist. Das war zu der Zeit, ich weiß auch nicht, das ist halt nimmer modern.

Wie wir Kommunion gehabt haben, wir hatten sie erst in der 7. Klasse, da waren wir noch 17 in unserer Klasse, von denen bin ich die einzige, die noch Tracht trägt. Alles ist umgekleidet. Aber ich hab immer gesagt, wenn man sich seine War zieht, kann man sich immer sehen lassen. Und wir sind ja auch Bauern, abgesehen davon.

Die Frauen, die sich umgekleidet haben, tragen schon auch Kopftücher, aber so wie die gestickten, die man am Sonntag aufhat, das nicht mehr. Ich hab auch die gestickten, bloß aufsetzen tu ichs nicht. Ich hab mein Lebtag noch nicht gern ein Tüchle aufgesetzt, runtergebunden, ja, die braucht man ja für die Ohren und so, aber ein Tüchle hintergebunden, das hab ich halt noch nie gemocht. Wenn ich die Festtag mal eins aufsetzen muß, das ist ... Aber es gehört halt einfach dazu.

Bild/Resim 29

»Örtülerimi mi soruyorsunuz«

Margarete Derfuß

Kleinsendelbach Köyü/ Franken

Başörtüm mü! Bir çoğu bana ne armağan edeceğini bilmediği zaman başörtü alır, verir. İşte doğum günümde, Noel'de filan, bana hep başörtü gelir. Bu başörtüler Erlangen'de bir dükkân vardır, orada bulunur. Ya da Forcheim'da kurulan pazarda vardır.

»Ja, meine Tüchle«

Margarete Derfuß

aus Kleinsendelbach, Franken

Ja, meine Tüchle... Da wissens halt alleweil nicht, was sie schenken sollen und da kriegt man halt sein Tüchle an den Geburtstagen und Weihnachten. Die gibts in Erlangen in einem Geschäft oder auf dem Forchheimer Markt.

Bild/Resim 30

»Başörtüsüz dolaşmaya alışmak, çok zor gelmişti bana«

Maria Moldovan

Siebenbürgen (Romanya) doğumlu, Gsteinach köyü/Güney Almanya

1920'de Siebenbürgen'de doğdum. 1938'de evlendim ve 1944'de Almanya'ya göçmen olarak geldim. 1945 Nisan'ından beri Almanya'da yaşıyorum.

Buraları bizim memlekete hiç benzemiyordu. İnsanlar arasında birbirine dayanak olma gibi şeyler yoktu, yani her şey yabancıydı. Yemek olsun, hava olsun hepsi değişikti. Bizim köyde, herkes herkesi çocukluktan beri tanırdı. Burada öyle şey yoktu. Dedim ya her şey yabancıydı. Bizim oralardan gelenler de, pek fazla değildi. Bir çoğu gene göçmen olarak Avusturya'ya, Westfalen'e gitmişti. Oralara gittiler, çünkü göçmenleri öyle dağıtmışlardı. Her-

»Einfach war es nicht ohne Kopftuch zu gehen«

Maria Moldovan

aus Siebenbürgen in Gsteinach

Ich bin 1920 in Siebenbürgen geboren, habe 1938 geheiratet und bin 1944 geflüchtet; seit April 1945 bin ich in Deutschland.

Hier war es überhaupt nicht ähnlich wie zu Hause. Gar nicht. Es war kein Zusammenhalt unter den Leuten hier, war halt alles ganz fremd. Ganz anders. Auch das Essen, das Klima war anders. Bei uns war eine gewachsene Gemeinde, jeder hat jeden gekannt, von klein auf, und hier war das nicht, das war ja alles fremd. Wir waren ja nicht viele. Viele waren in Österreich, in Westfalen, wir sind so verteilt worden, und die Leut sind ja so unter sich. Und viel Heimweh hatte ich. Es war nicht leicht.

Bild/Resim 31
Frau Moldowan heute
Maria Moldowan (1985)

kes kendi arasında idi. Vatan hasreti çok çektim. Hiç kolay olmadı.

Bizim memlekette başörtü takardık. Güzeldi başörtülerimiz. Kumaşı yünden olurdu. Çiçekli ya da başka desenli. Yani kılığımız kıyafetimiz birbirine yaraşırdı işte. Çok çeşit vardı, kimin ne hoşuna giderse onu satın alırdı. Başörtülerin zemini koyu renkli olurdu. Yazlık başörtüler ketenden, açık renkli, ince kumaşlardan olurdu.

Biz başörtülerimizi enseden bağlardık, ama kışın enseden bağlanmaz, önden bağlanırdı. Bir de başörtüyü, bir çok kadın kaşının üstüne kadar indirir, öyle bağlardı. Ama ben başka türlü bağlardım. Evlenmeden önce de, benim bağlamam başka türlüydü. Başörtü takmamızın belli bir sebebi yoktu. Öyle gelmişti, öyle görmüştük, adet öyleydi. Sadece dans etmeye giden evlenmemiş kızlar, başörtü takmazlardı. Evli kadınlar Haube denen başlıkları kullanırlardı. Şimdi bu Haube'ler kılığa kıyafete uymaz oldu. Kadınların saçları da zaten Haube giymeye uygun değil, örgüleri yok. Dediğim gibi, onu giymeye uyacak durum yok.

Bizim memlekette, hiç bir kız "ben artık başımı örtmek istemiyorum" diyemezdi. Ama, çocukluğundan beri başörtü takmamış kızlar da vardı. Yani okumuş kızlar. Benim öyle bir arkadaşım vardı. Bu arkadaşım, çocukluğundan beri başörtü takmamıştır. Babası öğretmendi. Bizim orada çiftçilerden gayrısı papaz olsun, ayakkabı tamircisi olsun, yani mesleği olanlar şehirli usulünde giyinirlerdi. Başörtü takmazlardı.

Ben şehire gittiğim zaman *"Tracht"* dediğimiz köylü giysimi giyerdim. Herkesin kılığı ayrıydı. Romen'lerin, Macar'ların kılıkları ayrı ayrıydı. Çingeneler şehirli kılığı giyerlerdi, pek o kadar şık olmasa da. Ama aradaki fark belli oluyordu, çünkü onlar başlarını örtmezlerdi. Romen ve Macar'lar başörtü takarlardı. Alman'lar arasında köylü giysisi, köyden köye değişiklik gösterirdi.

Herkes Tracht giymiş olana döner bakardı. Fakirler, *Tracht*'larını başka kumaşlardan dikerlerdi. Herkes hangi kumaşı isterse onu alırdı. İnsan *Tracht* giyince belli bir topluluğun üyesi olduğunu anlıyor. Böylece her şey tek tipti ve düzen içindeydi.

Biz Almanya'ya geldiğimizde, Bavyera'daki köylü kadınlar köylü giysilerimize bayılmışlardı, yani bu giysilerimizle beraber taktığımız başörtüleri filan pek yakışıklı bulmuşlardı.

Benim gibi, bizim oralardan Almanya'ya göçmen olarak gelmiş bir çok kadın, uzun bir süre başörtü kullanmaktan vazgeçmedi. Bunlardan bir kısmı, yani çok yaşlı olanlar halen başörtü bağlarlar. Bu başörtü takanlara, hani bazen garip garip

Wir haben zu Hause Kopftücher getragen. Bei uns waren es schöne Kopftücher, so fein, aus Wolle und gemustert oder geblümt, es hat halt alles zusammengepaßt. Es gab viel Auswahl und man hat genommen, was einem gefallen hat. Die Tücher waren dunkelgrundig, die Sommertücher oft aus Leinen und hellere, leichtere Stoffe.

Wir haben die Kopftücher nach hinten gebunden, nur im Winter nicht, da wurden sie nach vorne gebunden. Üblich war auch, daß das Tuch in die Stirn gebunden wurde. Ich habe es aber gerne anders gemacht, auch daheim schon. Gründe, das Kopftuch so zu binden, gab es eigentlich nicht: Das war so, man hat es nicht anders gekannt. Nur auf den Tanzboden ging man ohne Kopftuch, als Mädchen. Und als Frau ging man dann mit Haube, aber das paßt jetzt auch nicht mehr zur Kleidung und die Haare sind auch nicht mehr so, die Zöpfe sind nicht mehr da — es ist eben nicht mehr so, wie es sein soll.

Bild/Resim 32
Als junge Frau mit Kopftuch
Maria Moldowan başörtü taktığı günlerde

Zuhause gabs das auch nicht, daß ein Mädchen sagte, ich will das Kopftuch nicht mehr tragen. Es gab Mädchen, die von klein auf kein Kopftuch trugen, wie meine Freundin, die studiert hat, die ist von klein auf ohne Kopftuch gegangen. Ihr Vater war Lehrer. Die, die einen Beruf hatten, egal ob

bakanlar da olmaz değil. Benim yaşımdaki kadınlardan başörtü takanına ise pek rastlanmaz.

Başörtüden vazgeçmek neden mi uzun zaman almıştı? Kolay değil. Başörtüsüz gezmeye alışıncaya kadar uzun bir süreye gerek var. Saçları kısa kesmeye alışmak desen, o da öyle! Bunlara alışmak için uzun zaman geçmesi lâzım. Ben de o zamanlar saçlarımı kestirmiştim. Kestirdikten sonra da üzülmüştüm. Hem de nasıl! Bu defa saçım kısa olunca başörtü hiç yakışmadı.

Bild/Resim 33
Der erste Tag ohne Kopftuch
Başörtüsünü çıkarttığı ilk gün

Saçlarımı kesmem 1949'a rastlar. Biz 1945 'te gelmiştik Almanya'ya. Kocam da başörtü takmamı istemiyordu. (Bu arada kocası söze karışarak şöyle diyor: "Artık bizlerden başörtü takana rastlanmaz. Köylü giysisi giyilmiyor artık. Çünkü giyen, göze batıp, dikkat çeker.")

Ama kimse bizi gösterip de, kılığımızı küçümseyecek şeyler söylememişti. Bizim başörtülerimiz çok güzeldi. Onları güzel güzel bağlardık. Kimse tek laf söylememiştir. Hatta saçlarımı kestirdiğim zamam "İşte en güzel şeyin şimdi gitti" denmişti bana.

Olmadı işte her ne sebeptense. Memlekette kullandığımız başörtüleri Almanya'da bulamaz olduk. Sonra köylü giysime lâzım gelen şunu bunu da bulamaz oldum. Almanya'da bunlardan kullanan az

Pfarrer oder Schuster, wer halt einen anderen Beruf hatte als Bauer, die gingen dann städtisch. Ohne Kopftücher. Wenn ich in die Stadt gegangen bin, habe ich meine Tracht getragen. Jeder ging anders: Die Rumänen hatten ihre eigene Tracht und die Ungarn auch; die Zigeuner gingen städtisch, nur nicht so fein, aber es war schon ein Unterschied — sie gingen ohne Kopftuch. Die Rumänen und Ungarn hatten auch Kopftücher auf. Bei den Deutschen war die Tracht noch von Dorf zu Dorf verschieden.

Und jeder hat geschaut, daß er eine Tracht hatte. Die Ärmeren haben dann vielleicht einen anderen Stoff genommen, aber jeder hatte es so, wie man's gebraucht hat.

Die Tracht hing auch bestimmt mit dem Gemeinschaftsgefühl zusammen: So war alles einheitlich und in der Ordnung.

Als wir nach Deutschland kamen, hat es den bayerischen Bauersfrauen gut gefallen, daß wir unsere Tracht mit dem Kopftuch trugen, sie haben immer gesagt, wir kämen so schön daher.

Lange Zeit haben die Frauen, die hergekommen sind, das Kopftuch nicht abgelegt. Zum Teil tragen es auch jetzt noch welche, die ganz alten Frauen, aber die werden dann schon manchmal als Sonderling angesehen. Die Frauen in meinem Alter, die tragen es nicht mehr, da sieht man kaum noch eine.

Ja, warum ist es so lange nicht abgelegt worden: Das ist nicht einfach. Bis man sich daran gewöhnt, und die Haare abschneiden und das alles, das hat lang gedauert. Und dann hatte ich mir die Haare geschnitten, und dann hat es mir so leid getan. Aber so leid. Dann paßt ja auch kein Kopftuch mehr.

Das war 1949, 1945 war ich gekommen. Mein Mann hats auch gewollt, daß ich ohne Kopftuch gehe.

Ihr Mann: "Man kann es nicht mehr sehen, die Tracht kann man nicht mehr tragen, man fällt auf..."

Mit dem Finger auf uns gezeigt, das haben sie nicht gemacht. Wir haben schöne Kopftücher gehabt und wir haben sie auch schön getragen, es hat auch keiner was gesagt. Und wie ich dann die Haare weg hatte, haben sie gesagt, jetzt ist das Schöne weg.

Aber es ging irgendwie nicht mehr. Und dann hat man auch keine Kopftücher mehr nachgekriegt und keine anderen Sachen zur Tracht, und wenn man so wenig Personen ist, die das tragen, dann kriegt man nichts mehr und dann geht es nicht mehr, die Sachen passen dann nicht mehr zusammen. Auch Kopftücher gabs hier keine und die es gab, die gefallen einem nicht, wenn man die anderen gewöhnt ist. Aber einfach war es nicht, sich daran zu gewöhnen und ohne Kopftuch zu gehen.

olduğu için, satışı da olmazdı. Lâzım olan şeyler bulunmazsa, kılık düzmek olanaksız. Her parçanın birbirine uyması lâzım. Dedim ya, burada benim istediğim örtülerden yoktu. Almanya'daki başörtüler benim hiç hoşuma gitmiyordu. Benim alışık olduğum örtüler başka türlüydü. Ama başörtüsüz dolaşmaya alışmak çok zor gelmişti bana.

Bild/Resim 34
»Kopftuch wenn es nötig ist«
»Başörtü gerektiğinde«

Ataerkil Düzen ve Bir Parça Kumaş

Das Patriarchat und ein Stückchen Stoff

Ataerkil Düzen ve Bir Parça Kumaş

Bir örtüyle kapanmak, bir örtüye bürünmek bir çok kültürlerde izlenebilen bir olgu. Sadece kadınlar da örtünmekle kalmıyor, *"Çok tanrılı dinlerde din adamları, adak törenlerinde erguvan renkli bir örtüye bürünürlerdi. Hatta Decius'un takibine uğrayan hıristiyanların verdikleri bilgilere göre, adak törenine katılan diğer kişiler ise, eski bir geleneğe göre ancak başları örtülü bir şekilde, sunağın önüne gelebilirlerdi. Kötü ürün alındığında ve kuraklık olduğunda, yas ve tanrıya yakarma simgesi olarak, çiftçiler başlarını örterlerdi (Jer. 14,3,4). Hz. Davud ağlayarak ve yalınayak Zeytindağı'na çıktığında başını örtmüştü (2.Kg 15,30). Hz. Musa, tanrının dikenli çalıdaki tezahüründe, yüzünü örtmüştü (Ex 3,6)."*[1]

Tehlikeye uğrayabileceği düşünülen nesneler, çoğunlukla kumaş veya buna benzer malzemelerle örtülür. Örtünme, korunma ve büyüsel anlamda, tehlikeye karşı koyma anlamını içerir. Çevre, kişinin başından yayılabilecek tehlikelerin kaynağı olarak görülen "kem göz" ve büyüsel güç taşıdığına inanılan saçtan korunmak istenmektedir.

"Baş vücudun diğer organları arasında kelimenin tam anlamıyla "ileri gelen" bir yer tutar. Vücudun merkezî organı olan beynin bulunduğu ve ayrıca sadece yüz, işitme, koku ve tad alma organlarının duyu merkezlerinin değil, kas ve dokunma duyusu sinirlerinin de en gelişmiş olarak bulunduğu yer baştır. Hayaller, düşünceler veya belli bir hedefi amaçlayan planlı istekler bilinçli bir şekilde başta yaşanır. İnsan vücudunda baş, en üstteki bölümdür ve bu özelliğiyle çevreye hitab eden ve etkileyen yüz ve konuşma gibi unsurların, koku ve işitme gibi duyuların taşıyıcısıdır. Kişinin süs ve giyimi, vücudun dikkati çeken bölümü olan başta, özellikle göze çarpar ve bu yüzden baş giyimi ve süsüne daha çok özen gösterilir."[2]

Kadınların örtünmesi, onların özellikle *"buhranlı"* zamanlarında ve *"yaşamlarındaki değişme gösteren devrelerde"* örneğin, ergenlik çağlarında, adet

Das Patriarchat und ein Stückchen Stoff

Verhüllen mit einem Schleier oder Bedecken mit einem Tuch wird in vielen Kulturen praktiziert. Nicht nur Frauen verhüllen sich, *"heidnische Priester bedeckten sich zur Opferhandlung mit einem purpurfarbenen Amikt. Auch andere Opfernde traten nach altem Brauch mit verhülltem Haupte zum Altar der Götter, wie es sogar von gefallenen Christen aus der Verfolgung des Decius berichtet wird. Bei Mißwuchs und Trockenheit verhüllen Landwirte ihr Haupt als Zeichen der Trauer und des Flehens zur Gottheit. (Jer. 14, 3, 4) David tat es ebenso, als er weinend und barfuß den Ölberg hinanstieg (2.Kg 15,30). Moses bedeckte sein Angesicht, als ihm der Herr im Dornbusch erschien (Ex 3,6)".*[1]

Gefährdete Objekte werden gern verdeckt, mit Tüchern oder auch anderen Materialien. Das Verhüllen bedeutet Schutz, magische Abwehr. Aber auch die Umgebung muß möglicherweise vor der Gefahr, die vom Kopf ausgehen kann, geschützt werden, vor dem "bösen Blick" oder vor dem Haar, dem magische Kräfte zugeschrieben werden.

"Der Kopf nimmt unter den Körperteilen eine hervorragende Stelle in des Wortes doppelter Bedeutung ein. Er ist Träger des Zentralorgans, des Großhirns, und der wichtigsten Sinnesorgane: des Gesichts, Gehörs, Geruchs und Geschmacks, auch Muskel- und Hautsinn sind hier gut ausgebildet. Im Kopf erlebt man die Vorgänge und Inhalte des Vorstellens, des Denkens, des zielbewußten, planenden Wollens. Das Haupt ist am menschlichen Leibe der oberste Teil, und als solcher ist es Träger der Fernsinne (Gesicht, Geruch, Gehör) und der in die Ferne wirkenden Sprache. Bekleidung und Schmuck heben sich an ihm als exponiertem Körperteil besonders hervor, weshalb man hier auf sie meist größere Sorgfalt verwendet."[2]

Das Verdecken der Frauen soll sie besonders in "Krisen- oder Umbruchzeiten", in denen sie besonders anfällig sind, schützen, so zur Pubertät,

görme sırasında, gelin olduklarında, kocası veya yakın bir akrabanın ölümü gibi özellikle duyarlı oldukları zamanlarda, örtünme yoluyla korunmaları anlamına gelir. [3]

Örtü, ortaya çıkışından bu yana, bir yandan onu taşıyan kadının iffetiyle ilişkili görülmüş, öte yandan örtünme oldukça etkili bir cinsel çekicilik unsuru olmuştur.

İşte belirtilen bu ilişki, erkeklerin hayal dünyasını günümüze kadar meşgul edegelmiştir.

während der Menstruation, als Braut und beim Tod des Mannes oder eines engen Angehörigen. [3]

Sehr frühzeitig wird der Schleier einerseits mit Keuschheit der ihn tragenden Frau verbunden, andererseits war die Verhüllung allein schon ein stark wirksamer erotischer Reiz.

Dieser Zusammenhang beschäftigt Männerphantasien bis zum heutigen Tag.

Örtü Efsanesi

*Alfred Jeremias**

Örtünme ve örtüleni açma, dünya dinleri içinde binlerce yıldan beri, varlığını sürdürmüş olan simgesel olgulardandır ve bu eylemler aynı zamanda önü sonu olmayan yaşam ve ölüm gizeminde kritik anları simgeler.

Örtünün en simgesel anlamı, evrende izlenerek, gezegenlerin periodik hareketlerinde hayat ve ölümün yer değiştirmeleri görülmüştür.

Hindu dininde gerçek dünya sahte sayılır. Bu da, gerçek dünyanın yanıltıcı Maja örtüsüne büründüğü anlamına gelir.

Mezopotamya örneğinde ise, aşırı gerçekçilik duygusu, gene aynı şekilde dünya örtüsüne bürünmüştür. Gerçeğe vakıf olmayanlar için, örtünün kaldırılması ölüm anlamına gelir.

Bu konudaki tasavvurlar güneşe yönelik olduğunda ise, ilk ışığın (ilk nurun) yoğunlaşmış şekli olan güneş ışığı, tanrının giysisidir ve bu da geceyi örter. Babil yazılarında gece, örtünmüş tanrıça diye anılır.

Tasavvur sadece aya yönelikse, ayın aydınlık evreleri, yaşam ve diriliş bildiren örtünme, karanlık evrelerse, ölüm ve ölüler diyarına yolculuk bildiren örtüyü kaldırma olarak algılanır.

Bu anlayışın aksi, yani örtüyü açma=ışık ve ya-

Zum Mythos des Schleiers

*Alfred Jeremias**

Verschleierung und Entschleierung gehören zu den Symbolhandlungen, die innerhalb der Weltreligionen durch die Jahrtausende gewandert sind. Entschleierung und Verschleierung symbolisieren die kritischen Punkte des äonischen Tod-Lebens-Mysteriums.

Im allumfassenden Symbolsinne wird der Schleier im Kosmos selbst geschaut, in den Erscheinungen des durch Tod und Leben gehenden kosmischen Periodos.

Wenn im indischen Typus der Weltreligion die wirkliche Welt als Nichtwirklichkeit gilt, ist die wahrhaft wirkliche Welt durch den Schleier der täuschenden Maja verhüllt.

Im altorientalischen Typus mit seinem starken Wirklichkeitssinn, ist die Überwirklichung ebenfalls durch den Weltenschleier verhüllt. Entschleierung bedeutet dann für den Nichteingeweihten den Tod.

Wenn die Imagination sich der Sonne allein zuwendet, ist das Urlicht, dessen Verdichtung das Sonnenlicht ist, das Kleid der Gottheit, das die Nacht verhüllt; in babylonischen Texten wird die Nacht als verschleierte Göttin angerufen.

Wenn die Imagination sich dem Monde allein zuwendet, so sind die lichten Phasen des Mondes Verschleierung, Leben und Auferstehung verkün-

HERTIE
Die Einkaufsstadt am Bahnhofplatz
Trendsetter
Seidige Eleganz
aus Italien
AQVASETA®
60° C
MANTERO
Je Meter 98.– Beschreibung siehe 1. Innenseite.

şam, örtme=ölüler diyarı ve ölüm, sonsuz bir zaman süresi içinde ayı örtüp açmış olan güneşin, örtme olayının esas nedeni olarak görülmesi şeklinde de ortaya çıkabilir.

İmgelem ölüm-yaşam-gizemi gezegenlerin görünmelerine paralel olarak takvim yılına göre oluşan bitki dünyasına yönelikse, yapraklanıp çiçeklenme örtünmeyi, çiçeklerin solması ve yaprak dökümü ise örtüyü kaldırma, yani ölüm anlamına gelir.

Evrenin oluş ve oluşumunun kişileştirilmesi içinde peçe, öncelikle Analar Anası Madonna'ya, yani dünyanın yenilenmesiyle sonuçlanacak olayın ortaya çıkışına neden olan kadına aittir.

İfade ettikleri sembollerle birlikte örtü, efsanevi motif olarak bir yandan savaş, zafer, öte yandan çile, ölüm ve yeniden diriliş gibi olayların başrolünü oynayan kişileri kahramanlaştırmak için yazılı tarihin hizmetine de girer. Örtü böylece, gizemsel kuşak (zodyak kuşağı), türban (katlanmış örtü) ve giyen kişiyi görünmez hale koyan başlık (Siegfried) gibi binlerce değişik şekilde ortaya çıkan ve nesilden nesile anlatılan bir sembol olmuştur.

Örtü kullanma her ne kadar giyimle ilgili bir adet olsa bile, örtü kullanmanın arkasında efsanevi bir anlam yatmaktadır. (Dünyevî giysi, duvak, matem peçesi)

digend, die dunkeln Phasen Entschleierung, Tod und Unterweltfahrt verkündigend. Der Gegensinn: Entschleierung = Licht und Leben, Verschleierung = Unterwelt und Tod, kann auch dann eintreten, wenn die Sonne als Urheberin des Schleiers angesehen wird, die den äonischen Lauf im Monde verschleiert und entschleiert.

Wenn die Imagination sich der Vegetation zuwendet, deren Tod Leben Mysterium sich kalendarisch parallel zu den Gestirnerscheinungen vollzieht, so bedeutet Belaubung und Aufblühen, Verschleierung, Verblühen und Entlaubung, Entschleierung, Tod.

Innerhalb der Personifikation des kosmischen Seins und Geschehens gehört der Schleier in erster Linie der UrmutterMadonna, der Trägerin, des auf Welterneuerung hinauslaufenden Weltgeschehens. Sie ist allenthalben nicht nur die himmlische Weberin des Schleiers, sondern auch die Trägerin. Ebenso aber gehört der Schleier dem Sohn-Bruder-Gatten der Madonna, dem von ihr ausgehenden Heilbringer.

Die mythische Motivreihe mit ihrer Symbolik tritt in den Dienst der geschriebenen Geschichte, wenn es sich darum handelt, im heroischen Stil den Helden zum Träger des durch Kampf und Sieg oder leiden, Sterben und Auferstehen gehenden Geschehens zu machen. Der Schleier wird deshalb in tausend Gestalten zum legendarischen Symbol, auch in der Gestalt des mystischen Gürtels (Zodiakusgürtel), des Turbans (zusammengewickelter Schleier), der Tarnkappe (Siegfried).

Auch wenn der Schleier Kleidersitte wird, steht hinter dem Schleiergewand der mythische Sinn. (Weltenkleid, Hochzeitsschleier, Trauerschleier).

* Alfred Jeremias »Der Schleier von Sumer bis Heute«, Der Alte Orient, C.31, No.1/2, Leipzig 1931

Mezopotamya ve Antik Yunan'da Örtü

Kadının peçe takmasıyla ilgili en eski belge, Asur'lulardan kalma bir hukuk belgesidir.

»Evli ve dul kadınlar ev haricindeki yerlerde bulundukларında, başlarını örtmek zorundadırlar. Bu durum »Kapatılanlar« (esirtu) için de geçerlidir. (Esirtu, köle kadınla özgür kadın arasında kalan kadınlar için kullanılan bir tanım olabilir.) »Kapatılan« kadınlar da hanımlarına sokakta eşlik ettiklerinde başlarını örtmeliydiler. Buna karşılık »fahişelerin« başı »açık« olmalıydı. Buna uyulmazsa ağır ceza tehdidi vardı. Bu aynı zamanda tutsak kadınlar için de geçerliydi. Bir erkek »kapatılmış« bir kadını meşru karısı yapmak isterse, kadının başının tanıklar önünde örtüldüğü resmi bir tören gerekliydi.« [4]

Buna karşılık Yahudi'lerde, fahişelerin başı örtülüydü. Yehuda, Keramet'i (Thamar'ı) gördü ve yüzünü örtmüş olduğundan onu, fahişe zannetti. (1. Mos. 28,15)

Klasik çağda Yunanistan'da başörtüsü, tanrıçaların, örneğin Zeus'un karısı Hera ve bereket tanrıçası Demeter'in kendilerine mahsus özel simgeleriydi.

M.Ö. 8. yüzyılda yaşamış Homer için örtü, onu kullananın sosyal konumu ne olursa olsun, kadın kılığının ayrı düşünülemez bir parçasıdır. *»Başları güzelce örtülmüş kadınlar ekmek de getirmişlerdi.« (Od. 4. 623)*[5]

Yunanistan'ın değişik yörelerinde, kadınlar bol ve ince kumaştan bir giysiyle örtünüyorlardı. Heraklit, Yunanistan ve Mısır'daki kadınların giyimini şöyle anlatıyor:

»Giysilerin başa gelen kısmı öyle sarılır ki, yüzün tümü bir peçe ile örtülmüş gibi görünür. Zira sadece gözler ortada kalır, yüzün diğer bölümleri ise, giysinin bir parçası ile tamamen örtülür. Bütün kadınlar bu şekilde beyaz renkli giysiler giyerler.« [6]

Bu çağ sanat eserlerinde sol elleriyle örtülerini tutarak, yüzlerini kapatan kadınlara sık sık rastlanır. Bu davranış, hem cinsellikten uzakta durmayı, hem de cinselliği belirten bir jesttir:

»Başörtüsü alışılagelmış biçimde taşındığında, sadece baş üzerine atılmış bir durumda olduğundan, kaymasının önlenmesi amacıyla hiç olmazsa bir elle tutulmalıydı. O zaman geçerli olan görgü kuralı kadınlara, erkeklerle bir araya geldiklerinde yanaklarının yanında sarkan örtüyü yüzlerine doğru çekerek tutmayı zorunlu kılıyordu. Geçmiş çağlara ait resimlerde görülen bu kural, daha sonra gelen çağlarda da belirleyici bir davra-

Der Schleier im alten Orient und Griechenland

Eines der ältesten Dokumente zur Verschleierung der Frau ist ein Rechtsdokument aus Assur.

"Verheiratete Frauen und Witwen müssen beim Aufenthalt auf freien Plätzen den Kopf verschleiern. Auch von den "Eingeschlossenen" (esirtu) gilt das (wohl Zwischenstufe zwischen der Freien und Sklavin). Auch sie muß, wenn sie ihre Herrin begleitet, den Kopf verhüllen. Hingegen soll der Kopf der "Dirne" bei schwerer Strafandrohung "offen" sein, ebenso der der Sklavinnen. Wenn ein Mann eine "Eingeschlossene" zur legitimen Frau machen will, so bedarf es eines Formaktes, bei dem die Verhüllung des Kopfes vor Zeugen vorgenommen wird."[4]

Bei den Juden hingegen waren die Huren verschleiert. Juda sah Thamar und hielt sie für eine Hure, denn sie hatte ihr Antlitz bedeckt (1. Mos. 28,15).

In der griechischen Antike ist der Schleier Attribut von Göttinnen, z. B. Hera und Demeter.

Bei Homer (8. Jh. v. Chr.) gehört der Schleier ohne Rücksicht auf den Stand der Trägerin zur weiblichen Kleidung. *"Brot auch brachten mit ihnen die schön verschleierten Weiber" (Od. 4. 623).*[5]

In verschiedenen Gegenden Griechenlands verhüllen sich Frauen mit einem leichten, weiten Mantel. Heraklid schildert die Kleidung der Frauen in Theben so: *"Die Umhüllung der Gewänder am Kopf ist so, daß das ganze Gesicht wie mit einem Schleier bedeckt zu sein scheint. Denn nur die Augen blicken hindurch; die übrigen Teile des Gesichts aber werden ganz durch das Obergewand verdeckt. Alle tragen sie solches in weißer Farbe".*[6]

Auf Abbildungen sieht man häufig Frauen, die sich mit der linken Hand an den Kopfschleier fassen, Keuschheitsgeste und Erotik zugleich:

"Da das Tuch, wenn es in normaler Weise getragen wurde, lose auf dem Kopf lag, so mußte es, um ein Herabgleiten zu verhindern, mindestens mit einer Hand festgehalten werden. Und zwar schrieb die damals herrschende Anstandsregel den Frauen, wenn sie mit Männern verkehrten, vor, das Tuch neben der Wange, vorwärtsgezogen zu halten. – Eine Regel, die, wie die archaischen Bildwerke beweisen, auch in späteren Zeiten maßgebend blieb. In dieser Weise hielt Penelope ihr Schleiertuch, als sie sich den Frei-

nış şekli olma özelliğini korudu. Penelope, taliplerinin yanına çıktığında örtüsünü aynı şekilde tutuyordu. Yüzü bir örtü ile bu şekilde örtme, kadının güzelliğinin görülmesine hiç bir şekilde engel olmuyor, yüzün önüne çekilen bu örtü, özellikle kadının profili için uygun bir fon yaratıyor ve bu da aynı zamanda yüz hatlarının en çarpıcı bir şekilde belli olmasına yol açıyordu.« [7]

ern zeigte. Die Schönheit der Frau wurde hierdurch nicht im mindesten beeinträchtigt, vielmehr erhielt das Profil durch das vorgezogene Tuch eine geeignete Folie und kam zugleich die Form auf das nachdrücklichste zur Geltung.“ [7]

Bild/Resim 35
Terrakottastatue aus der Antike
Antik çağdan bir kil heykelcik

Aziz Paul ve Korintliler e İlk Mektup

*Prof. Dr. Carsten Colpe**

"Baş örtme" geleneği Hıristiyan kültüründe her zaman vardı ve günümüzde de varlığını sürdürmektedir.

Baş örtme ile ilgili en eski belgeye Tevrat'ta rastlanır. Bu konudaki fikirlerini, Korent'lilere yazdığı ilk mektupla açıklayan, İsa Peygamber'in havarilerinden Aziz Paul olmuştur. Aziz Paul şöyle diyor (11, 3-16):

»Şunu bilmenizi diliyorum: Her erkeğin başı, Hazreti İsa'yı, ama bir kadının başı kocasını (temsil eder) ve Hazreti İsa'nın başı ise tanrıyı temsil eder. Başının üzerinde bir şey varken (veya başı bir şeyle örtülüyken) ibadet eden veya din konusunda konuşan erkek (bu yüzden) başını kirletir. Buna karşılık kadının başında örtü olmaksızın ibadet etmesi ve din hakkında konuşması, onun başını kirletir. Çünkü böyle bir kadın, saçları kökünden kazınmış bir kadının ta kendisidir. Bir kadın başını örtmüyorsa, saçını kestirsin. Ama saçını kısa kestirmek veya kazıtmak, bir kadın için aynı şekilde utanç verici bir şeydir. Kadın (saçı uzun olmakla kalmamalı) başını da örtmelidir. Erkek, tanrının kopyası ve onun yansımış ışığı olduğu için, başını örtmez. Ama kadın (örtünmeli, çünkü o) erkeğin yansımış ışığıdır. (Başlangıçta) erkek kadından yaratılmadı, tersine kadın erkekten yaratıldı. Kadın, erkek için yaratıldı, ama erkek kadın için yaratılmadı. Kadın (ayrıca) şu sebepten (de) başının üzerine bir şeyler örtmelidir: Meleklerden ötürü, onlara karşı koruyucu bir güç olarak.

Oysa tanrı katında ne kadın erkeksiz, ne de erkek kadınsız olur. Kadın erkekten (yaratıldığı gibi) erkek de kadından (meydana geliyor). Ama hepsi birlikte tanrıdan geliyorlar.

Şimdi siz kendiniz yargılayın: Kadının örtünmeden tanrıya ibadeti yakışık alır mı? Erkeğin saçını uzatmasının erkek için ayıp, kadının saçını uzatmasının ise, son derece alımlı bir şey olduğunu, sizlere doğanın kendisi öğretmiyor mu? Çünkü uzun saç, kadına örtünmesi için verilmiştir. Bu konuda tartışmak isteyen olursa (onun ileri süreceği karşı biçimde) böyle bir (başka) adetimiz yoktur. Ve tanrının cemaatlerinin de (yoktur).«

Aziz Paul, bu sözlerle hem çağının, hem de yaşadığı yerin adetlerini benimsemiş bir kişi olduğunu gösteriyor. Kadının baş kapatması mektubun yazıldığı yer olan Yunanistan'da bu devirde, bilinmiyor değildi; Burada kadın, görücü geldiğinde, düğüne, yas tutarken ve tanrılara tapınırken başını örterdi. Ama her zaman ve her yerde kadınların

Paulus und der erste Brief an die Korinther

*Prof. Dr. Carsten Colpe**

Die Sitte,"das Haupt zu verhüllen", bestand immer und besteht noch in christlicher Kultur.

Das wichtigste Zeugnis findet sich schon ganz früh, im Neuen Testament. Kein Geringerer als der Apostel Paulus äußert sich darüber, und zwar in seinem ersten Brief an die Korinther. Es heißt dort (11, 3-16):

"Ich wünsche, daß ihr folgendes wißt: Jedes Mannes Haupt ist Christus, das Haupt der Frau aber ist der (ihr) Mann, das Haupt Christi aber ist Gott. Jeder Mann, der betet oder prophetisch redet und dabei etwas auf dem Kopf (oder: etwas vom Kopfherabhängen) hat, der schändet (deshalb) seinen Kopf. Jede Frau hingegen schändet ihren Kopf, wenn sie mit unverhülltem Kopf betet oder prophetisch redet. Denn (dann) ist sie ein und dasselbe wie eine Kahlgeschorene. Wenn sich nämlich eine Frau nicht verhüllt, dann soll sie sich (doch gleich das Haar) scheren lassen. Ist es aber (genauso) schandbar für die Frau, sich kurz oder ganz kahl scheren zu lassen, dann muß sie (nicht nur ihr Haar lang tragen, sondern) sich (auch) verhüllen. Zwar darf der Mann seinen Kopf nicht verhüllen, denn er ist Abbild und Abglanz Gottes; die Frau aber (muß es tun, denn sie) ist Abglanz des Mannes. Es stammt ja (ursprünglich) nicht der Mann aus der Frau, sondern die Frau aus dem Manne. Ist doch auch der Mann nicht um der Frau willen, sondern die Frau um des Mannes willen geschaffen. (Auch) darum (übrigens) muß die Frau etwas auf dem Kopfe tragen: als schützende Macht wegen der Engel.

Im Herrn jedoch ist weder die Frau ohne den Mann noch der Mann ohne die Frau. Denn so wie die Frau (ursprünglich) vom Mann (abstammt), so (kommt dann ja auch) der Mann (zur Welt) durch die Frau. Alles zusammen aber kommt von Gott.

Urteilt nun selbst: Gehört es sich wohl, daß die Frau unverhüllt zu Gott betet? Lehrt euch nicht schon die Natur selbst, daß es für den Mann eine Schande ist, wenn er sein Haar lang wachsen läßt, für die Frau aber etwas Prächtiges, wenn sie ihr Haar lang trägt? Denn das lange Haar ist ihr zur Umhüllung gegeben. Doch wenn jemand meint, darüber streiten zu sollen – wir haben solch eine (andere) Sitte (, wie er sie wohl vertreten möchte, je-

başlarını örtmeleri diye, bağlayıcı bir gelenekten söz edilemezdi. Fakat Aziz Paul hem bir doğulu, hem de özellikle bir Yahudi olarak, baş örtme geleneğine alışmıştı. Yaşadığı yer, bu geleneğin genel olarak geçerli olduğu ve kendisinden yaklaşık bin yıl sonra bir Türk kenti olacak, Tarsus kentiydi. Baş örtmek, Yahudi'ler için, putperest kadınların yitirdiği, bir ar simgesiydi. Hıristiyanlığı yeni kabul eden Korent'li kadınların başları üzerinde bir örtü taşımamaları, Aziz Paul'u yadırgatıyor, hele bunu ayin esnasında bile yapmamaları, onun için tahammül edilmez bir durum oluyordu. Uyarısını, kendi kişisel Hıristiyanlık anlayışına göre son derece önemli bir yoruma dayandırıp, Tanrı katındaki meleklerden yayılan nur ve parıltılardan kadının kendini koruması anlamına gelen, "meleklerden ötürü" derken, bu uyarıyı, yarı doğa kanunu ve yarı gizemsel iki ayrı gerekçeyle bütünleştiriyordu.

* Carsten Kolpe, 14.1.1986 tarihinde Berlin'de verdiği bir konferanstan alınmış notlar

denfalls) nicht. Und die Gemeinden Gottes (haben sie) auch nicht."

Paulus erweist sich in diesen Worten ganz als Kind seiner Zeit und seiner engeren Heimat. Der Frauenschleier war in Griechenland, wohin er schreibt, nicht unbekannt; er wurde bei Brautwerbung und Hochzeit, bei Trauer und bei der Verehrung von Unterweltsgottheiten getragen. Aber von einer verbindlichen Sitte, den Schleier immer und überall zu tragen, konnte keine Rede sein. Genau diese Sitte aber war Paulus gewohnt, und zwar sowohl als Orientale als auch insbesondere als Jude. Als Mann aus Tarsus, einer Stadt, die rund tausend Jahre nach ihm türkisch wurde, entstammte er einer Region, in der die Sitte schon allgemein galt. Den Juden war der Schleier ein Symbol der Scham der Frau, die den Heidinnen abging. Daß die neu bekehrten Christinnen in Korinth sich nicht verschleierten, befremdet den Paulus, und daß sie es nicht einmal im Gottesdienst tun, ist ihm vollends unerträglich. So untermauert er seine Mahnung mit einer eigenen christologischen Deutung von schwerstem Gewicht und umgibt sie mit einer naturrechtlichen und einer halb mythologischen Argumentation; denn um letzteres handelt es sich wohl, wenn er sagt: "wegen der Engel" – es sind die Wesen um Gottes Thron, vor deren Lichtglanz und Strahlenfülle die Frau sich schützen muß.

* Carsten Colpe, aus den Vortrag vom 14.1.1986 in Berlin »Kopftuch und Schleier, was verbergen sie, was sprechen sie aus?''

Arap Yarımadası ve Örtü

Arap yarımadasında yaşayan kadınların giysilerinde, Avrupa ile oldukça eskilere dayanan ilişkileri gösteren öğelere rastlanır. Avrupa'da erkeklik

Der Schleier auf der arabischen Halbinsel

Die Kleidung der arabischen Frauen setzte sich aus Elementen zusammen, die schon für frühe Zeiten auf Verbindungen zu Europa hindeuten.

sembolü sayılan pantolonu, Arap yarımadasında kadınlar giymekteydiler. Bu bol ve ayak bileklerine kadar uzanan bir giysiydi. "Avrupalı kadınların sevişme müjdecisi sayılan çorap lastikleri gibi," bu pantolonlar da kuşaklarla tutturulurdu.[8] Kadınlar bu pantolon üzerine ya pamuklu, ya da ince, şeffaf kumaşlardan gömlekler giyerlerdi. "Gömleği, İslâm'dan önceki zamanlarda Cermen ve Gollülerden öğrenen Romalıların, Arap yarımadasına getirdikleri sanılmaktadır."[9] Bu bölgeye gömlek kumaşı Avrupa'dan ithal ediliyordu. "Binbir gece Masalları'nda, bir kral kızının üzerinde, çok ince işlemeli ve altın sırmalı iki pervazı olan güzel bir gecelik vardı."[10]

İslâm'dan önce, Mekke'de seçkin aileye mensup kadınlar başlarını örtmek için bir örtü kullanırlardı. Bu örtü, kentli ve üst sınıfa ait bir kişi olmanın sembolüydü.

İslâm'dan önce de varlığı görülen ve başı örtmek için kullanılan örtü, İslâm'da köle ve hür üst sınıf kadınları arasında bir ayrıcalık simgesi sayıldı. Kişinin sosyal konumunu belirten bu sembole, Halife Ömer de (634 ten başlayarak hüküm sürmüştür), yasal bir karakter verdi (Köle kadınlar için yüz örtme yasağı)[11]. Abbasiler devrinde (750-1258), bu yasa değiştirilerek köle kadınların da yüzlerini örtmelerine "izin" verildi. "Ataerkil çizgide olan Arap erkekleri, 8. yy.ın ortalarından başlayarak eşlerini, kızkardeşlerini ve kızlarını, artık Bizans hareminin tüm özelliklerini gösteren evlere kapattılar... Bir örtüyle baş ve yüz örtme, geçimlerini sağlamak için çalışmak zorunda olan yoksul kadınlar için geçerli olmadı. Oysa, aynı baş giysisi, kültürlü ve dolayısıyla çevreye en fazla etkide bulunabilecek kadınları dış dünyadan kopardı."[12]

Die Hose hatte dort – im Gegensatz zu Europa – die Frau im Haus an, weite Hosen, die bis zu den Knöcheln gehen sollten. Sie wurden von Gürteln gehalten, die "wie zu gewissen Zeiten das Strumpfband der Damen in Europa – auch als Liebesbote" dienten.[8]

Darüber trugen die Frauen ein Hemd aus Baumwolle oder auch aus durchsichtigen Stoffen. "Vermutlich haben die Römer schon in vorislamischer Zeit das Hemd, das sie bei Germanen und Galliern kennengelernt hatten, auf die arabische Halbinsel gebracht".[9]

Der Stoff dafür wurde auch aus Europa importiert. "So trägt eine Königstochter aus "tausendundeiner Nacht" zur Nacht ein feines venezianisches Hemd mit zwei goldenen Säumen und bestickt mit feinsten Stickereien"[10]

Den Schleier trugen vornehme Bürgerinnen in Mekka schon in vorislamischen Zeiten. Er kennzeichnete Frauen der städtischen Oberschicht.

Der Schleier wurde also in der islamischen Zeit nicht nur beibehalten, sondern wurde Symbol für den Unterschied zwischen Sklavinnen und Frauen, die einer höheren sozialen Schicht angehörten. Dieses Statuszeichen wurde sogar durch den Kalifen Omar (ab 634) durch einen gesetzlichen Erlaß (Verbot des Bedecken des Gesichtes für Sklavinnen) ausgesprochen.[11]

Während der Abbasidenperiode (750-1258) wurde dieses Gesetz geändert und den Sklavinnen auch "erlaubt", ihre Gesichte zu bedecken, oder, um es anders auszudrücken: So schlossen ab Mitte des 8. Jahrhunderts die arabischen Patriarchen "ihre Frauen, Schwestern und Töchter in ihre Privatwohnungen ein, die mit allen Kennzeichen des byzantinischen Harems ausgestattet waren"... Die Verschleierung "betraf weder Bäuerinnen noch arme Frauen, die ihren Lebensunterhalt verdienen mußten. Aber es verbannte die gebildeten und potentiell einflußreichsten aus der sie umgebenden Welt".[12]

Hz. Muhammed ve Örtü

Naila Minai*

Peygamber'in eşlerine, Tanrı'dan gelen, iki yanı keskin Acem kılıcına benzer bir bildiri vardı. Bu bildiriyle, Tanrı onları müminlerin anası ilân ediyor ve yeni sıfatlarına uygun ama aynı zamanda özgürlüklerinin kısıtlanması anlamına da gelecek bir şekilde davranmalarını emrediyordu. Bedevi kabile reislerinin eşleri gibi, peygamberin eşleri de demokratik bir şekilde, içinde yaşadıkları cemaatin erkek ve kadınlarıyla bir arada yaşıyorlardı. Ama şimdi, Mekke'nin bir kaç aristokrat ailesindeki kadınların adetlerinde olduğu gibi, evlerine kapanmak zorunda bırakıldılar. Evleri böylece gerçek haremlere, yani sadece kadınlara ayrılmış konutlara dönüştü. Yakınları olmayan erkeklerle, bir perde arkasından konuşmak ve evden dışarı çıktıklarında, vücutlarını kapatmak mecburiyetinde idiler. Bizanslı ve İranlı kadınlar arasında, o zamanlar çok moda olmasına ve Ortadoğu'da da çok hayranlık duyulup, taklit edilmesine karşın, Tanrı hiç bir zaman kadınlara, yüzlerini örtmelerini öneren bir buyruk göndermedi. Kuran'da şöyle denilmekte: *"İnanan kadınlara söyleyin, hayâlarının örtülü olmasına dikkat etsinler. (Bedenlerinde) taşıdıkları (normal olarak) görünmeyen ziyneti açıkça göstermesinler, örtülerini (giysilerinin) (gerdanın alt tarafından aşağıya doğru inen) yırtmacın üstüne çeksinler..."* (24:31). Bir başka ayette (33:59) evden dışarı çıktıklarında kadınları, *"giysilerinin bir ucunu (başlarının üzerinden) aşağı doğru çekmeğe"* çağırır.

Bu kuralların yürürlüğe sokulma zamanı iyi seçilmişti, çünkü Hz. Muhammed'in eşleri, birbirleriyle öylesine anlaşmazlık içindeydiler ki, bu kurala direnebilmeleri olanak dışıydı. Bu kurala karşı koymada başı çekebilecek Ayşe, hakkında kuşku uyandıran bir »iftira« yüzünden geçici olarak evdeki güçlü durumunu yitirmişti. Diğer eşler ise, ya yaşlı olmaları nedeniyle bu yeni durumun sonucu ile ilgilenmiyorlar, ya da kendilerine arka çıkacak bir yandaş bulamadıklarından bu konuda tek başlarına kalıyorlardı.

Alt sosyal sınıfa ait kadınlar ise, benimsemek zorunda oldukları, aristokrasinin bu göz alıcı simgesiyle, olsa olsa kendilerini onurlandırılmış hissediyorlardı. Bütün bunların ötesinde, Hz. Muhammed'in evinde yaşam aşırı ölçüde değişmedi, çünkü tipik Arap tavrıyla herkes zevahiri kurtarmış ve uyum yeniden sağlanmıştı. Kadınlar dış çevreye

Der Prophet Mohammed und der Schleier

Naila Minai*

Für die Gattinnen des Propheten hatte Gott eine besondere Botschaft, die sich als zweischneidiges Schwert erwies. Er erklärte sie zu Müttern der Gläubigen und befahl ihnen, sich in einer ihrem neuen Titel angemessenen Weise zu verhalten, was eine erhebliche Einschränkung ihrer Freiheit bedeutete. Wie die Frauen der Wüstenscheichs waren sie demokratisch mit den Männern und Frauen ihrer Gemeinde zusammengekommen. Nun mußten sie sich in ihren Häusern abkapseln, wie es bei einigen der aristokratischen Frauen Mekkas Sitte war. Ihre Wohnungen wurden jetzt zu echten Harems, nämlich zu Behausungen, die ausschließlich für Frauen reserviert waren. Mit Männern, die nicht zur Verwandtschaft gehörten, durften sie nur durch einen Vorhang sprechen, und wenn sie ausgingen, mußten sie ihren Körper verschleiern. Gott gebot den Frauen jedoch niemals, ihr Gesicht zu verhüllen, obwohl der Gesichtsschleier damals große Mode bei den byzantinischen und persischen Damen war, die im ganzen Nahen Osten viel bewundert und imitiert wurden. *"Und sag den gläubigen Frauen"*, heißt es im Koran, *"sie sollen darauf achten, daß ihre Scham bedeckt ist, den Schmuck, den sie (am Körper) tragen, nicht offen zeigen, soweit er nicht (normalerweise) sichtbar ist, ihren Schal sich über den (vom Halsausschnitt nach vorne heruntergehenden) Schlitz (des Kleides) ziehen..."* (24:31). Ein anderer Vers (33:59) forderte die Frauen auf, *"sich etwas von ihrem Gewand (über den Kopf) herunterzuziehen"*, wenn sie aus dem Haus gingen.

Der Zeitpunkt zur Einführung dieser Regeln war überaus günstig gewählt, denn Mohammeds (Ehe-) Frauen waren untereinander so zerstritten, daß sie ihnen nicht genug Widerstand entgegensetzen konnten. Aischa, die die Rebellion wohl am ehesten eingeleitet hätte, war vorübergehend durch die "Verleumdungsaffäre" eingeschüchtert, die ihren Ruf in Zweifel gezogen hatte. Die anderen waren entweder zu alt, um noch Interesse am Ausgang dieser Frage zu haben, oder standen allein ohne Bundesgenossinnen da. Die Frauen niederer Herkunft fühlten sich wohl eher geschmeichelt durch diese augenfälligen Zeichen der Aristokratie, die man ihnen auferlegte. Darüber hinaus veränderte sich das Leben in Mohammeds

karşı bu emirlere uyar görünüyorlardı. Hz. Muhammed otoritesini böylece gösterdikten sonra, iyi bir eş ve hatta kendi şahsına karşı da iyi bir savunucu kişiliğiyle meydana çıktı. Yani, kadınların sütannenin erkek akrabalarından kaçmalarına gerek olmadığını saptadı ve kendi eşlerine (ilerde) kaçmak istemedikleri erkekleri, (süt emme çağındayken) ya kendileri ya da kız kardeşlerinin emzirmeleri yoluyla, süt oğul ve süt yeğeni yapabilme yolunu gösterdi. Ama gene de yabancı erkeklerden kaçma yasası yürürlükte kaldığından, kadınların evlerine hapsedilmelerine gidecek yol açılmış bulunuyordu.

Çok az kişi Hz. Muhammed'in esnek ve halden anlayan düşünme tarzına sahipti. Kendisinin 632 yılında ölümünden sonra, kadınların toplum yaşamına aktif veya en azından pasiv olarak katılma gibi hakları yavaş yavaş unutuldu.

Not: Ayşe, Peygamberin düzenlediği bir akına birlikte gitmişti. Mola verildiği bir sırada, tahtırevanından inmiş ve bu sırada deniz kabuklaından yapılmış kolyesini kaybetmiş ve aramaya başlamıştı. Bu sırada grup mola verilen yerden ayrılmış, Ayşe bir süre uyumuş ve daha sonra onu devesiyle gruba tekrar yetiştirecek bir erkek tarafından bulunmuştu.

Haushalt nicht etwa drastisch, denn die Harmonie wurde in typisch arabischer Manier wieder hergestellt, indem jeder sein Gesicht wahrte. Die Frauen beugten sich nach außen hin den Anordnungen. Nachdem Mohammed seine Autorität derart unter Beweis gestellt hatte, erwies er sich als guter Partner und noch besserer Anwalt gegen sich selbst. Er stellte nämlich fest, daß die Pflegefamilie – das heißt die Amme und deren Angehörige – ebenso wie Blutsverwandte sich in Gegenwart der Frauen aufhalten dürften, und wies seine Gattinnen daher an, Männern, die sie zu sehen wünschten, einfach etwas von ihrer oder ihrer Schwestern Milch zu geben und sie damit zu Pflegesöhnen oder – Neffen zu machen. Da die Absonderungsgesetze selbst jedoch bestehen blieben, war der Weg zur Einkerkerung der Frauen bereitet.

Nur wenige Menschen besaßen Mohammeds flexible und mitfühlende Gesinnung. Als er um das Jahr 632 starb, geriet das Recht der Frauen, an Gemeindeangelegenheiten teilzuhaben, oder auch nur öffentlichen Raum zu beanspruchen, nach und nach in Vergessenheit.

Anmerkung: Aischa war auf einem Beutezug vom Propheten mitgenomen worden. Bei einer Rast verließ sie die die Sänfte und verlor eine Muschelhallschnur, die sie suchte. Währenddessen brach die Karawane ohne sie auf. Sie schlief ein und wurde von einem Mann gefunden, der sie auf seinem Reitkamel heimführte.

* Naila Minai: Schwestern unterm Halbmond, Stuttgart 1984

Rahibeler ve Örtü

*Dorothea Förstner**

Roma'da Tanrı'ların iffetli ve temiz nişanlıları sayılan Vestal'ler başlarına bir örtü örterlerdi (Suffibulum). Bu örtü beyaz üzerine erguvan renklerle bezenmişti ve boynun alt kısmında bir toka ile (Fibula) tutturulurdu. Rengi dikkate alınmazsa, gelinlerin duvağını (Flammeum) anımsatırdı.

Tanrıca kutsanmış hırıstiyan bakireler de evli ka-

Der Schleier der Bräute Christi

*Dorothea Förstner**

In Rom trugen schon die Vestalinnen, die als unverletzbare, keusche Bräute der Gottheit galten, einen Schleier (suffibulum). Er war weiß mit Purpurverbrämung, wurde unterhalb des Halses mit einer Fibula (Spange) zusammengehalten und erinnerte – abgesehen von der Farbe – an das hochzeitliche Flammeum der Bräute.

dınlar gibi başlarını örtmek zorundaydılar. Tertulian »De Virginibus velandis« adlı kitapta kadınları böyle bir tutuma teşvik eder (16. bölüm). »Bakire, yalvarırım başını bir örtüyle ört! İffetli edep silahına sarıl, etrafını hicap duvarıyla çevir, cinsiyetine ne kendi bakışlarını, ne de gelip geçenlerin bakışlarının sızmayacağı bir duvar ör. Kadınlara ait bu giysiyi bakireliğini korumak için taşı. Kendine, gerçekte olmadığın şeyin görünüşünü ver ve sadece tanrı seni öyle bildiği için hoşnut ol. Ayrıca sen zaten evlisin. Çünkü Hazreti İsa ile evlendin; vücudunu ona teslim ettin, onunla nişanlandın ve şimdi nişanlın nasıl istiyorsa öyle giyin. Hazreti İsa dünyadaki gelin ve kadınların başlarında bir örtü olmasını istiyor. Onun nişanlıları ise, bu örtüyü herkesden önce takmalı! (PL II, 960)

Aynı yazar, 15. bölümde bakirenin altında gizlendiği örtüyü şöyle adlandırır: "Kinayelere, kızgınlık kurşunlarına, suçlama, dedikodu ve kıskançlığa, hatta hasete karşı kadının mülkünü koruyan bir miğfer, bir siper sanki".

Kilise, Tanrı tarafından kutsanmış bakirenin, bu kutsama töreninde aldığı örtüyü, özel bir takdisle, kutsal bir nesne ve kutsal bir simge seviyesine çıkardı. Kutsama duası "bütün insanların başı, tüm (gizemsel) vücudun kurtarıcısı" Hz. İsa'ya yöneliktir. Örtü, şu sözlerle kadına teslim edilir: "Dünyayı bir hiçe saydığının ve Hz. İsa'ya gerçekten, yüreğinin bütün gayretiyle (tot cordis annisu) acizane, ebedî nişanlısı olarak boyun eğdiğinin simgesi olarak, kutsal duvağı (velamen Sacrum) teslim al. Hz. İsa, seni her kötülüğe karşı savunsun ve ebedi yaşama (ahirete) götürsün. Amin". Örtüyü başına koyan bakire şu şarkıyı söyler:

"Çehreme, ondan başka hiç kimseye göstermeyeceğim bir mühür nakşetti." Bununla kutsal örtünün simgeselliği, açıkça ifade ediliyor: Evli kadın nasıl ki, kendisini başkalarından saklayan duvağı açma hakkına sahip erkeğe aitse, bakire de bütün dünyadan saklı ve dünyadan uzakta, sadece Hz. İsa'ya aittir. Bu ise, sıkı ve bencil bir şekilde içe kapanma anlamına gelmez, daha çok Hz. İsa'ya ulaşma yolunda, dünyasal şeylerden özgür olma anlamındadır.

* Dorothea Forstner, Die Welt der Symbole, Innsbruck-Wien-München, 4. Basım 1982

Gleich den Verheirateten sollten auch die gottgeweihten christlichen Jungfrauen einen Schleier tragen. Tertullian, der an mehreren Stellen davon spricht, ermuntert sie dazu im Buch "De Virginibus velandis" (Kap. 16):

"Ich bitte dich, Jungfrau, verhülle mit dem Schleier dein Haupt! Ergreife die Waffe der keuschen Zucht, umgib dich mit dem Walle der Schamhaftigkeit, baue eine Mauer deinem Geschlechte, die weder deine eigenen Blicke noch die der Vorübergehenden hindurchläßt. Trage das Gewand der Frau, damit du den Stand der Jungfrau bewahrst. Gib dir den Schein, als wärest du das, was du in Wirklichkeit nicht bist, und sei damit zufrieden, daß Gott allein dich kennt. Übrigens bist du ja wirklich verheiratet: denn du hast dich mit Christus vermählt; ihm hast du deinen Leib übergeben, ihm dich verlobt. Kleide dich nun auch so, wie dein Bräutigam es will. Christus verlangt aber, daß die weltlichen Bräute und Frauen den Schleier tragen, um wieviel mehr sollen dies erst seine Bräute tun!" (PL II, 960)

Im 15. Kapitel (a.a.O.) nennt derselbe Autor den Schleier, unter dem die Jungfrau sich birgt, "gleichsam einen Helm, ein Schild, das ihr Gut schützt gegen die Hiebe der Versuchungen, gegen die Wurfgeschosse der Ärgernisse, gegen Verdächtigungen, Gerede und Mißgunst, ja gegen Neid".

Die Kirche hat den Schleier, den die gottgeweihte Jungfrau bei ihrer Consecratio erhält, durch eine besondere Weihe zum Sakramentale und zum heiligen Symbol erhoben. Das Benediktionsgebet richtet sich an Christus, "das Haupt aller Gläubigen, den Erlöser des ganzen (mystischen) Leibes". Die Übergabe geschieht mit den Worten: "Empfange den heiligen Schleier (velamen Sacrum) als Kennzeichen, daß du die Welt verachtest und dich Christus Jesus wahrhaft und demütig mit ganzem Streben des Herzens (tot cordis annisu) als Braut für immer unterworfen hast. Er möge dich gegen alles Böse verteidigen und zum ewigen Leben führen. Amen." Sofort nach ihrer Verschleierung singt die Jungfrau:

"Ein Siegel hat er meinem Antlitz eingeprägt, auf daß ich keinen Liebhaber zulasse als ihn!" – Damit ist die Symbolik des Velamen klar ausgedrückt: Gleichwie die Vermählte dem einen Mann gehört, dem allein es zusteht, den Schleier zu lüften, der sie anderen verbirgt, so ist die Jungfrau Eigentum des Herrn allein, vor aller Welt verborgen und von ihr getrennt. Das bedeutet aber kein enges, selbstsüchtiges Eingeschlossensein in sich, vielmehr ein Freisein vom Irdischen, um sich desto leichter Christus zu erschließen.

Gelin Duvağı

Bakirelikten kadınlığa geçecek olan gelin, birçok uygarlıklarda örtülür, yaşmaklanır. Bu davranışın temelinde, duvağı büyüsel bir korunma ve savunma aracı olarak görme yatar. Rebecca, müstakbel eşini gördüğünde yüzünü bir örtüyle örttü (Gen. 24-25). Sümer ve Babil kültürlerinde de, gelin duvaklanırdı. İbranice ve Âramî dilinde gelin, örtülmüş kişi anlamına gelen "kallatu" sözcüğü ile ifade edilirdi.[14]

Hıristiyanlıktaki, dini şiirlerdeki tasavvuf anlayışında ise, gelin göz ve yanaklarını örten bir örtü kullanır. Muvevi'lerin dini emirler içeren kitabına göreyse, sadece bakire gelin duvak takabilir. Doğu Avrupalı Musevi damatlar, geline duvağı kendileri takarlar.[15]

Antik Yunan'da gelin "duvağını, düğünden sonra üç gün daha taşır ve hediyeleri örtülü olarak kabul ederdi".[16]

Latince'de, düğün sözcüğü "obnubere -örtünmek" kelimesinden türetilir. Romalı gelin, mercanköşkten yapılmış bir çelenk takar ve bunun üzerine safran sarısı çizgili, ateş kırmızısı bir duvak takardı. Bu duvağın verilmesi, evlenme anlamına gelirdi.

Kırmızı duvak günümüzde de Arnavutluk, Hindistan, Çin, Bulgaristan ve Türkiye'de görülmektedir. Duvak takmanın yanısıra kırmızı renk de, kötü ruhlardan gelecek zararlara engel olmak için uygun görülmektedir. Örneğin Türkiye'de bazı yörelerde kırmızı örtüler ve kurdelâların lohusa ve yeni doğmuş bebeği korumak için kullanımı aynı nedene dayanır.

Duvak, Almanya'da daha çok kente özgüydü. Kırsal bölgelerde, eğer bir gelin bakireyse, gelin tacı takardı.

Öteden beri Hıristiyan kilisesinin de vurguladığı kavramlardan olan iffet ve bakirelik, beyaz gelin duvağında simgesini buldu ve bu beyaz duvak, 19. yy. dan itibaren, gelin kıyafetinin vazgeçilmez bir aksesuarı oldu. Dini merasimle taktis edilen duvak, bir çok büyüsel batıl inançlarla da ilişkili görülürdü: *"Doğu Bohemya bölgesindeki Rochlitz yöresinde gelin, duvağını nikâh sırasında güveyin ayağının üzerine koyarsa, evlilik hayatında, kadının sözü geçecek anlamına gelirdi.*

Kilisede takdis edilen duvağın, iyileştirici gücü olduğuna da inanılırdı. Erzgebirge yöresinde, anneler kasılan çocuklarının yatağı üzerine, kendi duvaklarını koyarlardı. Steiermarkt yöresinde başı ağrıyan

Der Brautschleier

Die Braut — auf dem Weg von Jungfrau zur Frau — wird in vielen Kulturen verschleiert — ein magisches Schutz- und Abwehrmittel. Rebecca bedeckte ihr Gesicht mit einem Schleier, als sie ihren zukünftigen Gatten erblickte (Gen. 24-5). Schon im sumerisch-babylonischen Kulturkreis wurde die Braut verschleiert. Im Hebräischen und Aramäischen bedeutet Braut — kallatu — die Verschleierte.[14]

Die mystische Braut im Hohenlied trägt einen Augen und Wangen bedeckenden Schleier. Nach dem jüdischen Talmud wird nur die jungfräuliche Braut verschleiert. In Osteuropa verschleierte der jüdische Bräutigam seine Braut.[15]

Die Braut im antiken Griechenland »trug den Schleier noch drei Tage nach der Hochzeit und empfingt dann verhüllt die Geschenke.«[16]

Hochzeit wird im Lateinischen abgeleitet von »obnubere« — bedecken. Die römische Braut trug einen Kranz aus Majoranblüten und darüber einen flammendroten Brautschleier mit safrangelben

Bild/Resim 36
Unter die Haube kommen: Türkische Braut 1924, Bursa
Başı bağlanmak, Bursa 1924

Bild/Resim 37
Unter die Haube kommen: Deutsche Braut 1931, Westfalen
Başı bağlanmak, Alman gelini, Westfalen 1931

erkekler, başlarına bir kadın başörtüsü sararlardı. Gelin, duvağını yırtarsa, evlilikte de en kısa zamanda bir sarsıntı olacağı, ya da duvak yırtılır, yere düşer veya gelin elbisesinde herhangi bir şey zarar görürse, evliliğe de uğursuzluk geleceği benzetmesi bu inançları gösterir."[17]

Streifen. Die Übergabe des Schleiers galt als Zeichen der Vermählung.

Rote Brautschleier sind heute noch verbreitet in Albanien, Indien, China, Bulgarien und in der Türkei. Die Farbe rot gilt hier als besonders geeignet, zusätzlich zur Verschleierung Unheil durch Dämonen abzuwenden. Das zeigt beispielsweise auch die Verwendung roter Tücher und Bänder für Wöchnerinnen und Neugeborene in manchen Gegenden der Türkei. Der Brautschleier in Deutschland war eher städtisch. Die ländliche Braut trug eine Brautkrone, wenn sie jungfräulich war.

Seit dem 19. Jahrhundert setzte sich der weiße Brautschleier durch, ein Sinnbild für Reinheit und Jungfräulichkeit. Dieser Gedanke wurde durch die Kirche schon seit jeher betont.

An den geweihten Brautschleier knüpfen sich verschiedenste magische Aberglauben: *»An den Brautschleier knüpft sich in Rochlitz (Ostböhmen) der Glaube, daß die Braut die Herrschaft in der Ehe erhält, wenn sie während der Trauung ihren Schleier über die Füße des Bräutigams legt. Der Schleier, der so in der Kirche seine Weihe erfahren hat, ist heilkräftig. Im Erzgebirge gibt die Mutter, wenn ein Kind an Krämpfen leidet, ihren Brautschleier auf dessen Bett. In der Steiermark hilft gegen Kopfweh der Männer das Umwickeln des Hauptes mit einem weiblichen Schleier. Eine Wortanalogie liegt bei dem Glauben vor, daß bald ein Riß in die Ehe kommt, wenn die Braut ihren Schleier zerreißt, oder es Unglück in der Ehe bedeutet, wenn der Schleier reißt, herunterfällt oder sonst etwas am Hochzeitskleid nicht in Ordnung ist.«*[17]

Batı Avrupa'da Moda ve Başörtü

Marie Lorbeer

Kırsal bölgelerde, bir varlığı ve anlamı olmasına karşın, kentlilerin moda dünyasında başörtü 1920'lere kadar oldukça az dikkat çekmiş bir giyim ögesiydi. Hemen her çeşit kumaştan yapılabilen başörtü, yapımındaki bu kolaylık dolayısıyla bir sosyal farklılık göstergesi ve ekonomi için cazip bir faktör olmamıştır.

Buna karşılık, şapka ve Haube (zengin dökümlü başlık veya bone) karmaşık yapımları ve imalatlarında kullanılan kıymetli malzemeler dolayısıyla, her bakımdan ilgi çekiyordu. Kentlilerin yaşamında başörtü, onu kullanan kişiyi onurlandıracak veya toplumda onun sahip olduğu yeri simgeleyecek bir giyim ögesi olmamıştır. Geçen yüzyıl sonlarında gerçekleşen hızlı endüstrileşme, genişleyen büyük şehirlerde çok ucuz işçi gücüne gerek duyulmasına neden oldu. Geleneksel köylü giysileri (Tracht) ve başlarındaki başörtüleriyle bir çok köylü kızı çevredeki şehirlere iş aramaya gittiler. Hizmetçi ya da aşçı yamağı olduklarında bu yeni »iyi mesleklerinde« köy kökenli oluşlarının bir göstergesi olan başörtüyü çıkarıp , »efendilerinin« moda anlayışına uyup boneler takmaya başladılar. Kentliler için geleneksel giysiler ve başörtü »aptal, fakir ve taşralı« anlamlarını içeriyordu.

Fakat kirli işler yapılırken, başörtünün koruyan özelliği akla geliyor ve buna paralel olarak özellikle kadın dergilerindeki reklamlarda evde, mutfakta, ocak başında temizlik meraklısı kadının sembolü olarak kullanılıyordu.

Toplumda olağanüstü özel bir yere sahip olan moda yaratıcıları, yani Haute Couture için »başörtü«, eğer gelip geçici Doğu hayranlığı devrelerini saymazsak, uzun bir süre önem verdikleri bir konu olmadı. Bu kısa süreli hayranlık esnasında ise, »dünyaya açık« üst sınıflara mensup kadınlar, şalvar giyerek, başörtü takarak çevrelerinin hoşuna gitme umudu içindeydiler.

Kadın bağımsızlığı hareketinin önayak olduğu, kadının kendi vücuduna geleneksel anlayıştan ayrılıp yeni bir gözle bakması ve gene kadının yeni özgürlük anlayışı sonunda Haute Couture, başörtüyü topluma sunulabilecek özelliğe sahip bir nesne olarak görmeye başladı.

Bu akımın en tanınmış temsilcisi olan Coco Chanel, kadın kılığında rahatlık ve hareket özgürlüğü hakkını savunarak etek boyunu ayak bileğinin üzerine çıkardı, elbiselerde bele oturan çizgileri kaldırdı ve saçları yeni moda »a la garçonn (erkek traşı)«

Das Kopftuch in der Mode

Marie Lorbeer

Im Vergleich zur Rolle des Kopftuchs in der bäuerlichen Gesellschaft, war das Kopftuch bis in die 20er Jahre dieses Jahrhunderts in der bürgerlichen Mode ein wenig beachtetes Kleidungsstück.

Seine einfache Herstellung — nahezu jedes Stückchen Stoff kann dazu verwendet werden — machten es als Merkmal für soziale Unterschiede wirkungslos, wie auch als wirtschaftlichen Faktor uninteressant. Haube und Hut boten wegen ihrer raffinierten Machart und wegen der Verarbeitung kostbarer Materialien dafür mehr Möglichkeiten. In der bürgerlichen Gesellschaft war das Kopftuch kein Kleidungsstück, das als Prestigegewinn, als Zeichen gesellschaftlichen Aufstiegs hätte verwendet werden können.

Im Lauf der rapiden industriellen Entwicklung Ende des letzten Jahrhunderts, entstand in den prosperierenden Großstädten zwangsläufig ein großer Bedarf an billigen Arbeitskräften. Viele Landmädchen, in Tracht und Kopftuch, zogen auf Arbeitssuche in die umliegenden Städte. Als Dienstmädchen oder Küchenhilfe in »gehobener Stellung« legte sie als erstes ihr Kopftuch, das Zeichen für ländliche Herkunft, ab und trug stattdessen ein Häubchen, angepaßt an die modischen Vorstellungen ihrer »Herrschaft«. Tracht und Kopftuch waren gleichbedeutend mit dumm, arm und provinziell.

Bei Schmutzarbeiten besann man sich jedoch auf die praktische Verwendung des Kopftuchs als Arbeitsschutz. Dementsprechend erschien das Kopftuch vor allem in den Werbeanzeigen der Frauenjournale, als eine Art Symbol für die putzwillige Hausfrau in der Küche, das Heimchen am Herde.

Für die Haute Couture, diesem außerordentlichen, gesellschaftlich abgehobenen Bereich, ist das Kopftuch lange Zeit kein Thema, abgesehen von kurzlebigen orientalischen Schwärmereien, bei denen sich die Dame von Welt im Pumphosen und Seidenkopftuch zu gefallen erhoffte.

Erst als das von der Frauenbewegung initiierte neue Körperund Freiheitsgefühl Einzug hielt, findet das Kopftuch Aufnahme als salonfähiger Bestandteil in die Haute Couture. Coco Chanel ist hier eine herausragende Vertreterin. Sie bestand auf dem Recht der Frau nach Bequemlichkeit und Freiheit in der Bewegung, sie kürzte die Rocklän-

kesilmiş kadının başına başörtüler bağladı.

Bu akımın en tanınmış temsilcisi olan Coco Chanel, kadın kılığında rahatlık ve hareket özgürlüğü hakkını savunarak etek boyunu ayak bileğinin üzerine çıkardı, elbiselerde bele oturan çizgileri kaldırdı, ve saçları yeni moda "a la garçonn" (erkek traşı) kesilmiş kadının başına başörtüler bağladı.

Yelkenliyle gezerken, araba sürerken, piyasa ederken başörtü takmak şıklık sayılmaya başladı. Günümüzde bile halen, şapka çok şık giyinmiş kadının bir aksesuarı sayılırken, başörtü, çevreye aldırmadan yaşanan rahat bir yaşam göstergesi veya eskiye hasret duyguları içeren eksantrik görünüşün bir öğesi olarak yorumlanmaktadır.

1920'ler

Başörtü, tiyatro, opera ve balede oldukça sık görülen bir sahne kostümü ögesi olarak kullanılıyor. Meşhur olsun ya da olmasın, bir çok kadın sanatçı kendine masum ya da ekzotik bir görünüm verebilmek için, fotoğrafçılara başörtü ile poz veriyorlar.

1930'lar — 1940'lar

I. ve II. Dünya Savaş'ları esnasında, kadınlar başörtüyü çeşitli nedenlerden dolayı daha sık kullanmaya başladılar. Başörtünün günlük kılığın bir parçası olarak kabul edilmesi-

ge bis über die Knöchel, sie ließ die Taillenlinie nahezu verschwinden und sie knüpfte, schlang und drappierte Kopftücher über dem neu »erfundenen« Bubikopf.

Kopftuch tragen ist chic, beim Segeln, beim Autofahren, beim Flanieren. Heute entspricht der Hut immer noch dem Image der gut angezogenen Frau und das Kopftuch ist noch immer eher ein Zeichen für zwangloses Leben, Extravaganz inclusive Nostalgie — je nach Art und Weise, wie es getragen wird.

20er Jahre:

DasKopftuch ist als Bühnenkostüm, bei Theater, Operette und Ballett beliebt. Stars und Sternchen lassen sich mit Kopftuch abbilden, um sich so mit einem Hauch von Unschuld und Exotik zu umgeben.

30er und 40er Jahre:

Sowohl im 1. wie im 2. Weltkrieg wird das Kopftuch notgedrungen gesellschaftsfähig. Mangel an Material und Geld lassen es als Alltagskleidungsstück und vom kriegswirtschaftlichen wie ideologischen Standpunkt aus akzeptabel erscheinen. Man erinnere sich der arbeitenden Frauen in Rüstungsbetrieben und der Trümmerfrauen nach dem Kriege. Modezeitschriften dagegen, z.B. die »Elegante Welt« in Berlin und »L'Of-

ne sadece bu devredeki giyim eşyası kıtlığı ve parasızlık değil, aynı zamanda savaş ekonomisi ve milliyetçi ideolojiler de neden oldular. Savaş endüstrisinde ve savaştan sonra Almanya'daki enkazın kaldırılmasında büyük payı olan ve literatüre "trümmer Frauen" adıyla geçen kadınlar, ilk nedene bir örnek teşkil ederler. Berlin'de çıkan "Elegante Welt" ve Paris'te çıkan "L'Officiel du Mode et de la Couture" gibi zamanın moda dergileri ise, böylesine aktüel görüntülerle ilgilenmemektedir. Sefalet ve mahrumiyet, varlıklı ve modayı yakından takip eden toplum sınıfının yaşamında, hiç denecek kadar az yer tutuyordu.

Nazi Almanya'sında, kadınları ana olmaya teşvik ve "Alman sadeliği" ideolojileri etek, bluz, Dirndl denilen geleneksel Bavyera köylü giyimini ve başörtüyü kendi ideolojileri yönünde bir sembol olarak kullanıyorlardı.

1950'ler

İkinci Dünya Savaş'ı sırasında geçirilen mahrumiyet yıllarını telâfi etmek önüne geçilmez bir duygu olacak, 1920 li yıllardan esinlenen Haute Couture, şapkayı yeniden gündeme getirecek, ekonomiler kendini to-

ficiel du Mode et de la Couture« in Paris gehen über die aktuellen Ereignisse ziemlich großzügig hinweg. Elend und Not streifen die wohlhabende, modebewußte Gesellschaftsschicht nur am Rande.

Andererseits findet im 3. Reich der Hang zu Mütterlichkeit und deutscher Natürlichkeit einen Ausdruck in Rock-und-Bluse, Dirndl und Kopftuch.

50er Jahre:

Der Nachholbedarf nach dem 2. Weltkrieg begründet die Anknüpfung an die Zeit davor. Die Haute Couture zeigt Hut und das Wirtschaftswunder geht sobald als möglich darauf ein. Das Kopftuch bleibt auf Freizeit, Reise und Sport beschränkt.

Die Teenager orientieren sich mit ihrer Kleidung an Filmstars wie B. B., Jane Mansfield und in den Studentenkneipen taucht der schwarze Existenzialisten-Look à la Juliette Greco auf.

60er Jahre:

Sie steuern auf Hippie und Courrège zu, Mondlandung und politische Unruhen, erste Forderungen nach weniger Konsumorientierung und mehr Naturorientierung treten auf und finden Niederschlag in der sog. Protestkleidung: im Kopftuch indischen

Am Abend

Am Nachmittag

Renaissance des Kopftuches

Text und Zeichnungen: Gertrude Asbach

Welcher Laune oder welchem Zufall wir die neue Mode des Kopftuchs zu verdanken haben, ist ungewiß. Gewiß ist aber, daß seit Jahr und Tag die Töchter Evas ungern auf diesen so abwechslungsreichen Kopfschmuck verzichtet haben. Die Frauen der Antike, der Renaissance, die Frauen der romantischen Epoche, kurz die Frauen aller Zeiten, sie wußten genau um die malerische Wirkung des Kopftuches. Die Bilder der alten Meister zeigen uns oft den eigenartig-malerischen Reiz eines Gesichtes, der durch die Kopftuchumrahmung gegeben ist. Auch die moderne Frau hat das erkannt. In den wenigen Stunden der Kostümbälle oder den sorglos ungebundenen Ferientagen griff sie gern danach, um sich in eine rassige Sizilianerin, eine zarte Mimi, ein fesches Wiener Waschermadel oder in ein schlichtes Bauernmädchen zu verwandeln. Dabei hat sie unzählige Formen des Bindens und Schlingens eines Kopftuches gefunden. Ein Zweck ward zur Maskerade und aus der Maskerade reifte die Renaissance des Kopftuches zur heutigen Mode. Wir können unser Haupt mit einem Turban umwickeln, mit einem Spitzenschleier behängen oder einem Bandeau umschlingen, alles ist erlaubt, was uns verschönt.

Am Morgen

25

Bild/Resim 38

Başörtüsünün Yeniden Doğuşu

Başörtüsünün yeniden moda olmasını, kimin keyfine ya da hangi rastlantıya borçlu olduğumuz belli değil. Ancak yıllardır Havva'nın kızlarının böylesine çeşitli şekillere sokulabilen baş süslemelerinden kendi istekleriyle vazgeçmedikleri bilinmektedir. Antik çağda, Rönesans'da, romantik dönemde, kısacası tüm çağlarda kadınlar, baş örtüsünün süsleyici etkisini yakından tanıyorlardı. Eski ustalarının resimlerinde çoğu kez bir başörtüsüyle çevrelenmiş yüzün kendine özgü güzelim rengarenk çekiciliği görülür. Çağdaş kadın da bunun farkındadır. Birkaç saatlik kıyafet balolarında ya da rahat tatil günlerinde ateşli bir Sicilyalı kadın, zarif bir yıldız, iki dirhem bir çekirdek Viyanalı bir çamaşırcı yosma ya da gözü açık bir köylü kızı kılığına girmek için kadınlar seve seve başörtü kullanmışlardır. Bunu yaparken başörtünün sayısız biçimde örtünme ve bağlama şekillerini de icat etmişlerdir. Bütün bunlar kılık değiştirmenin bir aracıydı ve bu da günümüzdeki başörtü modasının yeniden doğuşunu hazırladı. Başımıza bir türban yapabiliriz, dantel bir örtü atabiliriz ya da bir çatkı sarabiliriz; yani nasıl bağlarsak bağlayalım, yeter ki, bizi güzelleştirsin!

LE CARNET DE VOGUE

VOGUE

HELMUT NEWTON

Il y a quelque chose de changé dans la vie hivernale de Paris. **Hier,** dans la rue, le foulard enfoulardait les neuf dixièmes des têtes féminines. Il était pratique, protégeait des intempéries, disparaissait dans une poche au premier rayon de soleil. Les têtes couronnées, les stars, les élégantes internationales donnaient l'exemple (voir ci-dessous). **Aujourd'hui,** les foulards se portent autour du cou et neuf dixièmes des têtes féminines ont voulu du neuf. **Partis les foulards, arrivent les petits chapeaux.** Protégeant des intempéries, disparaissant dans une poche, se plaçant à trois ou quatre dans une valise (plus de cartons à chapeaux), assez souples pour prendre la forme que l'on désire, assez fermes pour ne pas la reperdre aussitôt, les petits chapeaux n'engoncent plus les visages, n'escamotent plus les profils, n'écrasent plus les mises en plis. La silhouette qu'ils donnent est nette. Un exemple à gauche : porté par Agathe Aems, un chapeau crocheté à la main.

Princesse Hélène de France

Princesse Margaret

Princesse Alexandra

Audrey Hepburn

Brigitte Bardot

Mme John F. Kennedy

Reine Fabiola

Princesse Grace de Monaco

Duchesse de Windsor

Jeanne Moreau

Reine Elizabeth

35

Bild/Resim 39
Gekrönte Häupter
Başörtülü ünlüler

parlamaya başlayacak, gücü yeten şapka satın alıp giyecektir.

Başörtü ise sadece seyahatte, sporda ya da bunun gibi diğer boş zaman faaliyetlerinde kullanılmakta.

Genç kızlar giyimlerini Brigitte Bardot ve Jane Mansfield'a benzetmeye çalışıyorlar. Üniversite talebelerinin devam ettikleri lokallerde Juliette Greco'yu örnek alan siyah renkte "varoluşçuluk" giysileri izleniyor.

1960'lar

60'lı yıllar hippi gençlere, Courrége Paris moda evinin geometrik giysilerine gebedir. Aya seyahat gerçekleşecek, gençlerin sosyal ve politik alanlardaki reform istekleri, artan politik tartışmalar ve kişilerin sınırsız tüketiminin anlamsızlığı ile bunun önlenmesi, doğaya dönüş düşüncelerini geliştirecek ve bunların hepsi de protesto giysilerini beraberinde getirecektir. Hippilerin kullandığı Hindistan geleneksel desenli ya da uzay çağı modasının aksesuarı olarak görülen başörtülerin ise, şekli her zamanki gibi gene üçgendir. Fakat bu kez plastikten yapılmış olarak ortaya çıkarlar. Bütün bunların yanında, modacının küçük kız çocuğu başörtüsü ile yaptığı sanki masumiyete özlemi dile getiren gelin başları da izlenmektedir.

1970 ve 1980'li yıllar

Moda yaratıcıları her zamankinden daha fazla folklor giysilerinden etkileniyor ve geçmiş yılların çizgilerini yeniden canlandırma yolundalar. Doğudan alınan türban, bazen Osmanlı Sultanlarınınki gibi, bazen de Hintli Sikh'lerin türbanı gibi sarılmakta. Kumaşı ucuz pamukludan değerli brokara kadar değişme gösteren türban, şaşılacak şekiller alıyor.

Japon moda yaratıcıları, Paris moda çevresinde kendini kabul ettirebiliyor ve gereğinde başörtü ile birlikte de kullanılabilen Japon geleneksel giysilerinden esinlenen çizgiler getiriyorlar.

Alpler Bölgesi'ndeki modacılar ise, başörtüyü, son zamanlarda büyük kesimlerin ilgisini çekip aktüelleşen "Geleneksel Köylü Giysisi" (Bauerngwand) modelleriyle kullanıyorlar.

Folklorestils der Blumenkinder und in der archaischen Dreiecksform des Plastik-Kopftuchs als Acessoir der Raumzeit-Mode. Daneben erscheint das Klein-Mädchen-Kopftuch der Braut wie eine Sehnsucht nach Unschuld.

70er un 80er Jahre:

Die Haute Couture läßt sich verstärkt von der Folklore inspirieren und nimmt vergangene Moderichtungen wieder auf. Der orientalische Turban, manchmal nach Art der türkischen Sultane gewickelt, manchmal nach Art der indischen Sikhs, manchmal aus einfacher Baumwolle, manchmal aus kostbarem Brokat, erreicht phantastische Formen.

Japanische Modeschöpfer finden Eingang in die exklusive Pariser Modelzirkel. Sie orientieren sich an altjapanischen Bauerntrachten, wozu auch das Kopftuch gehören kann.

Auch die alpenländische Mode verwendet das Kopftuch in der nun gesellschaftsfähig gemachten »Bauerngwand«-Mode.

Bild/Resim 40
Coco Chanel mit ihrer Schwestern, 1918
Coco Chanel ve kızkardeşleri, 1918

Baş Örtme ve Tarihçesi

Zur Entwicklung der Kopfbedeckung

Cermenler ve Almanya'da Baş Örtme

Baş giysileri kullanma geleneği, Cermen kadınlarında da vardı. Cermen kadınları saçlarını açık bırakırlar, örerler veya başörtü ile örterlerdi. Bronz Devrinde evli Cermen kadınları, ensede topladıkları saçlarının üzerine bir file takarlardı.

Cermenler'de öteden beri, saçın özel bir önemi vardı. Kişinin şansı, yani "mana"sı saçlarında bulunuyordu. *"Kadınların, bütün yaşamları boyunca şansları, yoğunlaşmış bir halde uzun buklelerinde bulunurdu ve ant içmek gerektiği zaman, bir elleriyle saç örtülerini tutarlardı. Uzun saçlı kişiler, kısa saçlılardan daha kutsal görülerek, çevrelerindeki kişilerden daha fazla "Mana" yani kuvvete sahip sayılıyorlardı. Bu sebepten, kadınlar dışında rahipler, krallar ve zor bir işi başarabilmek için yemin etmiş kişiler de saçlarını uzatırlardı. (...) Franken bölgesindeki krallar, saçlarını hiç bir zaman kısaltamazlardı.*[1]

"Kadının sahip olduğu kuvvet", kadının saçını açmasıyla, serbest bırakılmış olurdu. Bu yüzden, İsveçli büyücüler büyü yaparken saçlarını açarlardı. Tacitus'un yazdığı ve aynı şekilde İsveç kanunlarının da öngördüğü gibi, kocasını aldatan kadınların saçları kesilirdi.

Bakireler saçlarını örtmezlerdi. Evli kadınlar, saçlarını ya bir ağın içinde toplar, ya da bir başörtü ile örterlerdi. Tacitus, 1. yy.da diğer kadınlar gibi Cermen kadınlarının da, ortadan ayrılmış uzun saçlarını, kenarına kırmızı şerit geçirilmiş veya kenarları işlenmiş bir başörtü ile örttüklerini bildirir.[2]

Evli kadının saçını örtmesi geleneği çok eskilere dayanır. Standart Almanca'daki "Kadın (Weib)" kavramı, "Wiba" kelimesinden türemiştir. "Wiba" ise, "örtülmüş, gizlenmiş, önüne perde çekilmiş" anlamına gelir. Bu kelime önceleri evli kadının sadece baş giyimini tanımlamak için kullanıldıysa da, sonraları genel olarak "kadın" kavramını ifade etmek için kullanılmaya başlandı.[3]

Pehr Lugn, Cermen'lerin kadın saçındaki büyüsel anlama olan inançlarını, ancak İsveç'teki 18. ve

Zu Kopfbedeckungen bei den Germanen und in Deutschland

Die Sitte, Kopfbedeckungen zu tragen, ist auch von germanischen Frauen überliefert. Sie trugen ihre Haare nicht nur offen oder in geflochteten Zöpfen, sondern auch bedeckt mit Tüchern. Schon in der Bronzezeit trugen germanische Ehefrauen ein Haarnetz, das einen Nackenknoten zusammenhielt.

Seit jeher hatte das Haar bei den Germanen eine besondere Bedeutung. Des Menschen Glück, sein "Mana" wohnte im Haar. *"Die Frauen trugen ihr ganzes Leben hindurch das Glück in ihren Locken konzentriert und schwuren deshalb bei der Eidablegung, die Hand um die Haarflechte geschlossen. Personen mit langem Haar waren heiliger als andere, d. h. besaßen mehr Mana oder Kraft als ihre Umgebung. Daher wurde langes Haar getragen außer von Frauen auch von Priestern, Königen und Personen, die ein Gelübde abgelegt hatten, ein besonders schweres Unternehmen auszuführen (...). Die fränkischen Könige durften niemals ihr Haar kürzen."*[1]

"Die im Weibe wohnende Kraft" wurde durch Auflösen des Haares frei. So lösten nach altem schwedischen Glauben die Hexen ihr Haar, wenn sie Zauberei ausübten. Ehebrecherinnen wurden die Haare abgeschnitten, wie es schon Tacitus berichtete und die schwedischen Landschaftsgesetze vorschreiben.

Jungfrauen trugen das Haar offen, Ehefrauen bedeckt in Netzen oder unter einem Tuch. Tacitus berichtet im 1. Jh., daß mitunter von den Germaninnen über das lange, gescheitelte Haar ein Kopftuch mit roter Borte oder Stickerei getragen wurde.[2]

Die Verhüllung des Haares der verheirateten Frau war so sehr Sitte, daß der neuhochdeutsche Begriff "Weib" sogar darauf zurückgeführt wird: "Wiba" – "Das Verhüllte" – bezeichnet zunächst die Kopfbedeckung der verheirateten Frau, um später auf sie als Person übertragen zu werden.[3]

Lugn weist die magische Bedeutung des weibli-

Bild/Resim 41
Germanische Frau
Cermen kadını

19. yy.'lara kadar geçerli olan gelenekleri tesbit ettikten sonra kanıtlamıştır. Bu geleneklere göre, sadece evli kadınlar değil, *"fahişeler, baştan çıkarılmış genç kızlar, kısacası isteyerek ya da istemeyerek bakireliğini kaybetmiş her kadın başını kapatmak mecburiyetindeydi."*[4] *"Evlenmeden, bakirelikten kadınlığa geçmişlerin saçlarını örtmeleri şu sebepten dolayı gerekli görülüyordu: Eğer bu kadın, başı açık dolaşırsa, onun saçlarında kendine yer bulmuş olan seksüel kirlilik (necaset), yakınındaki büyülenmeye elverişli bir durumda bulunan insan ve hayvanlara zarar verirdi. Böylesine düşmüş kadınların başı kapalı olsa bile, gene de zararı dokunmaya, gözü değmeğe devam ederdi. Ama bu kadınların ve çevreye zararı dokunacak bir kirliliği olan diğer kişilerin tehlikelerinden, kişinin kendisinin başörtü takması, korunmasına yeterdi. Böylelikle kadınlar ve küçük çocuklar başörtü kullanarak korunmuş oluyorlardı.*[5]

Cermen kabileleri arasındaki giyimler farklıydı. Aleman kadınlarının kılığı hakkında 4. yy. dan kalan belgelerde belirtildiğine göre, evli bir kadın, *"saçını içine toplamış olduğu ağın üzerine, yüzünü de kapatan bir başörtü örter, bu başörtü kalçaya kadar iner, bazen önden açık bırakılır veya çene altından yuvarlak bir iğne ile tutturulurdu."*[6]

Bild/Resim 42
Alemanin, 4.Jahrhundert
Aleman kadını, 4.yüzyıl

Bild/Resim 43
Frau aus der Merowingerzeit
Merovinger devri

chen Haares bei den Germanen nach, indem er noch bis ins 18. und 19. Jahrhundert wirksame Bräuche in Schweden aufspürte. Demnach mußten nicht nur Ehefrauen ihr Haar bedecken, *"sondern auch Huren, verführte Mädchen und überhaupt jedes Weib, das mit oder ohne Verschulden seine Jungfräulichkeit verloren hatte".*[4] *"Die Kopfbedeckung des unverheirateten nicht jungfräulichen Weibes band, glaubte man, die seinem Haar anhaftende sexuelle Unreinheit, die, wenn es barhäuptig ging,menschlichen Wesen oder Tieren in seiner Umgebung, die sich in einem magischen Empfindlichkeitszustand befanden, Schaden zufügte. Hingegen deutet nichts darauf hin, daß die Kopfbedeckung des gefallenen Weibes auch seinem bösen Blick die Wirkung nahm. Das war ja auch nicht notwendig, da sowohl Frauen als auch kleine Kinder gegen den bösen Blick jener wie anderer unreiner Personen durch die eigenen Kopfbekleidungen ohnedies geschützt waren."*[5]

Die Kleidung in den verschiedenen germanischen Stämmen unterscheidet sich im einzelnen. Füralemannische Frauenist aus der Zeit nach der Völkerwanderung (4. Jh.) überliefert, daß sie, wenn sie verheiratet waren, *"ein schleierartiges Kopftuch trugen, das über das Haarnetz gelegt, bis zur Hüfte*

500'lü yıllardaki Burgond kanunlarına göre, bir kadının başını kaba kuvvet kullanarak açmak veya saçını çekmek, cezayı gerektiren hareketlerdendi. Hür bir kadına böyle bir davranışta bulunan, hür bir erkek, ceza olarak kadına ve belediyeye ayrı ayrı 12' şer Schilling vermek zorundaydı. Esirlikten kurtarılmış veya esir statüsünde olan kadınlara yapılan böyle bir davranışın para cezası daha azdı. Bir köle, bir kadına karşı böyle bir davranışta bulunursa, ceza olarak sopayla dövülüyordu.[7]

Franken Bölgesindeki kadınların kılığı, Merovinger Devrinden 1000 yılına kadar fazla değişmeye uğramadı. Ama kral, Şarlman'ın doğudaki kültürlerle kurduğu ilişki, kendini moda akımlarında da belli etti. *"İnce kumaşlardan yapılmış uzun örtüler ve son zamanlarda özellikle Bizans kumaşı denen ipekliler, elbise olarak kullanılıyor ve zamanın asil kadınları, bu örtüler sayesinde akla gelebilecek en edalı ve cazibeli şekilde kendilerini gösteriyorlardı."*[8]

Örtüler yüzü açıkta bırakarak, bir palto gibi, baştan omuzlara ve arkaya sarkıyorlardı. İpek örtüler için en beğenilen desen, beyaz ipek üzerine üçgen şeklinde düzenlenmiş altın sırma işlemeli yuvarlak deliklerdi.

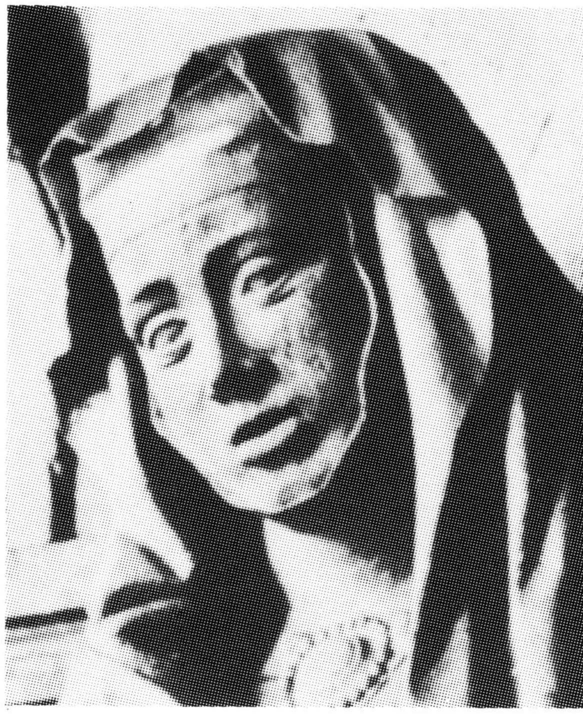

Bild/Resim 45
Gebende, Mitte 13.Jahrhundert
Gebende, 13.yüzyıl ortaları

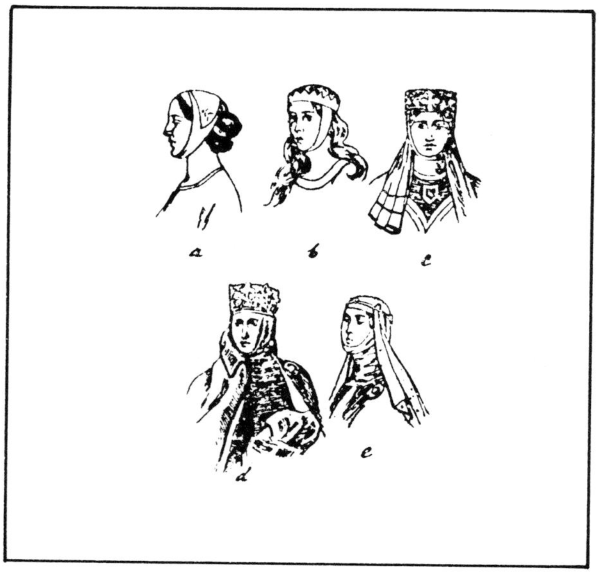

Bild/Resim 44
a) einfaches Gebende
Basit Gebende
b) Schapel, kronenmäßig ausgezackt, mit Gebende
Zikzaklı hazırlanmış ve başa taç gibi oturtulan Schapel ve Gebende
c) Schapel mit schöner Stickerei versehen, Gebende, Schleiertuch
Zengin işlemeli Schapel, Gebende ve başörtüsü
d) Schapel, Gebende; Schapel von Krone umgeben
Üzerine taç giyilmiş Schapel ve Gebende
e) Rise in Verbindung mit Schleier und Stirnreif
Başörtü ile birlikte kullanılan Rise ve metal kaşbastı

reichte und entweder offen getragen wurde oder vorn unter dem Kinn mit kreisrunder Brosche zusammengehalten wurde."[6]

Gewaltsames Entblößen des Hauptes oder Zerren an den Haaren einer Frau waren Strafbestände, die in Gesetzen der Burgunder aus der Zeit vor 500 bezeugt sind. So muß ein freier Mann, der dieses einer freien Frau antut, 12 Schillinge an die Frau und 12 Schillinge Strafgeld bezahlen, bei Freigelassenen und Sklavinnen wird es etwas billiger. Ein Sklave der dies Frauen antut, wird mit Stockhieben bestraft.[7]

Die Kleidung der fränkischen Frauen von der Zeit der Merowinger bis ca. 1000 veränderte sich wenig. Die Verbindungen Karls des Großen zum Orient finden auch in der Mode ihren Ausdruck:

"Die langwallenden Schleier aus feinen Geweben, jetzt häufig seidenen, sogenannten byzantinischen Stoffen im allgemeinen, die zur Kleidung verwandt wurden, boten den vornehmen Frauen der damaligen Zeit die volle Möglichkeit, ihr Äußeres so anmutig und reizvoll wie irgend denkbar erscheinen zu lassen".[8]

Zengin tabakaya ait olmayan kadınlar, hem palto, hem de başörtüsü yerine geçen uzun örtüler kullanıyorlardı.

Karolinger Devrinde, kadınların örtünmesi, Aziz Paulus'un bu konudaki düşünceleri yüzünden, en azından kiliseye giderken bir mecburiyet haline geldi. 11. yy.da çok ince, içi görünen kumaşlardan yapılan örtüler oldukça sık görülmeye başlandı. *"Saç, ya hiç bağlanmadan açık bırakılır, ya da renkli olduduğu da tahmin edilen, işli bantlarla birlikte örülür, veya saçlar, türbana benzeyen başa sarılmış bir kumaş veya ince dokunmuş bir başörtüsü altında toplanırdı."*[9]

11. yy.da şeffaf yaşmaklara daha sık rastlanır oldu. Saçbağı, kurdele, metal alınlık, taç, yaşmak ve başörtü gene bu devirde yuvarlak takke ve başlıklarla birlikte kullanılmaya başlandı ve bu konbinasyon, 13. yy.da oldukça çeşitli baş örtme şekilleri halinde gelişme gösterdi.

Evli kadınlar için en önemli baş bağlama şekli "Gebende" adı verilen, beyaz kumaş şeritlerden meydana gelmiş, yüzü sıkıca çevreleyen bir sargı görünümünde idi.

Kadınların sadece bakire olanları, saçlarını örtmezlerdi. Bunlar, saçlarını bir "Schapel" altında toplarlardı. "Schapel" çiçeklerle süslenmiş metal bir alınlık, anlamına gelirdi. Schapel, kişisel özgür-

Die Schleier ließen das Gesicht frei und fielen mantelartig vom Kopf über Schultern und Rücken. Ein beliebtes Muster für Seidenschleier waren beispielsweise drei goldgestickte Kreise, zu Dreiekken angeordnet auf weißer Seide.

Die einfachen Frauen trugen ein langes, wallendes Kopftuch, das Schleier und Mantel zugleich war.

In der Karolingerzeit wird nun auch das Gebot der Verschleierung durch Paulus zumindest für den Kirchbesuch der Frauen Verpflichtung.

Im 11. Jahrhundert verbreiten sich die durchsichtigen Schleier immer mehr. *"Das Haar ließ man entweder in ganzer Fülle frei über den Rücken wallen, durchflocht es auch wohl mit farbigen und bestickten Bändern oder man trug es aufgesteckt, unter einem oft turbanähnlich um den Kopf geschlungenen Tuche oder Schleier von feinem, durchwirkten Stoffe."*[9]

Die germanischen Kopfbedeckungen Netz, Band, Stirnreif, Krone, Schleier, Kopftücher, die im 11. Jahrhundert ergänzt werden durch Rundkäppchen und Bindehäubchen, entfalten sich im 13. Jh. zu einer Vielzahl verschiedener Kopfbedeckungen.

Die wichtigste Kopftracht für verheiratete Frauen wird das *Gebende,* ein eng das Gesicht einrah-

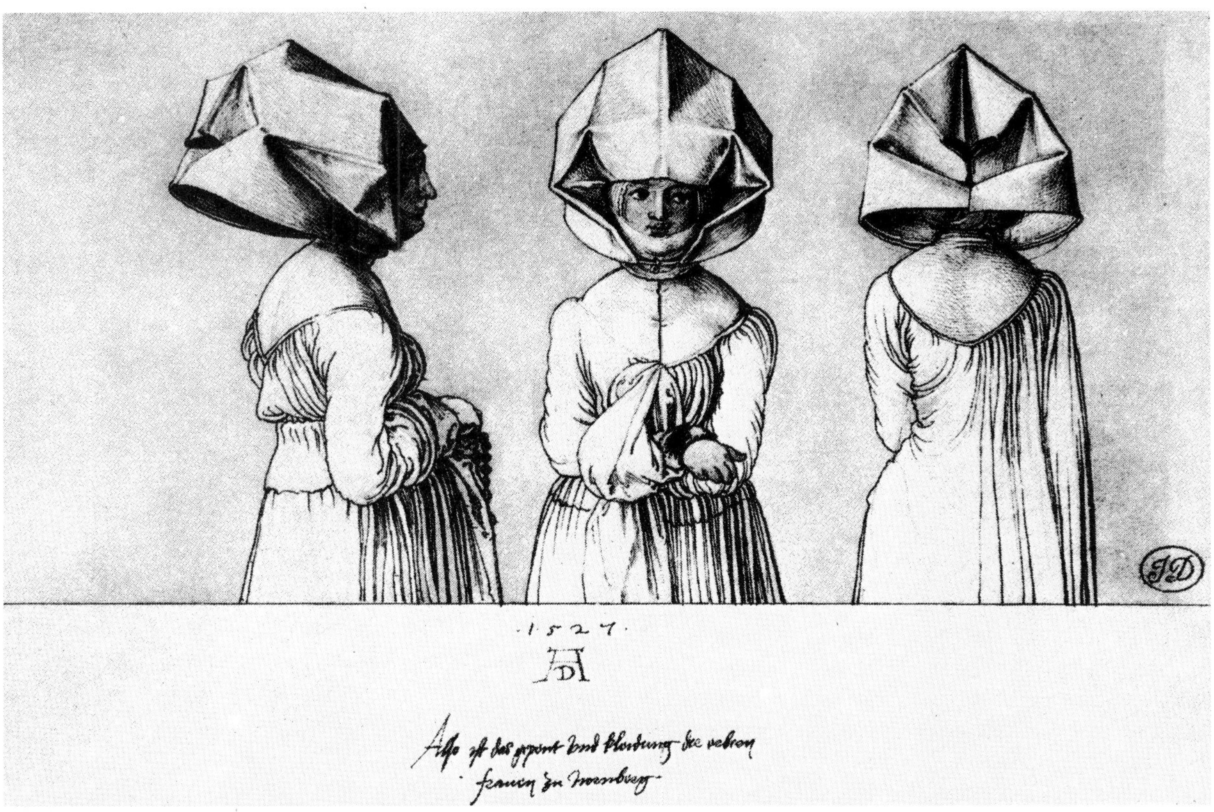

Bild/Resim 46
Stuertz 1524

lük anlamında saçları ve yüzü açıkça ortada bırakırdı.

Gebende'yi sık sık Schapel ile birlikte kullanan evli kadınlar için bu baş giysisi, Tanrının ve kocanın önünde alçakgönüllülüğün bir işaretiydi ve bu da kadının hür olmadığının bir sembolüydü. Gebende, sık sık Rise denen bir örtüyle birlikte kullanılıyordu. Rise, ense, omuz ve göğsü kapatan uzun ve zengin dökümlü bir başörtüydü.

Gebende, alın sargısı, yanak sargısı ve çene sargısı denen üç bölümden oluşurdu. Bu baş giysisi yüzün ifade kabiliyetini ve hareketini oldukça fazla engelliyor ama buna karşın, yüze onurlu bir hava veriyordu.

Gebende, düğünün ertesi günü gelinin annesi tarafından sarılırdı. Sarılması oldukça tecrübe ve beceri isterdi: *"Bu işin en zor tarafı sarması. Gebende çok yüksek oldu, şimdi de çok basık, bu defa yüz iyi kapanmadı, şimdi hotoz iyi oturmadı, çok bol, şimdi de çok sıkı.. Şimdi şöyle bir bak, aynayı ver, sen arkaya bak, ben ön tarafı kontrol edeyim, bununla daha geniş şeritler yap, şimdi ağız kısmını açıyorum, gözüme gelen şu piliyi yukarı çek. Şimdi biraz arkaya çek ki, yüzüm az daha açılsın. Biraz daha kaldır. Tamam, şimdi öyle bırak"*[10]

Gebende'nin kullanılma gerekçesi, 15. yy.dan kalma yazılı olmayan ama geleneklere dayalı kaidelerde şöyle açıklanır: *"Kadın şu sebepten Gebende kullanmalıdır; Kadının başında Gebende gören herkes, onun erkeğin kulu olduğunu anlayacaktır."*[11]

Zengin kadınların kullandığı örtüler ipek üzerine altın işlemeliydi. Rise'nin kullanılmasıyla birlikte peçe de kullanılmaya başlandı. Bu peçe adeti, ticaret ve özellikle Haçlı seferleri gibi nedenlerle Doğu'dan gelme bir özellikti.

Rise örten kadının yüzü tamamen açıkta kalmasına karşın, *»yaşmak, onu takan kadının görüşüne engel teşkil etmeyecek şekilde, yüzü örtüyordu.«*

Peçe ve Rise kavramları sık sık birbirine karıştırıldı. Yapıldığı kumaşın cinsine, şekline ve kullanma tarzına göre ithal edilmiş lüks bir tüketim malı özelliğini taşıyan peçe, 13. yy.dan itibaren ahlâkçıların ve din adamlarının karşı koymaya çalıştıkları bir konu oldu.[12]

13. yy. sonlarında, o zamana kadar sadece erkeklerin kullandığı şapka, kadınlar tarafından da kulanılmaya başlandı. Gündelik şapka olarak hasır, seyahat şapkası olarak keçe ve çuhadan yapılmış şapkalar kullanılıyordu. Tavus kuşu tüyleri ile dekore edilmiş şapkalar en önemli sosyal sınıf göstergesi olarak görülüyordu. Kırsal bölgede yaşayan kadınlar hasır şapkayı, hava şartlarına karşı korun-

mendes Gebinde aus einem Tuchstreifen. Nur Jungfrauen bedeckten ihr Haar nicht. Sie faßten es mit einem *Schapel* zusammen, einem Blumenkranz oder Reif aus Metall, mit Edelsteinen oder Blumen geschmückt. Das Schapel läßt Haare und Gesicht frei zur Geltung kommen, als Zeichen der persönlichen Freiheit.

Für verheiratete Frauen ist das Gebende, oft auch in Verbindung mit dem Schapel getragen, wie später die Haube, ein Zeichen der Demut vor Gott und dem Ehemann, Symbol der Unfreiheit. Das Gebende wurde häufig durch ein schleierartiges Tuch, das *Rise* ergänzt, ein langes, faltenreiches Kopftuch, das über Nacken und Schulter bis zur Brust fiel.

Das Gebende, das sich aus Stirnbinde und aus Wangen- und Kinnbinde zusammensetzte, schränkte die Ausdrucksfähigkeit und Beweglichkeit des Gesichtes stark ein, verlieh aber auch ein hohes Maß an würdevollem Aussehen.

Das Anlegen des Gebendes wurde am Tag nach der Hochzeit durch die Mutter der Braut vorgenommen, es erforderte viel Erfahrung und Geschicklichkeit: *"Das Binden bereitet gar große Schwierigkeit. Jetzt ist das Gebende zu hoch, jetzt zu flach, jetzt ist es zu frei, jetzt sitzt der Putz nicht hübsch, jetzt ist es zu lose, jetzt zu eng... Jetzt sieh ringsum, zeig mir den Spiegel her, sieh hinten zu, ich sehe vorn nach, mach mir damit einen größeren Streifen, jetzt mache mir ein wenig den Mund frei, ziehe die Falte herab, die mir die Augen berührt. Nun zieh herauf, nun zieh hinab. Lasse es etwas auf die Stirn herabfallen. Zieh es jetzt etwas nach hinten, damit ich das Gesicht freier habe. Nun hebe es mehr. Jetzt laß es in Ruhe".*[10]

Die Funktion des Gebendes beschreibt ein bayrisches Weistum des 15. Jh.

" Die fraw treit darumb gebende auf irem Haupt, das man daran erkenne, das si dem man sol undertenig sein."[11]

Die reichen Frauen trugen diese Tücher aus Seide mit Goldstickerei. Gleichzeitig mit dem Rise verbreitete sich auch der Schleier, der durch Handel und vor allem durch die Kreuzzüge vom Orient her eingeführt wurde.

Ließ das Rise immer das Gesicht frei, so verhüllte der Schleier (sloiger, sloier, sleier...) zunächst das Gesicht vollständig. "Er verdeckte das Antlitz, ohne jedoch seiner Trägerin die Möglichkeit der Aussicht zu verwehren."

Die Begriffe des Schleiers und des Rise wurden häufig vermischt. Der Schleier, nach Stoff, Form und Verwendung ein ausländischer Luxusartikel,

mada, şehirli kadınlardan daha sık kullanıyorlardı.[13]

14. yy.dan başlayarak, başörtüsüne özenle şekil verilerek yapılan ve "Haube" adı verilen çeşitli görünümde baş giysilerini evli kadınların giymesi adet oldu.

15. yy.da Haube'ler, İspanya ve Fransa'nın moda etkileri ile gelen şapkalar yüzünden unutulmaya başlandı. Kadınların baş giysileri gittikçe çeşitli ve tuhaf şekiller aldı. Özenle sarılmış ve maharetle işlenmiş türbanlar ve bunun yanında peçe ile veya peçesiz kullanılan Haube'ler moda oldu.

Birbirinden kesin olarak ayrılmış sosyal sınıfların olduğu orta çağda, kılık, ama özellikle baş giysisi, kişinin ait olduğu sınıfın göstergesiydi.

Şehirlerde yaşayanlar için, kıyafet kararnameleri çıkarılarak, lükse kaçış önlenmeye çalışılmış, herkesin ait olduğu sınıfa uygun giyinmesi talep edilmiştir.

Bu arada belli bir sınıfın ayrıcalığını gösteren kadınların baş giysisi, örneğin kadının adına leke gelmesi gibi durumlarda, onun cezalandırılmasında önemli rol oynamıştır.

"Sekreteriyle zina halinde yakalanan, tanınmış tüccar Lienhard Podmer'in karısına, 1459 yılında Nürnberg şehir meclisi Stuertz (adı verilen baş giysisini) kullanmayı yasaklamıştır. 1482 de Anton Örtel'in karısına da "bundan böyle, doğru yoldan ayrılmaması ümidiyle" aynı ceza verilmiştir.[14]

1515 yılında Nürnberg şehir meclisi, kocasını aldatan kadınlara Stuertz kullanmayı yasaklayan kanunu yeniledi.[15]

16. yy.da saçları bir ağın içine toplayıp, üzerine bir Haube ya da tüylü baret giyme modası yaygındı.

17. yy.lın sonlarına doğru, şehirli kadınlar şapka giymeye başlamışlardı. *"Şık, yani Paris modası, bunun yerine başa dolanabilecek ince kumaşlardan yapılmış örtülerin kullanılmasını öngörüyordu."*[16]

18. yy.da kadınlar evde ve gece yatarken Haube kullanıyorlardı. Bu arada, şapka kullanımı da oldukça yaygındı. Kurdelelerle süslenmiş erkek şapkaları dahil, şapkalar, küçük yuvarlak Haube'ler (başlık), ince, kalın çeşitli kumaşlardan yapılmış örtüler ve türban kullanma moda oluyordu. *"1790'lardan itibaren kibar kadınlar arasında türban modası yayılmıştı"*[17]

18. yy.'ın sonlarına doğru kıyafet ve görgü kuralları değişmeye başladı. Almanya'nın bir çok bölgelerinde "örten ve gizleyen Haube'ler, işli ve altın renkli saç süsleriyle birlikte" kullanılıyordu.[18]

wurde ab dem 13. Jh. ein ständiger Anlaß für Moralisten und Prediger, sich dagegen zu wenden.[12]

Ab dem Ende des 13. Jahrhunderts begannen auch Frauen, Hüte, die bisher Männer vorbehalten waren, aufzusetzen: Strohhüte im Alltag, Reisehüte aus Filz und Lodenstoffen, den Pfauenhut als höchstes Statussymbol. Bei der ländlichen Bevölkerung scheint der Strohhut als Wetterschutz noch mehr als bei Bürgerinnen in Gebrauch gewesen zu sein.[13]

Ab dem 14. Jahrhundert setzten sich für die verheirateten Frauen verschiedenste Hauben durch, die sich aus dem Kopftuch entwickelten.

Im 15. Jahrhundert wurden die Hauben durch spanische und französiche Hüte zeitweise etwas zurückgedrängt. Die Kopfbedeckungen der Frauen wurden immer vielfältiger und bizarrer. Turbanmützen, die fein gefältelt, sorgfältig bestickt wurden, kamen in Mode, ebenso wie verschiedenste Formen von Hauben, mit oder ohne Schleier getragen.

In der ständischen Gesellschaft des Mittelalters hatte Kleidung und insbesondere auch die Kopfbedeckung immer die Funktion, die Zugehörigkeit zu seinem Stand zu demonstrieren.
Durch Kleiderordnungen wurde versucht, dem Kleiderluxus der Bürger Einhalt zu gebieten, sie in ihre Standesschranken zu verweisen.

Innerhalb eines Standes und seiner Privilegien bezüglich einer Kopfbedeckung konnten aber auch Sanktionen gegen Frauen erhoben werden, z. B. wenn sie ihre "Ehrbarkeit" verloren hatten.

"1459 verbot der Rat der Stadt Nürnberg der Frau des angesehenen Kaufmanns Lienhard Podmer die Stuertz zu tragen, nachdem sie mit ihrem Schreiber beim Ehebruch ertappt worden war; 1482 wurde der Frau des Anton Örtel die gleiche Strafe erlassen, „In der Hoffnung, Sie werde sich hinfür eins unstrefflichen wesens halten„."[14]

1514 wurde das Verbot vom Rat der Stadt, den Sturtz zu tragen, für Ehebrecherinnen erneuert.[15]

Im 16. Jahrhundert war die Sitte verbreitet, das Haar im Netz und darüber eine Haube oder ein Federbarett zu tragen.

Ende des 17. Jahrhunderts trugen bürgerliche Frauen einen Hut. *"Die feine, d. h. Pariser Mode verlangte an dessen Stelle ein duftiges Schleiertuch, womit man den Kopf einhüllte."*[16]

Im 18. Jahrhundert trugen die Frauen im Haus und in der Nacht die Haube. Beliebt waren Hüte, auch Herrenhüte verziert mit Schleifen, runde Häubchen, Tücher, Schleier in verschiedenen Ar-

Nr. 8. Monatlich 2 Nummern. Berlin, 16. Januar 1869. Vierteljährlich 10 Sgr. IV. Jahrgang.

Die Modenwelt.

Zu beziehen durch alle Buchhandlungen, Zeitungs-Spediteure und Postämter.

Illustrirte Zeitung für Toilette und Handarbeiten.

Der Jahrgang (24 Nummern nebst 12 Beilagen) läuft von October zu October.

Französische Uebersetzung: LA SAISON. Journal illustré des Dames. PARIS.	Italienische Uebersetzung: IL MONDO ELEGANTE. Giornale illustrato delle Mode da Donna. TURIN & FLORENZ.	Spanische Uebersetzung: EL CORREO DE LA MODA. Periodico de Modas, Labores y Literatura. MADRID.	Russische Uebersetzung: МОДНЫЙ СВѢТЪ. Иллюстрированный журналъ для Дамъ. ST.-PETERSBURG.	Polnische Uebersetzung: TYGODNIK MOD. Nowości Dotyczących Gospodarstwa Domowego. WARSCHAU.
Englische Uebersetzung: THE YOUNG LADIES' JOURNAL. An Illustrated Magazine. LONDON.	Nordamerikanische Ausgabe: DIE MODENWELT. An Illustrated Magazine for Fashions etc. NEW YORK.	Holländische Uebersetzung: DE BAZAR. Geillustreerd Tijdschrift voor Modes etc. HAAG.	Dänische Uebersetzung: DAGMAR. Skandinavisk Modeblad for Toilette etc. KOPENHAGEN.	Ungarische Uebersetzung: A DIVAT. Közlöny a nöi pipere s házi munkák köréből. PEST.

Der Baschlik in verschiedenen Arrangements nebst verschiedenen Garnituren.

Hierzu die Abbildungen 64-76.

Sind gleich mehrere Jahre erforderlich gewesen, die allgemeine Anerkennung zu erringen, so feiert doch jetzt der ursprünglich kaukasische Baschlik einen fast beispiellosen Triumph in der ganzen modernen Welt, und es ist wol ebenso gerechtfertigt als zweckmäßig, ihm hier eine ausführliche Besprechung zu widmen, welche die Abbildungen auf der letzten Seite der heutigen Nummer illustriren. Groß und Klein trägt den Baschlik; er gilt für die zweckmäßigste Capote, die, über den Hut gelegt, Kopf und Nacken gegen Wind und Wetter auf's Beste verwahrt, und dabei stets gut kleidet; der Baschlik ist aber auch der bevorzugteste „Sortie" auf dem Ball, wie in Gesellschaft, in Concerten und Theater; eine kleidsame Mantilla um die Schultern gelegt, hüllt er, den Capuchon über dem Kopf, auf dem Hin- und Rückwege wieder am behaglichsten und bequemsten Hals und Kopf ein, ohne Kopfputz und Frisur im geringsten zu gefährden. Seine Verdienste auf der Eisbahn, die er in feurigen Farben, mit Gold und Silber gestickt, zu verherrlichen weiß, brauchen wir nicht noch besonders hervorzuheben, ist doch der Baschlik überall; vom Baby bis zur Matrone liebt ihn die ganze schönere Hälfte der Menschheit und selbst die strengsten Modewidersacher aus dem starken Geschlecht wissen auf Reisen, wie auf der Jagd, seine unschätzbaren Vorzüge zu würdigen.

Die allbekannte, gewöhnliche Baschlikform, die nur nach der Bestimmung für Kinder, Erwachsene, Damen oder Herren eine geringfügige Veränderung erleidet, ist schon häufig von uns erklärt worden; wir wollen jedoch heute noch durch einige Angaben das Zuschneiden erleichtern. Je nach der Breite des Stoffes schneidet man beide Hälften aus einer Breite und verbindet sie in der geraden hinteren Mitte durch eine Naht, oder man schneidet ihn von schmälerem Stoff, der gerade die erforderliche Höhe hat, in ganzer Länge. Von letzterem erfordert ein Baschlik in der gewöhnlichen Größe für erwachsene Damen 266-300 Cent. Länge und 55-70 Cent. Höhe; zur Hälfte zusammengelegt, mißt man vom Bruch der für den oberen Rand bestimmten Stoffkante entlang 55 Cent. für den Capuchon ab und macht von hier aus die Rundung für den Halsausschnitt. Für diese ist der kleine Schnitt des Herren-Baschliks auf der Beilage der vorigen Nummer anwendbar, doch kann er, je nachdem man den Baschlik etwas enger um's Gesicht schließend wünscht, auch etwas flacher eingerichtet werden und ohne Schwierigkeit auch die an den neueren Baschliks nicht seltene Schnebbe in der oberen Mitte erhalten (siehe Abb. 71). Die geraden Enden bildet dann die von der Höhe des Stoffes übrige Breite von etwa 22 Cent., welche man unten abrundet. Für einen Kinder-Baschlik bestimmt man Länge (der Enden) und Höhe (vom unteren Rand bis zur Spitze des Capuchons) nach der Größe des Kindes, die Breite des Capuchons nach der Stärke des Kopfes, der Halsausschnitt ergiebt sich gleichsam von selbst. Fertigt man nach vorstehender Anleitung eine Baschlikform zunächst aus billiger Gaze, welchen nöthigenfalls nach der Anprobe in erforderlicher Weise hinzuzufügen oder abzunehmen gestattet, so wird man mit leichter Mühe danach einen mustergültigen Baschlik fertigen können.

Die beliebtesten und gebräuchlichsten Stoffe zum Baschlik sind noch immer Tuch, Kaschmir, der ein weiches Seiden- oder Linonfutter erfordert, und Alpaca. Die Zahl der Garnituren ist Legion, rings umgebende Borten aus Soutache oder Schnurstich, große abgepaßte Dessins für Capuchon, Zipfel und Enden, mit Gold und Silber oder buntfarbig ausgeführt, zeigen sich fast am meisten; sehr distinguirt sind die gestickten Bordüren, Garnituren mit Rüschen, Frivolitäten etc., vorzüglich auch Blenden jeder Art, mit und ohne Vorstoß, von einfarbigem oder schottischem Stoff. Als vordere Garnitur sind Schleifen außerordentlich kleidsam.

Eine nicht üble Variation des einfachen Baschliks ist es, den Capuchon, statt ihn frei herabhängen zu lassen, mit der Spitze nach vorn zurückgeschlagen, unweit des vorderen Randes zu befestigen; es wird dadurch ein eigenartiger hübscher Faltenwurf erreicht, wie ihn Abb. 69 zur Anschauung bringt. Auch werden zuweilen die Enden unweit des Halsausschnittes fadengerade abgeschnitten und dann wie eine Schnebbe nach Maßgabe der Abb. 70 übereinander geknöpft. Ein Gazemodell ist auch hier der sicherste Weg zur Nachahmung. Der sogenannte Zipfel-Baschlik, den wir mit Abb. 70 der vorigen Nummer als Capote dargestellt, bedarf allerdings den besonderen, dazu veröffentlichten Schnitt; die Abb. 67-68 veranschaulichen das graziöse Arrangement; als eleganter „Sortie" um den Hals gelegt, von der Vorder- und Rückseite.

In Kürze noch einige specielle Angaben in Bezug auf die Abbildungen der letzten Seite unserer heutigen Nummer.

Abb. 64 links oben zeigt auf einem Kinderköpfchen den einfachen Baschlik mit kurzen, vorn fichuartig gekreuzten Enden. Das Modell ist aus weißem Kaschmir, umgeben mit einer ausgezähnten Rüsche mit Kopf aus 4 Cent. breiten Stoffstreifen. Die Losangen-Verzierung wird mit 3 Farben bunter Seide in losen Reihstichen ausgeführt, wie es die naturgroße Abb. 73 an einem sehr niedlichen Dessin deutlich erkennen läßt. Letzteres Dessin zeigt in der oberen Reihe hochrothe Reihstiche mit goldgelben, in der unteren Reihe pensée Reihstiche mit frischgrünen Schrägstichen.

1-2. Braut-Toiletten.

Die nächste kleine Abbildung 65 giebt die Rückansicht des gewöhnlichen Baschliks von hochrothem Tuch mit Verzierung von Gold-Soutache. Rechts oben ist mit Abb. 66 ein gewöhnlicher, hinten wie Abb. 65 geschlungener Baschlik mit Stepstich- oder Schrägstreifen-Verzierung, über einen Hut arrangirt.

Die beiden Abb. 67-68 veranschaulichen den erwähnten Zipfel-Baschlik als „Sortie", Abb. 67 von der Vorderseite mit einfachem Soutache-Dessin, Abb. 68 von der Rückseite mit einem Besatz aus Frivolitäten von schwarzer Wolle (oder Cordonnetseide), mit Sammetband durchzogen. Die Ausführung dieser Frivolitäten aus Halbbogen, welche mit zwei Fäden zu schürzen sind, und Josephinenkn. aus je 10 Doppelknoten als Spangen arrangirt, erklärt verständlich die naturgroße Abb. 72.

Mit Abb. 69, der Seitenansicht des mit dem Zipfel nach vorn gelegten Capuchons, veranschaulichen wir ein hübsches Arrangement mit Sammetschleifen und Quasten. Die Garnitur aus Frivolitäten en relief und Stickerei giebt Abb. 74 in Naturgröße. Die Eckrosette dieser wirkungsvollen Bordüre zeigt einen Doppelkreis von geschlossenen Frivolitätenösen; der äußere Kreis besteht, wie die beiden andern einreihigen Rosetten, aus schwarzer Seide, der innere von abstechender Farbe; die einfache Ausführung mit und ohne Picot läßt die Abb. 74 deutlich erkennen. Befestigt werden die Rosetten durch lange, farbige Languettenstiche, die Kelche mit Knötchen gefüllt; zur Herstellung der in schwarz, goldgelb und weiß gearbeiteten Verbindungszweige genügt ebenfalls die Abb.

Der Baschlik mit den schnebbenförmig übereinander geknöpften Enden, Abb. 70, ist im Modell aus weißem Kaschmir, rings mit gerollter Rüsche aus schwarzem Sammet, außerdem mit Blenden aus schottischem Stoff garnirt. Wie der Capuchon zu Abb. 69 arrangirt, dienen auch hier Sammetschleifen, doch mit einem schmalen schottischen Vorstoß als vervollständigende Garnitur.

Abb. 71 zeigt als Mantilla noch einen Baschlik aus hochrothem Tuch mit Stickerei aus Schnurstich von weißer Seide und kleinen Applicationen aus weißem Tuch. Das sehr schöne, auch zu Decken vorzüglich geeignete Arrangement bringt die Beilage der nächsten Nummer. — Noch zwei empfehlenswerthe Baschlik-Verzierungen geben die beiden Abb. 75-76.

75. Gestickte Bordüre. Im buntesten Farbengemisch, an unserer Vorlage maisgelb, rothbraun, grün, blau, ponceau, lila etc. ausgeführt, ist diese Bordüre fast auf allen einfarbigen Stoffen von schöner Wirkung.

76. Rüsche aus einem 4 Cent. breiten, an einer Seite ausgezähnten Schrägstreifen; man legt denselben zunächst in kleine Tollfalten, arrangirt ihn durch verlorene Heftstiche in der ersichtlichen Weise und schmückt die leeren Räume mit Schlingen aus Band, gewebter Gold- oder Silberborte.

Bild/Resim 47
Baschlik/ Başlık entnommen: »Die Modenwelt«, 1869
»Modenwelt« kadın dergisinde başlık modelleri, 1869

Hizmetçi kızlar evde iş yaparken ve sokağa çıktıklarında Haube kullanıyorlardı. Ama bunun yanında hanımlarının eski şapkalarını giyme olanakları da vardı.

Şapka, şık kadının simgesi sayılmaya başlandı ve 19. yy.da şık kadınlar kesinlikle açık başla sokağa çıkmaz oldular. Aynı devirde köylerde başörtü, Haube yerine kullanılmaya başlandı ve Haube giderek ortadan kayboldu.

1870-1890 yılları arasında, Almanya'da en sevilen baş örtme çeşitlerinden birisi de başlık (Baschlik) adını taşıyordu. Başlık, uzun iki ucu olan, üçgen bir örtüydü ve çene altından çaprazlamasına geçirilerek, ensede düğümleniyordu. Almanya'ya Kafkasya'dan gelen bu baş giysisi için, Kafkas Türk'leri "Başlık" adını kullanıyorlardı.[19] (Resim 47)

Aynı yüzyılın sonlarında, kadın bağımsızlığı hareketine bağlı kadınlar, kadının erkeğe kulluğunun bir sembolü sayılan, Haube kullanmaya karşı koydular. Kadın vücudunu sıkıca saran korseler çıkarıldı, pantolon giyilmeye başlandı, saçlar kısacık kestirildi. Kadınlar, kapalı ya da açık, kendi hoşlarına nasıl gidiyorsa öyle dolaşmaya başladılar.

"20. yy.da, Haube kullananlar, yaşlı kadınlar ve yas tutan dullardı. Ama Haube sportif hanım ve beylerde de görülüyordu."[20]

ten, der Turban kommt in Mode. *"Seit 1790 tragen vornehme Damen den Turban."*[17]

Zum Ende des 18. Jahrhunderts begannen sich die Kleidungs- und Anstandsregeln zu lockern. In vielen Landschaften Deutschlands wurden "hüllende und verhüllende Hauben zum bestickten oder goldfarbenen Haarzubehör" getragen.[18)] Dienstmädchen tragen die Haube, auch noch außerhalb des Hauses, aber auch die abgelegten Hüte ihrer Hausfrau.

Der Hut galt als Kennzeichen der Dame, mit unbedecktem Kopf ging im 19. Jh. keine Dame auf die Straße. Auf dem Lande wurde die Haube vom Kopftuch abgelöst.

Zwischen ca. 1870 und 1890 war eine der beliebtesten Kopfbedeckungen in Deutschland das Başlık, ein dreieckiges Tuch mit zwei langen Enden, die unter dem Kinn gekreuzt und im Nacken zu einem Knoten verschlungen wurden. Başlık bedeutet in den Turksprachen "zum Kopf gehörend". Die Mode kam aus dem Kaukasus, die kaukasischen Türken nannten diese Kopfbedeckung Başlık.[19] (Abb. 47)

Am Ende des Jahrhunderts lehnten die Frauen der Frauenbewegung die Haube, als Zeichen der Unterordnung unter den Mann, ab. Sie legten das Korsett ab, zogen Hosen an, schnitten das Haar kurz und gingen bedeckt oder unbedeckt, wie es ihnen gefiel.

"Im 20. Jh. bleiben die Hauben den alten Damen, den trauernden Witwen, aber auch den sportlichen Damen und Herren".[20]

Anadolu Uygarlıkları ve Baş Örtme

Das Kopftuch in den anatolischen Zivilisationen

Anadolu'nun uygarlık tarihi çok eskilere dayanır. Burada yaşayan çeşitli uygarlıklar binlerce yıl boyunca birbirlerini karşılıklı etkilediler. Anadolu'da yaşamış kadınların başörtü ve başlık kullanma şekilleri, o devirlerden kalmış heykel, mozayık gibi arkeolojik buluntular aracılığıyla izlenebilir.

Bild/Resim 48

Geç Hitit Çağından kalma, tanrıça Kubaba'yı gösteren İ.Ö. 11. yy.'a ait bir kabartmada, Tanrıça çiçeklerle bezenmiş bir başlık taşıyor ve bunun üzerine konan başörtüsü arkaya doğru sarkıyor. (Resim 48)

Die Geschichte Anatoliens ist sehr alt.
Die verschiedenen Kulturen in Anatolien haben sich über die Jahrtausende hinweg gegenseitig beeinflußt. Die Entwicklung des Tuches und der

Bild/Resim 49

Hitit Devri mezar taşı kabartması (İ.Ö. 8. yy. sonu - 7. yy. başı). Kabartmada bir ana ve oğlu görülmekte. Annenin başındaki başlığın (ya da çatkının) üzerinde kalçalarına kadar uzanan bir örtü bulunmakta. (Resim 49)

Frigya'lı bir Tanrıça'nın bu yontusu İ.Ö. 6. yy.'dan kalmadır. Perçemi bukleler halinde kaşlarına dek varıyor. Başına, kulaklarını açıkta bırakan ve omuzlarına kadar inen bir başörtüsü örtmüş. (Resim 50)

Batı Anadolu'da İon kültüründen bir kadın figürü (İ.Ö. 7. yy. sonu - 6. yy. başı). Kadın, başından omuzlarına inen bir örtü örtmüş (Resim 51)

Bild/Resim 50

Kappe der anatolischen Frauen kann seit dieser Zeit bis heute verfolgt werden, anhand von Skulpturen und Mosaiken.

So finden wir in der spätheth itischen Zeit eine Abbildung der Göttin Kubaba aus dem 11. Jh. (v. Chr.). Sie trägt eine blumengeschmückte Kappe, das Tuch ist darüber gelegt und fällt nach hinten. (Abb. 48)

Ebenfalls aus der Zeit der Hethiter stammt das Grabrelief von Mutter und Sohn. Die Mutter trägt ein langes Tuch über einer Rundkappe. (Ende 8. Anf. 7. Jh. v. Chr.) (Abb. 49)

Aus dem 6. Jh. v. Chr. stammt diese phrygische Skulptur einer Göttin. Ihre Stirnhaare sind in Locken und reichen bis zu den Augenbrauen. Sie trägt ein Tuch, das die Ohren freiläßt und bis zu den Schultern reicht. (Abb. 50)

Aus Westanatolien stammt diese ionische Frau. Sie trägt ein Tuch, das vom Kopf herunterfällt. (Ende 7. Anf. 6. Jh. v. Chr.) (Abb. 51)

Bild/Resim 51

Miletli kadının, çatkı ile tutturulmuş bir başörtüsü var. (İ.Ö. 6. yy. ortaları) (Resim 52)

Bild/Resim 52

Urfa'da (Edessa) bulunan 3. yy.'a ait Süryani mozayıklarında, değişik renkli bantlarla kaplı yüksek başlıklar görülmektedir. Şekil olarak benzer başlıklar, daha önce Hitit kalıntılarında da görülmüştür. Dolayısıyla, bunun bir Hitit geleneği olması olanaklıdır. Aynı başlıklar daha sonraki yüzyıllarda, bir boru şeklinde ve madeni olarak karşımıza çıkar. Bunun üzerine bir örtü gelir. (Resim 53)
Evliya Çelebi (1617-1682) bu tür baş giysilerinin tüm güneydoğu bölgesinde giyildiği gözlemini yapar. Gene ondan, bu başlıkların, gümüş ve bazen altın olduğunu ayrıca üzerine car[1] giyildiğini öğreniyoruz.

Bu başlıkların yüz yıl öncesine kadar varolduğunu, Osman Hamdi Bey'in, Viyana Sergisi için 1873 yılında hazırladığı "Türkiye Halk Kıyafetleri" (Les costumes populaires de la Turquie) adlı kitabındaki resimlerden anlıyoruz.[2]

Anadolu uygarlıklarında, Hitit Çağı'ndan günümüze kadar, kadın başlıklarında ortak taraf başlık üzerine atılan ve belden daha da aşağılara sarkan bir örtüdür. Başörtüsü başlığın ön yüzünü açıkta bırakır. Bu usul, Anadolu'nun çeşitli yörelerinde evli kadınların giydiği Kofi [3] denilen başlıkta bugün de görülmektedir. [4]

Die Frau aus Milet trägt ein Tuch, das mit einem Band gehalten wird. (Mitte 6. Jh. v. Chr.) (Abb. 52)

In Urfa (Edessa), in Südostanatolien, wurden assyrische Mosaiken aus dem 3. Jahrhundert gefunden. Die Frauen tragen hohe Kappen, mit verschiedenfarbigen Bändern. Von der Form her sieht man die gleichen Kappen auch bei den Hethitern (Abb. 48). Deswegen wird vermutet, daß sie ursprünglich von ihnen stammen. In späteren Jahrhunderten wird die gleiche Kappe etwas verändert. Sie sieht wie ein Rohr aus und ist aus Metall. Darüber kommt ein Tuch.

Evliya Çelebi (1617-1682) hat beobachtet, daß diese Art in allen Gebieten Südostanatoliens getragen wurde. Er beschreibt die Kappen aus Gold oder Silber. Die Frauen trugen darüber ein Car.[1]

Die Kappen existierten noch bis vor hundert Jahren, wie Osman Hamdi 1873 es in seinem Buch "Les costumes populaires de la Turquie" für eine Ausstellung in Wien beschrieb.[2]

THE FUNERARY COUCH MOSAIC, with Syriac inscriptions; dated A.D. 278.

Bild/Resim 53

Dieses Tuch ist bis heute ein gemeinsames Element der Kulturen Anatoliens. Es wird über den Kopf oder die Kappe gelegt und reicht bis über die Taille. Die Vorderseite der Kappe wird nicht verdeckt, was man auch bei den Kofis[3], die heute von verheirateten Frauen getragen werden, sehen kann.[4]

Türk Kadınları ve Baş Örtme

Abbasi halifesinin elçisi olarak seyahat etmekte olan Ibn Fadlan, 922 yılında, Aral gölü ve Hazer Denizi arasında yaşayan Oğuzlar arasında bir süre kalır ve onların yaşam biçimleri hakkında bilgi verir:

"Kadınları yerli ve yabancı erkeklerden kaçmazlar. Aynı biçimde, kadın vücudunun hiç bir yerini insanlardan gizlemez."[1]

Bu durum, kendi ülkesinde kadınların örtünmesinin uzun bir geçmişi bulunan İbn Fadlan'ı çok şaşırtmıştı. Bu devirdeki Türk kadınları, başlarını bir örtü ile örtmüyorlardı. Onuncu yüzyılda Türklerin İslâmiyet'i kabulü de, Türk kadınının, örtünmeyi, Arap yarımadasındaki şekliyle uyguladığı anlamına

Das Kopftuch bei türkischen Frauen

Ibn Fadlan, ein Gesandter des abbassidischen Kalifen, beobachtete im Jahr 922 türkische Frauen, die zu der damaligen Zeit zwischen Kaspischem Meer und Aral-See lebten.

Türkische Frauen gehen einheimischen oder fremden Männern nicht aus dem Wege. Sie bedekken weder ihre Haare, noch verstecken sie ihren Körper vor fremden männlichen Augen."[1]

Dieser Anblick erstaunte Ibn Fadlan sehr, denn die Bedeckung der Frauen war in seiner Heimat eine lange Tradition. Die Türkinnen bedeckten ihre Haare zu dieser Zeit nicht und auch die Übernahme der islamischen Religon im Laufe des 10. Jh.

Bild/Resim 54

Bild/Resim 55

gelmez.

11. yy.da, Türkler Anadolu'ya geldiler. Anadolu toprakları üzerinde ilk Türk devletini Selçuklular kurdu (11-13 yy.).

Selçuklu Sultanı I. Alaaddin Keykubat (1219-1239) tarafından yaptırılan Kubâd-âbâd sarayı duvar çinilerinde, Selçuklu devri kadınlarının üsküf adı verilen ve uçları arkaya sarkan, külah biçiminde, keçeden veya kalın kumaşlardan yapılan başlıklar giydiği izlenmektedir.[2]

(Resim 54)

1336 tarihli, Rana Hatun'a ait bir mezar taşında, gergef işleyen bir kadın resmi bulunmaktadır. Kadının başında, yuvarlak bir başlık bulunmakta, başlığın üzerine örtülen ince tül, arkada toplanmaktadır.[3] (Resim 55)

Selçuklu kadınlarında yüz örtme geleneği yoktu.

13. yy.la ait Selçuklu devri kadın başı

Saçları örtülü, kenarları oyalı bir örtüsü var.

(Resim 56)

Selçuklu yerleşim merkezleri yakınlarında yaşayan Yunanlı kadınlar da başlarını yukarda tanımlandığı şekilde örterlerdi. 13. yy. sonlarında bir Yunanlı kadının baş giysisi tanımı şöyle yapılmakta: *"Uzun başörtüsünü, fesine sarık gibi dolayıp bir ucunu omuzundan arkasına atmıştı."*[4]

Bild/Resim 56

bedeutete nicht, daß die türkischen Frauen automatisch den Schleier der arabischen Frauen übernahmen.

Nach Anatolien kamen die Türken erst seit dem 11. Jh. Den ersten türkischen Staat auf anatolischem Boden gründeten die Seldschuken (11.-13 Jh.).

Auf Keramiken des Kubâd-âbâd Serail des Sultans Alâaddin Keykubad I. (1219-1239) sind Frauen abgebildet, die Zipfelmützen – üsküf – tragen aus Filz – keçe – oder anderem dicken Stoff.[2]

(Abb. 54)

Auf den Grabstein der Rana Hatun von 1336 ist eine junge Frau gemeißelt, die stickt. Sie trägt eine flache runde Kappe, über die ein dünner Tüllschleier nach hinten fällt.[3] (Abb. 55)

Ihre Gesichter bedeckten die seldschukischen Frauen nicht.

Aus dem 13. Jh. ist eine weitere Kopfbedeckung überliefert: Eine Sphinxskulptur trägt Zöpfe, die beidseitig über die Schulter hinabhängen. Ein loses Tuch mit Spitzenbordüre (Oya) schmückt die Haare. (Abb. 56)

Auch die Griechinnen, die in unmittelbarer Nähe der türkischen Siedlungen lebten, bedeckten ihren Kopf auf diese Weise. So wird eine Griechin in den 90er Jahren des 13. Jh. in Anatolien beschrieben:

"Ihr langes Kopftuch hatte sie um ihre Kappe herumgewickelt, und dessen Ende ließ sie über ihre Schulter am Rücken hängen".[4]

Selçuklu kadın idarecilerin hükümet işlerini yürütmeleri, onların aynı zamanda diğer konularda da hünerli olmalarına engel değildi. Ama, Prenseslerini el işi yaparken gören halkın şaşkınlığı büyük oluyordu:

"Selçuklu prenseslerinden birisi Kazvin kentinin sahibesiydi. Kazvinliler kente genel bir lağım yaptırmak üzere aralarında para toplamışlardı.

Kentliler bu paranın geri kalanını Hanım Sultan'dan istemeye karar vererek, ileri gelenlerden bir kurulu Hanım Sultan'ın katına gönderdiler. Bu kurul otağa yaklaşıp, otağın önündeki bir sandalye üzerinde oturan Hanım Sultan'ın bir örgü örmekte olduğunu görünce, "bu cimri kadının bize para vermesine olanak yoktur" diye, geldikleri için yerindiler. Fakat Hanım Sultan onları görmüştü. Geri dönemezlerdi. İster istemez Sultan'ın katına geldiler ve halkın önerisini sundular.

Sultan bütün giderleri kendisinin vereceğini, toplanan paraların sahiplerine geri verilmesini buyurdu.

Kurul içindeki bir yaşlı, Sultan'a elindeki örgü işinden dolayı düşündükleri haksız kuşkuyu söyledi. Hanım Sultan şöyle yanıtladı: "Evet, benim el işiyle uğraştığımı gören bütün İran'lılar şaşıyorlar. Oysa benim ailem içinde bütün kadınlar benim gibi daima el işiyle uğraşırlar. Sultanlık işleriyle meşgul olmadığımız zaman neyle uğraşacağız. Biz boş kalmamak için hep ev işleriyle ve el işleriyle uğraşırız. Bu davranış, soyumuz için, bir ayıp değil, büyük bir yüceliktir."[5]

Die seldschukischen Frauen waren sehr geschickt im Besticken von Tüchern, aber sie verstanden auch zu regieren, was ihre männlichen Untertanen in Erstaunen versetzte:

Eine seldschukische Prinzessin ist Gouverneur der Stadt Kazvin. Die Leute von Kazvin wollen für ihre Stadt ein Abwassersystem bauen und beginnen für diesen Zweck zu sammeln. Eine Delegation, die aus älteren Bürgern der Stadt besteht, wird zur Prinzessin gesandt, um finanzielle Unterstützung zu erbitten. Als die Delegation am Palast der Prinzessin ankommt, finden sie sie auf einer Bank sitzend und stickend. Die Mitglieder der Delegation nehmen an, daß die Prinzessin geizig ist, bedauern, überhaupt um Hilfe gekommen zu sein. Jedoch ist es zu spät, sich zurückzuziehen, da sie von der Prinzessin erblickt worden sind. Widerstrebend begeben sie sich zum Empfang.

Nachdem ihr der Zweck ihres Besuches erklärt ist, wird ihnen sofort versichert, daß alle Ausgaben für das Abwassersystem von der Prinzessin allein bestritten würden und all das Geld, welches bereits gesammelt worden ist, den Menschen, die es gegeben haben, zurückgegeben werden können.

Daraufhin fragte ein Mitglied der Delegation unwillkürlich, warum die Prinzessin sticke. Sie antwortet: »Ja, die Iraner sind schon erstaunt, wenn sie sehen, daß ich handarbeite. Aber alle Frauen in meiner Familie und ich selbst stricken und sticken auch. Was sollen wir sonst tun, wenn wir nicht mit Verwaltungsaufgaben beschäftigt sind. Wie normale Frauen tun wir unsere Hausarbeit und stricken in unserer freien Zeit. Dies ist nicht etwas, weshalb man sich schämen müßte, sondern im Gegenteil, es ist eine Ehre für unser Geschlecht.«[5]

Osmanlı Kadınları ve Baş Örtme

Anadolu'da 1300'lerde küçük bir beylik (başkent Bursa) kurulacak, Selçuklu İmparatorluğu tarih sahnesinde kaybolacak, küçük beylik Osmanlı İmparotorluğu haline gelecek ve daha sonra ise yerini, 1923 yılında kurulacak Türkiye Cumhuriyeti'ne bırakacaktır.

Ondördüncü yüzyılın ünlü Arap gezgini İbni Battuta Türkler hakkında şunları yazmaktadır:

»Bu memleketin evlerinden birinde misafir olduğumuz zaman kadın olsun, erkek olsun herkes hizmetimizi gördü. Kadınlar örtülü değildi... Vedalaşırken, kadınların göz yaşlarını görebilirdin.«[1]

Örtünmeyen Türkmen kadınlarının 15. yüzyılda İran'daki kadınları da kısmen etkilediği görüşü bazı teorilerde yer almaktadır. Bu yüzyıla ait gezi notları ve resimlerde örtünmediği izlenebilen İranlı kadınlar, aynı devirde ülkelerine gelen Avrupalı gezginleri »açık giyimleriyle« pek hayrete düşürüyorlardı.[2] İran'daki şehirli kadınların hiç değilse bir kısmının örtünmeme nedenleri konusundaki bir teoriye göre, bu adeti *»göçebe oldukları için kadınları örtünmeyen«*[3] Türkmenlerden aldıkları ileri sürülmektedir.

Tarihçi Şikari, İstanbul'un fethinden önce Osmanlıların başkenti olan Bursa kentine Türkmen boylarının gelmesinin ise, Bursa'da yaşayan Osmanlı kadınlarının ilk defa yüzlerini örtmelerine neden olduğunu belirtmektedir.

"...Yüz örtmek sonradan adet oldu. Karamanoğlu Alaüddin'in Hamidoğlu Ilyas diyarını katliam ettiğinde üç kabile Diyar-ı Osman'a firar etmişlerdi. O vakit bunları Murad Han görüp pek temiz ve uslu adem olduklarından kendi şehrinde (Bursa'da) yerleştirmişti. İşte bu kabile kadınları pek güzel olduklarından herkes bunları temaşa etmeye (seyretmeye) başlayınca ulema tarafından bu kabilenin hatunlarının yüzleri siper edilmesi (yüzlerinin saklanması) emredildi. Işte ne vakit taşra çıksalar, o kabile hatunları yüzlerini siper ederlerdi. Fakat bu hal sonradan diğer kadın ve kızların da pek hoşuna geldiğinden herkes daima güzelce her tarafını örtmeye başladı."[(4)]

Kopfbedeckungen bei osmanischen Frauen

Osmanen gründeten um 1300 unter Osman in Anatolien ein kleines Fürstentum (Hauptstadt Bursa), das sich auf Kosten des seldschukischen Reiches ständig vergrößerte. Das osmanische Reich ist entstanden. Es wurde von der türkischen Republik abgelöst.

Ibn Battuta, der berühmte arabische Reisende aus dem 14. Jh. berichtete über die Türken: *"Wenn wir in einem Haus diese Landes abstiegen, sorgten unsere Nachbarn beiderlei Geschlechts für uns, die Frauen unverschleiert... Beim Abschied konntest du die Frauen weinen sehen.*[1)]

Auch in Persien des 15. Jh. waren die Frauen nicht verschleiert, wie Reiseberichte und Illustrationen beweisen, die offene Kleidung "schockierte" sogar zuweilen Reisende aus Europa.[2)]

Eine Theorie, die dieses Phänomen, daß sich zumindest nicht alle städtischen Frauen in Persien verschleierten, zu erklären versuchte, ist, daß die Turkmenen diese Sitte dort einführten, "die als Nomaden ihre Frauen nicht verschleierten".[3)]

In Bursa, der Hauptstadt der Osmanen vor der Eroberung Konstantinopels, führte das Eintreffen der Turkmenen allerdings zu der Verschleierung der Bewohnerinnen Bursas, wie der Geschichtsschreiber Şikari überliefert.[4)]

»... damals war es kaum der Brauch, daß sich Frauen ihr Gesicht bedeckten. Dazu kam es erst später. Als im Gebiet des Hamidoğlu İlyas von den Karamanoğlu, Alaeddin ein Blutbad anrichtete, flüchteten drei Stämme ins Land der Osmanen. Sie wurden von Murad Khan aufgenommen und er brachte sie, da sie ordentlich und anständig waren, in seiner Stadt (Bursa) unter. Die Frauen dieses Stammes waren besonders schön, so daß jeder sie anstarte. Daraufhin wurde seitens des Ulema (islamischer Rechtsund Gottesgelehrter) den Frauen jenes Stammes befohlen, sich ihr Gesicht zu bedecken. Seither verhüllen diese Frauen ihr Gesicht, sobald sie ausgehen. Später fanden auch andere Frauen und Mädchen daran Gefallen und kleideten sich auf diese Art und Weise.«

Aynı devirde Bizanzlı kadınlar da yüzlerini örten bir peçe kullanmaktaydılar. 1453 yılında İstanbul'un fethi, Osmanlı sultanlarının yaşam tarzlarını da oldukça etkileyecekti. Osmanlı İmparatorluğu sınırları içinde İstanbul'da yaşayan kadınlarla, Anadolu'da yaşayan kadınların sosyal konum ve günlük yaşamları da, İstanbul'un fethinden sonra büyük farklar göstermeye başladı. »İstanbul'da yaşayan kadınların konumu« ifadesiyle aslında bir Bizans kurumu olan sultanın hareminde bulunan kadınların ve azınlıkta kalan bir grup yüksek rütbeli devlet adamının cariyelerinin, kölelerinin ve nikahlı eşlerinin durumu vurgulanmaktadır.

Avrupalı diplomat ve gezginlerin bu devre ait resim ve yazılarında da, sadece bu sosyal çevreden söz edilir. Bu bölümdeki Osmanlı kadınlarının giyimlerine ilişkin Avrupa kökenli kaynaklardan alınan bilgilerin de, böylesine sınırlı içeriği gözardı edilmemelidir. Anadolu'da yaşayan halkın giyim tarzı ve adetleri pek ilgi çekmemiş ve sadece az sayıdaki gezi notlarında bu konuya kısa cümlelerle değinilmiştir. 1674 yılında Pietro della Valle'nin notlarında Anadolulu köylü kadının örtülere bürünmeden dolaştığı bilgisi yer almaktadır.[5]

Osmanlı Sultanları 16. yüzyılda »padişah« ünvanlarının yanısıra »halife«, yani peygamber Muhammed'in vekili ve bütün müslüman halkların dinsel başkanı ünvanını da üstlendiler. Kadınların örtünmesi, Osmanlı İmparatorluğu'nda yüzyıllar boyu sürecek bir tartışma konusu olma özelliğini kazandı. Bu konuda ilk belgelenebilen yasağa, 1725'de ve alınmaya çalışılan son önlemlere ise 1920'lerde rastlanır.

Bu buyruk ve yasaklar yakından incelendiği zaman, bunların hem islamlık anlayışı, hem de peygamberin buyruklarıyla ilişkilerinin oldukça sınırlı olduğu ortaya çıkar. İçinde tek bir kadının bile yer almadığı yönetici kadro, günün politikasına uygun kararnamelerle ikiyüz yıl boyunca kadınları yönlendirmek istedi.

Bazan kadınların koyu renkli giysiler giymeleri »Hıristiyan kadınlarına benzememeleri« için yasaklanıyor, renkli giysiler giymeleri isteniyordu. Bazan da kadınların renkli giysiler giymeleri engelleniyor, *»Müslüman kadınına yaraşan tek kılık olan«* çarşaf giymeye zorlanıyorlardı. Örneğin Sultan II. Abdülhamid'in çeşitli kuşku ve korkuları, çarşaf giyilmesinin tekrar yasaklamasına neden olacaktı. Ama bütün bu tartışmalar arasında, baş giysilerinin nasıl olması gerektiği konusunda, gene de kadınların kendi verdikleri kararlar en geçerlileri oldu.

1453'te İstanbul, eski adıyla Konstantinopolis, Osmanlı İmparatorluğu'nun başkenti oldu. 15. yüzyılda yapılmış bir resimde Fatih Sultan Mehmed'in eşi Siti Hatun *»çok kapalı olmayan bir giyimle... başörtüsü bol ve rahat... ve yüzü açık«* olarak görülür.[6]

Um diese Zeit waren auch die byzantinischen Frauen verschleiert. Die Eroberung Konstantinopels 1453 hatte weitreichende Auswirkungen auf den Lebensstil der Herrscher.

Status und Lebensweise der Istanbuler Frauen unterschieden sich von nun an sehr stark von der Lebensweise anatolischer Frauen. Das betraf sowohl den Harem, der von den byzantinischen Herrschern übernommen wurde, wie auch die Situation der Sklavinnen und die Rolle der Ehefrauen im Serail und in den Häusern der Handvoll Bürokraten, die sich das neben dem Sultan leisten konnten.

Die schriftlichen und bildlichen Überlieferungen der Diplomaten und Reisenden aus Europa bezogen sich vor allem auf diese soziale Gruppe. Auch was wir im folgenden über die Kleidung osmanischer Frauen berichten, ist mit diesen Einschränkungen zu betrachten.

Die Lebensgewohnheiten und Bekleidung der anatolischen Landbevölkerung waren von wenig Interesse. Nur vereinzelt fanden sie Erwähnung in Nebensätzen einiger Reiseberichte. So beispielsweise bei Pietro della Valle, der 1674 beobachtete, daß die anatolischen Bäuerinnen unverschleiert gingen.[5)]

Im 16. Jh. wurde das Osmanische Reich islamische Theokratie. Die Bedeckung der Haare und des Gesichtes der Frauen in Istanbul wird nun ein Zankapfel durch die Jahrhunderte. Die erste nachgewiesene Bedeckungsordnung ist von 1725, die letzten Versuche reichen bis zu den 20iger Jahren des 20. Jahrhunderts.

Mit Islam und den Geboten des Propheten haben diese fortlaufenden Ge- und Verbote der Sultane am wenigsten zu tun gehabt. Es waren Motive, die die machthabenden Männer, aus den verschiedensten Anlässen je nach Lage, ausgesprochen haben. Sie haben über 200 Jahre lang über Frauen bestimmen wollen: Mal sollte die Kleidung der islamischen Frauen farbig sein, damit sie sich von der Kleidung der Christinnen unterscheide, mal sollte sie dunkel sein. Mal war der Tscharschaf die einzige "ehrbare islamische Kleidung", dann sollte er wieder abgeschafft werden, weil es dem Sultan mulmig wurde bei so vielen vermummten Gestalten und er um Ordnung und Leben fürchtete. Und letztendlich bestimmten doch die Frauen, wie sie sich den Kopf schmückten.

Im 15. Jh. wurde Siti Hatun, die Ehefrau Sultan Mehmets, dem Eroberer Konstantinopels, porträtiert – *"mit einer nicht sehr bedeckenden Bekleidung ... mit einem Tuch auf den Haaren ... und ohne Gesichtsbedeckung".*[6)]

16. yüzyıldan itibaren İstanbul'da görülen başörtü ve yaşmaklar, beyaz ya da krem renkli, tül veya buna benzer ince kumaşlarden yapılıyordu. Hıristiyan kadınlar ise, koyu renkli peçeler kullanıyorlardı.

İstanbul'un fethinden önce burada yaşayan Bizanslı kadınlar yüzlerine koyu peçe tutunurlardı. İstanbul'da müslüman Osmanlı kadınının da kullandığı görülen bu tür peçeler, Bizanz etkisinin bir sonucu olarak ortaya çıkmış ve Anadolu kadını için İstanbul'da kullanıldığı şekliyle kullanılan bir giyim ögesi olmamıştır. Bu dönemde İstanbul'daki kadın baş giysilerinin tanımı şöyle yapılmaktadır:

»Sokak giyimleri için tepeye bir hotoz kondurulur. İnce bir örtü hotozun üzerinden alınarak, çenenin altında düğümlenir. Bunun üzerine de ince bir tül atılır. Hotozlarının üzerindeki ince örtüyü gözlerinin üzerine kadar indirirler ve hotozu tutan ince örtüyü de ağızlarına çekerlerdi. Elbiselerinin üzerine de ferace giyerlerdi.«[7]

Lale Devrinde (1718-1730) İstanbullu kadınların, mesire yerlerine giderlerken, hotozlarının üzerine

Die Gesichtsbedeckungen in Istanbul, die sich ab dem 16. Jh. zeigten, waren aus Tüll oder aus fein gewebtem Tuch, weiß oder cremefarbig. Die nicht muslimischen Frauen trugen dunkle Schleier. Das Tragen dieser Schleier ist auf byzantinische Einflüsse zurückzuführen, denn die byzantischen Frauen bedeckten ihre Gesichter auch mit dunklen Schleiern. Die türkischen Frauen gehen nun auch mit Schleier aus:

"Wenn sie ausgehen, tragen sie ein Hotoz, das mit einem feinen Tuch am Kopf befestigt wird. Ein weiter Tüll oder ein fein gewebtes Tuch, das auf diesem Hotoz liegt, wird auf der Straße zur Bedeckung der Stirn benutzt. Mit dem Tuch, das das Hotoz festhält und unter dem Kinn gebunden wird, wird in der Öffentlichkeit auch der Mund bedeckt."[7)]

In der "Tulpenperiode" (1718-1730) machten die Istanbulerinnen oft Ausflüge in die Natur und vergnügten sich dort. Dazu richteten sie mit großer Sorgfalt ihre Kopfbedeckungen her und befestig-

Bild/Resim 57
Weißhammel-Turkmeninnen, Miniatur aus dem 15. Jahrhundert
Akkoyunlu Türkmenleri, 15. yüzyıl

ince müslin yaşmaklarını büyük bir özenle tutturdukları bilgisine çeşitli kaynaklarda rastlanmaktadır. Yaşlı kadınlar »tülbent yaşmak« adı verilen ince pamukludan yapılmış örtüler kullanıyorlardı. Genç kadınların giydikleri ferace, vücut hatlarını belirtecek darlıkta yapılırken, yaşlı kadınlarınki, daha bol kesimli oluyordu.

Buna karşın kadınların giysilerinin süsleri ve örttükleri örtülerin büyüklüğü, devletin başı tarafından aşırılık olarak nitelendirilmiş, kadınlar »namus edebine« uygun davranmaya davet edilerek üç değirmiden büyük başörtü kullanmaları yasaklanmıştır.

"Istanbul Kadısına ve Yeniçeri Ağasına ve Bostancıbaşı Ağa'ya; Istanbul, memleketimizin yüzsuyu, bilginler, dürstler ve edipler beldesidir. Halkının da günlük kıyafetinin şeriata uygun olması devlet namusu gereğindedir. Fakat savaşlar yüzünden çok önemli işlerle uğraşılırken bu husus ihmâl edilmiştir. Bazı yaramaz kadınlar bunu fırsat bilip, sokaklarda halkı baştan çıkarmak gayesiyle aşırı süslenmeye başlamışlardır. Yeni biçimlerde çeşitli esvaplar yaptırmışlar, Hıristiyan kadınlarını taklit ederek başlarına acaip serpuşlar geçirmişlerdir. Nice utanç verecek biçimler çıkarıp namus edebini tamamen orta-

Bild/Resim 58
Miniatur aus dem 18.Jahrhundert
18.yüzyıl minyatürü

ten ihren yaşmak auf ihren Kappen. Für die yaşmaks wurde durchsichtiger Musselin benutzt.

Zu dieser Zeit trugen die älteren Frauen "tülbent yaşmak", ein großes, weißes Kopftuch, aus dünnem Baumwollstoff. Dazu trugen sie einen weitgeschnittenen ferace (leichter Stoffmantel in fröhlichen Farben, Straßenkleid), die jüngeren einen engeren, der die Körperumrisse mehr betonte.

Die Aufmachung der Kleidung der Frauen und auch die Größe der Tücher, die sie tragen, wird ein Ärgernis für das Staatsoberhaupt. Frauen haben sich deshalb in ehrbarer Weise zu verhalten und dürfen sich keine aufwendigen Kleider schneidern lassen und keine Kopftücher tragen, die mehr als drei Bahnen messen.

»An den Kadi von Istanbul, den Oberbefehlshaber der Janitscharen und den Kommandeur der Leibgarde des Sultans:

İstanbul, der Stolz unseres Landes, ist die Stadt der Gelehrten, der Ehrenhaften, die Stadt der Literaten. Unsere Staatsehre gebietet, daß auch das Volk mit seiner Alltagskleidung den Vorschriften der Scharia entspricht. Diesem Punkt wurde jedoch aufgrund der Kriege zu wenig Aufmerksamkeit geschenkt. Manch sittenlose Frauen fanden dadurch Gelegenheit, sich mit der Absicht, die Menschen der Straße zu verführen, extrem herauszuputzen. Sie lassen sich Kleider im neuen Stil schneidern, setzen auf ihren Kopf merkwürdige Bedeckungen, imitieren christliche Frauen, zeigen sich in unzähligen schamlosen Modellen und lassen dabei Ehre und Anstand völlig außer Acht. Selbst tugendhafte Frauen übernehmen diese Unsitte. Frauen zwingen ihre Männer dazu, Kleider nach der neuen Mode zu beschaffen. Reiche haben hierfür viel Geld ausgegeben und werden durch Verschwendung sündig. Man hört, daß in den Familien jener Männer, die zwar über genügend Geldmittel verfügen, sich aber den Garderobenwünschen ihrer Frauen widersetzen, der Unfriede herrscht.

Von nun an dürfen Frauen, deren Ferace-Kragen größer als handbreit ist und deren Yemeni (handgefärbtes leichtes Kopftuch) mehr als drei Bahnen mißt, nicht auf die Straßen gehen. Der Bortenschmuck an den Feraces darf nicht mehr als fingerbreit sein. Es ist öffentlich bekanntzugeben, daß jenen Frauen, von denen diese Vorschrift nicht eingehalten wird, die Krägen abgeschnitten und Kleider zerrissen werden. Alle Unbelehrbaren sind festzunehmen und in andere Städte zu verbannen.

Dies muß den Imams verbindlich mitgeteilt werden. Auch Schneider und Bortenmacher, welche sich diesen Verboten widersetzen, sind hart zu bestrafen.

Sollte bei der Anwendung dieser Vorschriften Ihre Nachlässigkeit festgestellt werden, so drohen auch Ihnen hohe Strafen.« Juni 1725 [8]

Nach den vergeblichen Versuchen des Sultans, die Frauen zur "ehrbaren" Kleidung zu bringen, wandte er sich 1841 diesmal an die Männer:[9)]

dan kaldırmışlardır. Birbirinden görerek bu hal namuslu kadınlar arasında da yayılmıştır. Kadınlar bu yeni çıkma esvaplardan yaptırmaları için kocalarını zorlamaktadırlar. Zenginler bu yüzden fazla para harcayarak israf ile günahkâr olmuşlardır. Kudreti olup da karılarının isteğini yerine getirmeyenlerin de evlerinde geçim tadı kalmadığı öğrenilmektedir. Bundan böyle kadınlar bir karıştan ziyade büyük yakalı ferace ve üç değirmiden fazla baş yemenisi ile sokağa çıkamayacaklardır. Feracelerde süs olarak bir parmaktan daha enli şerit kullanılmayacaktır. Bu yasakları dinlemeyecek olan kadınların sokakta yakaları kesileceği ve esvaplarının yırtılacağı ilân olunsun. Dinlememekte israr edenler yakalanıp başka şehirlere sürüleceklerdir. Bunu mahalle imamlarına kesin olarak bildiriniz. Bu yasakları dinlemeyen terziler ve şeritçiler de ayrıca şiddetle cezalandırılacaktır. Yasakların uygulanmasında ihmâliniz görülürse siz de şiddetle ceza göreceksiniz. Haziran 1725."

Kadınların giyimlerini belli kurallara göre düzenleme çabalarına yönelik, çeşitli emirnameler pek fayda sağlamamış olsa gerek ki, 1841 yılı Ramazanında bu defa erkeklere yönelik bir emrin çıkarıldığı gözlenir.[9]

"...Bu mübarek günlerde kalabalık olan mübarek camilerde ve bishassa Sultan Bayezid Camii avlularında ve çarşı içinde arabalı ve arabasız gelip kadın taifesinin karşılarına geçerek ve yanlarında gezilerek lâf atmak ve sefahat arzetmek gibi ırz ve namusa uymayan ve Cenab-ı Hak'kın râzı olamayacağı hareketlerden çekinmek lâzım geleceğinden..."

İstanbul'da kadınlar tarafından ilk defa 19. yüzyıl ortalarında kullanılmaya başlanan çarşaf, Türkçeye Arapçadan gelmiş bir kelimedir ve Arapçada dört köşe örtü veya yatak örtüsü anlamına gelir. İstanbul'da bu giysi, Meşrutiyet dönemine değin baştan yere kadar uzanan, kolsuz, tek parçalı bir sokak üst giyimi anlamını içermiştir. Meşrutiyet döneminden (1876-1918) sonra çarşaf kesiminde yeni çizgiler gelişmiş, başı ve omuzları örterek bele kadar uzanan bir pelerin ve belden aşık kemiklerine kadar inen bir etek olmak üzere, iki parçalı sokak üst giysisi görünümü almıştır.

1850'lerde Suriye valiliğinden dönen Suphi Paşa'nın karısı, İstanbul'da ilk defa çarşaf giyen kadındır.[10] Suphi Paşa'nın karısını çarşaf ile gören diğer kadınlar, her ne kadar bu yeni kılığı ilgi çekici bulmuşlarsa da, çarşafın yer etmesi için, gene de belli bir sürenin geçmesi gerekmiştir.

Kırım Savaşı sırasında (1854-1856) İngiliz ve Fransız askerleriyle birlikte çeşitli Avrupa ülkelerinden kadınlar da İstanbul'a gelmeye başladılar. Bu karşılaşma sonucu, baş giysilerinde yeni çizgiler arayan kadınların değişik yöntemler geliştirmeleri ve bunu da, sultanların *»...kadınların özellikle başlarına Frenk kadınlarını taklit eden biçimler«*[11] ver-

In einem im Ramadan-Monat des Jahres 1841 erlassenen Befehl heißt es: „*...Es ist zu vermeiden, in den an diesen gesegneten Tagen überfüllten Moscheen und vor allem im Vorhof der Sultan-Bayezid-Moschee, sowie auf dem Markt, zu Fuß oder im Wagen kommend, sich neben Frauen aufzuhalten, sie anzusprechen u. dgl. unsittliche und unehrenhafte, vom Allmächtigen nicht gutgeheißene Handlungen zu begehen.*"

Mitte des 19. Jahrhunderts trat dort erstmalig der schwarze Tscharschaf auf. Das Wort Tscharschaf kommt aus dem Arabischen und bedeutet in arabisch "das Bettuch oder Vierecktuch". In der Türkei versteht man darunter zuerst ein überwurfartiges Straßenkleid, das bis zum Boden reicht, ohne Ärmel. In dieser Zeit war es aus einem Stück Stoff geschneidert. Ab der Meşrutiyetperiode (konstitutionelle Periode im Osmanischen Reich 1876 bzw. 1908-1918) wurde der Tscharschaf in einen langen Rock und eine Pelerine, die Kopf und Schulter bedeckte und bis zur Taille reichte, getrennt.

Um das Jahr 1850 kam Suphi Pascha, der als Gouverneuer in Syrien war, von seiner Dienststelle zurück nach Istanbul. "Seine Frau war diejenige, die das erste Mal einen Tscharschaf in Istanbul trug".[10)]

Es war sicher interessant für die Frauen Istanbuls zu sehen, wie sie sich in ihrem Tscharschaf bewegte, aber an eine Änderung der eigenen Art, sich zu kleiden, dachte noch keine.

Während des Krim-Krieges (1854-1856) kamen mit englischen und französischen Soldaten auch ausländische Frauen nach Istanbul. Das beeinflußte auch die Mode und damit die Kopfbedekkungen der Türkinnen, die sie neu gestalten wollten. Aber es wurde mit entsprechenden Anordnungen des Sultans versucht, "die neue Gestaltung der westlich orientierten Kopfbedeckungen der Frauen"[11)] zu verhindern.

Im Jahre 1870 gingen die Anordnungen noch weiter. Der herkömmliche Schleier aus fein gewebtem Tuch und farbige Mäntel wurden verboten. Die Frauen mußten nun undurchsichtige Schleier tragen[12)] und wurden bei Nichteinhaltung der Anordnungen sogar mit Strafen bedroht.

Anscheinend ließen sich die Frauen jedoch durch derartige Maßnahmen nicht beirren und bedeckten ihre Haare weiterhin wie gewohnt. Dies erfahren wir von dem Italiener Edmundo de Amicis, der 1874 nach Istanbul reiste. Er beschreibt, daß die Frauen in Istanbul grüne oder veilchenfarbene Mäntel aus leichtem Stoff (Ferace) anziehen

melerini önleme çabaları izledi.

1870'lerde kadın giysileri ile ilgili buyruklar çıkarılmaya devam edilerek *»ince yaşmak tutunmak, açık renk ferace giymek yasaklanmış«*[12] ve ince yaşmak kullanmaya devam eden kadınlar için çeşitli cezalar öngörülmüştü.

Böylesine buyruk ve zorlamaların kadınlar tarafından pek ciddiye alınmadığı, baş ve üst giysilerini gene alışageldikleri ya da hoşlarına giden biçimde sürdürdükleri, 1874 yılında İstanbul'a gelen İtalyan edebiyatçısı Edmundo de Amicis'in gezi notlarından anlaşılmaktadır: *»...Kuş ve çiçek resimleriyle süslenmiş bir konak arabası; içinde menekşe ve yeşil feraceleri ve beyaz yaşmakları ile kadınlar...«*[13].

1880'li yıllara doğru kadınların çarşaf modasını benimsedikleri ve bu kılığı büyük bir özenle giydikleri görülür. Fakat 15 Ağustos 1881 tarihli *Levant Herald* gazetesinin verdiği habere göre *»kadınların gruplar halinde umuma açık yerlerde toplanmaları ve ayrıca kalabalık caddelerde çarşafla dolaşmaları yasaklanarak«*[14], çarşaf modası önlenmeye çalışılacaktır:

»Şeyhülislamın müracaatı ve padişahın buyrukları üzerine Emniyet Müdürlüğü, Devlet Şurasıyla fikir birliği halinde müslüman kadınların umuma açık yerlerde nasıl davranmaları gerektiği konusunda bir kanun çıkarmıştır.

Bu kanuna göre, kadınların umuma açık ve kalabalık yerlerde »çarşaf« giymeleri yasaktır. Ama bu örtüyü tenha sokaklarda ve misafirlikte kullanabilirler.

Polis memurları, kanunun müsaade etmediği yerlerde ince yaşmak kullanan kadınları kontrol etmek ve bunlar hakkında rapor hazırlamak zorundadırlar. Kanuna karşı gelen kadının adını ve kanuna aykırı davranışın özel durumunu içerecek bu rapor Emniyet Müdürlüğüne iletilecektir.

Müslüman kadınlarına Beyazıt, Şehzadebaşı ve Aksaray'dan araba ile geçmek veya orada yayan dolaşmak da yasaktır. Kadınların ayrıca Kapalıçarşı'da dolaşmaları ve dükkanlarda oturmaları da yasaklanmaktadır. Bu yasağın çiğnenmesi halinde, eğer arabanın sürücüsü, sürücülüğü meslek olarak yapıyorsa, sürücü ve kadın, ceza kanununun 254. maddesine göre cezalandırılacaktır.

Bundan başka müslüman kadınlarına umuma açık yerlerde gruplar halinde bir araya gelmek de kesin olarak yasaktır. Böyle bir topluluğu gördüğü yerde, polisin grubu dağılmaya zorlama görevi vardır.

Kanunun son kısmı ise, erkeklerin umuma açık yerlerde kadınlara karşı nasıl davranmak zorunda olduklarını tanımlamaktadır. Kadınlara laf atmak veya işaret etmek küstahlığını gösteren erkekler, ceza kanununun 202. maddesine göre cezalandırılacaklardır.

İki sene sonra çarşafın tekrar yasaklandığı görülür. *Le Courier d'Orient* isimli gazetenin 27.10.1883 tarihli nüshasında[15] İmparatorluktaki kumaş ticaretiyle uğraşanların bu yasak konusunda nasıl yakındıklarını okuyoruz:

und dünne weiße Schleier tragen.[13] Später können wir einer Meldung des *»Levant Herald« vom 15. August 1881*[14] entnehmen, daß der Tscharschaf schon recht beliebt gewesen sein muß, er soll nun auf »belebten Straßen« verboten werden, ebenso wie die Versammlungen von Frauen in der Öffentlichkeit.

Auf Erlaß Seiner Majestät des Sultans und auf Ersuchen des Sheik ul-Islam, hat das Polizeiministerium in Übereinstimmung mit dem Staatsrat einen Gesetzeskodex erlassen, der die Art der Bedeckungen bei Frauen mit mohammedanischem Glaubensbekenntnis und das Verhalten, das sie an öffentlichen Plätzen zu befolgen haben, regelt.

Ensprechend diesem Gesetz ist es Frauen verboten, auf öffentlichen Plätzen und in belebten Straßen nur den „tcharshaf" zu tragen; aber sie dürfen diesen Schleier in unbelebten Straßen und bei Besuchen gebrauchen. Die Polizeibeamten sind angehalten, scharfe Ausschau zu halten und Bericht zu erstatten, wann immer sie eine Frau beobachten, die es wagt, den dünnen Schleier in Situationen zu tragen, die das Gesetz nicht gestattet. Der Bericht wird den Namen der gegen das Gesetz verstoßenden Frau feststellen und die besonderen Umstände der Gesetzesverletzung und wird wird dem Polizeiministerium vorgelegt werden.

Islamischen Frauen (oder muselmanischen Frauen oder Muselmaninnen) ist es auch verboten, auf den Plätzen Bayazid, Shahzadè-bashi und Akserai herumzufahren oder herumzulaufen. Auch im Großen Bazar zu promenieren ist ihnen verboten, genauso wie sich in Läden hinzusetzen. Im Falle einer Verletzung dieser Gesetze wird gegen die Fahrer der Fahrzeuge, falls diese Täter gewerbliche Fahrer sind, sowie gegen die Frauen nach Artikel 254 des Stafgesetzes vorgegangen.

Islamischen Frauen ist es auch strikt verboten, sich auf öffentlichen Plätzen in Gruppen zu versammeln. Falls die Polizei eine solche Versammlung feststellt, wird es ihre Pflicht sein, sie zum Auseinandergehen aufzufordern.

Der letzte Teil des Gesetzes beschreibt die Art und Weise, wie Männer sich in der Öffentlichkeit gegenüber Frauen zu verhalten haben. Jeder Mann, der sich erdreistet, in der Öffentlichkeit eine Frau anzusprechen oder ihr „Zeichen zu geben", wird gemäß Artikel 202 des Strafgesetzes verfolgt.

Zwei Jahre später wird der Tscharschaf abermals verboten. Der Zeitung Le Courier d'Orient vom 27.10.1883[15] entnehmen wir, daß die heimischen Händler sich bitter darüber beklagen:

"Müslüman kadınların, çarşaf modasından vazgeçip, geleneksel kılıkları feraceyi giymeleri için tanınan süre bittikten sonra, emniyet kuvvetleri, bu yasağa uyulması için harekete geçtiler sokaklarda çarşaf ve ince tül peçe ile dolaşan kadınları ikaz ettiler. Bu sabah yayınlanan 'Vakit', dün, Cuma namazı için saraydan çıkan padişaha, Çarşaf Tüccarları Birliği tarafından verilen uzun bir rica dilekçesini yayınladı.

Dilekçeyi verenler, çarşaf yasağının yerli sanayii için öldürücü bir darbe anlamına geldiğini saygılı bir tarzda ifade ediyorlar. Çarşaf yapımında kullanılan kumaşlar genel olarak Bağdat, Beyrut, Halep ve hatta İslamın kutsal şehirleri olan Mekke ve Medine'den gelirken, Ferace için kullanılan kumaşlar yabancı ülke sanayicileri tarafından gönderilmektedir. Ricada bulunanların düşüncesine göre, İslam dinine, çarşaf giymek değil, başkalarından görülerek taklit edilen ince peçe aykırıdır. Ricacılar, bu ya-

„Nachdem die Frist verstrichen war, die man Mohammedanerinnen gewährte, um zu ihrer alten Kleidung, dem Ferace, zurückzukehren und die Mode des Tscharschafs vollkommen aufzugeben, begannen die Polizeibeamten bereits damit, die Befolgung dieses Verbots sicherzustellen, indem sie die Damen zunächst einmal verwarnten, die weiterhin auf den Straßen und in den Basars im Tscharschaf und in einen dünnen Schleier gehüllt erschienen. Der 'Vakit' von heute morgen veröffentlicht eine lange Bittschrift, die gestern zur Zeit des Selamlık (freitägliche Ausfahrtszeremonie des Sultans) S.M.I. dem Sultan von seiten der Innung der Tscharschafhändler eingereicht wurde. Die Bittsteller beobachteten ehrerbietig, daß das Verbot des Tscharschaf der heimischen Industrie einen tödlichen Stoß versetzt. Die Stoffe, die für die Tscharschafanfer-

Bild/Resim 59
Frau Sara Okçu, İstanbul 1896, trägt den Tscharschaf mit nach hinten geschlagenem Peçe (Gesichtsschleier)
Sara Okçu, çarşafı ve arkaya atılmış peçesi ile, İstanbul, 1896

sağın uygulanması ile, kendileri için ortaya çıkacak kritik durumu sultanın göz önünde bulundurmasını rica ederlerken, bir taraftan, büyük bir miktar malın ellerinde kalacağını ve bu malı hiç bir zaman elden çıkarma şansları da olmayacağını belirtmişler, öte yandan kendi zararları pahasına imalathanelerde, işçi ücretleri ödenemeyecek ve bu durumda Bursa, Şam, Halep, Bağdat v.s. gibi yerlerde 50000 kişi düzenli işini kaybedecek ve yoksulluğa düşeceklerdir.

Bu dilekçe ile, Padişahın halkına ve işçi sınıfına karşı duyduğu halis ve adil duygulara seslenilmekte ve çarşaf giyme yasağının kaldırılması acizane rica edilmektedir."

Bu yasak, İmparatorluğun çalkantılarla dolu politik durumuyla ve Sultan II. Abdülhamid'in tahtı ile ilgili korkularıyla bir arada yorumlanmalıdır. II. Abdülhamid 1892 yılında çarşaf giyilmesini tekrar yasaklarken, onu bu davranışa iten nedenler vardı: Tanınmamak amacı ile çarşaf giymiş dört erkeğin tahttan indirilmesiyle yerine sultan olduğu ağabeyi, V. Murad'ı kurtarma çabasına girişmeleri, bu davranışın Sultan II. Abdülhamid'de mevkiini kaybetme endişesi yaratması ve bunun yanısıra hırsızlık vb. yapmak isteyen erkeklerin bu suçu çarşaf giyerek işlemeleri ve nihayet Sultan II. Abdülhamid'in siyah çarşaf giymiş ve ince siyah peçe tutunmuş kadınları görerek, bu kılığın hıristiyan kadınları için matem giysisi olduğunu, ama müslüman kadınlar için siyah çarşafın kesinlikle uygun kılık olmadığı kanısına varmış olmasıdır.[16]

Bugün cuma selamlığı töreninden sonra Teşvikiye'deki silahhaneyi Padişah Hazretleri teşrifle oradan saraylarına dönerler iken yolda, tuhaf bir şekilde bellerinden bağlı siyah çarşaflara bürünmüş ve yüzlerini de siyah renkte ve gayet ince peçelerle örtmüş bazı kadınlar gözüne ilişmiş, bunların örtünmemiş denilecek halde açık saçık bulunmalarına ve adeta matem elbisesi giymiş hıristiyan kadınlarına benzemelerine bakılarak birden bire İslam olduklarında tereddüt buyurulmuştur.

İzaha muhtaç olmadığı gibi büyük islam devletinin ayakta durması, devamı ve yükselmesi kadın ve erkek bütün müslümanların her türlü hal ve hareketlerinde Şeriatın yüksek hükümlerine son derece dikkatle uymalarına bağlı olup aksi hal Allah esirgesin gerek fertler gerek devlet için maddi ve manevi sonsuz zararlara sebep olacağından İslam kadınlarının Allahın emirlerinden bulunan örtünme usul ve kaidelerine fevkalade dikkat ve itina etmeleri lüzumunu beyana hacet olmadığı, bu çarşaflar ise İslam kadınlarınca örtünmeye asla uygun ve müsait olmadığı gibi bir maksatla şuraya buraya girmek için bazı münasebetsiz erkekler tarafından da bir fesat ve melanet perdesi olarak kullanılmakta olup hatta geçenlerde bir erkek bu suretle çarşafa bürünerek kadın kıyafetinde silahlı olarak bir eve girip içerdeki kadının uzerine hücumla çaldığı eşyayı pencereden arkadaşına atarak savuşmuş olduğundan dindarlık ve

tigung verwendet werden und im allgemeinen Gebrauch in Bagdat, Beirut, Aleppo und sogar den heiligen Stadten des Islam sind, nämlich in Mekka und Medina, stammen aus den Fabriken des Landes, während die für den Ferace verwendeten aus ausländischen Fabriken geliefert werden. Im übrigen, so die Bittsteller weiter, ist nicht der Tscharschaf ein Verstoß gegen das heilige Gesetz, sondern der dünne Schleier, den man übernommen hat und der allein von einem dickeren ersetzt werden sollte. Schließlich baten die Bittsteller seine Majestät, die prekäre Lage mit zu berücksichtigen, die durch das Inkrafttreten einer solchen Maßnahme für sie entsteht, sei es, daß sie auf einer beträchtlichen Menge Waren sitzenbleiben, ohne Hoffnung, diese absetzen zu können, sei es, daß sie auf diese Weise gezwungen werden, zu ihrem eigenen Nachteil wer auch dem der Fabrikanten die Zahlungen einzustellen, ohne dabei bedacht zu haben, daß durch die Maßnahme mehr als 50 000 Arbeiter in Bursa, Damaskus, Aleppo, Bagdat etc. ihre geregelte Arbeit verlieren und verelenden. Die Petition appelliert an die Gefühle der Redlichkeit und Gerechtigkeit Seiner Majestät gegenüber seinen Untertanen, der Arbeiterklasse, und bittet demütig, das Verbot des Tscharschaf aufzuheben."

Die Hintergründe für das Verbot liegen in den unruhigen, politischen Zeiten und an der Bedrängnis, in die Sultan Abdulhamid II. immer wieder geriet. 1892 erließ er wiederum ein Verbot des Tscharschafs aus drei Gründen: Er befürchtete, daß der von ihm abgesetzte Bruder wieder die Macht ergreifen würde, weil vier in Tscharschafs gekleidete Männer versuchten, ihn zu befreien. Es wurde vermehrt von Fällen berichtet, daß Männer in Tscharschafs Raubüberfälle ausübten. Er sah Frauen, die den schwarzen Tscharschaf und dünne, schwarze Schleier trugen und meinte, das wäre Trauerkleidung für Christinnen, aber auf gar keinen Fall geeignet für die Bedeckung der islamischen Frau.[16)]

Als nach der heutigen Freitags-Zeremonie S. Exzellenz, der Padischah, sich nach Aufsuchen des Waffendepots auf der Rückfahrt zum Serail befanden, wurden S. Exzellenz mancher Frauen gewahr, die sich um die Taille auf eigenartige Weise einen schwarzen Tschardaf wickelten und ihre Gesichter mit dünnen schwarzen Schleiern bedeckten. Da S. Exzellenz beobachteten, daß sich diese Frauen freizügig bewegten, als seien sie unbedeckt, ja sogar den in Trauer gekleideten Christinnen ähnelten, überkamen S. E. Zweifel, ob diese Frauen Mohammedanerinnen seien.

maslahat bakımından meydanda olan zararlarından ötürü icab edenlere münasip bir şekilde anlatılıp tenbihlerde bulunmak surettiyle kadınların çarşaf giymelerinin yasaklanması Padişah emri iktizasındandır, bu hususta emir sahibinindir. 2 Nisan 1892.

Hükümdarın Başkatibi Süreyya

Çıkarılan bu yasak kadınlar üzerinde pek etki sağlayamadı. Kadınlar, gene de istedikleri zaman çarşaf giymeğe devam ettiler.

Anadolulu kadın için ne çarşaf, ne de ferace güncel konu niteliğini taşımadı. Anadolu geleneğinde peçe veya yaşmak kullanma adeti yoktu.

1882 yılında bir buyruk kendilerini ferace giymeye zorladığında ise, bunu protesto edecek ve karşı koyacaklardı. Bu konuda 27.7.1882 tarihli *Levant Herald*[17] gazetesinde çıkan haber şöyledir:

Yeni İzmit valisi, civar köylerden pazara satmak için mal getiren, ferace giymemiş ve ayağında pabuç olmayan Türk kadınlarının beş gün hapis ve bir Mecidiye para cezasına çarptırılacağı konusunda bir yasak çıkardı. Bu yasağa karşılık köylü kadınlar, atalarından kalmış gelenek ve göreneklerini hiçe sayıp baskı altına alan bu yeni kanuna uymaktansa, köylerinde kalmayı yeğlediler.«

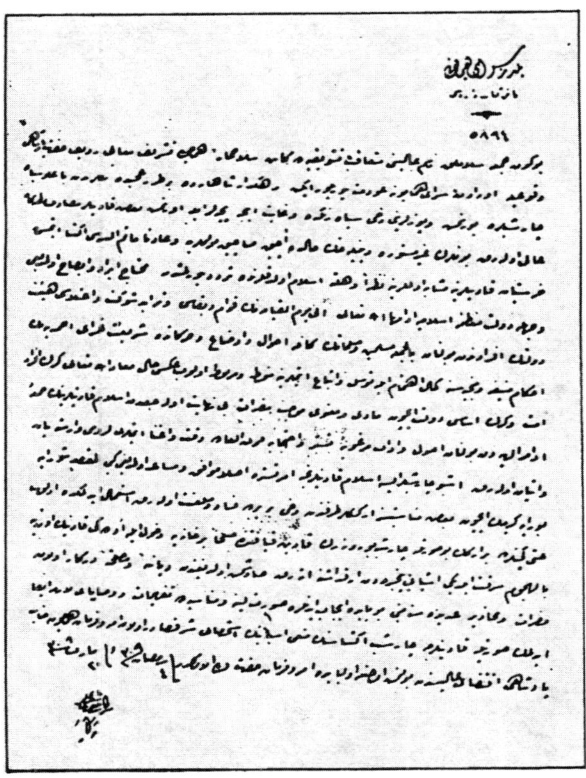

Bild/Resim 60
Sultan Abdülhamid II. verbietet per Erlaß das Tragen des Tscharschafs
Siyah çarşaf giyilmemesi hakkında Osmanlı padişahlarından II. Abdülhamid tarafından çıkarılan ferman

Es bedarf keinerlei Erklärung, daß Existenz, Fortbestand und Aufstieg des großen islamischen Staates davon abhängen, ob alle Mohammedaner beiderlei Geschlechts in ihrem gesamten Benehmen und Handeln den hohen Vorschriften der Scharia genauestens entsprechen. Gott bewahre uns vor dem Gegenteil! Hieße dies doch, unendliche geistige und materielle Schäden sowohl für jeden einzelnen als auch für den gesamten Staat, so daß es sich erübrigt, die Mohammedanerinnen auf die Bekleidungsvorschriften und -regeln hinzuweisen, die mit äußerster Aufmerksamkeit und Sorgfalt einzuhalten sind, gehören sie doch zu den Gottesgeboten.

Diese Tscharschafs sind völlig ungeeignet als Bekleidung für die Mohammedanerin. Ferner werden sie von manchen betrügerischen Männern als konspiratives und ruchloses Täuschungsmittel verwendet, um sich da und dort Zutritt zu verschaffen. Unlängst ist sogar ein Mann, auf diese Weise in einen Tscharschaf eingehüllt, bewaffnet in ein Haus eingedrungen und hat die Frau tätlich angegriffen, das Diebesgut durch Fenster seinem Freund zugeworfen und sich dann unerkannt davongemacht.

Aufgrund der offenkundigen Schäden in religiöser wie auch sonstiger Hinsicht befehlen der Padischah, nach angemessener Aufklärung und Ermahnung der Betreffenden, den Frauen das Tragen des Tscharschafs zu verbieten.

Dieser Befehl wurde von höchster Stelle erlassen.

2. April 1892 - I. Sekretär des Herrschers
Süreyya

Die Frauen ließen sich jedoch wenig beeindrucken von diesem Verbot. Sie trugen weiterhin den Tscharschaf, wenn sie es wollten.

Für die anatolischen Frauen, die sich sowieso nicht verschleierten, war diese Diskussion überhaupt wenig relevant. Als ein Sultanserlaß auch sie zum Tragen eines ferace zwingen will, leisten sie dem keine Folge, wie *"Levant Herald"* am 27.07.1882 berichtet.[17]

Der neue Gouverneur von Ismidt hat verboten, bei einer Strafe von fünf Tagen Gefängnis und einer Geldstrafe von 1 medjidieh, daß die türkischen Frauen der umliegenden Dörfer in den Bazaren der Stadt ihre Waren verkaufen, wenn sie nicht mit dem „feridjé" bedeckt sind und Schuhe an den Füßen tragen. Die Bäuerinnen, dementsprechend, bleiben lieber zu Hause, als daß sie sich nach dem neuen Gesetz richten, welches dazu beiträgt, Sitten und Gebräuche zu unterdrücken, die seit Generationen bestehen.

Saraydan bildiriler[18]

1725 *Sadrazam Damat İbrahim Paşa: Kadınlar aşırı süsleniyorlar başlarını hıristiyan kadınlarını taklit eder şekilde yapıyorlar. Bu durum sona ermelidir.*

1726 *I. Mahmud'un Fermanı: Müslüman kadınlar başlarını hıristiyan kadınlarını taklit eder şekilde yapıyorlar. Bu hal ve eninin en fazla üç misli boyunda yemeniden büyük başörtüsü kullanılması ve büyük yakalı Ferace giyilmesi yasaktır.*

1751 *I. Mahmud'un Fermanı: Kadınlar piknik yerlerinde açık saçık dolaşıyorlar. Bu durumun önüne geçilmelidir.*

1792 *III. Selim'in Fermanı: Kadınların feraceleri öylesine incedir ki, feracenin altına giyilen elbise görülüyor. Bundan böyle giymemelidirler.*

1819 *II. Mahmud'un Fermanı: Müslüman kadınları, sarı, pembe ve buna benzer açık renk, hıristiyan kadınları siyah ve buna benzer renklerden ayrı ferace giymeyeceklerdir.*

1828 *Yenişehir'de verilen bir önerge: Kadın ve erkekler aşırı süslü ve değerli elbiseler giymekte, diğerleri de bunlara bakarak israfa becbur olmaktadır. Bu durumun önüne geçilmelidir.*

1839 *II. Mahmun'un Fermanı: Hıristiyan kadınları başlarını islâm kadınlarını taklit eder şekilde, islâm kadınları ise başlarını hıristiyan kadınların biçiminde örtmektedirler. Herkes kendine ait kılığı giysin.*

1841 *Abülmecid'in Fermanı: Erkekler cami avlularında, çarşı içinde kadınları seyretmemeli, onlara laf atmamalıdırlar.*

1885 *Saraydan yapılan bir açıklama (II. Abdülhamid): İslâm kadınları açık kıyafetlerle gezmektedirler. Buna padişahın müsaadesi yoktur.*

1890 *II. Abdülhamid'in İradesi: Daha önce de bir çok kereler tembih edildiği halde, kadınlar çarşı ve sokaklarda açık ve uygunsuz kılıklarda dolaşmaktadırlar. Yapılmamasına dikkat edilsin.*

1892 *II. Abdülhamid'in Fermanı: Kadınlar siyah çarşaflara bürünüyorlar ve matem elbisesi giymiş hıristiyan kadınlarına benziyorlar. Bu çarşaflar islâm kadınlarınca örtünmeye uygun değildir.*

1915 *Makam-ı Meşihat'tan (Şeyhlik Makamından) Dahiliye Nezaret'ine (İçişleri Bakanlığına): Bir müddetten beri kadınların örtünme şekli teessüfe şayan bir hal (acınacak bir hal) almıştır. Bazı yabancı okullarda islâm kızları erkekler arasında örtünmeden geziyor ve eğlencelere iştirak ediyorlar. Gerekenin yapılması rica edilir.*

Nachrichten aus dem Serail[18)]

1725 *Großwesir Damat Ibrahim Pascha: Die Frauen schmücken sich übermäßig, sie bedecken ihren Kopf genauso wie die christlichen Frauen. Das soll ein Ende finden.*

1726 *Erlaß des Sultans Mahmud I: Islamische Frauen bedecken ihren Kopf wie die christlichen Frauen. Dieser Zustand soll ein Ende finden. Die Tücher für den Kopf sind verboten, die mehr als dreimal so lang wie breit sind. Feraces mit großen Kragen sind ebenfalls verboten.*

1751 *Erlaß des Sultans Mahmud I: Die Frauen, die sich an den Picknickplätzen aufhalten, sind zu leicht bekleidet. Dem soll Einhalt geboten werden.*

1792 *Erlaß des Sultans Selim III: Die Feraces der Frauen sind aus solch einem dünnen Stoff, daß das darunterliegende Kleid sichtbar ist. Von jetzt ab sollen sie dies nicht mehr tragen.*

1819 *Erlaß des Sultans Mahmud II: Islamische Frauen sollen ausschließlich Feraces in gelber, rosa und ähnlich heller Farbe tragen. Christliche Frauen sollen ausschließlich Feraces in schwarzer oder ähnlich dunkler Farbe tragen.*

1828 *Ein Antrag bei der Stadt Yenişehir: Männer und Frauen schmücken sich mit sehr wertvollem Schmuck und Kleidung. Die das sehen, geraten in Versuchung, das gleiche zu machen. Diesem Zustand soll Einhalt geboten werden.*

1839 *Erlaß des Sultans Mahmud II: Die christlichen Frauen machen ihren Kopfputz genau wie die islamischen Frauen. Und diese machen es wie die christlichen Frauen. Jede soll sich nach ihrer eigenen Art bedecken.*

1841 *Erlaß des Sultans Abdülmecid: Es ist verboten, daß die Männer die Frauen in den Moscheehöfen und Märkten anschauen und anzüglich ansprechen.*

1885 *Erklärung des Serails zur Zeit Abdulhamids II: Islamische Frauen laufen nicht ausreichend bedeckt herum. Das erlaubt der Sultan nicht.*

1890 *Erlaß des Sultans Abdülhamid II: Obwohl schon mehrmals darauf hingewiesen wurde, daß die Frauen in den Märkten und auf den Straßen sich ausreichend bedecken sollen, tun sie es nicht. Sie verwenden yaşmaks aus sehr durchsichtigem Stoff oder sie tragen ihren yaşmak offen. Jede soll darauf achten, daß dies nicht geschieht.*

1892 *Erlaß des Sultans Abdülhamid II: Die Frauen tragen schwarze Tscharschafs. Diese sehen wie die Trauerkleider der Christinnen aus und sind nicht für islamische Frauen geeignet.*

1915 *Ein Schreiben vom Amt der obersten Rechtsgelehrten an den Innenminister:*
Seit einiger Zeit hat sich der Zustand der Kopfbedeckungen zu einem traurigen Kapitel entwickelt. In manchen ausländischen Schulen halten sich islamische Mädchen unbedeckt unter Männern auf, und sie beteiligen sich unbedeckt an Vergnügungen. Es sollen die nötigen Maßnahmen getroffen werden.

Binbir Gece Masalları

Batının Bilinçaltı

Orientalische Märchen

Das Unterbewußtsein des Westens

Binbir Gece Masalları: Batının Bilinçaltı

»Masallar beldesi Doğu'dan« gelen haberler, çıkan yazılar haçlı seferleri zamanından bu yana Avrupalı okurları heyecandan heyecana sürüklemiştir. Bu yazılı kaynaklar incelendiğinde, ilk örneklerde, Doğu ülkelerinin sadece tanımlandığı görülür. Gezginler, her ne kadar bazı »tuhaf« şeylere şaşkınlıklarını belli etmişlerse de, bunları gezi notlarında sadece belirtmekle yetinmişlerdir. »Doğu'nun sırrına varabilmek«, »haremde olup bitenleri öğrenebilmek« hem yazarlar, hem okuyucular, hem de Doğu ülkelerini dolaşmış »gerçek« ve »uydurma« gezginler için yüzyıllar boyu son derece ilginç konulardan sayılmıştır.

Doğu'nun cinsel ahlakının gözle görülür bir özelliği olarak algılanan örtüye bürünme, Batı'da hayalleri devamlı meşgul eden bir konu olmuştur. »Yıkanırken« erkekler tarafından »çıplak« olarak görülen kadınların, çıplaklığını gizlemek yerine, elleriyle yüzünü kapatmasının anlatıldığı öyküler, Batılı okuyucunun yüzyıllar boyu büyük bir hazla okuduğu yazılardandı.[1]

Sadece politikada gücünün doruğunda olan 16. yüzyılın Türkü değil, gelecek yüzyılların Türkü de *»yasaklanmışın çekiciliği ile hayalleri tahrik etti: Ona bir yandan hayran olunurken, öte yandan da tiksinildi.«*[2]

Yabancı, özellikle erkek gezginler için sarayın veya konakların harem kısmına girmek, gerçekleşmesi olanak dışı bir düş olarak kalıyor, ama bu kişilere konuya uygun hikayeler bulmak hiç de zor gelmiyordu. Kendini yabancı erkeğin gözlerinden saklamak için örtülere bürünmüş hasta sultanın nabzını kontrol eden doktor öyküsü[3] yanında, örtülere bürünerek kadın kılığına girip haremdeki sevgilisine kavuşmayı başaran zeki sevgili[4] ve şehvetli paşaların zevk ve arzularının esiri olan »gencecik delikanlılar«[5] buna birkaç örnek teşkil etmektedir.

Harem bölümlerine girme olanağını elde eden Lady Montagu[6] gibi Avrupalı kadınlara Avrupalı erkekler gıpta ediyorlardı. 1876'da Kontes Craven bu durumu şöyle anlatıyor: *»Elçiliğin bütün erkek perso-*

Orientalische Märchen — Das Unterbewußtsein des Westens

Spätestens seit den Kreuzzügen sind Berichte aus dem "Märchenland Orient" für das europäische Publikum von höchstem Interesse. Die frühen Berichte, sind eher beschreibend, man wundert sich über einige "Absonderlichkeiten" und registriert sie.

Das Geheimnis des Orients zu ergründen, den Blick hinter den Schleier des Harems zu werfen, das reizte Publikum und Orientschriftsteller, echte und Pseudo-Reisende dann über Jahrhunderte.

Die Verschleierung als ein sichtbares Zeichen der orientalischen, "anderen" Sexualmoral beschäftigt immer wieder die Phantasie: Anekdoten darüber, daß Frauen, die man "nackt badend" traf und die sich statt die Blöße zu bedecken, ihr Gesicht mit den Händen zuhalten, erheitern den Leser jahrhundertelang.[1]

Der Türke des 16. Jahrhunderts, auf dem Gipfel der Macht, aber auch der folgenden Jahrhunderte *"reizte die Phantasie mit der Anziehungskraft des Verbotenen: man beneidete sie und verabscheute sie dennoch."*[2]

Da dieser Blick in den Harem ja, wie man weiß, nicht so leicht zu erhaschen ist, wird erfunden: Der Arzt, der den Puls der kranken Sultanin fühlen darf, aber sie selbst bleibt ihm verborgen hinter dem Schleier[3]; der Liebhaber, der mit seiner Gefährtin aus dem Harem die Vermummung ausnützt[4]; der "Lustknabe", der gefangen und versklavt den Launen und Trieben des lüsternen Paschas ausgesetzt ist.[5]

Europäische Frauen, die Zutritt zum Harem haben, werden von den Männern glühend beneidet, wie Lady Montagu[6] oder Gräfin Craven 1786: *"Alle Männer des ganzen Gesandtschafts-Personals waren sehr begierig auf die Erzählung dessen, was ihre Damen im Harem gesehen hatten."*[7]

Und wer sich als Mann gar Zugang zum Harem verschafft, auch wenn er gerade leersteht, der

neli, haremde gördüklerini anlatan eşlerini can kulağı ile dinlerlerdi.«[7]

Sarayın harem bölümünde hiç kimsenin bulunmadığı bir zamanda güya buraya girmeyi başaran Avrupalı erkeklerin ise, adı tarihe geçiyordu. *»Saray halkının Beşiktaş'taki yazlık sarayda kaldığı bir zamanda bizler, pencereden hareme girdik... O anda yol göstericimiz bize, bugüne kadar buraya adım atmış yegane Avrupalının bizler olduğu konusunda teminat verdi.«*[8]

Böylesine basma kalıp inançlar, sadece geçtiğimiz yüzyıllarda geçerli olmayacak, günümüzde de aynı paraleldeki düşünce ve yargılara rastlanacaktır.

Juan Goytisolo, *»Türkiye'ye Gezi«* (Reise in die Türkei) adlı kitabında Avrupalı gezginlerin Osmanlı İmparatorluğu devrinde bu ülkeye yaptıkları gezilerin içeriğini araştırmıştır. Bu çalışmasını 1557 yılında İspanya'da yayımlanmış, yazarı bilinmeyen bir kitabın analizi çerçevesinde yapmış ve yukarda değinilen basmakalıp yargılara, Latin dil grubuna dahil ulusların yazın hayatında her zaman rastlanabileceğini belirtmiştir. Goytisolo'nun bu tesbiti, Almanya yazını için de geçerlidir.

»En mükemmel olan kopyanın gerçeği en iyi yansıttığı düşünülmüştür. Gerçek Türk, ancak kitaplarda tanımlanan Türktür. ... Harem hayatı ve haremin düşsel kahramanlarına gelince: Bunlar da Batının kendi bilinçaltının oluşturduğu bir çerçeveye girer.«[9]

"geht in die Geschichte ein": *Während der Hof im Sommerpalast in Beschik-Tasch weilte, stiegen wir durch das Fenster in den Harem... Unser Führer versicherte uns zugleich, daß wir die einzigen Europäer seien, welche bis jetzt hierher gekommen wären."*[8]

Die Stereotype halten sich über Jahrhunderte und können in ihren Argumentationssträngen bis heute verfolgt werden.

Goytisolo, der die *"Reise in die Türkei"* anhand eines 1557 anonym in Spanien erschienenen Buches analysiert, entdeckt diese sich durchziehenden Argumentationsstränge in der Literatur der romanischen Länder. Seine Analyse hat jedoch auch Gültigkeit für die in Deutschland erschienene Literatur.

"Die Wahrheitstreue wird dabei an der Genauigkeit der Kopie gemessen: der wirkliche Türke ist der, der in den Büchern vorkommt... Was den Harem und seine Phantasiegestalten anbetrifft, fügt er sich in einen vorgegebenen Rahmen ein: Das Unterbewußtsein des Westens"[9]

Harem — Hayal Dünyasında Bir Gezi

*Juan Goytsolo**

Birkaç yüzyıldan beri hırıstiyanlığın gözünde harem, Katolik polemikçilerin alışagelinmiş şekilde İslama yamadıkları sapıklık ve dizginsizlik, yani kapalı bir oda içinde ölçüsüz şehvet, kendinden geçmenin ve zevk-ü sefanın tatlı yuvası sanılagelmiştir. Dolayısıyla haremi her ziyaretin ve haremin her anlatılmasının Türkiye'yi konu alan bütün yazılarda ileri sürülen kalıp ve klişeleri altüst etmesi kimseyi şaşırtmamalıdır:

Edebiyat tarafından yaratılan sarayın bu odası, yirmi yüzyıldan daha fazla zamandan beri Asya despotizmi hakkında ilkin Yunan ve daha sonra da hırıstiyan fantazisince biçimlenerek işte öyle bir anlam kazanmıştır. O, yalnızca yasak, ama somut olan bir odanın basit bir kopyası değil, aynı zamanda silinip silinip yeniden yazılan kitaplarda tasvir edilen odaların üst üste istiflenmesidir. Bunun Avrupa fantazisine etkisi de, haremi kafalarda baskının, dehşetin, arzuların, korkuların, şehvetin ve fantazinin yerine dönüştürmektedir. Onun içine girmek ve onu saran sırrı açmak, geniş okuyucu kitlesinin arzusuna uyan her yazarın muhayyele kuvvetinin az ya da çok kullanmak zorunda kaldığı aksesuar olmak durumundadır.

Gezinin yazarı, konuyu daha sonra ele alacak diğerleri gibi, çok eşliliğin tutkuları dinginleştireceği yerde, şehvetin yeni biçimlerini, özellikle de erkekler arasındaki *»doğal olmayan«* cinsel ilişkiyi doğurduğunu keşfeder. Başka olmanın da getirdiği kendine özgü beklentileri vardır. Başka erkeklerde olduğunun tersine, Türk erkeğinin cinselliğinin çarpıtılarak sunulması, bir kural dışılık değil, tam tersine kuraldır: *»Yalnız bir konuda Türkler yola yordama uymaksızın yaşarlar, ki bu da karılarının kıymetini bilmemeleri ve onlara mutfakta asılı duran kebab şişi, kepçe ve tavadan daha fazla değer vermemeleridir. Onlar, bir aşçı yamağı oğlanı elde etmeyi, bir çok kadına sahip olmaya daha çok tercih ederler.«*

Yasaklanmış tutkulara esir olmak ve bunun sonucunda da kadını aşağılamak, öte yandan kadınla-

Harem — Die Reise ins Verlangen

Juan Goytisolo

Mehrere Jahrhunderte lang wird die Idee des Harems in den Augen der Christenheit alles an Perversionen und Zügellosigkeit zusammenfassen, was die katholischen Polemiker herkömmlicherweise dem Islam zuschreiben: abgeschlossener Raum, ungezügelte Lust, köstliche Grotte des Exzesses und der Ausschweifung. Man braucht sich daher nicht zu wundern, daß sich der Besuch im Harem und dessen Beschreibung in die für jeden auf die Türkei bezüglichen Text vergeschriebenen Topoi oder Klischees verwandeln:

Der Raum des von der Literatur geschaffenen Serails nimmt die Bedeutungskomponenten an, die vor mehr als zwanzig Jahrhunderten zunächst griechischer und dann christlicher Phantasie über den asiatischen Despotismus geformt wurden: Er ist nicht nur ein bloßes Abbild eines verbotenen, aber konkreten Raumes, sondern eine Übereinanderschichtung von literarischen Räumen, in der Art eines Palimpsests, deren Auswirkung auf die europäische Phantasie ihn in einen Ort der Unterdrückung, des Entsetzens, der Wünsche, Ängste, Begierden, Phantasmen verwandelt. In ihn einzudringen, das Geheimnis zu entschleiern, das ihn umgibt, wird zu einem Requisit, das mit mehr oder minder großer Erfindungsgabe jeder Schriftsteller, der dem Geschmack der breiten Leserschaft entsprechen will, zu verwenden gezwungen ist.

Der Autor der Reise entdeckt, wie alle, die das Thema später behandeln werden, daß die Polygamie, anstatt die Leidenschaften zu befriedigen, ganz im Gegenteil neue Formen der Lüsternheit zeugt und vor allem eben die "widernatürliche" Liebe zwischen Mann und Mann. Die Rhetorik des Anderssein stellt ihre Forderungen. Die sexuelle Inversion des Türken muß die Regel sein und nicht die Ausnahme, wie bei anderen Männern das Gegenteil der Fall ist: "In nur einer Sache leben die Türken nicht nach Recht und Billigkeit, und das ist

rın kendi cinslerinde avuntu aramalarına ve söz konusu utangaç yazarlardan birinin dediğine göre *»doğanın düzenini sapıklıkla altüst ederler ki, bu konudaki bilgileri okuyucuya aktarmaktan kaçınırım.«* görüşüne götürür.
Kültürlerin ve uygarlıkların birbirinin aynı olmaması, ilkin benzersizliğe, sonra karşıtlığa ve en sonunda da ters yüz edilmeye, çarpıtılmaya dönüşür: Eğer İsa içki içiyorsa, Osmanlı içkiye karşıdır; eğer biri takvimini güneşi esas alarak saptıyorsa, diğeri de bunu aya bakarak hesaplar; eğer biri »soldan sağa doğru« okuyorsa, diğeri »tersine doğru« yazar. Bir dizi çarpıtmanın yaydığı cehalet ve ortaya çıkardığı sembol sonucu, bizzat Türk'ün kendisi çarpıtılmış olmaktadır ya da Urdemalas'ın kaba deyimi kullanılacak olursa, Türk erkeği *»en dehşetli eşcinseldir.«*
Türkiye'ye gezi, gerçekte hayal alemine bir gezi demektir: Bu gezi, sarayın ve onun içinde oturan devin, yani dehşet veren, bir sır olmakta süregelen ve bir türlü elde edilemeyen doğu erotiğinin fantastik tasviri yoluyla hayalimizde oluşturduğumuz derin uçuruma atlama olmaktadır.

diese, daß sie die Frauen nicht schätzen und auf sie nicht mehr Wert legen als auf die Bratspieße, Löffel und Stielpfannen, die sie am Küchenbrett hängen haben. Lieber wäre jedem die Gunst des Küchenjungen als die noch so vieler Türkinnen."

Die Hingabe an die verbotenen Leidenschaften und die daraus folgende Mißachtung der Frau haben ihrerseits zur Folge, daß sie Trost bei ihrem eigenen Geschlecht sucht und "die Ordnung der Natur mit Verbrechen pervertiert, deren Kenntnis" – sagt schamhaft einer der genannten Autoren – "ich dem Leser ersparen will".

Die Nichtübereinstimmung der Kulturen und Zivilisationen wurde zuerst in Unähnlichkeit, dann in einen Gegensatz und schließlich in eine Umkehrung, eine Inversion, verwandelt: Wenn der Christ Alkohol genießt, ist der Osmane Abstinenzler, wenn jener den Kalender nach der Sonne bestimmt, berechnet ihn dieser nach dem Mond, wenn der eine "nach rechts" liest und schreibt, macht es der andere "verkehrt herum". Als Ausbund und Chiffre einer langen Reihe von Umkehrungen wird der Türke selbst der Invertierte schlechthin oder, um Urdemalas kräftigen Ausdruck zu gebrauchen: ein "ganz großer Schwuler".

Die Reise in die Türkei wird so in Wirklichkeit zur Reise des Verlangens: Zum Sprung in den offenen Abgrund in uns selbst durch die phantastische Darstellung des Serails und des Ungeheuers, das ihn bewohnt – des schrecken-einflößenden, rätselhaften, ungreifbaren orientalischen Eros.

* Juan Goytisolo, »Die Reise in die Türkei«, Dissidenten, Frankfurt 1984

Birkaç Örnek

Türckei 1436

Salamon Schweigger

Kostproben

Türckei 1436

Salamon Schweigger

Türckei.

Chronica/ Glaube/ Gesatz/ Sittenn/
Herkom̄en/ Weiß/ vnd alle Geberden der Türcken.
Von einem Sibenburger/so da in Türckei gefencklich bracht/vnd vil
Jar nachmals darin̄en gewonet/ Im M. CCCC. XXXVI.
Jar beschriben. Gar lustig zulesen.

Die Zehen Nationen vñ Secten der Christenheit.

Inhalts Register am volgenden blat.

Bild/Resim 61

Kitabın Kapağının Çevirisi

Türkiye
Tarih / İnanç / Kanun / Adetler /
Kökenleri / Yaşam tarzları / ve Türklerin her türlü hal ve tavırları

Türkiye'ye esir olarak götürülmüş / ve orada bir çok seneler yaşamış / Siebenbürgenli bir kişi yazıyor / 1436
Okuması çok eğlenceli
on millet ve hırıstiyan mezhepleri
İçindekiler listesi arka sayfada

Der züchtig Wandel irer Frawen

Die frawn habent ringe und nachgültige Kleider/ on alle hoffart/ und überfluß/ haltens vor ein groß übel/ so eine unbedeckt/ und ungeschleiert/ in irem hauß odder anderßwo/ von mannen gsehen wirt/ haben auff iren häuptern/ hauben mit vorhengen/ unnd so sie in das offe wöllen gan/ ziehent sie den schleyer für das anlit/ unnd nit allein die bürgerinnen/ sonder auch die peauerinnen. Und wann eynn fraw eyns großen Herren wil außgeen/ bedecket sie das angesicht/ mitt eynem dünnen seiden tuch. Es kompt auch keyn fraw da vil mannen sind/ darff nitt an den marckt geehn/ etwas kauffen odder verkauffen.

Kadınlarının edepli hayatı

Kadınları yüzükler kullanıyor ve adetleri olan süssüz ve israf yapılmamış elbiseler giyiyorlar/ bir kadını açık giysiler ve başörtüsüz bir halde erkeklerin görmesini/ hiç iyi karşılamıyorlar/ kadınlar başlarında perdeli başlıklar taşıyorlar/ ve sokağa çıkmak istedikleri zaman örtülerini yüzlerine indiriyorlar/ bunu sadece şehirlerdeki kadınlar değil/ köydeki kadınlar da yapıyorlar/ yüksek mevki sahibi bir adamın karısı sokağa çıkarsa/ yüzünü ince bir ipek örtü ile örtüyor/ hiç bir kadın erkeklerin toplu halde bulunduğu yere gitmiyor/ alışveriş yapmaya ya da satıcı olarak/ pazara da gidemezler/ kiliselerinde kadınlara ayrılmış/ özel bir yer var/ kimsenin göremediği bu yere kadınlar/ cuma günleri öğle vakti gelip ibadet ediyorlar/ bunlarda bir kadın/ bir erkekle beraber herkesin içinde konuşur/ ata biner/ ya da arabada giderse/ bu çok şaşılacak bir olay sayılır/ her zaman karısının yanında bulunamayan yüksek mevki sahibi adamların/ karılarını haremağaları korur ve dikkat ederler.

xv. Der züchtig wandel jrer frawen.

DJe frawen habent ringe vnnd nachgültige kleider/ on alle hoffart/ vnnd überfluß/ haltens vor ein groß übel/ so eine vnbedeckt/ vnd vngeschleiert/ in jrem hauß odder anderßwo/ von mannen gsehen wirt/ haben auff jren håuptern/ hauben mit vorhengen/ vnnd so sie in das offenlich wöllen gan/ ziehent sie den schleyer für das anlit/ vnnd nit allein die bürgerinnen/ sonder auch die påurinnen. Vnd wann eynn fraw eyns grossen Herzen wil auß geen/ bedecket sie das angesicht/ mitt eynem dünnen seiden tůch. Es kompt auch keyn fraw da vil mannen sind/ darff nitt an den marckt geen/ etwas kauffen odder verkauffen. Jn den Kirchenn ist eynn sondere/ vnnd heymliche stat/ verordnet den frauwen/ darin nieman sehen kan/ dahin kommenc die frauwenn auff freitag auff mittentag zů betten. Es ist eyn wunder bei jnen/ wann offentlich eynn fraw mitt eynem man redt/ reit/ odder fert. Die grossen Herrenn die mitt alweg bei jren frawen künden sein/ die habent verschnittene/ die die frauwenn bewaren vnnd verhütten.

Bild/Resim 62

Almanya, Konstantinopel ve Kudüs Seyahatnamesi, 1619

Sal ein newe Reyssbeschreibung aus Deutschland, Constantinopel und Jerusalem, 1619

Salamon Schweigger

Constantinopel und Jerusalem.

Die Weiber haben am blossen Leib durchscheinende weite Hosen / von Seiden oder zarter Leinwat / darüber tragen sie ein durchscheinend Hemd / roth / gelb / etc. auf dem Haupt ein Hütlein von gülden Stücken oder Seidenzeug / in Form eines [illegible] / flechten nur einen Zopff / stehen auf Holtzschuhen / gemahlt oder mit silbernen Blechen überzogen / über das Hemd ein gesteppten seiden Leibrock / bis an die Knie / weite Stiffel an Beinen. E iiij Fer-

Bild/Resim 63

Konstantinopel und Jerusalem

Die weiber haben am blossen Leib durchscheinende weite Hosen / von Seiden oder zarter Leinwat / darüber tragen sie ein durchscheinend Hemd / roth / gelb / u. auf dem Haupt ein Hütlein von gülden Stückchen oder Seidenzeug / in Form eines Badhuts / flechten nur einen Zopf / stehen auf Holzschuhen / gemahlt oder mit silbernen Blechen überzogen / über das Hemd ein gestepten seiden Leibrock / bis an die Knie / weite stiffel an Beinen.

Konstantinopel ve Kudüs

Kadınlar çıplak tenlerine içi görünen bol pantolonlar giyiyorlar/ bunun üzerine içi görünen/ kırmızı/ sarı/ bluzlar giyiyorlar/ başlarına altın paralar dikili ve ipekler sarılmış hamam şapkasına benzeyen şapkalar takıyorlar/ tek bir örgü örüyorlar/ boyanmış veya gümüş kaplı tahta ayakkabılar giyiyorlar/ bluzlarının üstüne ipekli kumaştan kapitone dikişli ceketler giyiyorlar/ ayaklarında da dizlerine çıkan geniş çizmeler var.

Ferner tragen sie lange Leibroeck bis auf Fueß von Seidenwath / am Huetlein Geslinder / daran Perlen hangen. das schlechteste baar Schuh kostet nit weniger als einen Thaler / der Uberrock ist von Englischen Tuch / daben müssen senn köstliche Hals- und Armgeschmeid / gueldene Armband / Ohrengehgehenck / Finger-Ring oder sonst ein edler eingefaster Stein: mit einem schwarzen durchsichtigen harinnen Vister bedecken sie sich / und lassen sich nit sehen:wann der großen Herren Weiber wollen auf die Kutschen sitzen / spannet man Tücher vor / sie nit zu sehen.

Bundan başka aşık kemiklerine kadar uzanan ipekli etekler giyerler / şapkalarında inciler dikili. En kötü ayakkabının bile fiyatı bir Taler / paltoları İngiliz kumaşından / altın bilezik / yüzük / kolye / ya da her hangi başka bir kıymetli taştan / mücevher kullanıyorlar / görüşe engel olmayacak / saçtan örülmüş siyah bir peçe ile yüzlerini örtüyorlar / ve kimseye göstermiyorlar / yüksek mevki sahibi bir adamın karısı / arabaya binmek istediğinde / kadını kimse görmesin diye / arabaya perde çekiliyor.

Figürliche Reisbeſchreibung nach

Ferner tragen ſie lange Leibröck biß auf die Füß von Seidenwath/ am Hütlein Geſtinder/daran Perlen hangen. Das ſchlechteſte baar Schuh koſtet nit weniger als einen Thaler/der Uberrock iſt von Engliſchen Tuch / dabey müſſen ſeyn köſtliche Hals- und Armgeſchmeid/ güldene Armband/ Ohrengehenck/ Finger Ring oder ſonſt ein Edler eingefaſter Stein: mit einem ſchwartzen durchſichtigen haarinen Viſier bedecken ſie ſich/ und laſſen ſich nit ſehen: wann der groſſen Herren Weiber wöllen auf die Gutſchen ſitzen/ ſpannet man Tücher vor/ ſie nit zu ſehen.

Bild/Resim 64

Doğuluların Kadın Güzelliği Anlayışları, 1798

Theodor Hartmann

Über die Ideale weiblicher Schönheit bei den Morgenländern, 1798

Theodor Hartmann

ÜBER DIE IDEALE
WEIBLICHER
SCHÖNHEIT
BEI DEN
MORGENLÄNDERN.

EIN VERSUCH
von
Anton Theodor Hartmann.

Nebst einem Anhang
von
einigen literarischen, historischen und kritischen
Bemerkungen
über
einzelne angeführte Schriftsteller.

Düsseldorf,
bei J. H. C. Schreiner.
1798.

Şair Montanabi'in bir tasviri:
»Hiç örtülere bürünmüş, mücevherler takınmış böyle bir ay gördün mü?«
»Ne kadar iğrenç, ne kadar zevksiz bir tasvir!« (Theodor Hartmann)[10]

Ein Bild des Lyrikers Montanabi:
"Sahest du wohl je Monde mit einem Schleier und einem Halsgeschmeide geziert?"
"Ein ekelhaftes, geschmackloses Bild!" (Theodor Hartmann)[10]

"Da demnach im Orient die Frauenzimmer mit Mannspersonen, und diese mit jenen gar nie, oder äußerst selten zusammenkommen, sondern jede Klasse von der andern getrennt sich versammelt; so wird man in den Reden der Morgenländer von weiblichen Geschöpfen nicht die Zurückhaltung, und in ihren Schilderungen weiblicher Schönheiten nicht die Schamhaftigkeit verlangen können, die man in unserem gebildeten Zeitalter mit Recht erwarten darf.

Wenn die beiden Geschlechter häufig zusammenkommen, und das Zarte, Sanfte des weiblichen sich mit dem Starken, Feurigen des männlichen verschmilzt und gleichsam amalgamirt; wenn das Frauenzimmer geehrt wird, und der Jüngling oder der Mann sich mit Anständigkeit und Hochachtung demselben nähert – dann erst wird dieser in seinen Ausdruck delikat, in seinem Reden keusch, und in seinem ganzen Betragen fein und galant erscheinen. Daher ich um Verzeihung bitten muß, wenn unter den bald folgenden, und wie ich hoffe, schönen, anmuthigen und kraftvollen Beschreibungen weiblicher Schönheit, einige nicht ganz delikate vorkommen sollten, ob ich gleich meine Leser versichern kann, daß dieses nur in unbedeutend wenigen Fällen, und da wo der Verfasser nicht ausweichen konnte, der Fall seyn wird."[11]

»İşte bundan dolayı Doğuda kadınlar erkeklerle ve erkekler de kadınlarla hiç bir zaman bir arada bulunmadıklarından ya da pek ender hallerde bir araya geldiklerinden, yani her kesim kendi arasında toplandığından, Doğuluların konuşmalarında kadınlara karşı itina gösterilmez ve kadın güzelliğini anlattıklarında da onlardan, çağımızda eğitim görmüş birinden beklenen terbiye beklenemez.

Her iki cins sık sık bir araya gelirlerse ve kadınlığın zerafeti ve yumuşaklığı, erkekliğin gücü ve ateşliliğiyle eriyip kül olur ve birbirlerine karışırsa, yani kadınlara saygı gösterilir ve delikanlılarla erkekler, onlara terbiye ve saygıyla yaklaşırlarsa, işte o zaman erkekler kadınlara karşı ifadelerinde zarif, konuşmalarında iffetli ve tüm davranışlarında ince ve nazik olacaklardır. Bunun için biraz sonra aşağıda gelecek olan ve sanıyorum ki, kadın güzelliğinin şirin, latif ve güçlü anlatımı sırasında bazı pek hoş olmayan sözlerin pek önemli olmayan, ancak yazarın da kaçınamayacağı durumlarda söz konusu olacağını belirtmek isterim.«[11]

"So reizend, anmuthig und wie ich hoffe, interessant die einzelnen Schilderungen, die wir nach der Reihe kennengelernt haben, manchem gewesen sind, so ekelhaft, anstößig und grobsinnlich werden die wenigen Bilder seyn, die noch vorzuführen übrig bleiben. Ich bitte daher jeden delikaten Leser, damit am Ende dieses Versuchs kein widriger Eindruck in seiner Seele zurückbleibe, diese paar Stücke, die ich, ohne mich dem Fehler der Unvollständigkeit nur gar zu sehr auszusetzen, unmöglich auslassen konnte, zu übergehen:

"Weiß war ihre Haut, dünn und schlank ihr Leib und ihre Brust wie ein Spiegel glatt.

Zart von Wuchs, enthüllte sie ihren schlanken, schön proportionirten Körper und ihre Seiten, die im Gefolge ihrer Reize prächtig sich ausdehnten.

Und ihre Lenden, so lieblich strotzend, daß des Gezeltes Thür sie zu fassen kaum vermag und ihre Hüften – deren schöne Wölbung mir den Gebrauch meiner Sinne von Entzücken raubt."[12]

Die übrigen zu beschreibenden Theile von weiblicher Schönheit werden uns umso weniger lange beschäftigen können – denn dem oft nur gar zu undelikaten sinnlichen Morgenländer in die Schilderung weiblicher Reize überall zu folgen, erlaubt die Wohlanständigkeit und unser fein gebildetes abendländisches Gefühl nicht.[13]

»Kimilerine göre peşpeşe anlattığımız tasvirlerdeki bu denli çekicilik, zerafet ve belki de ilginçlik, yerini henüz anlatacağımız bir, iki tasvirdeki iğrençliğe, rezilliğe ve kabalığa bırakacaktır. Bunun için zevk sahibi her okuyucudan, bu kitabı okuduktan sonra, ruhunda aykırı izlenimler bırakmamasını ve çıkarmamın büyük hata olacağı, dolayısıyla yazmaktan vaz geçemeyeceğim bu birkaç bölümü atlamasını rica edeceğim:

»Süt beyazdı teni, ince ve dal gibiydi vücudu ve bir ayna gibi dümdüzdü memeleri.

Endamı narin, açtı ince mütenasip vücudunu ve cazibesinin eşliğinde iki yana şahane salınan kollarını.

Öylesine letafet saçıyor ki beli, bir çadır kapısından içeri sığmaz ve de kalçalarının dolgunluğu aklımı başımdan alıyor.«[12]

Kadın güzelliğinin geri kalan yazılacak kısımları bizi artık pek de meşgul etmeyecek. Çünkü bizim, şehvet bakımından hiç de zevk sahibi olmayan Doğuluyu, kadın cazibesinin anlatılması yolunda izlemeye ne terbiyemiz, ne de ince eğitilmiş Batılı duygularımız izin vermez.«[13]

Osmanlıların Görenek, Adet ve Giysileri, 1815

A.L.Castellan

Sitten, Gebräuche und Trachten der Osmanen, 1815

A.L.Castellan

Bild/Resim 65

İçoğlanlardan birkaçı, Şile bezinden perdenin arkasında Kösem Sultan sandıkları örtünmüş bir kadın gördüler ve onun yakalanmasını istediler. Korkudan bir hal olan kadın sarayın tüm adetlerini bir an için unuttu, Şile bezinden perdeyi yana çekip örtüsünü açtı, ağlamaktan ıslanmış yüzünü gösterdi ve şöyle bağırdı: »Ben Kösem değilim, gerçek Valide Sultanım, padişahın anasıyım.«[14]

Einige Itsch-oghlans bemerkten hinter dem Gazevorhang, ein verschleiertes Frauenzimmer, das sie für die Sultanin Kieuzel hielten, und verlangten, daß man sich ihrer bemächtige. Dies erschrockene Frauenzimmer vergaß augenblicklich alle Gebräuche des Serails, zog den Gazevorhang auf, warf den Schleier ab, zeigte ihr mit Thränen benetztes Gesicht und rufte aus: "Ich bin nicht kieuzel, sondern die wirkliche Sultanin Valydeh, die Mutter seiner Hoheit."[14]

III. Türk kadınlarının giysileri:

Dışarı çıktıklarında ayrıca ferace dedikleri ve tamamen büründükleri değerli kumaştan büyük bir ceket giyiyorlar. Kafalarını ve üstlerini beyaz müslinden bir örtü (Hicaz) ile örtüyorlar. Bu örtü, alınlarını örtüyor ve örtünün her iki ucunu ağızlarıyla çenelerinin üzerinden çekip, arkadan bağlıyorlar. Bu örtü yalnız gözleri açık bırakıyor. Bunun hafif bir hareketle biraz daha açılıp, o güzel burnu ve inci gibi dişlerin dizildiği ağzı göstermesi de gerekirdi. Ama evlerine gelir gelmez bu örtünün uçlarını iki yandan aşağı doğru sallandırıyorlar ya da kıskançlığın bir icadı olan ve namusu korumaktan çok gizli ilişkileri körükleyen bu son derece rahatsız engeli çıkarıp bir yana atıyorlar.[15]

III. Der Anzug der türkischen Frauenzimmer:

... Wenn sie ausgehen, so haben sie außerdem noch einen großen Rock von feinem Tuche an, der Feredjeh heißt und in den sie sich ganz einhüllen. Über den Kopf und die Figur werfen sie einen Schleier (Hedjaz) von weißem Musselin, der ihnen die Stirn bedeckt und dessen Enden, die sie über den Mund und das Kinn ziehen, hinten zugebunden sind. Dieser Schleier läßt bloß die Augen sichtbar, er müßte denn durch einen leichten Kunstgriff etwas verschoben werden, um eine schöne Nase und einen Mund voll herrlicher Zähne sehen zu lassen. Sobald sie aber in die Häuser kommen, lassen sie diesen Schleier unter das Kinn herab oder nehmen auch diese höchst unbequeme Schranke gänzlich weg, welche die Eifersucht erfunden hat und doch weniger der Scham günstig ist, als vielmehr geheime Unternehmungen befördert.[15]

Bild/Resim 66

Constantinople, 1883

Edmundo de Amicis

Edmundo de Amicis 1874 Yılında İstanbul'daki Kadınların Yaşamını İzliyor.*

Bunlar bir çok şairin kafamıza doldurduğu »gönül fatihleri, zevk kaynakları, küçük gül yaprakları vaktinden önce olmuş üzümler, sabah şebnemleri, can veren seherler, parlak aylar mıdır« diye düşünülür. Bunlar, yirmi yaşında iken gölgeli bir bahçede Victor Hugo'nun balatlarını okuyarak, başka bir dünyanın yaratıklarıymış gibi, bir çok defalar rüyasını gördüğümüz, bir tek öpüşleri bütün gençlik gücümüzü tüketecek esrarlı hanımlar ve odalıklar mıdır? Bunlar, yeryüzünde bir şehvet ve ızdırap feryadı ile hayaletler gibi geçen, demir parmaklıkların arkasına saklanmış haremağalarının gözlediği, dünyadan ayrı yaşayan şu talihsiz güzel kadınlar mıdır? Bütün bu şiirdeki gerçeğin ne olduğunu görelim.

Herşeyden önce Türk kadınının yüzü artık bir sır değildir ve bu yüzden çevresini saran şiirin büyük bir kısmı yok olmuştur. Kuran'a göre »faziletinin bir işareti ve dünya sözlerine bir dizgin« olan ve kadını kıskançlıkla örten bu örtü artık bir gösterişten ibarettir.

Yaşmağın ne olduğunu herkes bilir: Birincisi, başın etrafına sarılarak alnı kaşlara kadar örten, arkadan saçların üstünde enseden düğümlenen ve sırttan bele kadar iki parça halinde düşen, ötekisi ise, yüzün alt kısmını tamamiyle kapatan ve birincisiyle tek parça oluşturacak şekilde birleşen iki büyük beyaz örtüdür. İnce iplikten olması ve sadece gözlerle yanakların üstünü açıkta bırakacak biçimde örtülmesi gereken bu iki örtü çok seyrek tüldendir ve pek sıkılmadan bağlandığı için yalnız yüz değil, kulaklar, boyun, saç örgüleri ve »ıslahatçı« hanımların giydikleri Avrupa modasına uygun, tüylerle çiçeklerle süslenmiş küçük hotozlar da görünür. Gençler sıkı sıkıya örtünmeye zorlandığı halde, yaşlı kadınların yüzlerini biraz daha açıkta bırakmalarına izin verildiği zamandakinin tam tersi oluyor şimdi. Artık gençler ve özellikle güzeller kendilerini daha çok gösteriyor, yaşlılar ise; insanları yanıltmak için kalın bir yaşmakla sıkıca örtünüyorlar.

Türk kadınları yaşmağı öyle bir sanatla bağlarlar ki, güzeller pek alımlı, çirkinler de sevimli görünür. Bu iki örtüden nasıl istifade ettikleri, hangi inceklikle taç veya sarık şeklinde örttükleri, kıvrımlara hangi kibarlıkla sarındıkları, hangi incelik ve rehavetli bir zerafetle gevşetip salıverdikleri, aynı anda hem göstermek, hem gizlemek, hem vaad etmek, hem gizler yaratmak, hem de ansızın küçük küçük fevkaladelikleri ifşa etmek için nasıl kullandıkları anlatılamaz.

Erkek için bir emniyet olarak icad edilen, ama artık kadın için bir emniyet olan, şu mukaddes yaşmak var; zira bu hanımlar arzuları tahrik etmek için şeffaf, teskin etmek için kalın yaşmak bağlıyorlar.

Romancılarla şairlerin anlattığı bir çok sevimli şaşırtmaca artık mümkün değildir ve kocanın karısının yüzünü ilk kez zifaf gecesi gördüğü masalı birçok masalın arasında bir masaldır.

Constantinople, 1883

Edmundo de Amicis

Edmundo de Amicis beobachtete 1874 das Leben in Istanbul.*

Man fragt sich, sind sie die von vielen Dichtern in unsere Köpfe eingepflanzten »Herzensbrecherinnen, Quellen des Genusses«, sind sie »die kleinen Rosenblätter, frühreife Trauben«, sind sie »der Morgentau, die lebensspendende Morgendämmerung«, sind sie »die strahlenden Monde?«. Sind sie jene geheimnisvollen Frauen und Odalisken, die mit 20 Jahren wie Geschöpfe aus einer anderen Welt in einem schattigen Garten Balladen von Victor Hugo lesen? Die wir oft in Träumen sahen und deren einziger Kuß unsere ganze Jugendkraft auslöschen könnte? Sind sie jene unglücklichen und schönen Frauen, die die Welt wie Gespenster mit Hilferufen voll Lust und Schmerz aufsuchen, hinter Eisengittern versteckt, von der Welt abgeschieden sind und von Eunuchen bewacht werden? Wieviel Wahrheit liegt in dieser Poesie?

Zunächst einmal: Das Gesicht der türkischen Frau ist kein Geheimnis mehr. Deshalb ist ein Großteil jenes Glanzes aus Poesie erloschen. Dieses Tuch, nach dem Koran »ein Zeichen ihrer Tugend und ein Schutz gegen das Geschwätz der Welt«, das die Frau eifersüchtig umhüllt, ist nur noch ein Schaustück. Yaschmak kennt jeder: Es sind zwei große weiße Tücher, von denen eines um den Kopf gebunden wird, die Stirn bis zu den Augenbrauen bedeckend. Im Nacken wird es über den Haaren verknüpft und nach hinten bis zur Taille fallen gelassen. Das andere bedeckt die untere Gesichtshälfte völlig und trifft mit dem ersten so zusammen, daß es den Anschein eines einteiligen Tuches ergibt. Diese beiden Tücher, ursprünglich aus feiner Seide, müssen das Gesicht so bedecken, daß lediglich die Augenpartie frei bleibt. Heute sind sie aus feinem Tüll und da sie locker gebunden werden, enthüllen sie nicht nur Gesicht, Ohren, Zöpfe und den Hals, sondern auch die von den »reformerischen« Frauen nach europäischer Mode getragenen kleinen Kopfbedeckungen, mit Federn und Blumen geschmückt.

Heutzutage geschieht genau das Gegenteil wie zu jenen Zeiten, da junge Mädchen gezwungen wurden, sich strikt zu bedecken und es den älteren Frauen vorbehalten war, ihre Gesichter etwas offener zu zeigen. Nun sind es die jungen Mädchen und Frauen, vor allem die Schönen, die mehr von sich zeigen und es sind die Älteren, die sich fest mit dickem Yaschmak umhüllen und damit die Umgebung täuschen.

Türkische Frauen binden ihren Yaschmak so kunstvoll, Daß die Schönen sehr reizvoll und selbst die Häßlichen liebenswert erscheinen. Es ist unbeschreiblich, wie von diesen beiden Tüchern Gebrauch gemacht wird, mit welcher Fertigkeit Stoffe zum Kopfputz, zum Turban geformt werden. Mit welcher Grazie sie die Falten legen, um sie mit zärtlicher Selbstverständlichkeit wieder zu lockern und zu lösen. Die sie benützen, um sowohl zu zeigen als auch zu verbergen und wie sie ganz unverhofft kleine Besonderheiten enthüllen.

Bu kadınlar özgürdür: Bu her yabancının buraya gelir gelmez eliyle tutabileceği kadar açık bir gerçektir. Lady Montagu gibi, Avrupalı kadınlardan daha özgür olduklarını söylemek mübalağa olur, ama İstanbul'da bulunan herkes onların »esaretlerinden« söz edildiğini duyunca gülmeden edemez. Hanımlar sokağa çıkmak istedikleri zaman haremağalarına arabalarını hazırlamalarını emrederler, kimsenin iznini almadan çıkarlar ve karanlık basmadan önce olması şartıyla istedikleri zaman dönerler.

Yüzlercesi yalnız başına çıkar, müslüman ve frenk mahallelerinin sokaklarında her saat görülürler. İstanbul'un bir başından öteki başına arkadaş ziyaretlerine giderler, günün yarısını hamamlarda geçirirler, vapurla gezerler, perşembe günü Anadolu yakasının dere kenarındaki mesire yerlerine, cuma günü Üsküdar'daki kabristana, diğer günler Adalar'a, Tarabya'ya, Büyükdere'ye, Kalender'e gidip sekizer, onar kişilik topluluklar halinde oturarak halayıkları ile beraber yemek yerler; dua etmek için padişahların, sultanların kabirlerine, tekkelere veya çehiz seyretmeye giderler.

En yakınındaki camiye dua etmek için gider ve revakların altında durup çeyrek dakika bir kadın arkadaşla çene çalarlar, sonra çarşıya çıkar, on kadar dükkana bir göz atar ve bir ıvır zıvır almak için iki üç dükkanın altını üstüne getirirler; daha sonra tramvaya binerek balık pazarına iner ve köprüyü geçer ve Beyoğlu'ndaki berberlerin bütün saçlarını, bütün peruklarını seyretmek için dururlar. Bir mezarlığa gidip bir mezarın üstüne oturarak bonbon yerler; yüz defa durup vitrinlere, tahta veya bakır üzerine yapılmış resimlere, ilanlara, geçen kadınlara, arabalara, tabelalara, tiyatro kapılarına, her şeye göz ucu ile bakarak şehre dönerler, Haliç'e inerler; bir demet çiçek alır, bir bardak limonata içer, sadaka verir, Haliç'i kayıkla geçer, İstanbul'daki zikzaklarına yeniden başlarlar; sonra yeniden tramvaya binerler.

Bir sırrının olup olmadığını ortaya çıkarmak için karısını takip etmek isteyen şişman bir efendiceğiz yolun yarısında tıkanıp kalabilir.

Ya kadınların gece yarılarına kadar sokakta oldukları Ramazan akşamları?

Feracenin altında herşey itina ile saklanır. Ferace bir pelerinle süslenmiş, upuzun, geniş kollu, zerafeti olmayan ve omuzlardan ayaklara kadar büyük bir manto gibi inen bir çeşit cübbedir, kışın çuhadan, yazın ipekliden yapılır, hemen daima çok canlı olan bir tek renktedir: kah kırmızı, kah turuncu, kah yeşil, bunlardan biri veya öteki şu veya bu yıl daha gözde olabilir, fakat biçim hep aynı kalır.

Ferace bir gün gözden düşerse, ortada sadece Avrupalı gibi giyinmiş Türk kadınları kalacak. Ressamlar için ne acı, herkes için ne yazık! »Bir selvi gibi narin« ve »gül yaprağının bütün renkleri« ile renklenmiş güzel bir Türk kadınını, kırmızı kadifeden veya simli kumaştan biraz sağa eğik başlığı; omuzlarına düşen siyah saç örgüleri; burnu Çinlilerinki gibi kalkık iki küçük terliğin üstüne bin kıvrımla düşen pembe ipekliden bol şalvarı gösterecek şekilde önden açık, sarkık kollu, uzun kuyruklu, sırma işli, beyaz Şam ipeklisinden elbisesi; yeşil atlastan kuşağı, gerdanlıklarındaki, firketelerindeki, bileziklerindeki, kopçalarındaki, saç örgülerindeki, başlık püskülündeki, terliklerinin üstündeki, gömleğinin yakasındaki, kuşağındaki, alnındaki elmasları; tepeden tırnağa bir İspanyol Meryem'i gibi pırıl pırıl, etrafında güzel Çerkez, Arap ve Acem halayıkları ile, eski heykeller gibi kat kat kumaşlara sarılmış, geniş bir divanın üstüne bir çocuk tavrıyla yatmış olarak düşünmelidir: »Olympos'un zirvesi gibi beyaz« mavi atlas giymiş ve sırmayla dokunmuş büyük bir örtüyle örtülmüş, önünde bir Tahran seccadesinin üzerine diz çökmüş kocasının hazinesini açmadan önce son duasını ettiği, incilerle bezenmiş bir Osmanlı sedirine oturmuş bir gelini tasavvur etmelidir, veya haremin en hücre odasında efendisini bekleyen, kıvrak vücudunun bütün zerafetini ortaya çıkaran ve kendisine yakışıklı, ince ve zarif bir soylu havasını veren sadece cepken ve şalvar giymiş sevdalı bir gözdeyi hayal etmelidir; işte o zaman, »ıslahat görmüş« şu kötü Türk'lerin cascavlak kafaları ve

Dieser »heilige« Yaschmak, zur Sicherheit für den Mann ausgedacht, ins nun zu einer Sicherheit für die Frau geworden .Denn diese verwenden ihren durchsichtigen Yaschmak, um zu reizen und einen dichten, um zu beschwichtigen.

Viele Dichter und Romanschriftsteller erzählten von schönen Geheimnissen und netten Täuschungsmanövern, die nun nicht mehr möglich sein werden, und die Geschichte von dem Mann, der das GEsicht seiner Frau zum ersten Mal in der Brautnacht sieht, ist dabei, zum Märchen unter vielen zu werden.

Diese Frauen sind frei. Es ist so klar und offensichtlich, daß es jedem Fremden sofort ins Auge fällt. Zwar wäre es eine Übertreibung, wie Lady Montagu davon zu sprechen, sie seien freier als die Europäerinnen, aber jeder in Istanbul hat nur ein Lächeln dafür übrig, hört er von ihrer »Versklavung«. Sobald die Frauen ausgehen wollen, befehlen sie ihren Eunuchen, die Wagen vorzubereiten und verlassen das Haus, ohne einer Erlaubnis zu bedürfen. Sie kehren zurück, wann immer sie wollen, jedoch unbedingt vor Anbruch der Dunkelheit.

Hunderte von ihnen gehen alleine aus und sind zu jeder Tageszeit in den mohammedanischen Stadtvierteln und in den Straßen des europäischen Stadtteils zu sehen. Sie gehen, um Freunde zu besuche, von einer Ecke Istanbuls zur anderen, verbringen die Hälfte des Tages in Bädern, machen Schiffsfahrten.

Donnerstags treffen sie sich an den Ausflugsorten am anatolischen Ufer, besuchen freitags den Friedhof in Üsküdar; an anderen Tagen fahren sie zu den Prinzeninseln, nach Taraby, Büyükdere, Kalender und sitzen in Gruppen zu acht und zu zehnt und speisen mit ihren Dienerinnen. Zum Gebet treffen sie sich an den Gräbern des Sultans und der Sultanin, besuchen dann ein Derwisch-Kloster oder sie gehen die Aussteuer einer Braut anschauen.

Zum Gebet gehen sie in die nächstgelegene Moschee, plaudern in der Säulenhalle ein Viertelstündchen mit einer Freundin und spazieren anschließend zum Markt, werfen Blicke in viele Läden. Und, um das und jenes zu kaufen, richten sie in zwei bis drei Geschäften ein heilloses Durcheinander an. Anschließend fahren sie mit der Straßenbahn zum Fischmarkt, überqueren die Brücke und halten inne, um sich in den Friseursalons von Beyoğlu Perücken auszusuchen. Sie gehen in einen Friedhof, setzen sich auf einen Grabstein und essen Süßigkeiten. An die hundert Mal bleiben sie stehen und blicken verstohlen in die Schaufenster, auf die hölzernen und kupfernen Bilder, auf Reklameschilder, auf vorübergehende Frauen, auf Theatereingänge, auf alles. Sie gehen hinab zum Goldenen Horn, kaufen einen Strauß Blumen, trinken Limonade, verteilen Almosen, überqueren mit einem Boot das Goldene Horn und beginnen dann ihre Zick-Zack-Touren durch Istanbul aufs Neue; dann besteigen sie wieder die Straßenbahn. Ein korpulenter Herr, der seine Frau verfolgen möchte, um ein eventuelles Geheimnis aufzudecken, wird nicht mehr als die halbe Strecke durchhalten. Und was ist mit den Ramadan-Abenden, an denen sich die Frauen bis Mitternacht auf den Straßen aufhalten?

Mittels des Ferace wird alles sorgfältig verborgen. Der Ferace ist eine Art Robe, die wie ein großer mit Pellerine geschmückter breitarmiger Mantel, ohne eleganten Sitz, von den Schultern bis zu den Füßen hin reicht. Im Winter ist der Ferace aus glattem Wollstoff, im Sommer aus Seide. Fast immer hat dieser Mantel eine sehr lebhafte Farbe und ist manchmal rot, orange oder grün und jedes Jahr ist eine von diesen Farben in Mode, jedoch der Schnitt bleibt immer gleich. Sollte eines Tages Ferace aus der Mode kommen, werden nur noch europäisch gekleidete Türkinnen zu sehen sein. Wie traurig für die Künstler! Wie schade für uns alle!

Eine schöne Türkin muß man sich so vorstellen, auf einem Diwan in kindlicher Haltung liegend, »zart wie eine Zypresse«, »mit allen Farben eines Rosenblattes«, mit ihrem zur Seite geschobenen Häubchen aus Samt oder Silberbrokat, die schwarzen Zöpfe über die Schultern fallend, ihr goldbesticktes Kleid

siyah paltolarıyla hakettiklerinden daha fazla mutlu olduklarını itiraf etmek gerekir.

Avrupalı kadınlar nasıl sakin Şark ufuklarını hayal ederlerse, onlar da bu anlarda bizim memleketlerimizin renkli ve ateşli hayatını arzu ederler ve Paris'in sisli bir mahallesi için Boğaz'ın bütün harikalarını verebilirlermiş. Fakat sadece renk ve ateşli hayatı arzu etmiyorlar, en çok ve en derinden istedikleri şey, aile hayatı, Avrupa evinin küçük dünyası, candan dostlar çevresi, çocuklarla çevrilmiş sofralar, itibarlı güzel bir yaşlılıktır.

Türk kadınının bahtına acıyanları teselli etmek için söylenebilecek bir şey var; hayatta belli bir karakter itibarlığını ve belli bir vakarı mecbur eden toplumsal bir şartın içinde bulunan herkesin bir karısı var. Nezaretlerdeki yüksek memurlar, zabitler, kadılar, din adamları bir defa evleniyorlar. Fakir fukaranın ve orta halli hemen bütün erkeklerin lüzuma binaen bir karısı var.

Ümidinizi kesmeyin, ey güzel hanımlar! Selamlık kapıları kırılacak, demir parmaklıklar kalkacak, ferace Kapalı Çarşı'nın Bedesten'ini süsleyecek, haremağası ancak gamlı bir çocukluk anısı olarak kalacak ve siz dünyaya serbestçe zarif çehrelerinizi, ruh hazinelerinizi göstereceksiniz ve o zaman Avrupa'da »Şark incileri« denince, sizlerden bahsedilecek, ey beyaz hanımlar; sizlerden kültürlü ince, medeni, güzel müslüman kadınları, sizlerden, alnınızın çevresinde haremin soğuk debdebesi içinde parlayan faydasız incilerden değil. Cesaret! Güneş doğuyor. Ben kendi hesabıma (bunu inanmayan dostlarıma söylüyorum), ihtiyar olduğum halde, Torino'dan geçen bir paşanın karısına kolumu vermek ve onu Po nehrinin kıyılarında »Nişanlılardan« (Manzoni'in bir eseri) bir bahsi anlatarak gezdirmek ümidimi hala kaybetmedim.[16]

aus Damast mit langer Schleppe, vorn offen, daß es den Blick auf die weitgeschnittene rosafarbene Seidenpluderhose freigibt, die in tausend Falten auf die beiden kleinen Pantoffeln fallen, deren Spitzen sich wie die Nase eines Chinesen wölben; mit den grünen atlasseidenen Gürteln, mit Diamanten an Halsketten, Haarnadeln, Armbänder, Spangen und Zöpfen, an der Stirn und Fransen an Hauben und Pantoffeln; von Kopf bis Fuß funkelnd wie eine spanische Madonna, von schönen tscherkessischen, arabischen und persischen Sklavinnen umgeben. Wie eine alte Skulptur von mehreren Stoffbahnen umhüllt, auf einem breiten Diwan liegend.

Man stelle sich eine Braut auf einer mit Perlen verzierten Ottomane vor, »weiß wie der Gipfel des Olymp«, mit blauer Atlasseide bekleidet und mit einem großen goldbestickten Tuch bedeckt, vor ihr auf einem Teheraner Gebetsteppisch ihr Mann knieend, sein letztes Gebet vor dem Aufschließen des Schatzkästchens verrichtend. Oder man träume von einer verliebten Favoritin, die im entlegendsten Zimmer des Harems auf ihren Herrn wartet, lediglich mit einem Bortenjäckchen und einer Pluderhose bekleidet, was die Grazie ihres makellosen Körpers betont und ihr den Anschein einer Aristokratin verleiht.

Hier muß man gestehen, daß jene »reformierten« schlimmen Türken mit ihren kahlgeschorenen Köpfen und ihren schwarzen Mänteln zu viel unverdienten Glückes haben.

Es heißt, genau wie europäische Frauen von der Stille des Orient träumen, so ersehnen sich jene das bunte, temperamentvolle Leben unserer Länder und sollen bereit sein, sämtliche Wunder des Bosporus gegen ein nebliges Pariser Stadtviertel einzutauschen. Sie träumen jedoch nicht nur vom bunten Treiben. Ihr Sehnen gehört vielmehr dem Familienleben, der kleinen Welt des europäischen Heims, dem engen Freundeskreise, es gehört dem von Kindern umgebenen Tisch und einem Altern in Achtung und Würde. Für jene, die das Schicksal der türkischen Frau bedauern, kann gesagt werden: »Jeder charaktervolle Mann von gesellschaftlichem Rang hat eine einzige Frau. Die hohen Beamten in den Ministerien, die Offiziere, Richter, die Geistlichen, heiraten einmal. Fast alle Männer des Mittelstandes und die Armen haben notgedrungen nur eine Frau.«

Ihr schönen Frauen, gebt die Hoffnung nicht auf! Die Pforten des Selamliks wird man aufbrechen und die Eisengitter werden verschwinden. Ferace wird nur noch die Antiquitätenläden im Basar schmücken, der Eunuch nur noch eine betrübliche Kindheitserinnerung bleiben, und ihr werdet der Welt frei und offen eure edlen Gesichter, eure Schätze zeigen. Dann wird man euch selbst meinen, wenn man in Europa von den Perlen des Orients spricht. Ihr klugen Frauen, ihr kultivierten, feinen, zivilisierten, schönen mohammedanischen Frauen, von euch wird die Rede sein, und nicht vom nutzlosen Perlenschmuck, der an eurer Stirn im kalten Pomp des Harems glitzert. Nur Mut meine Damen! Die Sonne geht auf! Ich für meinen Teil (dies für meine Freunde, die mir das nicht glauben) bin zwar alt, habe aber die Hoffnung nicht aufgegeben, eines Tages der Frau eines Paschas, die mir in Turin begegnet, meinen Arm anzubieten, um sie an den Ufern des Po spazierenzuführen und ihr dabei ein Kapitel aus »Die Verlobten« zu erzählen.[16]

* *Edmundo de Amicis, Constantinople, Paris 1883.*

Bir Türk Güzeli, 1875

Heaphy

İstanbul bir çelişkiler kentidir. Burasını gören onu kesinlikle belleğinden çıkaramayacak, ama oraya geri dönmeyi de özlemeyecektir. Doğu yaşamı ve geleneklerinin alışılmamış görüntüsü, İstanbul'a koskocaman bir kervansaray görünümü veren çok çeşitli halkların garip karışımı, doğal ve yapay renklerin doğuya has parlaklığı, tüm bunlar başka hiç bir kentte olamayacak biçimde, büyülemek ve baştan çıkarmak için burada birleşmiştir. Batıdan girildiğinde, kentin ilk görüntüsü kelimenin tam anlamıyla muhteşemdir. Bir an ve hatta birkaç kürek çekişinden sonra sahne değişir, insanı geri tepen bir pislik görüntüsü karşımıza çıkar. Halk ve kent tam anlamıyla pistir. Giysilerin sonsuz çeşitliliğiyle, paçavralardaki renklerin yoğunluğu bir sanatçı için aynı zamanda haz ve yeistir. Kuzeyli birinin çok güç kavrayabileceği biçimde, öylesine sefalete düşmüş dilenen insanlığın baskı altına alınamayan sürekli göz önünde olan çok değişik döküntü kişilerin bileşimi; türbanlı ışkın satıcıları, uzun etekli Yahudiler ve gezinen Hintliler yığınından öte bir şey değildir halk diye ona görünen.

Yılın uzun bir bölümünde iklim berbattır. Gıda maddeleri için de aynı şey söylenebilir. Ekmek ve su fena sayılmaz. İngiliz otelinin duvarları dışında bunların ikisinden başka bir şey arayana deli denmelidir. Et yemek ve bira içmek isteyen biri Türk semtlerinde bunları boşuna arayacaktır. Bu duruma ek olarak, önlerinden kolay kolay kaçılıp kurtulunmayan bir yığın aç köpek sürüsü ve raslantı sonucu da olsa ilişki içine girildiğinde, alt ve üst düzeydeki memurların küstahlığı da eklenir. Türbanı beyaz olsun yeşil olsun her müslümanın yabancılara karşı güç gizlediği kini, ve en önemlisi kendisini çevreleyen yaşamla düşünce, duygu ve ahlak anlayışı arasındaki bağdaşmanın eksikliği, bir yabancıya, bu ülkede sadece bir yabancı olduğuna ve burası ile bir ilgisi olmadığına tanrıya şükrettirir.

Konstantinopl'ın dış görünümünün uyandırdığı bu garip, yadırgatıcı duygu, ortalıkta kadın yüzü yokluğu veya görülmeyişiyle önemli ölçüde artar. Diğer müslüman kentlerin çoğunda kadınların büyük bir kısmı yüz örtülmeyen kabilelerin mensubudurlar. Yaşı ve toplumsal konumu ne olursa olsun her kadın,yüzünü yaşmak denen altı zollen uzunluğunda bir şeyle örter. Türk hanımının ayakları ile ilgili pek sıkıntısı yoktur. Her an, onun çarşıya gidip kendine pabuç aldığı görülebilir. Burada, çorapsız ayağını uygun bir pabuç buluncaya kadar, altın işlemeli bir pabuçtan diğerine sokar. Kafir bir gezginin, dükkânın önünde durup kendisini seyretmesi, onu hiç utandırmaz. Dükkân sahibi tabii ki, dükkanın önündeki bu meraklıya göz yummayacak ve ona kuşkusuz annesi, kızkardeşi ve diğer kadın yakınlarıyla ilgili hiç de kibar olmayan sözler söyleyerek, evine gönderecektir.

Türk hanımı için pabuç, kullanım eşyasından çok süs eşyası anlamına gelir. Sık sık pabuçlarını ayağından çok, resmimizde görüldüğü gibi, elinde taşır. Ama bu onun, o anda yalınayak olduğu anlamına gelmez. Normal olarak uzun, sarı ve oldukça güzel yapılmış çizmeler giyer. Belki de ayağı tam anlamıyla ideal bir biçime sahiptir, ama kadınlar düşüncesizce, eni ayak için çok geniş olan ve düşünülebilecek en kaba-saba ayakkabıyı aldırmadan ayaklarına geçirirler. Ve bu ayakkabılarla, doğal olarak ayakta güç tutulan işlemeli terlikleri giyerler. Bunların düşmesini önlemek için hanımefendi, hareketini kolaylaştırmağa ve güzelleştirmeğe hiç ama hiç yaramayan ağır bir yürüyüş tutturmak zorundadır.

Atölyem, Fransız semti Pera'da bulunan bir odada idi. Pencerelerimden biri eski bir mezarlığa, diğeri ise yandaki bir eve bakıyordu. Tek hizmetçim odalarımı düzelten esmer bir delikanlıydı. Yarı çıplaktı ve çevresinde gördüğü herşeyi çalar, duymadığımı sandığı her an beni "şeytan"a yollardı.

İki-üç hafta çalışkanlığım tuttu ve çarşıda dikkatimi çeken ve bana model olmayı kabul eden karakteristik insan kafalarıyla kara-esmer Araplar çizdim. Bu kolay iş değildi, çünkü bütün Doğulular, resimlerine sahip olan kişilerin etkisi altına gireceklerini düşünürler. Fakat bir kadın resmi yapmak için giriştiğim bütün denemeler başarısız kaldı. Ayrıca sanatçı arkadaşlar beni bütün güçlükler hakkında aydınlattıklarından buna yönelik her denemeden vazgeçtim. Ansızın karşıdaki evin penceresinde bir umut ışığı parladı. Ben mümkün olduğunca çok

Eine türkische Schönheit, 1875

Heaphy

13. December 1875. Illustrirte Frauen-Zeitung. II. Jahrg., Nr. 24, 2. Blatt. 379

Eine türkische Schönheit.

Mit einem Bilde von J. Heaphy, Seite 381.

Konstantinopel ist eine Stadt der Gegensätze. Wer diesen Ort gesehen, der wird ihn in keinem Falle in seiner Erinnerung missen mögen, aber er sehnt sich auch eben so sicher nicht dahin zurück. Der ungewöhnliche Anblick orientalischen Lebens und orientalischer Sitten, die seltsame Mischung der verschiedenartigsten Volksstämme, welche Konstantinopel wie eine ungeheure Karavanserai erscheinen lassen, der orientalische Glanz der Farben, natürlicher wie künstlicher, das Alles vereinigt sich, um einen Zauber und eine Anziehungskraft auszuüben, wie es nicht leicht eine zweite Stadt vermag. So ist der erste Anblick der Stadt, namentlich von Westen her, überaus prächtig, — aber wenige Augenblicke, ja wenige Ruderschläge nur, und die Scene verändert sich, es starrt uns eine Fülle von zurückstoßender Unsauberkeit entgegen. Ja, Stadt und Volk sind über alle Beschreibung schmutzig. Die unendliche Mannigfaltigkeit der Trachten, die Intensität der Farben an — Lumpen, sind für den Künstler Entzücken und Verzweiflung zugleich. Bald genug erscheint ihm die Bevölkerung wenig mehr als ein Zusammenfluß des mannigfaltigsten Lumpengesindels, eine Versammlung von beturbanten Rhabarberhändlern, langröckigen Juden und herumschweifenden Hindu's, vermischt mit einem nicht zu unterdrückenden, stets gegenwärtigen Elemente bettelnder Menschheit, die in einem Grade herunter gekommen ist, wie ihn der Nordländer nur schwer begreift.

Das Klima ist während eines großen Theiles des Jahres abscheulich, desgleichen sind es die Lebensmittel. Wasser und Brot mögen noch erträglich sein, aber tollkühn müßte man den nennen, der es wagen wollte, außerhalb der Mauern des englischen Hotels nach etwas Anderem als diesen beiden Nahrungsmitteln ausgehen zu wollen. Wer Fleisch essen und Bier trinken will, der wird sich in den türkischen Vierteln vergebens darum bemühen. Dazu kommen noch Schaaren hungriger Hunde, vor denen es kein Entrinnen giebt; ferner die Unverschämtheit der Beamten, niederer wie höherer, wenn man mit ihnen, wenn auch nur zufällig, in Berührung kommen sollte. Der schlecht verhehlte Haß jedes Muselmannes, ob grün oder weiß beturbant, gegen jeden Fremden, überhaupt der gänzliche Mangel an Uebereinstimmung zwischen dem Leben, das ihn hier umgiebt, und der Welt seiner eigenen Gedanken, Gefühle und moralischen Vorstellungen, lassen Jeden dem Himmel inbrünstig danken, daß er Fremder in diesem Lande ist und keine Verwandtschaft mit ihm hat.

Das sonderbare, befremdende Gefühl, welches der äußere Anblick Konstantinopels erweckt, wird wesentlich erhöht durch die Abwesenheit oder besser Unsichtbarkeit weiblicher Gesichter. In den meisten anderen muhamedanischen Städten gehört ein großer Theil der Frauen zu den Volksstämmen, die ihr Gesicht nicht bedecken; aber hier verhüllt jede Frau, welches Standes oder Alters sie auch immer sein mag, ihr Antlitz mit den sechs Zollen Baumwollenzeug, Yasmak genannt. Um ihre Füße ist die türkische Dame weit weniger besorgt. Zu jeder Zeit sieht man sie in die Bazare treten und Pantoffeln kaufen. Da paßt sie ihr unbestrumpftes Füßchen in eine goldgestickte Bedeckung nach der andern, bis ihr die eine oder die andere passend erscheint, und es bereitet ihr nicht die leiseste Verlegenheit, wenn ein herumwandernder Ungläubiger vor dem Bazar stehen bleibt und ihr dabei zusieht. Der Kaufmann freilich wird den Neugierigen vor seiner Bude nicht dulden und ihn sicherlich mit den unhöflichsten Bemerkungen über seine Mutter, Schwestern und sonstige weibliche Verwandtschaft heimschicken.

Die Pantoffel dienen einer türkischen Dame mehr zum Schmuck als zum Gebrauch. Oefter als an den Füßen trägt sie dieselben in der Hand, wie es auch unsere Abbildung zeigt, woraus aber nicht gefolgert werden darf, daß sie in dem Augenblicke auch barfuß ist. Gewöhnlich trägt sie nämlich lange, gelbe Stiefel, die nichts weniger als niedlich gemacht sind. Das Füßchen hat vielleicht vollkommen ideale Form, aber sorglos zieht sie darüber das denkbar plumpste Schuhwerk, das in der Regel viel zu breit ist. Damit nun fährt sie in die gestickten Pantoffeln, die natürlich nur schwer an den Füßen zu halten sind. Um sie nun am Abfallen zu hindern, wird die Dame gezwungen, einen eigenthümlich schleppenden Gang anzunehmen, der wahrlich nicht dazu angethan ist, die Bewegung zu erleichtern und zu verschönern.

Ich hatte mein Atelier in einem Zimmer hergerichtet, das nach einem Hofraume in Pera, dem fränkischen Quartiere, hinauslag. Das eine meiner Fenster blickte auf einen alten Begräbnißplatz, das andere auf ein Haus an der anderen Seite des Vierecks. Mein einziger Aufwärter war ein braunhäutiger Knabe, der meine Räumlichkeiten in Ordnung hielt. Er war ziemlich spärlich bekleidet, stahl Alles, was umherlag, und verwünschte mich unaufhörlich zu „Sheitan", zu deutsch dahin, wo der Pfeffer wächst, sobald er mich nur außerhalb der Hörweite vermuthete.

Zwei oder drei Wochen schon war ich fleißig gewesen und hatte schwarzbraune Araber gemalt und charakteristische Menschenköpfe, die mir in den Bazar's auffielen, und die ich bewegen konnte, mir zu einem Bilde zu sitzen. Das war keine leichte Sache, denn alle Orientalen bilden sich ein, daß sie unerbittlich in dessen Macht fallen, der ihr Bild besitzt. Alle Versuche aber, eine Frau zu malen, waren ohne Erfolg geblieben, und da ich von künstlerischen Collegen über die Schwierigkeit aufgeklärt wurde, so hatte ich auch jeden dahin zielenden Versuch aufgegeben. Da stiegen unerwartet einige Hoffnungen auf, die sich an das Fenster des gegenüberliegenden Hauses knüpften. Ich malte, um so viel Licht wie möglich zu erhalten, dicht an meinem Fenster, und meine Beschäftigung mußte drüben Interesse erweckt haben; denn wenn ich plötzlich aufblickte, konnte ich öfter den Blick eines, mit dem Yasmak bedeckten Gesichtes auffangen, das dort verstohlen hervorlugte. Ich beobachtete genauer und wagte es bald, meinem unbekannten Gegenüber eine Verbeugung zu machen, was drüben ein helles, fröhliches Gelächter hervorrief. Ich fürchtete schon irgend eine Ungeschicklichkeit damit begangen zu haben; zu meiner Freude aber wurde es mir bald klar, daß dies Lachen nur die Art der Schönen war, ihre Gegenwart anzudeuten und für etwas wie ein Gruß gelten konnte. Die Besuche am Fenster wurden häufiger, mein Gegenüber blieb halbe Stunden und beobachtete meine Arbeiten sehr aufmerksam.

Da rieth mir ein befreundeter Künstler, der mit den orientalischen Gewohnheiten vertrauter war als ich, der Dame eine Schachtel Bonbons zu schicken. Türkische Frauen essen bekanntlich mit großer Vorliebe Zuckerwerk, und um nicht meinen Boten zurückgewiesen oder das Geschenk auf die Straße geworfen zu sehen, übersandte ich ihr eine große und zugleich sehr schöne Schachtel mit Confect. Der Plan gelang vortrefflich; mein Geschenk wurde nicht nur angenommen, sondern auch verspeist, und das nicht nur am Fenster, sondern auch mit zurückgeschlagenem Yasmak. So erhielt ich einen vollständigen Anblick des echt orientalischen Gesichtes; aber die Schwierigkeit, ein Bild darnach zu malen, war immer noch nicht ganz gehoben. Die Schöne bekundete eine ganz entschiedene Abneigung, gemalt zu werden, denn so oft ich meinen Blick scharf auf sie richtete, wendete sie sich sofort ab. Da konnte nur eine weitere List helfen. Ich that, als ob ich an einem größeren Gemälde arbeitete, brachte aber neben demselben auf der Staffelei noch ein kleineres Stück Leinwand an, auf dem ich das Portrait entwarf und ausführte. Eine zweite Confectschachtel rief dann drüben die nöthige Ausdauer im Sitzen hervor, und so gelang es mir endlich, das lebensgetreue Bild einer türkischen Schönheit zu erlangen, genau so, wie ich es hier den Leserinnen vorlege.

ışık gelsin diye pencerenin dibinde resim yapardım. Bu uğraşım karşıdaki evde ilgi uyandırmış olmalı ki, başımı her ani kaldırışımda oradan gizlice bakan, yaşmakla örtülü yüzün bakışlarını yakalardım. Bu durumu daha yakından gözledim ve hemen, sonra tiz ve sevinçli kahkahalara neden olan bir revarans göze aldım. Bu davranışla iyi bi iş yapmamaktan korkuyordum, ama kısa bir süre sonra bu gülüşün, bir güzelin varlığını bildiren ve selamlama sayılabilen tavrı oduğunu sevinçle anladım. Pencere ziyaretleri sıklaştı, karşımdaki saatlerce orada durup çalışmamı dikkatle izliyordu.

Doğu geleneklerini benden iyi bilen bir sanatçı arkadaşım, hanıma bir kutu şeker göndermemi öğütledi. Bilindiği gibi Türk hanımları iştahla tatlı ve şeker yerler. Ulağımın geri çevrilişini ve armağanın sokağa atılışını engellemek için büyük ve aynı zamanda çok güzel bir şekerleme kutusu gönderdim. Plan mükemmelce başarılı oldu. Armağan kabul edilmekle kalmadığı gibi pencerede, hem de arkaya atılmış yaşmakla yendi. Böylece gerçek bir Doğulu yüzü görüyordum, ama bir resim yapma güçlüğü henüz tamamen ortadan kalkmamıştı. Güzel, resminin yapılmasına kesinlikle karşı çıktı, çünkü ne zaman alıcı gözle bakmağa kalktıysam derhal sırtını çeviriyordu. Ancak ikinci bir hile imdadıma yetişebilirdi... Büyük bir resim yapar görünerek, büyük resim sehpasının yanına daha küçük bir tuval koyup, bunun üzerinde portreyi yapıp bitirdim. İkinci bir şeker kutusu, oturmak için gerekli sabrı verdi. Ve böylece sonunda burada hanım okuyuculara sunduğum, bir Türk güzelinin resmini çizmeyi başardım.

* (13 Aralık 1875 »Illustrierte Frauenzeitung« adlı dergi)

Eine türkische Schönheit. Von J. Heaphy. — Siehe Seite 379.

Örtünen Kadın Acaba Ne Şeytanlık Düşünmekte?

Was Treibt die verhüllte Frau hinter ihrem Schleier?

Örtünen Kadın Acaba Ne Şeytanlık Düşünmekte?

Kadınların, isteyerek ya da istemeyerek örtünmelerinin çok çeşitli nedenleri vardır. Bu bölümde 15 ve 16. yy. da Nürnberg kentinden, 18. yy. da Osmanlı İmparatorluğu'ndan ve 19. yy.'ın ilk yarısında Güney Amerika'dan verilecek üç ayrı belge örneğinde örtünen kadınların, örtünmeye karşı tutumları ve örtünen kadının çevresindekiler tarafından nasıl algılandığı gösterilecektir.

Bir yerde kadınlar, "Haysiyetli şehir meclisinin" kararlarına karşı koyarak, örtünmekte direniyorlar, diğer bir yerde, kadınlar gene örtünüyorlar ama, onların örtünmesi, dış çevre tarafından bir mecburiyet olarak algılanıyor, başka bir yerde ise kadınlar, özellikle "örtündükleri" için "dünyanın en hür kadınları" olarak tanımlanıyorlar. Sebebi ne olursa olsun kadınların örtünmesi, hem kadınların örtünmesini öngören, hem de örtünen kadını göremeyen erkeklerin hayal güçlerinin alabildiğine çalışmasına neden oluyor.

Was treibt die verhüllte Frau hinter ihrem Schleier?

Es gibt viele Gründe, warum Frauen sich verhüllen, freiwillig oder unfreiwillig. An drei historischen Dokumenten aus drei Kulturkreisen, der freien Reichsstadt Nürnberg im 15. und 16. Jahrhundert, der Türkei im beginnenden 18. Jahrhundert und Südamerika in der ersten Hälfte des 19. Jahrhunderts, wollen wir zeigen, wie Frauen damit umgehen und wie es von der Umwelt wahrgenommen wird.

Die einen wollen sich verhüllen, gegen den Willen des "Ehrbaren Rates", die Verhüllung der anderen gilt als erzwungen und die dritten erscheinen als die "freiesten Frauen der Welt", gerade weil sie sich verhüllen. Die Männerphantasien werden jedenfalls ungeheuer angeregt – sowohl die der Männer, die einsperren, als auch der ausgesperrten – aber das kümmert die Frauen eigentlich wenig.

Nürnbergli Kadınların »Yağmur Örtüsü«

Ortaçağ Almanya'sında, birbiri ardına çıkan *"Kıyafet Kararnameleri"* görülür. İdareci sınıfın böyle kararlar almasına yol açan en önemli nedenler şunlardı:

- Toplumun çeşitli sınıfları arasındaki ayrıcalığın korunmak istenmesi: Alım gücüne sahip, şehirli halk dış görünüşüyle de sosyal mevkiini korumak istiyordu.
- Ekonomi politikası açısından yapılan hesaplar: Yerli imalâtçıların çıkarlarını koruma açısından, belirli lüks tüketim mallarının, ülkeye sokulmasını kısıtlama çabaları.
- Halkın terbiye ve ahlâkının korunabilmesi.

Das Nürnberger Regentuch

Während des Mittelalters wurden in Deutschland immer wieder Kleiderordnungen herausgegeben. Die Motive der Obrigkeit dafür waren die Aufrechterhaltung der ständischen Gesellschaft, denn das städtische, finanzkräftige Bürgertum wollte auch durch äußeres Auftreten sein Sozialprestige zeigen; wirtschaftspolitische Erwägungen, die Einfuhr bestimmter Luxusgüter sollte begrenzt werden zugunsten der einheimischen Waren und die Aufrechterhaltung von Sitte und Moral. Diesem letzten Motiv wollen wir uns zuwenden in der Geschichte des Nürnberger Regentuchs.

Das Regentuch oder Schurtzhembd, wie es zunächst hieß, war zunächst eine einfache Leinen-

Bu sonuncu nedene, *Nürnberger Regentuch* örneğinde yaklaşılarak, açıklık getirilmeye çalışılacaktır.

Önceleri kullanılan adıyla *Schutzhembd* (koruma örtüsü), daha sonraları kullanılan adıyla *Regentuch* (yağmur örtüsü), yağmura karşı kullanılan keten veya yünlü bir örtüydü. Örtünün yapıldığı kumaşın cinsi, örtüyü kullanan kadının toplumdaki yeriyle orantılı olarak değişiyordu. Örneğin yüksek gelirli tabakanın kadınlarının kullandığı *Regentuch* kıymetli kumaşlardan yapılıyor ve dolayısıyla bu örtü yağmurluk olarak kullanılma görevinden uzaklaşıyordu.

Nürnberg şehir meclisi üç kez ciddi şekilde bu örtü konusuna eğildi ve kadınların kılıklarına ilişkin, ilki 15. yüzyıl sonlarında [1], ikincisi 17.12.1657'de ve sonuncusu 23.2.1683'de üç ayrı kararname yayınladı.

Şehir meclisi, kadınların adı geçen örtülere bürünüp, türlü türlü davranışlara cesaret ettikleri ve bunun önlenmesi gerektiği düşüncesindeydi. Yayınlanan ilk kararnamede, kadınların sokakta tanınmamak amacı ile büyük başörtüler ve masa örtüleri ile örtünmeleri yasaklandı. Kadınların ahlaka aykırı çeşitli niyetleri olduğu varsayımından yola çıkan şehir meclisinin amacı, bu duruma bir son verebilmekti.

oder Wolldecke, als Schutz gegen den Regen. Je vornehmer die Trägerin, desto kostbarer wurde das Material. Je kostbarer aber das Material, desto weniger konnte das Tuch als Regenschutz benutzt werden.

Dreimal befaßt sich der "Ehrbare Rat" der Stadt Nürnberg mit diesem Tuch, das erste Mal in einer Kleiderordnung Ende des 15. Jh.[1], dann in der Verordnung vom 17.12.1657 und zuletzt am 23.02.1693.

Der Rat der Stadt mutmaßte, daß die Frauen allerlei trieben, wenn sie sich mit dem Tuch bedeckten und versuchte,dem Einhalt zu gebieten. Die erste Verordnung forderte die Frauen auf, die großen Kopftücher oder Tischtücher, in die sie sich hüllten, in der Absicht, sich unerkannt auf offener Straße bewegen zu können, abzulegen. Der Rat unterstellte den Frauen unmoralische Absichten und wollte dieses abschaffen.

Bild/Resim 67
einfaches Mädchen in Wollregentuch (Kramer 1669)
Yünlü »Regentuch«lu halktan bir genç kız (Kramer 1669)

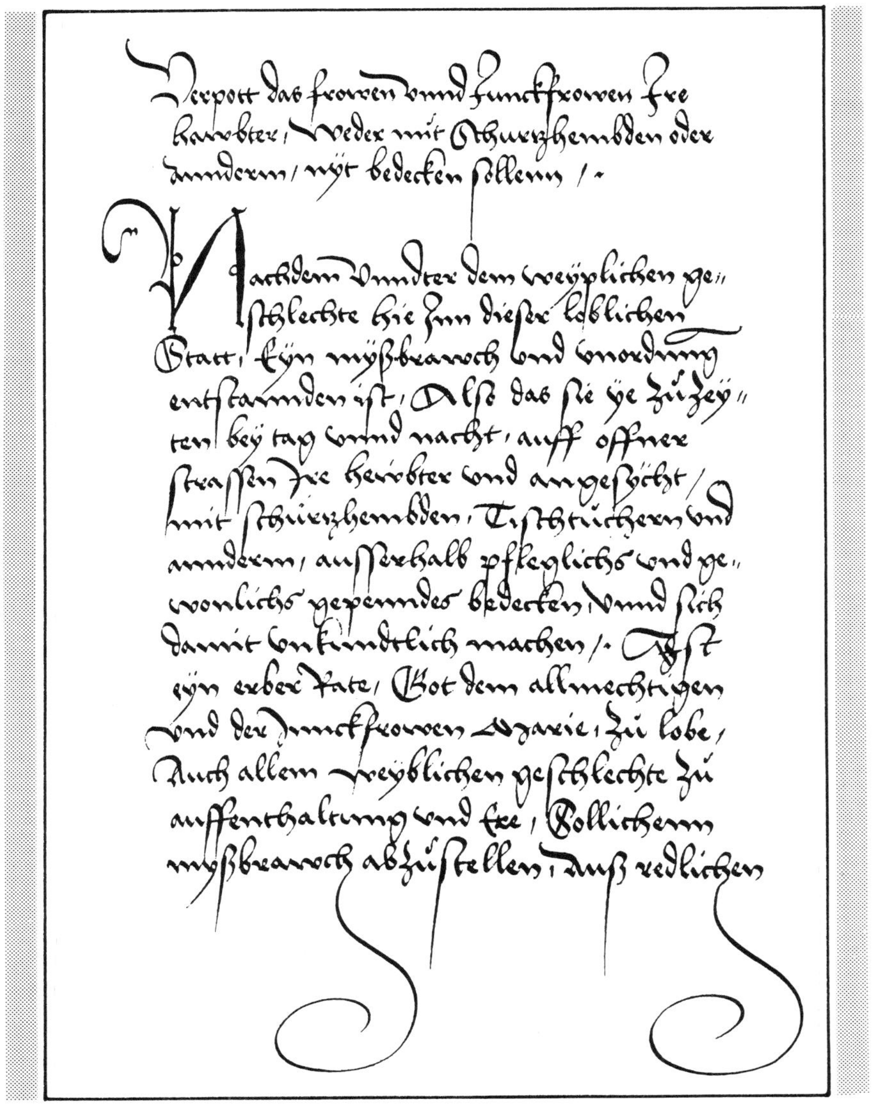

Verpott das frowen unnd Junckfreowen Ire
hauebter / weder mit Schuerzhembden oder
anderem / nyt bedecken sollenn /.
Nachdem undter dem weyplichen ge-
schlechte hie inn dieser loblichen
Statt, Eyn myßbreanoch und unordnung
entstanden ist, Also daß sie ye zu zey-
ten bey tag unnd nacht, auff offner
strassen Ire heuebter und angesycht /
mit schüerzhembden, Tischtüchern und
annderm, ausserhalb pfleglichs und ge-
wonlichs gespenndes bedecken, unnd sich
damit unkenndtlich machen /. S'Ist
eyn erber Rate, Got dem allmechtigen
und der Junckfreowen Marie, zu lobe,
Auch allem weyblichen geschlechte zu
auffenthaltung und Ere, Sollichenn
myßbreanoch abzustellen, Auß redlichen

Bild/Resim 68
Nürnberger Stadtrat verbietet das Tragen des Regentuches, 15. Jahrhundert
Nürnberg belediyesinin »Regentuch« adlı örtüyü yasaklayan bildirisi, 15.yüzyıl

Kadınların ve Genç Kızların Başlarını Schuerzhembd ve Başka Şeylerle Örtmemeleri Konusunda Yasak

Burada bu güzide şehirde kadınlar arasında ihlal ve düzensizlik ortaya çıkmış, yani kadınlar gece ve gündüz günün her saatinde sokakta başlarını ve yüzlerini alışılmış ve şimdiye dek kullanılagelen örtüler dışında Schuerzhembd, sofra örtüsü ve diğer şeylerle örtmektedirler ve böylece kendilerini gizlemektedirler / Ulu Tanrının ve Meryem Ana'nın adıyla ve saygıdeğer Şehir Meclisinin kararıyla bütün kadınlara buna uyup saygı göstermeleri ve bu ihlalden de vazgeçmeleri ve bunun sorumluluğunu taşımaları...

Verpott das frowen unnd Junckfreowen Ire hauebter / weder mit Schuerzhembden oder anderem / nyt bedecken sollenn /.

Nachdem undter dem weyplichen geschlechte hie inn dieser loblichen Statt, Eyn myßbreanoch und unordnung entstanden ist, Also daß sie ye zu Zeyten bey tag unnd nacht, auff offnere strassen Ire heuebter und angesycht mit schüerzhembden, Tischtüchern und annderm, ausserhalb pfleglichs und gewonlichs gespenndes bedecken, unnd sich damit unkenndtlich machen /. S'Ist eyn erber Rate / Got dem allmechtigen und der Junckfreowen Marie, zu lobe / Auch allem weyblichen geschlechte zu auffenthaltung und Ere, Sollichenn myßbreanoch abzustellen, Auß redlichen...

43.

Flor und Binden umb den Hals/ wie auch der seydenen Spitzen daran/ item der ausgenehten Halshembder / kostbarer Spitzen und Borten an den Schurzflecken/ ingleichen der silbernen Gürteln/ auch Messerscheiden und Besteck mit Silber beschlagen/ gänzlich enthalten/ alles und iedes/ so hieoben in unterschiedlichen Gesetzen verboten / bey Straff vier Gulden.

NAchdem auch endlich/ wider ehedessen Gbeschehenes Verboth / dieser schändliche Mißbrauch nicht abgestellet / sondern ie länger ie mehr beharret werden will/ daß das Frauen-Volck an Sonn- Feyer- und Predigtägen/ mit Regentüchern bedeckt/ in die Kirch zu gehen/ darinnen/ bey Haltung des Gottesdiensts also verhüllt zu sitzen/ wie nicht weniger auch in solchem Unform vor der Obrigkeit/ und Dero offentlichen Aemtern zu erscheinen/ mit Männiglichs grossen Aergernuß/ sonderbarem Verdruß/ und bösem Nachklang sich nicht entblöden ; Als will Ein HochEdler und Hochweiser Rath / letzterwehnten Ubelstand / bey Straff fünff Gulden/ die ein iede Person/ so dieses verächtlich überfahren wird / unnachläßig bezahlen soll/ nochmals ernstlich verboten/ und benebenst ausdrücklich

G ij ver-

44.

verordnet und geboten haben/ daß ein iedes/ so sich bey Regen- und Schneewetter der Regentücher gebrauchet/ wann es den Gottesdienst besuchen/ oder bey der Obrigkeit und Dero Aemtern etwas anbringen und verrichten will/ solche Regentücher vorhero abthun/ und zusammen legen / und alsdann in erbarer und gebührlicher Kleidung sich / bemelter Orten / einfinden/ und erscheinen solle / darzu dann Ehrliebende Weibs-Personen verhoffentlich für sich selbsten geneigt seyn werden.

Demnach man aber erfahren muß/ daß auch außer dem Ersten Stand/ einige Weibspersonen sich so gar von Taffet/ oder andern seidenen Zeuchen gemachter Regentücher/ ingleichen an denen andern übermäßig grosser und kostbarer Spitzen / gebrauchen wollen : Als soll hinfüro dergleichen zu tragen / bey Eines HochEdlen Raths ernstlicher Straff verboten seyn.

Nicht weniger werden diejenige Pracht-beschönungen/ daß die Personen/ die Kleidungen/ so sie antragen / entweder von ihren Eltern / Freunden / und Tauff-Doten geschenckt / oder anererbt / wohlfeil / alt erkaufft oder ausgetauscht bekommen/ und selbige allein zu Ehren getragen hätten / und was dergleichen mehr seyn mag/ alle für untüchtig und verwerfflich erkannt/

und

Bild/Resim 69-70
nochmaliges Verbot des Regentuches, 1657
»Regentuch« kullanımını yasaklayan yeni kararname, 1657

Anlaşılan bu yasağın pek faydası olmadı ki, 1657 de Nürnberg şehir meclisi tekrar *Regentuch* konusuyla ilgilenme gereğini duydu:

"Bundan bir süre önce gene böyle bir yasak konduğu halde/ örtünün, bu kötü kullanış adetinden vazgeçilmeyip/ herkes illâ bu adette kalmak istiyor/ sırf kötü kadınlar, fahişeler değil/ namuslu kadınlar ve genç kızlar/ güpegündüz/ ne yağmurdan, ne kardan eser varken/ (yağmur örtüsü denen bu) Regentuch'lara sarınıp, bürünüp/ sokaklarda/ pazar ve bayram günleri/ kiliseye gidip/ ayin esnasında böyle bürünüp oturuyorlar/ bu yetmiyormuş gibi bu kılıklarla hükümet dairelerine geliyorlar/ tarifsiz büyük kızgınlık/ inanılmaz memnuniyetsizlik ve bunun kötü sonuçlarına rağmen örtülerini açmıyorlar; Şimdi asil/ (ve) pek bilgili Meclis/ bu kötü duruma (, bu) Regentuch (denen örtülerin kullanımını) gündüz/ (ve) gece/ karlı ve yağmurlu havaların icap ettirdiği durumların haricinde/ 2 Gulden para cezasıyla/ bu karara karşı koyan/ herkes cezalandırılacaktır/ tekrar son derece ciddi bir şekilde yasaklanıyor/ ve bu vesile ile çok açık bir şekilde (bu konuda) karar verilip tavsiye ediliyor/ herkes/ yağmurlu ve karlı havalarda (bu) Regentuch (denen örtü) üzerinde iken/ kiliseye gelip, ayine katılmak/ hükümet dairelerine gelip iş takip etmek/ (isterse) Regentuch (denen örtü) çıkarılmalıdır/ ve katlanmalıdır/ ve böylece namuslu ve uygun (bir) kılıkla bu gibi yerlere gelinmelidir/ bundan sonra namuslu karı kısmı/ umulan odur ki, bu örtüyü kullanmaktan kendiliğinden vazgeçsin."

Das mag wohl wenig gefruchtet haben, denn 1657 mußte der Rat sich abermals mit der Verhüllung beschäftigen:

»Nachdem auch endlich wieder ehedessen ernstlich beschehenes Verbott/ dieser schändliche Mißbrauch nicht abgestellet/ sondern je länger je mehr beharret werden will/ daß nicht nur schlechte udn gemeine Weibspersonen/ sondern sogar Ehrbare Frauen und Jungfrauen/ bey hellem Sonnenschein und wann gar keine Anzeig einiges Regen- oder Schenee-Wetters vorhanden/ mit Regentüchern eingewickelt und verhüllet/ so wol auf die Gassen/ als an Sonn- Feyer- und Predigt-Tagen/ damit in die Kirche zu gehen/ darinnen bey haltung des Gottes-Dienstes also verdeckt zu sitzen/ wie nicht weniger auch in solchem Unformb vor der Obrigkeit und dero öffentlichen Aembtern zu erscheinen/ mit maniglichs großem Aergernuß/ sonderbarem Verdruß und bösem Nachklang sich nicht entblößen; Als will ein Wol-Edler/ Hochweiser Rat/ jetzt erwehnten Übelstand mit sothaner Tragung der Regentücher so Tags/ so Nachts/ außer dem Nothfall des Schnee- und Regenwetters/ bey Straf: 2 Gulden/ die ein jede Person/ so dieses verächtlich überfahren wird/ unnachlässig bezahlen woll/ nochmals ernstlich vebotten/ und danebenst ausdrücklich verordnet und gebotten haben/ daß ein jenes/ so sich bey Regen- und Schnee-Wetter der Regentücher gebrauchet/ wann es den Gottes-Dienst besuchen/ oder bey der Obrigkeit dero Aembtern etwas anbringen und verrichten will/ solche Regentücher vorhero abtun/ und zusammenlegen/ und alsdann in Ehrbarer und gebührlicher Kleidung sich bemeldter Orten einfinden und erscheinen solle/ darzu dann Ehrliebende Weibs-Personen/ verhoffentlich für sich selbsten geneigt seyn werden.«

Şehir meclisinin bu kararnamesi de, kadınları pek etkilemişe benzemiyor. Zira 1693 de, kadınları doğru davranışa yöneltmeye çalışan bir çok uyarıya daha rastlanır.

1766'da, Nürnberg geleneksel giysileri konusunda bir kitap yazmış olan Christof Weigel, *"bir zamanlar, Nürnbergli kadınların çok severek giydikleri"* ve daha sonra yavaş yavaş ortadan kaybolan, Regentuch için şunları anlatmakta:

"En asil tabakadan, en aşağı sınıfa ait kadına kadar ve hatta kapıdan kapıya yaptıkları satışlarla geçimini temin eden İsrailli'lere eşlik eden Yahudi kadınları bile, bu örtüyü kullanıyorlar. "Regentuch" denen bu örtü, hem şık giyinmek isteyen kadınların, hem de rahat gündelik bir kılıkla sokağa çıkmak isteyenlerin, yani kısacası kimsenin üstünden düşürmediği bir kılık oldu. Bu örtünün altına, isteyen en şık, ya da en eski elbisesini giyebilir. Kiliseye, pazara, misafirliğe giderken örtünülüp, uzun süre bir yerde kalınacaksa çıkarılan, ya da üstte bırakılıp, oturulabilen bir örtüdür. Regentuch, bazen inanılmayacak kadar pahalı kumaşlardan yapılırdı. Bazen de öylesine adi kumaşlardan yapılırdı ki, örneğin yukarda bahsedilen Yahudi kadını pejmürde bir halde, eski elbiselerinin üstüne giydiği bir örtüyle göründüğü zaman horlanırdı. Normal olarak bu örtü, yeşil kumaştan yapılır, dantellerle süslenirdi. Yas tutan ya da kendini çevreye özellikle iffetli göstermek isteyen kadınlar, özel dokunmuş beyaz keten örtülere bürünürlerdi. Kadınlar ve bakirelerin, aynı zamanda bu örtü ile son derece edalı bir şekilde yüzlerini örtme hünerleri de vardı. Sonuç olarak, "Regentuch" yani yağmurluk ya da yağmur örtüsü adı, sadece lafta kalır hale gelmişti. Zira, kadınların, yağmur yağdığı zaman en dikkat ettikleri şey, bu örtünün ıslanmaması idi."[2]

Doch auch diese Weisung des "Ehrbaren Rates" scheint wenig Gehör gefunden zu haben, denn 1693 mußten abermals die Frauen ermahnt werden.

Christoph Weigel, der 1766 ein Trachtenbuch der Nürnberger Trachten herausbringt, faßt noch einmal die "Kulturgeschichte" der "ehehin Lieblingstracht der Nürnbergerinnen" zusammen, die langsam seltener gesehen werde:

"Es trug die vornehme Dame bis zum geringsten Weibe, und bis zur so genannten Judenfrau, welche die in Nürnberg handelnden Hebräer von Haus zu Haus begleitet. Man trug das Regentuch zum Putz sowol, als zum bequemen Neglige, und es ist die wahre Salope der vorigen Tage gewesen. Man zog sich stattlich oder schlecht darunter an; man gieng in die Kirche und zur Visite, und auf den Markt mit; man deckte sich beym längeren Besuche ab, und ein andermal blieb man bedeckt; ja man trug Regentücher so kostbar, als man denken, und sie schaffen konnte; und man führte sie wieder so schlecht, daß sie ins verächtliche fielen besonders, wenn die erwähnte Judenfrau halb bloß und zerissen darunter einhergieng. Ordentlich waren sie von grünem Zeuge mit Spitzen besetzt bald aber zur Trauer, bald zur Bedeutung mehrerer Sittsamkeit trug man weiße, von eigener dazu verfertigter Leinwand. Frauen und Jungfern trugen es, und hatten ihre Kunstgriffe und Moden, das Gesicht zierlich mit demselben zu umwickeln. Am allerwenigsten war das Regentuch das, was es eigentlich heißt: denn man schonte es sorgfältig, daß es ja nicht beregnet wurde."[2]

Bild/Resim 71
Frau mit zusammengefaltetem Regentuch, 1. Hälfte 18. Jahrhundert
Katlanmış »Regentuch«u ile bir kadın, 18.yüzyılın ilk yarısı

Örtünün Yararları

İngiliz elçisi olarak gönderilen kocası ile birlikte, İstanbul'a gelen Lady Montagu iki sene Türkiye'de yaşamıştır. Bu süre içinde, kadın olması dolayısıyla, Osmanlı İmparatorluğu'ndaki toplum yaşamını, Avrupalı erkek gezginlerden daha kolay bir şekilde gözleme olanağını elde etti. Her Avrupalı'nın merak ettiği, hamamı gidip gördü. İkinci çocuğunu "Türk usulü" dünyaya getirdi. *"O devirde hem doğudaki, hem de batıdaki kadınların ulaşmak istedikleri yegâge hedef, yüksek tahsil yapıp, meslekte ilerlemek değil, zengin bir evin hanımı olmaktı.*

Haremde evin erkeği, sadece misafir sıfatıyla bulunuyordu ve kesinlikle evin iç işlerine karışamazdı. Hele karısının misafiri olduğunu, kapıda duran ayakkabılardan anladığı zaman, karısının dairesine adım atamazdı.[3] "

Lady Montagu'nün gördüğü zenginlikten gözleri kamaştı, "haremlerde yaşayan" kadınların giysilerine ve özgürlüklerine hayran oldu ve beklenilmeyen bir sonuca vardı:

Lady Mar'a
Edirne, 1 Nisan 1717

Benim memnun etmek istiyorsanız lütfen daha teferruatlı anlatınız. Ben de size Edirne'nin yeniliklerinden uzun uzadıya bahsedeceğim. Beni Türk elbisesiyle görseniz şaşarsınız. Ama yine de benim gibi siz de bu elbiselerin bana çok yakıştığını söylersiniz. Size resim göndereceğim, ama yine de kıyafetimi tarif edeyim.

Önce gayet geniş bir şalvarım var. Bu gayet ince, gül pembesi, kenarı sırmalı kumaştan yapılmış bir şalvar. Terlikler sırma işlemeli beyaz deriden yapılmış. Şalvarın üstüne sarkan tül gümlek tamamen işlemeli. Gömleğin kolları kolumun yarısına kadar iniyor ve çok geniş. Yakasını elmas bir düğme ilikliyor. Göğsün renk ve şekli gömlekten tamamen görünüyor. Entari ise sanki vücuda göre biçilmiş bir ceket. Benimki Şam kumaşından yapılmış, kenarı ise gayet kalın sırma işlemeli. Bu çeşit elbiselerde düğmenin elmas veya inci olmaşı lazım. Kollar arkaya doğru genişliyor. Kaftanım ise şalvarımın kumaşından. Elbise vücuduma çok uygun. Uzunluğu ayaklarıma kadar. Bele aşağı yukarı dört parmak genişliğinde bir kemer takılıyor. Kolları uzun ve dar. Zengin kadınla-

Über die Vorzüge des Schleiers

Lady Montagu folgte 1717 ihrem Gatten, der als britischer Gesandter in die Türkei ging, und lebte dort zwei Jahre lang.

Sie ging ins Badehaus, bekam ihr zweites Kind "auf türkische Art" und lernte Harems von innen kennen. Sie hatte einen völlig anderen Zugang als männliche europäische Reisende. *"Da damals das höchste weibliche Ziel im Orient wie im Okzident nicht in einer Akademikerlaufbahn, sondern darin lag, einem wohlhabenden Haus vorzustehen, befürwortete sie voll die Unabhängigkeit von männlicher Autorität, die die Geschlechtertrennung begleitete. Entgegen westlichen Vorstellungen war der Hausherr im Harem nur Gast und mischte sich kaum in dessen innere Angelegenheiten ein. Er konnte noch nicht einmal die Wohnung seiner Frau betreten, wenn er die Pantöffelchen einer Besucherin vor ihrer Tür sah."*[3]

Lady Montagu bewunderte den Reichtum, schätzte die Kleidung und die Freiheiten der Haremsdamen und kam zu einem ungewöhlichen Urteil:

29. Brief An die Counteß von Mar. Adrianopel, den 1. April 1717

Ich bitte Sie deshalb, mir ausführlicher zu schreiben, ich will dafür versuchen, durch vollständige und getreue Mitteilung aller Neuigkeiten dieser Stadt Ihre Dankbarkeit zu wecken. Keine davon würde Sie aber mehr überraschen als der Anblick meiner Person, wenn ich in meiner türkischen Kleidung bin, obgleich Sie gewiß meiner Meinung sein würden, daß sie mir sehr gut steht. Ich beabsichtige, Ihnen mein Bild zu schicken, inzwischen begnügen Sie sich mit dieser Skizze.

Der erste Teil meines Anzuges ist ein Paar Unterhosen, sehr weit und bis zu meinen Schuhen reichend. Sie bedecken die Beine sittsamer als Ihre Unterröcke. Sie sind von dünnem rosa Damast, mit silbernen Blumen gestickt.

Meine Schuhe sind aus weißem Bocksleder, mit Gold besetzt. Darüber fällt ein Hemd von feiner,

rın kemerleri elmas veya sair kıymetli taşlarla süslü. Fazla masraf olmasın diye bazılarını işlemeli satenden yapıyorlar. Ayrıca önden bir elmaslı toka ile bağlanıyor bu kemerler. Türk kadınları kürkü ev elbisesi olarak bazen giyip, bazen çıkarıyorlar. Bu kürkler ağır dibadan, içleri samurla kaplanmış, kolları omuzlardan aşağı inmiyor. Benimki kenarları sırmalı yeşil bir kürk. Başa giyilen şapkalara kalpak deniliyor. Kışın giyilenleri incili elmaslarla işli kadifeden. Yazın ise bol sırmalı kumaştan yapılıyor. Saçlar toplanıyor, üstüne çiçek veya sorguç gibi şeyler konuluyor. En revaçta olanı da muhtelif taşlardan müteşekkil bir demet takmak. İncilerden çiçek goncaları, elmaslardan yaseminler, yakutlardan güller, sarılarından da fulyalar yapılıyor. Bütün bunlar o derece güzel yapılıyor ki, daha güzelinin yapılabileceğini tasavvur edemezsiniz. Saçlar olduğu gibi arkaya bırakılıyor, inciler ve fiyonklarla süslenmiş örgüler yapılıyor.

Bu derece güzel ve gür saçlı kadınlara hiç bir yerde rastlamadım. Bir hanımda, hiç takma saç kullanmadığı yüz on adet örgü saydım. Burada güzel kadın İngiltere'dekinden çok daha fazla ve çeşitli. Çok güzel olmayan bir genç kadına pek ender rastlanıyor. Hepsinin gözleri kara ve tenleri dünyanın en güzel rengi. Her ne kadar bütün hıristiyanlık alemi içerisinde, İngiliz kral sarayı

Bild/Resim 72
Lady Montagu

weißseidener Gaze, umsäumt von Stickerei. Das Hemd hat weite Ärmel, die bis zum Ellbogen reichen. Es ist am Halse mit einem Diamantknopf geschlossen, doch läßt sich die Form und Farbe des Busens sehr gut hindurch erkennen. Der „Antery" ist eine Weste von weißem und goldenem Batist. Er schließt dicht an der Taille, hat sehr lange, rückwärtsfallende, mit goldenen Fransen behängte Ärmel. Er sollte Diamant- oder Perlenknöpfe haben. Mein Kaftan, aus demselben Stoff wie die Unterhosen, schmiegt sich genau an meine Gestalt an, bis auf die Füße herab, mit sehr langen, gerade fallenden Ärmeln. Darüber ist mein Gürtel, ungefähr vier Finger breit, den alle, die es erschwingen können, ganz mit Diamanten oder Juwelen bedeckt tragen. Die anderen, denen dieser Aufwand zu schwer fällt, haben ihn von ausgesuchter Atlasstickerei. Er muß jedoch wenigstens mit einer Diamantschnalle geschlossen sein. Das Curdee, ein Unterkleid, das sie je nach dem Wetter an- oder ablegen, ist von schwerem Brokat – das meinige ist grün mit Gold – entweder mit Hermelin oder Zobel gefüttert. Die Ärmel reichen nur wenig bis an die Schultern. Der Kopfputz besteht aus einer Mütze, Talpock genannt, die im Winter aus feinem mit Perlen oder Diamanten bestickten Samt, im Sommer aus hellschimmerndem Seidenstoff ist. Der Talpock ist auf einer Seite des Kopfes befestigt und hängt durch eine goldene Quaste etwas nieder. Er ist entweder mit einem Diamantreif, wie ich verschiedentlich gesehen habe, oder mit einem reich gestickten Seidentuch aufgebunden. Auf der anderen Kopfseite ist das Haar glatt gestrichen. Beim Haar haben die Damen volle Freiheit, ihren Erfindungsgeist zu zeigen. Einige bestecken es mit Blumen, andere mit einem Tuff von Reiherfedern, kurz mit allem, was ihnen zusagt. Die herrschende Mode jedoch ist ein großer, natürliche Blumen imitierender Juwelenstrauß. Die Knospen sind Perlen, die Rosen verschieden gefärbte Rubine, der Jasmin Diamanten, die Narzissen Topase, alle so schön gefaßt und geschliffen, daß man sich kaum etwas Schöneres denken kann. Das Haar, in Locken geteilt, hängt in voller Länge hinten herab, durchzogen von Perlen und Band, denen stets eine bedeutende Rolle zufällt.

Ich habe in meinem Leben nicht so viel schönes Haar gesehen. An einer Dame zählte ich hundertzehn natürliche Locken. Hier ist überhaupt jede Art von Schönheit verbreiteter als bei uns. Es ist ungewöhnlich, ein junges Weib zu sehen, das nicht sehr hübsch wäre. Sie haben von Natur aus die reizendste Gesichtsfarbe von der Welt und meist große schwarze Augen. Ich kann wahrheitsgetreu versichern, daß der englische Hof, trotzdem ich ihn für den schönsten der Christenheit halte, nicht so viele Schönheiten aufweist, wie wir hier bewundern. Sie zeichnen

en güzel kadınların bulunduğu yer ise de, orada bile bu kadar güzel kadın yok. Buradaki kadınlar kirpiklerine çok itina ediyor, gözlerinin etrafına sürme çekerek kirpiklerini uzaktan bile fark edilecek derecede parlak göstermesini biliyorlar. Sürmeyi Rum kadıları da kullanıyor. Bizimkiler de kullansalar memnun olurlar zannederim. Sürme gündüzün, aydınlıkta çok dikkati çekiyor. Türk kadınları tırnaklarını kına ile boyuyorlar, ama alışkın olmadığım için benim hoşuma gitmedi. Kadınların adetleri ve tavırları için Arlequin'le beraber ben de »Tıpkı bizdeki gibi« diyeceğim. Onlar da bizimkiler kadar günahkarlar. Burada kadınların tavır ve hareketlerini gördüğüm için, Türk kadınlarının saffetinden bahseden yazarlara hayret ediyorum. Buradaki kadınların bizlerden daha fazla hürriyete sahip oldukları kolayca görülecek bir şey. Hangi sınıftan olursa olsunlar, iki yaşmak örtünmeden sokağa çıkamıyorlar. Bu örtülerin biri gözler açıkta kalmak üzere yüzü örtüyor, diğeri saçlarını örtüp arkada bele kadar sarkıyor. Ferace adı verilen ve hiçbir kadının onsuz sokağa çıkmadığı bir giysiyle de göğüslerini kapatıyorlar. Feracenin kolu dar ve parmak ucuna kadar uzun. Vücudu bir yağmurluk gibi kapatıyor. Ferace kışın çuhadan, yazın da ipekli kumaştan yapılıyor. Bu ferace sayesinde kibar kadınlar öyle kılık değiştirmiş bir haldedirler ki, onları bir köle kadından ayırt etmek mümkün değildir. En kıskanç koca bile karısına sokakta rastlasa tanıyamıyor.

Tabii ayrıca sokakta hiç bir erkek bir kadına dokunamıyor ve takip edemiyor. İşte bu maskeli kıyafet sayesindedir ki, kadınlar akıllarına gelen herşeyi ortaya çıkma tehlikesi olmadan yapmakta tamamen serbest oluyorlar.

Kadınlar aşıklarını buluşmak için Yahudi dükkanlarına davet ediyorlar. Buradaki Yahudi dükkanları İngiltere'deki Hint evlerine benziyor. Bu dükkanlardan, bu anlattığım şekilde faydalanmayan birçok kişi buralara alış verişe gelmekten ve çoğunlukla bu dükkanlarda bulunan güzel malları seyretmekten çekinmiyorlar. Kibar kadınlar aşıklarına kendilerini tanıtmıyorlar. Hatta öyle ki, bir erkek bir kadınla altı ay münasebette bulunuyor da kim olduğunu öğrenemiyor.

Kadınları, aşıklarının kendilerini ele vereceklerinden ve öbür dünyada uğrayacakları cezalardan korkmayan bir memlekette, eşine sadık kadınların ne kadar az olacağini tahmin edebilirsiniz. Tabii bizim tanıdıklarımız arasında da bu dünyada ve öbür dünyada görecekleri cezaları göze alan cesur kadınlar vardır. Ama sadık olmayan Türk kadınlarına öbür dünyada görecekleri cezalardan hiç kimseler söz etmezler. Zengin Türk kadınları kocalarından hiç korkmazlar. Çünkü onların gelirleri kendi ellerindedir.

Genel olarak söylemek gerekirse, bana imparatorluk sınırları içinde, sadece Türk kadınları serbest kişiler olarak görünüyorlar. Divan da kadınlara hürmet eder. Bir paşa öldürülünce Padişah haremin üstünlüğüne kat'iyyen tecavüz edemez. Dul bir kadın her bakımdan emniyet içinde yaşar. Hanımlar cariyelerin hakimidir, bunlar çok genç ve güzel olsalar bile eşleri asla yan bakamazlar.

sich gewöhnlich ihre Augenbrauen, und Griechinnen wie Türkinnen sind gewöhnt, sich rund um die Augen mit einer schwarzen Tinktur zu bestreichen, die aus der Entfernung oder bei Kerzenlicht die Schwärze der Augen erhöht. Ich glaube, viele unserer Damen wären höchst erfreut, das Geheimnis zu kennen, obgleich es bei Tag zu sichtbar ist. Sie färben sich ferner ihre Nägel rosa, doch gestehe ich, daß ich mich nicht so an diese Mode gewöhnen kann, um sie schön zu finden.

In bezug auf ihre Moralität und ihr Benehmen kann ich mit Harlekin sagen: „Es ist hier gerade so wie bei Euch!" Die Türkinnen begehen deshalb keine Sünde weniger, weil sie keine Christinnen sind. Da ich nun ihre Lebensweise etwas genauer kenne, muß ich entweder die grenzenlose Verschwiegenheit oder die außerordentliche Dummheit aller Schriftsteller bewundern, die uns von ihnen Nachrichten gegeben haben. Man ersieht leicht, daß die hiesigen Frauen tatsächlich mehr Freiheit haben als wir. Keine Frau, von welchem Range sie auch sei, darf ohne zwei „Murlins" auf die Straße gehen. Einer bedeckt ihr ganzes Gesicht bis auf die Augen, der andere verhüllt ihren Kopfputz und hängt über ihren Rükken hinab. Ihre Büste wird ebenfalls durch einen sogenannten Ferigi verdeckt, ohne den keine Frau, wer sie auch sei, erscheint. Er hat gerade bis zu den Fingerspitzen reichende Ärmel und umgibt den ganzen Körper wie ein Regenmantel. Im Winter ist er von Tuch, im Sommer von einfachem Seidenstoff. Sie können hieraus entnehmen, wie gut sie hierdurch verkleidet werden, so daß man die große Dame von der Sklavin nicht zu unterscheiden vermag. Es ist selbst dem eifersüchtigsten Ehemann unmöglich, seine Frau zu erkennen, wenn er ihr begegnet. Und kein Mann wagt,eine Frau auf der Straße zu berühren, oder ihr zu folgen.

Diese fortwährende Maskerade gibt ihnen unbeschränkte Freiheit, ihren Einfällen ohne Gefahr der Entdeckung nachzugeben. Der gewöhnliche Weg einer Intrigue ist, daß die Dame den Liebsten in den Laden eines Juden bestellt, wo sie sich treffen. Diese Geschäfte sind unstreitig ebenso bequem wie unsere indischen Häuser. Trotzdem tragen die, die keinen derartigen Gebrauch von ihnen machen, kein Bedenken, dort Kleinigkeiten zu kaufen und kostbare Waren durchzusehen, die man vornehmlich bei diesen Kaufleuten findet. Die großen Damen geben sich ihren Liebhabern selten zu erkennen. Es ist so schwierig, den Namen einer Frau ausfindig zu machen, daß sie oft über ein halbes Jahr ein Verhältnis haben, ohne daß er ihn errät. Sie können leicht ermessen, wie klein die Zahl der treuen Frauen in einem Lande sein muß, wo sie nichts von der Unbescheidenheit eines Liebhabers zu fürchten haben, da wir doch so viele kennen, die mutvoll genug sind,

Türklerde şeriat dört kadınla evlenmeye izin veriyor, ama kibar erkekler bu izinden istifade etmiyorlar. Kadınlar ihanete asla tahammül edemezler. Bir erkek karısına sadık değilse, ki böylelerine de rastlanmaktadır, o zaman sevgilisini ayrı bir evde oturtup gizlice ziyaretine gider, tıpkı İngiltere'deki gibi. Tanıdığım kibarlar arasında sadece deftardarın birkaç cariyesi var. Bunlar selamlığın bir kısmında oturuyorlar. Çünkü bir hanıma hizmet etmek üzere alınan cariyerler tamamen o hanımın hakimiyeti altına giriyor. Bu anlattığım deftardar için çok çapkın diyorlar ve hiç saygı göstermiyorlar. Eşi yine aynı evde oturuyor, ama onu görmek bile istemiyor.

Sevgili kardeşim görüyorsun ki, seyyahların bizi inandırmaya çalıştıkları gibi, insanların adetleri arasında o kadar büyük farklar yok. Belki bazı garip adetler uydurup, size yazsaydım, sizi daha fazla eğlendirebilirdim. Ama benim için dünyada hakikatten daha iyi bir şey olmadığı gibi, sizin de hoşunuza ancak böylesi gider. İşte bu düşünceyle size hakikati arz ederken, mektubuma son veririm.[4]

sich diesen in dieser Welt und allen angedrohten Strafen in der künftigen auszusetzen, von welch letzteren man den Türkinnen gar nichts vorpredigt. Auch von der Rache der Ehemänner haben sie kaum etwas zu fürchten, weil jede reiche Dame über all ihr Vermögen selbst verfügt.

Im großen und ganzen scheinen mir die türkischen Frauen die einzigen freien Personen im ganzen Reiche zu sein. Sogar der Divan begegnet ihnen achtungsvoll, und der Sultan selbst entheiligt niemals die Vorrechte des Harems eines abgetanen Paschas, der unberührt, und wie er ist, der Witwe verbleibt. Sie sind Herrscherinnen ihrer Sklavinnen, die der Ehemann nicht einmal ansehen darf, wenn es nicht alte Weiber sind, die sich seine Frau gewählt hat. Zwar sind ihnen vom Gesetz vier Frauen gestattet, man hat aber kein Beispiel eines Standesherrn, der von dieser Freiheit Gebrauch machte, noch von einer Frau von Rang, die dieses dulden würde. Trifft es sich, daß ein Ehemann treulos ist, was auch geschehen kann, so hält er sich seine Mätresse in einem besonderen Haus und besucht sie so heimlich wie nur möglich; gerade wie bei uns. Unter allen großen Herrn hier kenne ich nur den einzigen Tefterdar, das ist Schatzmeister, der sich zu seinem eigenen Gebrauch eine Anzahl Sklavinnen auf seiner Seite des Hauses hält; denn eine Sklavin, die einmal einer Dame aufgewartet hat, bleibt stets zu deren Verfügung. Aber man spricht auch von ihm als einem Wollüstling oder, wie wir sagen, einem Weiberjäger, und seine Frau will nichts von ihm wissen, obgleich sie fortdauernd in seinem Hause wohnt.

Sie sehen demnach, teuerste Schwester, daß die Sitten der Menschen nicht so himmelweit verschieden sind, wie uns die Reisebeschreiber glauben machen wollen. Vielleicht wäre es lustiger gewesen, wenn ich einige überraschende Gebräuche erfunden und hier angeführt hätte. Aber mir ist nichts angenehmer als die Wahrheit, und für Sie nichts willkommener als diese. Ich schließe deshalb mit der ewigen Wahrheit, daß ich bin,

teuere Schwester usw.[4]

Limalı Kadınlar

Paul Gaugin'in anneannesi, Flora Tristan gençlik yıllarında, babasının ölümünden sonra baba tarafından akrabalarını bulmak ve aynı zamanda Fransız kanunlarına göre boşanamadığı kocasına, izini kaybettirmek amacıyla 1883 yılında Fransa'dan Peru'ya gitti. İki sene boyunca, Peru'da gördüklerini günlüğüne kaydetti. Özellikle kadın hakları ile ilgilenen bir kişi olduğu için, Perulu kadınların durumunu yakından izledi. Peru'nun başkenti Lima'da, baştan aşağı kapanmış ve bu kapalılık sayesinde, özel bir çeşit özgürlüğün tadını çıkaran kadınlarla karşılaştı.

"Bu kadınların, benzeri olmayan bir giyiniş tarzları var.

Lima, dünyada bu kılığın görüldüğü tek şehir. En eski kayıtlarda bile bu kılığın kökeni araştırılmış, ama bir sonuca varılamamıştır. İspanya'nın çeşitli geleneksel giyimlerine hiç benzemiyor ve buraya İspanya'dan getirilmediği kesin bir gerçek. Peru'nun keşfi sırasında, burada bu kılığa da rastlanmıştır. Bilindiği gibi, Amerika'nın hiç bir yerinde bu kılığa rastlamak mümkün değildir. Bu kılık, Saya denilen bir etek ve başın üzerinden, omuz ve kolları kapatacak şekilde örtülen ve Manto adı verilen bir çeşit torbadan meydana gelmiştir.

Normal bir Saya dikmek için, on iki ila on dört Ellen (bir ölçü birimi) saten gerekli. Saya, ya astarlık kumaş, ya da çok ince pamuklu ile astarlanıyor. Terzi, kendisine getirilen on dört Ellen saten ile, beli kalçanın iki parmak üstüne çıkan, boyu da aşık kemiğine kadar uzun olan, bir etek diker. Bu etek öylesine dardır ki, ancak bir ayağı öbür ayağın önüne atıp yürüyecek kadar açılır. Bu eteğin içinde, kişi kendini bir borunun içine girmiş gibi hisseder. Bu eteğe, yukardan aşağı öyle sık pililer yapılmıştır ki, eteğin dikiş yerlerini görmek olanaksızdır. Bu piliIer, son derece dayanıklıdır ve eteğe esneme kabiliyeti verirler. On beş seneden beri kullanılan sayalar gördüğüm halde, bunlar hala dökümlü ve vücudun şekli ve hareketleriyle uyum halindeydiler.

İnce bir kumaştan yapılan manto da, gene aynı şekilde becerili bir şekilde dikilmiştir ama verilen

Die Frauen von Lima

Flora Tristan, die Großmutter Paul Gaugins, reiste als junge Frau 1833 von Frankreich nach Peru, um dort die Familie ihres verstorbenen Vaters aufzusuchen. Sie ist auf der Flucht vor ihrem Mann, von dem sie sich nicht scheiden lassen kann, wegen der französischen Rechtsprechung.

Zwei Jahre führt sie Tagebuch über die Realität in Peru, als Feministin bewegt sie besonders die Frauenfrage. Sie findet in Lima, der Hauptstadt, "verhüllte Frauen" und dadurch eine besondere Art von Freiheit:

"Einzigartig ist die Art der Frauen, sich zu kleiden.

Lima ist die einzige Stadt der Welt, wo diese Kleidung je aufgetaucht ist. Vergeblich hat man in den ältesten Chroniken nach deren Ursprung geforscht; man hat ihn nicht entdecken können. Sie ähnelt in nichts den verschiedenen spanischen Trachten, und es ist ganz sicher, daß sie nicht aus Spanien eingeführt worden ist. Bei der Entdeckung Perus fand man sie bereits an Ort und Stelle vor, während sie andererseits bekanntlich in keiner anderen Stadt Amerikas je getragen wurde. Diese Kleidung, die man saya nennt, besteht aus einem Rock und einer Art Sack, der über Schultern, Arme und Kopf geworfen wird und manto heißt.

Für eine normale saya braucht man zwölf bis vierzehn Ellen Satin; dieser wird mit Taft oder sehr leichter Baumwolle gefüttert. Für die vierzehn Ellen Satin, die man dem Arbeiter gebracht hat, macht er einem einen kleinen, dreiviertellangen Rock, dessen Taille zwei Fingerbreit über den Hüfte angesetzt ist und der dann bis zu den Knöcheln reicht. Dieser Rock ist derart eng, daß man unten gerade die notwendige Breite hat, um einen Fuß vor den anderen zu setzen und vorsichtig zu trippeln. Man fühlt sich in einem solchen Rock also wie in einer Hülse. Von oben bis unten ist er in sehr kleine Falten gelegt, die so regelmäßig sind, daß man keine Naht entdecken kann. Diese Falten sind außerordentlich haltbar gemacht und geben diesem sackartigen Kleidungsstück eine solche Dehnbarkeit, daß ich sayas gesehen habe, die seit fünfzehn Jahren im Gebrauch wa-

form, etekte olduğu gibi uzun süre dayanmaz. Pililerin güzelliği de, kişinin devamlı hareket halinde olması ve nefes nemi yüzünden, ilk günkü gibi kalmaz. Zengin aile kadınları siyah satenden yapılmış Saya kullanırlar. Özellikle şık giyinen kadınlar ise, menekşe rengi, kestane kahverengisi, yeşil, mavi ve çizgili kumaşlar seçerler. Ama kesinlikle açık renk kullanmazlar, çünkü açık renkler, sokak kadınlarının giydiği renklerdir. Manto, her zaman siyah kumaştan yapılır, ve vücudun baştan bele kadar olan kısmını tamamen örter, sadece tek bir göz açıkta kalır.

Limalı kadınların sözü dinlenen bir kişiliğe sahip olmaları ve geniş bir özgürlüğe kavuşmaları, onlaren und sich noch immer geschmeidig genug an alle Formen und Bewegungen anpaßten.

Der manto ist ebenfalls künstlerisch gefältelt, aber aus leichterem Stoff, und hält nicht so lange wie der Rock; auch die Fältelung bleibt bei der dauernden Bewegung und Feuchtigkeit des Atems nicht so lange frisch. Die Frauen der guten Gesellschaft tragen eine saya aus schwarzem Satin, besonders elegante Frauen auch in Phantasiefarben wie Violett, Kastanienbraun, Grün, Mittelblau, gestreift, doch niemals in einer hellen Farbe, weil diese von den Straßenmädchen bevorzugt werden. Der manto ist immer schwarz und verhüllt den gesamten Oberkörper; nur ein Auge schaut heraus.

Bild/Resim 73
Limanerinnen im Saya y Manto
Saya ve Manto giymiş Limalı kadınlar

rın sadece zeki olmaları ile ilgili değildir. Saya ve Manto denen kılıklarının da bu konuda oldukça elverişli bir rol oynadığı ve yardımcı olduğu gözden uzak tutulmamalıdır.

Saya, hangi sınıfa ait olursa olsun, bütün kadınların giydiği milli bir giysi. Nasıl doğudaki Müslüman kadın, kendi ülkesindeki adetlerden biri olan başörtüyü kullanıyorsa, burada da bu kılık, aynı şekilde uygulanıyor. Limalı kadınlar, yaz demeden, kış demeden bu kılıkla dolaşıyorlar. Eğer bir erkek Saya giymiş bir kadının, bir gözü dışında, bütün yüzünü kapatan Mantosunun bir ucunu kaldırmaya kalksa, toplumun kızgınlığını üzerine çeker ve sert bir şekilde cezalandırılır. Burada, her kadının "tek başına sokağa çıkması" son derece normal bir şey. Çoğunlukla bu kadınların zenci bir hizmetçisi de, arkalarında yürüyerek onlara eşlik eder, ama bu durum, kadınlar için bağlayıcı bir kural değildir.

Bu giysi, kişiyi ve hatta ağız kapalı olduğu için onun sesini öyle tanınmaz bir hale sokuyor ki, bu kılıkta sokağa çıkan kadını, eğer onun dikkati çekecek kadar büyük, küçük, topal ya da kambur olma gibi bir özelliği yoksa, tanımak olanak dışıdır.

Yolda karşılaştıkları birisi ile, eğer sohbet etmek istiyorlarsa, konuşurlar ve sonra, yüzünü örtme olanağı bulunmayan erkeklerden çok daha serbest ve bağımsız olarak, çevrelerindeki insan kalabalığı içinde yollarına devam ederler.

Bu giysi, hem ekonomik, hem de temiz tutulmasının, rahatlığının ve giyiminin çok kolay oluşu ile kadına pek büyük faydalar sağlar.

Limalı kadınların giyim ve adetleri konusunda bu yazdıklarımdan sonra, Saya'ları altında özgür olan, bağımsızlığının tadını çıkaran ve içinden gelen isteklere göre davranan her canlının sahip olduğu, kendine sonsuz güvenin gerçek huzuru içinde olan bu kadınların, çocukluklarından beri kanun, gelenek, adet, önyargı, moda, kısaca söylemek gerekirse, çevrelerindeki her şey tarafından bir köle durumuna getirilmiş olan Avrupalı kadınlardan, çok daha başka bir düşünce tarzına sahip oldukları kolayca anlaşılır.

Limalı kadın, yaşamının her döneminde hep benliğini korumasını bilir ve hiçbir zaman zorlamalara boyun eğmez."[5]

Man darf jedoch nicht vergessen, wie vorteilhaft ihre Tracht für die Limanerinnen ist und wie sehr sie ihnen dabei hilft, durch ihre Intelligenz die große Freiheit und den beherrschenden Einfluß zu erringen, die sie haben.

Die saya ist, wie ich schon sagte, die Nationaltracht, die alle Frauen, gleich welcher gesellschaftlichen Stufe, tragen, die geachtet wird und ein Teil der Landessitten ist wie im Orient der Schleier der Muselmanin. Jahraus, jahrein gehen die Limanerinnen so verkleidet aus, und wenn es jemand wagen sollte, einer Frau in der saya den manto zu lüpfen, der mit Ausnahme eines Auges ihr Gesicht vollständig verbirgt, würde er von öffentlicher Empörung verfolgt und streng bestraft werden. Es ist selbstverständlich, daß jede Frau allein ausgehen kann; bei den meisten geht eine Negerin hinterher, doch ist dies nicht verpflichtend. Diese Tracht verändert die Person und sogar die Stimme, die, da der Mund bedeckt ist, fremd klingt, so vollständig, daß man sie unmöglich erkennen kann, falls sie nicht irgendein auffälliges Merkmal an sich hat, besonders groß oder klein ist, hinkt oder bucklig ist.

Wenn sie jemanden treffen, mit dem sie plaudern möchten, sprechen sie mit ihm und verlassen ihn wieder und bleiben frei und unabhängig inmitten der Menschenmenge, viel mehr als die Männer, die ihr Gesicht nicht verdecken können., Diese Kleidung hat den riesigen Vorteil, zugleich sparsam, sehr sauber, bequem und immer sofort bereit zu sein, ohne der geringsten Pflege zu bedürfen.

Nach dem, was ich über Kleidung und Sitten der Limanerinnen geschrieben habe, kann man sich leicht vorstellen, daß sie eine ganz andere Denkweise als die Europäerinnen haben, die seit ihrer Kindheit durch Gesetze, Sitten, Gebräuche, Vorurteile, Moden, kurz: durch alles versklavt werden, während die Limanerin unter ihrer saya frei ist, ihre Unabhängigkeit genießt und voll Selbstvertrauen in jener echten Kraft ruht, über die jedes Lebewesen verfügt, wenn es nach seinen inneren Bedürfnissen handeln kann. Die Frau von Lima ist in allen Lebenslagen immer sie selbst; nie ist sie irgendeinem Zwang unterworfen. "[5]

Almanların Dillerinden Düşmeyen Bir Konu: Türk Kadını Sorunu

Ein Lieblingsthema der Deutschen: Die türkische Frauenfrage

Almanların dillerinden düşmeyen bir konu: Türk kadını sorunu

Türk kadınının "örtüsünü açma", 1920'lerin Almanya'sında hakkında heyecanla meşgul olunan bir sorundu. Doğu üzerine yayınlanan dergilerde, bulvar gazetelerinde veya Alman giyim reformu konusunda yayınlar yapan kadın dergilerinde, Türk kadınının bağımsızlığını konu eden yazılara sık sık rastlanmaktaydı.[1]

Bu bölümde o yılların belgelerine dayanarak, "Türk kadınının örtüsü" konusundaki tartışmaların, etrafında yoğunlaştığı odak noktaları gösterilecektir. Bu noktalar şöyle sıralanabilir:

- Almanya'daki milliyetçi hareketin beraberinde getirdiği "ulusal giyim" konusu çerçevesinde "örtüye yaklaşım"
- Kadının yerini, ev kadını ve anne olarak benimseyen ideoloji çerçevesinde "örtüyü algılayış"
- Ekonomik çıkarlar açısından "örtü"
- Otoriter ve tutucu kültür tarihçisinin sömürgeci tutumu ve "örtü"

Ein Lieblingsthema des Deutschen: Die türkische Frauenfrage

Die Frage der „Entschleierung" der Türkin hat in den 20er Jahren die Gemüter in Deutschland heftig bewegt. Ob in Orientzeitschriften, Boulevardzeitungen oder Frauenzeitschriften für deutsche Reformkleidung, überall nimmt man sich der Emanzipation der türkischen Frau an.[1]

Die folgenden Dokumente aus dieser Zeit zeigen die unterschiedlichen Haltungen, mit denen die „Diskussion der Schleierfrage" verfolgt wurde:

- die Verbindung mit der nationalistischen Bewegung, die sich ausdrückt in der Frage der „nationalen Kleidung"
- die Unterstützung der Ideologie von der Rolle der Frau als Hausfrau und Mutter
- ökonomische Interessen
- die kolonialistische Haltung des autoritär-konservativen Kulturhistorikers.

Alman Milliyetçi Hareketi, Ulusal Giyim ve Türk Kadınının Örtüsü

Haremdeki fırtına*

Otto Lotthammer

İstanbul'daki kadınlar bundan kısa bir süre önce büyük bir heyecana kapıldılar. Sözüne güvenilen ve kültürlü birisi bana, Emniyet Müdürlüğünün Resmi Gazete'de ilan ettiği şeyin istisnasız her Türkün evinde konuşulduğunu anlattı. Toplumda yükselmeye çalışan, ciddi amaçlara sahip bir grup kadının onuru kırılmıştı. Çünkü uğrunda çetin mücadele verdikleri bir konuda, yani kadınlık haysiyeti

konusunda yaralanmışlardı. Duvardaki sihirli aynalarına »canım aynam, söyle bana, var mı bu ülkede benden güzeli?« diye memnunlukla soran kendini beğenmiş güzel kadınlar çevrelerindekilerini büyüleme olanağının sınırlandığı görüşündeydiler. Duvardaki sihirli aynanın dilini zevkle seçilmiş dökümlü kumaşlardan yapılmış giysileri ve süsleriyle bağlayarak susturan, kendilerini beğendirme hırsında olan kadınlar ise, kendilerini güzel gösterebilmek için ellerindeki son olanağı da kaybettiklerini gördüler.

Alışkanlığın getirdiği ve gene insanlığın koyduğu eski yasalara göre acımasız ve karşı koyulmaz bir takım nasihatler emniyet müdürlüğü makamından çevreye şöyle bir kararname biçiminde yayıldı:

»Türk kadınlarının ince kumaşlardan yapılmış çarşaf ve yeldirme giymeleri yasaktır. Çarşafın üst kısmı, kolları örtecek uzunlukta olmalı. Çarşafın ve yeldirmenin bacakları örtebilmesi için boyu ayak bileklerine kadar uzun olmalı. Ayrıca yeldirme, altına giyilmiş elbisenin kesiminde de olamaz. Örtü başı tamamen örtmeli. Bu yönetmelikte tanımı yapılan giysilere uymayan kılıklar, en geç iki haftaya kadar uygun olan giysilerle değiştirilmelidir.«

Her yıl ramazan yaklaştığında, İstanbul gazetelerinde bir uyarı niteliğindeki bu tip kılık kıyafet yönetmeliklerinin görülmesine alışılmıştı. Ama bu emirnameler en yüksek dini makam olan Şeyhülislamlık tarafından yayınlanıyordu ve kadınların ruh dengesini pek rahatsız etmezdi. Bu kez ama durum başka. Şimdi giyim kuşam kurallarını koyan emniyet müdürlüğüdür. Devletin gücü kılık ve erdem bekçisi olarak tehditler savurmaktadır. Bu durumda yasaya aykırı bir davranış ciddi sonuçlar doğurabilir. Haremdeki fırtınanın nedeni işte budur.

Türk kadınının ve müslümanlığı kabul etmiş tüm kadınların giysilerinin Hz. Muhammed'in Kuranda tesbit ettiği kurallara uygun gelişme gösterdiğini herkes bilmez. Kuranın 24. suresi şöyle der:

»İnanan kadınlara da söyle; bakışlarına hakim olsunlar cinselliklerini saklasınlar, görülenin dışındaki albenilerini göstermesinler, örtüleriyle gerdanlarını örtsünler ve albenilerini kocalarının, babalarının, öz erkek evlatları veya kocalarının erkek evlatlarının (üvey oğul), öz erkek kardeşleri ve onların oğullarının ya da kız kardeşlerinin oğullarının, hizmetçilerinin — çünkü onlar hanımının emri altındadır — ve diğer emirlerindeki insanların, kadının çıplaklığının farkına varmayan bunak erkeklerle çocukların dışında kimseye göstermesinler. Ayrıca bacakların da açmasınlar ki, sakladıkları albenileri belli olmasın.«

Peygamberin böylesi ahlak yasaları koymayı gerekli görmesi, kuşkusuz o zamanın Arap kadınlarının pek de iyi alışkanlıkları olmadığını göstermektedir. Aynı şekilde hayvansal güdüleri sınır ve mülkiyet tanımayan ve her kadına bir av gözüyle bakan erkeklere karşı yapılmış sessiz itham da serttir. Bir başka nokta da, peygamberin ahlak anlayışının daha alt bir basamağında bulunan çağdaşları karşısında örtünme ve kadınların ayrı odalara kapatılması gibi aşırı bir yola baş vurması da üzerinde tartışma kabul etmeyen bir konudur. (Harem sözcüğü zaten, »yanına yaklaşılmayan« anlamına gelir.)

Ama burada üzerinde durulacak konu, bin yıllık bir gelişmeden sonra bu önlemlerin uygulanmasının, günümüzde ahlaksal hukuk adına istenip istenemeyeceğidir. Bu sorunun cevabı, kesin bir hayır olmalıdır. Ahlakın sadece insanın zincire vurulduğu yerde olduğu savı, bazı hıristiyan ve müslüman dini çevrelerinin tehlikeli bir yanılgısıdır. İnsan, doğru yoldan çıkma ve çıkarılmaya, kendi bu davranışı yapmayı istemediği için, kendiliğinden karşı koyamıyorsa, ahlakı çürük demektir. Her yüksek kültür, insanı çıplaklığın karşısına rahat, korkusuz ve kısacası nefsine hakim bir şekilde davranacak duruma getirmeyi görev bilmelidir. Günümüzde çıkarılan bir örtünme yasası, kadının onurunu aşırı ölçüde incitir. Çünkü böyle bir yasa, peşinden koşan ve onu arzulayan erkek karşısında kadının ahlaksal açıdan zayıf olduğu anlamına gelir. Kadın çok haklı olarak bu anlayışa öfkelenmektedir.

Türk kadının giysisi, çizilen sınırlar içinde zaten organik olarak gelişmesini sürdürdüğüden, bu emirname son derece üzüntü verici bir durumdur. Eskilerin, çok eskilerin giyim yasası, insan vücudunun, güzel, albenili hatlarını ve onun doğal süsü olan saçlarını tanınmayacak duruma getirmeyi, gizlemeyi amaçlıyordu. İşte bu nedenledir ki, eskilerden kalma ve kadını gezinen bir çuvala dönüştüren bol ve çok kıvrımlı şalvarını, saçlarını ve güzel gerdanını gizleyen ve kalçalara dek inen, başını ve omuzlarını örten örtüsünü ve yüzü dışardan bakanın tanıyamayacağı şekilde saklayan peçesini, işte bu geleneksel giysi yasası getirdi.

Geleneksek giysi düşmanı bir devirde yaşadığımız söylenebilir. Bununla geleneksel giysinin değişmez bir olgu olduğunu söylemek istemiyorum. Giyim kendine özgü alışkanlık, dünya görüşü ve en önemlisi üretim tarzıyla yakından ilgili bir zaman diliminin ifadesidir. Yeni yaşam biçimleri, giyimde de yeni biçimler yaratır.

Türk kadınının giysisinin bir kusuru vardı. Kadın bu giysi yüzünden açıkça cinsel bir eşya olarak simgeleniyordu. Bunun bilincine varıp da, kendisi hakkında daha yüce bir değer duygusu geliştirdiğinde ise, kendisine benimsetilen bu giyime karşı isyan etmek zorunda kalmıştı. Geçen zaman içinde Türk kadınının giysisi her ne kadar pek belli olmasa da, gene de bir değişme gösterdi. Ama giyiminin kökeni her zaman belli oluyordu. Ülkenin iç kısımlarında halen şalvara rastlanmakta. Ama İstanbul'un kültürlü kadınlarında görülmemekte. Türk kadınları Avrupa'da giyilen elbiselerin üzerine ayak bileklerine dek varan ve vücut çizgilerini belli etmeyen ve biçkisinin belli bir özelliği olmayan bir manto giyiyorlar. Bu mantoların dökümlü kumaş-

Nationalistische Bewegung —
Nationale Kleidung und Schleierfrage

Der Sturm im Harem

Von Otto Lotthammer, Konstantinopel

Mit einer Zeichnung von Else Mehderian-Konstantinopel.

Kürzlich sind die Gemüter der Frauen Stambuls lebhaft erregt worden. Von einem zuverlässigen, wohlgebildeten Gewährsmann weiß ich, daß in keinem türkischen Hause unerörtert blieb, was die Polizeidirektion im Amtsblatte bekannt gemacht hatte. Die einen, die Ernsten, Aufstrebenden, fühlten sich in ihrem Stolze verletzt; man hatte ihre Frauenwürde, um die sie schwer gerungen, angetastet. Die eitlen Schönen, die das Spiegelorakel »Spieglein, Spieglein an der Wand, wer ist die Schönste im ganzen Lande«, immer von neuem mit Genugtuung anriefen, sahen sich in der Möglichkeit zu bezaubern, beschränkt. Gefallsüchtige, die dem Spiegelorakel durch geschmackvolle und reiche Auswahl der Stoffe und Gewänder gemeinhin den Mund verbinden, sahen sich ihrer letzten Mittel beraubt, etwas aus sich zu machen. Eine nach alten Gewohnheits- und Menschengesetzen unerbittliche und unwiderlegliche Gardinenpredigt rauschte auf zu dem Throne des Polizeipräfekten, der also verordnete:

»Es ist den türkischen Frauen verboten, Tscharschaff* und Jeldirme** aus durchsichtigen Stoffen zu tragen. Die Schulterkragen des Tscharschaff müssen die Arme verdecken, Tscharschaff und Jeldirme bis zu den Knöcheln reichen, um das Bein zu verdecken, auch darf die Jeldirme die Form der Unterkleidung nicht nachahmen. Die Kopfbedeckung muß die Haare vollständig verhüllen. Gewänder, die diesen Vorschriften nicht entsprechen, müssen spätestens innerhalb zweier Wochen durch geeignete Kleider ersetzt werden.

Man war zwar gewöhnt, eine derartige Kleiderordnung in der Form einer Ermahnung jedes Jahr zur Zeit des Fastenmonats Ramasan in den Zeitungen Stambuls zu lesen. Aber die war von der obersten Geistlichkeit, dem Scheich-ül-Islam, veröffentlicht und störte das Gleichgewicht der fraulichen Seele nicht sonderlich. Diesmal aber liegt der Fall anders. Es ist die Polizeidirektion, die Verhaltungsmaßregeln gibt; die Staatsgewalt droht als Trachten- und Tugendwächter. Da kann ein Verstoß gegen das Gesetz ernste Folgen haben. Daher der Sturm im Harem.

Nicht jedermann weiß, daß sich die Tracht der türkischen Frau und aller jener, die sich zum Islam bekennen, folgerichtig aus Bestimmungen entwickelt hat, die Muhammed im Koran niederlegte. Dort lesen wir in der 24. Sure:

»Sag auch den gläubigen Frauen, daß sie zügeln ihre Blicke und hüten ihre Sinnlichkeit, nicht zeigen ihre Reize, als das, was sichtbar ist davon, auch daß sie schlagen ihre Schleier um ihre Busenspalten, und zeigen ihre Reize keinem als ihren Männern oder Vätern, oder den Vätern ihrer Männer, oder den eigenen Söhnen, oder den Söhnen ihrer Männer (den Stiefsöhnen), oder den eigenen Brüdern, oder den Söhnen ihrer Brüder, oder den Söhnen ihrer Schwestern, oder den eigenen Mägden und die da stehen unter ihrer Hand, oder ihrem Gefolge, nebst Blödsinnigen von Männern, oder Kindern, die nicht gewahren Frauenblöße; auch daß sie nicht mit ihren Füße schlagen, damit man merke, was sie hatten versteckt von ihren Reizen.«

---

* »Tscharschaff« heißt das Obergewand der türkischen Frau.

** »Jeldirme« ist ein leichtes, mantelähnliches Gewand.

lardan yapılanlarında yukardan aşağıya inen plilerin kıvrımlarının oynaşması hayranlık uyandırır. Bu, kadın mantosunun hayranlık uyandıran bir türü olarak ortaya çıkmıştır.

Kadının keskin zekası bundan sonra başını ve omuzlarını örten örtüyü esas amacından saptırıp, bir süs eşyası haline getirmeye koyuldu. Örtü alnın biraz yukarısından geniş kıvrımlar yapılarak örtülüp bir başlığa benzetildi ve ensede büzülerek değerli taşlarla süslü bir iğne ile tutturuldu. Örtünün uçları göğüs ve kolları açıkta bırakarak güzel kıvrımlarla geniş omuzların biraz altına iniyor ve uca takılmış püskülleriyle bele veya daha da aşağılara kadar sarkıyordu. Bu kılık beni her zaman kendisine hayran etmiştir.

Giyim kuşamda usta olan Türk kadınları, giyinme işini örnek bir şekilde halletmesini biliyorlardı. Ne yazık ki, son yıllarda Avrupa moda gazeteleri aracılığı ile ve Levantenleri örnek alarak Türk çevrelerine keyfi giyim modaları girdi. Ayakları ortada bırakan kloş etek, Türk kadının tipik eteğinin yerine geçti. Ve özellikle işte ayakların görünmesi Emniyet Müdürlüğünün yasağına neden oldu.

Bu emirnamenin çoğu kez gözden kaçan, bir de politik yanı var. Jöntürklerin yeni hükümetinin eski Osmanlı çevresinden oluşan muhalifleri var. Seçim veya diğer vesilelerde Jöntürk'lere zarar vermek için şu alarm sözü yetmekte: »Kızlarınızla karılarınız örtünmeyecekler, gavurlar gibi giyinecekler!« Bu suçlamalara karşı hükümet kendini korumak istiyor. Ama tabii umulan odur ki, bu yasağa uymayan sevimli suçluları, eskiden olduğu gibi ağır cezalandırmasınlar.

Eskiden giyim yasalarının çıkarılması ender bir durum değildi. Ve onlara aykırı davranışlar ağır biçimde cezalandırılıyordu. 18. yüzyılın başlarında kadınların giyimlerindeki lüks, çok kereler çıkarılan emirlere neden oldu. Manto yakaları, şalların ve mantoya dikilen süs şeritlerinin uzunluk ve genişlikleri belirlendi. Alt sınıflara kakım kürkü giyme yasaklandı. Bu giyim emirnamelerine uyulmasına İstanbul, Galata, Üsküdar, Bursa ve Edirne yargıçları bakıyorlardı. Bir süre sonra bu yasak yenilendi. Yasak bu defa özellikle büyük atkılara, işlemeli pabuç ve hotozlara, ipekli mantoların 150 cm genişliğindeki yakalarına, yüzü gösteren çok ince kumaşlardan yapılmış peçelere, vücut hatlarını oldukça açık şekilde gösteren dar elbiselere yönelikti. Böylesi baştan çıkarıcı giyimle erdem yolundan sapmakla suçlanan bir kaç kadın suya atılarak boğuldu. Bunların arasında »şeytan bekçisi« adıyla tanınmış bir güzel kadın da vardı. Bu kadın için saray tarihçisi Subhi şöyle der: »Mavi bir ipek kumaş gibi çıplak vücudunu saran deniz dalgaları ona giysi olarak pek yaraşmıştı.«

İstanbul'un direngeç güzellerinin böylesine zorbalık dolu bir sondan korkmalarına gerek yoktur. Görünüşe bakılırsa yetkili yere yaptıkları protesto başarılı oldu. Sanatçı bir ruha sahip ve yaratma gücü kuvvetli, önde gelen İstanbul kadınlarının, Avrupa modasının zorbalığına ve ne idüğü belirsiz saçmalıklarına yakalarını kaptırmamaları dileğimizdir. Çünkü kendi giysilerinin güzel ve çok geniş geliştirme olanakları vardır. »Kendilerine has« giysilerini korumayı veya yaratmayı başarırlarsa, Avrupadaki moda deliliklerinden uzakta, daha ileri bir durumda olabilirler.

* Otto Lothammer: »Der Sturm im Harem« *Neue Frauenkleidung und Frauenkultur*, Bd. XIV Nr. 1-2 (1914), S. VII-VIII

Es wirft fürwahr kein gutes Licht auf die Gepflogenheiten der arabischen Frau jener Zeiten, wenn es der Prophet für geraten hielt, solche Sittengesetze aufzustellen. Und ebenso hart ist die unausgesprochene Anklage gegen die Männer, deren tierische Triebe keine Grenzen und kein Besitzrecht kannten und in jedem Weibe willkommenes Jagdwild sahen. Es ist nicht anfechtbar, wenn der Prophet seinen auf einer niederen Stufe der Sittlichkeit stehenden Zeitgenossen gegenüber zu dem Radikalmittel der Vermummung und der Absperrung in besondere Gemächer griff. (Bedeutet ja das Wort Harem »Unzugängliches«.) Aber eine andere Frage ist es, ob diese Maßnahmen nach einer tausendjährigen Kulturentwicklung heute noch mit sittlichem Recht gefordert werden können. Und das muß entschieden verneint werden. Es ist ein verhängnisvoller Irrtum gewisser christlich- und muhammedanisch klerikaler Kreise, daß Sittlichkeit da bestehe oder auch nur gefördert werde, wo der Mensch an die Kette gelegt wird. Wenn er sich der Versuchung gegenüber nicht aus freiem Entschluß zu beherrschen weiß, ist seine Sittlichkeit brüchig. Jede höhere Kultur muß es sich angelegen sein lassen, den Menschen so hoch zu heben, daß er dem Nackten unbefangen, harmlos, im tiefsten Sinne keusch gegenüber tritt. Ein Verschleierungsgesetz, in unseren Tagen gegeben, entwürdigt die Frau tief. Denn es besagt, daß sie sittlich haltlos ist dem sie verfolgenden, begehrenden Mann gegenüber. Dagegen empört sie sich mit Recht.

Der Erlaß ist um so bedauerlicher, als sich die Tracht der türkischen Frau innerhalb der gezogenen Grenzen sozusagen organisch weiter entwickelt hatte. Das alte, uralte Trachtengesetz bezweckte, die schönen, reizvollen Linien des menschlichen Körpers und seinen natürlichen Schmuck, die Haare, unkenntlich zu machen, zu verbergen. Daher die weitbauschige, faltenreihe Pluderhose früherer Zeit, die die Frau zu einem wandelnden Sack machte und daher auch das bis zu den Hüften herabfallende Kopf- und Schultertuch, das die schöne Halslinie verbarg und die Haare, und darum der Schleier, der das Gesicht unkenntlich machte. Man kann wohl sagen, daß wir in einem trachtenfeindlichen Zeitalter leben. Nicht daß die Tracht an sich etwas schlechthin mustergültiges wäre. Sie ist der Ausdruck eines Zeitabschnitts mit den ihm eigentümlichen Gewohnheiten, Anschauungen und — nicht zu vergessen — Herstellungsweisen. Neue Lebensformen schaffen sich neue Ausdrucksformen auch in der Kleidung. An der Tracht der türkischen Frau haftete ein Makel. Durch sie war die Frau öffentlich als Geschlechtsobjekt gekennzeichnet. Sobald sie sich dessen bewußt wurde, und sich in ihr ein höheres Wertgefühl entwickelte, mußte sie sich gegen die aufgezwungene Tracht auflehnen. Wenn sich auch die Tracht der Türkin im Laufe der Zeit unmerklich wandelte, so verriet sie doch immer den Ursprung. Die Pluderhose ist wohl im Innern des Landes noch zu finden, aber nicht mehr bei den gebildeten Frauen Stambuls. Sie tragen über der in Europa gebräuchlichen Unterkleidung einen Rock von einfachem Schnitt, der bis zu den Knöcheln reicht, die Rundungen nicht abzeichnet und dessen schönes Linienspiel der Längsfalten besonders bei geschmeidigen Stoffen immer wieder entzückt. Es war ein schöner Typus des Frauenrockes, der sich herausgebildet hatte. Nun machte sich der weibliche Scharfsinn an das Kopf- und Schultertuch, um es, das bestimmt war, zu entstellen, zu einem Zierstück zu machen. Man legte es von etwas oberhalb der Stirn an in mehr oder weniger breite Falten, sodaß es einer Haube ähnelte. Im Nacken wurde das Tuch gerafft und durch eine steinbesetzte Nadel zusammengehalten. Dann fiel es wieder in schönen Faltenwurf auseinander mit zwei Enden nicht zu tief über die breiten Schultern hinweg, Busen und Arme freilassend, und mit einem in einer Quaste endenden Zipfel hing es bis zum Kreuz oder auch tiefer hinab. Immer von neuem bin ich durch diese äußerst kleidsame Tracht entzückt worden. Die türkischen Kleiderkünstlerinnen wußten das Bekleidungsproblem vortrefflich auszubeuten. Bedauerlicherweise fanden in den letzten Jahren durch europäische Modezeitungen und das Beispiel der Levantine willkürliche Kleidermoden in türkischen Kreisen Eingang. Der fußfreie Glockenrock verdrängte den typischen Rock der Türkin, und die Fußfreiheit vor allem war es, die den Anlaß gab zu der jüngsten Verfügung der Polizeidirektion.

Diese Verordnung hat aber auch eine politische Seite, die vielfach übersehen wird. Die neue, jungtürkische Regierung hat immer ihre Widersacher gehabt, die sich aus den Kreisen der Alttürken zusammensetzten. Wenn es bei Wahlen oder sonstigen Gelegenheiten galt, das Ansehen der jungtürkischen Partei zu schmälern, so genügte das Alarmwort: »Eure Frauen und Töchter sollen sich unverschleiert zeigen, sich kleiden wie die Giaur!« Gegen solche Anklagen will sich die Regierung schützen, und es ist wohl anzunehmen, daß sie gegen die liebenswürdigen Übertreterinnen nicht mit ihrer ganzen Gewalt einschreiten wird, wie es früher üblich war.

In vergangenen Zeiten sind Kleidergesetze nichts Seltenes gewesen, und Verstöße wurden schwer geahndet. Im Anfang des 18. Jahrhunderts gab der Kleiderluxus der Frauen mehrfach Veranlassung zu Verordnungen. Die Länge und Breite der Mantelkragen, Umhängetücher und Bänder wurde festgesetzt, und der niederen Klasse wurde das Tragen der Hermelinpelze untersagt. Auf die Einhaltung dieser Kleiderordnung mußten die Richter von Stambul, Galata, Skutari, Brussa und Adrianopel sehen. Bald darnach wurde das Verbot erneuert. Es richtete sich diesmal vornehmlich gegen die großen Umhängetücher, die gestickten Pantoffeln und Hauben, die zwei Ellen langen Kragen der Mäntel aus Seidenzeug, die zu feinen und durchsichtigen Schleier, die zu viel vom Gesicht verrieten und die zu knapp anliegenden Oberkleider, die den Wuchs allzudeutlich umrissen. Einige Frauen, die beschuldigt wurden, mit so verführerischer Tracht die Moslims vom Pfade der Tugend abzulenken, wurden ertränkt. Unter ihnen befand sich eine unter dem Namen der »Teufelsaufseherin« bekannte Schöne, der wie die Reichsgeschichtsschreiber Subhi sagt, »auf entblößtem Leibe der blau gewässerte Seidenstoff der Meereswogen als Kleid angemessen ward«.

Ein solch gewaltsames Ende brauchen die widersetzlichen Schönen Stambuls nicht zu befürchten. Ihr Protest an maßgebender Stelle hat offenbar Erfolg gehabt. Aber eines ist zu wünschen: daß die führenden kunstbegabten und erfindungsreichen Frauen Stambuls nicht der europäischen Modetyrannei verfallen und ihren gesinnungslosen Willkürlichkeiten. Denn ihre Tracht gibt ihnen viele und schöne Möglichkeiten zur Weiterentwicklung. Sollte es ihnen gelingen, sich ihr »Eigenkleid« zu erhalten, bez. zu schaffen, so wären sie dem Europa der Modenarrheiten um Vieles voraus.

* Otto Lothammer: »Der Sturm im Harem« *Neue Frauenkleidung und Frauenkultur,* C. XIV Nr. 1-2 (1914), S. VII-VIII

Kadının Yerini, Ev Kadınlığı ve Annelikte Gören İdeoloji ve Türk Kadınının Örtüsü

Die Unterstützung der Ideologie von der Rolle der Frau als Hausfrau und Mutter und die Schleierfrage

Osmanlı İmparatorluğu'nda çocukluk ve gençlik yıllarını geçiren ve bu ülkedeki kadınların yaşamı üzerine detaylı bilgileriyle bir çok yazısında, keskin kalemi ve diliyle erkeklerin bu konuda hakim olan hayallerini reddeden, Else Marquardsen-Kamphövener[2], giderek bu konuya başka türlü bir yorum getirecektir. Bir yandan sağlıklı bir tavırla, Batı'dan hiç bir şeyin kayıtsız şartsız alınmaması gerektiğini savunurken, öte yandan, kendi yollarını, kendileri aramak isteyen Osmanlı kadınlarının yeteneklerine de güvenmemekte. Maceradan maceraya koşmak isteğiyle, uzun bir süre, bir delikanlı kılığına girip, Osmanlı İmparatorluğu sınırları içinde, kervanlarla seyahat eden Kamphövener hakkında, bu düşüncelerinden dolayı olsa olsa, kişi olarak kendisinin "daha düzeni bozulmamış" bir kadın dünyasına özlem duyduğu sonucu çıkarılır ki, bu da onun, kendisi için uygun gördüğü özgürlüğü, Osmanlı kadınına yakıştıramaması anlamını içeriyor.

Else Marquardesen-Kamphövener, die in der Türkei aufgewachsen ist und aus ihrer detaillierten Kenntnis des Frauenleben in vielen Artikeln scharfzüngig Männerphantasien zurückweist,[2] entwickelt einen fatalen Ansatz. Aus der richtigen überzeugung, daß vom Westen nichts »übergestülpt« werden sollte, spricht sie gleichzeitig osmanischen Frauen, die ein eigenen Weg suchen wollen, die Befähigung dazu ab. Dabei sucht sie wohl selbst eine »heile Welt« von Frauenrealität die ihrem eigenen Leben nicht entspricht, den sie reiste lange Zeit als Jüngling verkleidet mit Karawanen durch das osmanische Reich, um Abenteuer zu erleben, nahm sich also Freiheiten, die sie osmanischen Frauen absprechen will.

Örtüsü kaldırılan kadın*

Else Marquardesen-Kamphövener

Türk kadınının peçesinin kaldırılması, peçeden yana ya da peçeye karşı tutumlara yol açtı. Aşağıdaki yazı Türk yaşamını iyi tanıyan Avrupalı bir kadın yazarın bu konudaki düşüncelerini yansıtmakta:

Türkiye'deki yeni yaşam şeklinin simgesi, kadının artık kalkan örtüsüdür. Yüzyıllardan beri alaca karanlıkla çevrelenen şey, ansızın gün ışığına çıkarılıyor; sessizlikle büyüyüp oluşan, gürültülü ve yorucu yaşam içinde, alıcı gözle incelenip yerden yere vuruluyor. Yeni çağın böyle birden bire girişiyle ortaya çıkan durumlar, garip görüntüler yansıtıyor ve her zaman da sevindirici olmuyor.

Türk kadınını »kurtarmak« yıllardan beri bütün dünyadaki kadın hakları savunucularının hepsinin en önde gelen düşüncesiydi. Bu kurtuluşu şimdi belli şartlar oluşturunca, bütün »kadın hakları« bürolarını, uzaklarda dünyanın bir köşesindeki Türkiye'de yaşayan zavallı »çilekeş kızkardeşin« yüz kızartıcı zincirlerinin atılmasından dolayı zafer şarkısı gibi dolaşan bir sevinç dalgası sardı. Bu duygu, ya samimi inançlardan kaynaklanabilir ya da yardım etme isteğinden. Ama sebep ne olursa olsun, Türkiye'deki kadının konumu hakkındaki her türlü hüküm, bu konudaki hiç bir bilimsel verinin yanına bile uğramamıştır. Avrupalı kadınlar içinde aklı gündelik olaylardan biraz daha fazlasına erenler, Doğulu kadının yaşam tarzını dayanılmayacak şekilde özgürlük kısıcı bulur ve oradaki hemcinsinin de bu konuda kendisi gibi düşündüğünü zanneder. Aynı yanılgıya, yani Avrupa'daki anlayış ve görüş açısının Doğu hayatını anlamak için doğrudan uygulanmasına, Doğu hakkındaki bütün konularda olduğu gibi, gene bu konuda da düşülmektedir. Her şeyi kendi ölçüsüyle değerlendirmeye yol açan Batının bilinçsiz ululuk duygusu, bu konuda da onu yanlışlıklara sürüklüyor.

Bu sözlerimden mutlaka her insanda var olan belli bir özgürlük özleminin Doğulu kadında da olmadığı anlamı çıkarılmasın. Ama onda Avrupalı kadının özgürlük çabalarının ana güdüsü olan kendi kişiliğini katı bir şekilde kabul ettirme arzusu kesinlikle yoktur. Doğulu kadın, yüzyıllardan beri yaşamının anlamını erkeğine zevk, mutluluk, sevgi vermekte ve çocuklarının geleceğini sağlamakta görmüştür. Bu çeşit bir fikir ileri sürüldüğünde, sözcüklerin seçiminde pek hassas davranmayan kadın hakları savunucuları, gene her zamanki gibi, kadının Doğuda ya fahişe ya da çocuk doğurma makinası olarak görüldüğünü bildiklerini söyleyeceklerdir. Oysa yanılıyorlar. Doğulu kadın erkeğin gözünde ne fahişe, ne de çocuk doğurma makinasıdır. Kadın, erkek için kelimenin en güzel anlamıyla »kadın« dır. Acaba günümüzde bu kelimenin derin anlamı halen bilinmekte mi? Bu kelimenin içerdiği sıcaklık, güç, sabır, sevinç gibi bütün anlamlar kavranabilecek mi?

Bu kelimenin, kadınlar için ifade ettiği anlamın bir kısmı savaşın etkisiyle ortaya çıktı. Ama yalnızca »ortaya çıktı« kelimesini kullanmak bile, kadını kavramanın güncel olayların ezici baskısı yüzünden zorlaştığı ifadesini içermekte. İşte Doğunun farkına vardığı nokta budur; kadın aslında günlük yaşam için uygun değildir. Kadının özü canlılıktır. Yorucu geçen bir günden sonra bitkin bir gezginin hayat bulduğu, gizli şen bir bahçedir. İşte bu yüzden Doğu, kadını günlük yaşamın dışına sürgün etti ve kadına gizli bir yaşam biçimi yarattı. Öyle bir yaşam ki, kadın orada bu gizli yaşamının sultanı oldu. Erkek bu yaşamda, çalışma yaşamında ve dış dünyada bulamadığı her şeyi daima bulabildi. Kadının bu şekilde gizlenmesinde, kadını küçümseme anlamı yoktur. Aksine bu tutumda mücevherini, kayıtsız bir seyircinin bakışından saklamak isteyen, değerli bir hazinenin sahibinin kıskanç sevgisi vardır. Şimdi »kıskanç« kelimesini kullanırken şöyle dendiğini duyuyorum: »Tabii, bilmiyor muyduk sanki! Birisine karşı kıskançlık duymak onu küçük düşürmektir. Çünkü kıskançlığın nedeni güvensizliktir. Doğulu erkek karısına güvenmediği için onu hapseder.« Hayır, işte bu tamamen yanlış bir düşünce. Burada, kıskançlık kelimesi, sanki son derece kıymetli, yeryüzünde tek olarak bulunan bir sanat eserine sahip olmanın mutluluğu anlamında kullanıldı. Bu eserin gerçek değerini anlayan kişi, bunu hiç bir zaman sergilemeyecek, buna sadece kendisi gizlice sevinecek, ve onu sadece bu duygularını en iyi anlayacağına inandığı kişilere gösterecektir. Her kayıtsız bakış, ona büyük bir günah gibi görünecektir. Doğulu erkeğin kadını anlayış tarzı işte budur ve kadına karşı kıskançlığı işte bu anlama gelir ve evindeki yaşamın kaynağı anlamına gelen kadına verdiği değer de işte budur.

Yenilikler Türkiye'ye gemsiz bir coşkunluk şeklinde geldi ve halkın geniş kesimlerinin düşünce ve duygularını egemenliği altına aldı. Adetleri uyarınca yaya gitmeleri bile uygun kaçmayan ve caddeleri sadece lüks arabalarından tanıyan kadınlar, Avrupa'daki tutumların benzerini yapmak amacıyla birdenbire gündelik yaşamın curcunası içinde örtüsüz ve mantosuz bir şekilde ortaya çıktılar. Böyle bir şekilde ortalıkta görünmek, onlar için önemli bir davranıştı ve içleri tir tir titrese de, gene de böyle davrandılar.

Türk kadını bu güne kadar başka erkekler üzerinde ne dereceye kadar etkisi olduğunu bilecek durumda değildi. O, kocası ve çocukluğundan beri tanıdığı erkek akrabaları ile ilişkiden gayrısını bilmez. Kadınlığını gösterecek dişice davranışlarına, sadece ait olduğu erkek yanında müsaade edilir. Kadın olarak ne cilvesi varsa, hep aynı sevecenlikle erkeğinin hatırı için, ona karşı yapar. Buna cinsel yaşamın en yalın ve doğal duyguları da eklenmelidir. Cinsellikte gizli kapaklı duygular yoktur. Durum işte böyledir ve herkes tarafından da böylece kabul edilir.

Avrupa'da karşıt cinsler arasında durmaksızın vuku bulan ve her türlü davranışın uygulandığı savaş için, Türk kadını yukarda sayılan nedenlerden dolayı doğal olarak kesinlikle hazır değildir. Avrupalı erkek, Türk kadının düşünce ve duygularının doğru değerlendirmesini yapabilecek etmenlerin eksikliğinden dolayı onu hemen elde edilebilecek bir piliç olarak görecektir. Bu durumun şaşmayacak sonucu, ya Batının görüşlerine ayak uydurarak kendi yaşamlarının temel direği olan her şeyin yok edilmesi ya da Batıdan gelen her şeyin reddedilerek belki de Batının onun yeni yaşamına katkıda bulunacağı şeylerin yitirilmesi olacaktır.

DIE ENTSCHLEIERTE FRAU.

Von Else Marquardsen-Kamphövener.

Die Frage der Entschleierung der Türkin hat sehr starke Parteinahme für und gegen den Schleier hervorgerufen. Der folgende Aufsatz zeigt die Stellungnahme einer mit dem türkischen Leben vertrauten europäischen Schriftstellerin.

Das Symbol des neuen Lebens der Türkei ist der fallende Schleier der Frau. Was jahrhundertelanges Dämmern umgab, wird plötzlich ans Licht des Tages gezogen, was in Schweigen wuchs und wurde, wird in lautem, grellem Leben begutachtet und herabgezerrt.

Seltsam sind die Gebilde, die durch dieses unvermittelte Eindringen der neuen Zeit entstehen, seltsam und nicht immer erfreulich. Wohl war es seit Jahrzehnten der Lieblingsgedanke aller Frauenrechtlerinnen der ganzen Welt, die Türkin „zu befreien". Nachdem nun diese „Befreiung" durch die Verhältnisse selbst vollbracht wurde, geht es wie Triumphgesang durch alle Bureaus des „Frauenrechtes" aus Freude darüber, daß die arme „leidende Schwester" dort hinten weit in der Türkei ihrer „unwürdigen Fesseln" entledigt wurde. Alles das mag ja wohl ehrlicher Ueberzeugung entspringen und vielleicht auch dem Willen, zu helfen; jedenfalls aber ist dieses Urteil der Frauenstellung in der Türkei durch keinerlei Sachkenntnis getrübt. Weil der Europäerin, besonders wenn ihr Horizont ein wenig über das Alltägliche hinaus geht, ein Leben nach Art der Orientalin unerträgliche Behinderung der Freiheit erscheinen würde, so muß es, glaubt sie, der Schwester im Süden ebenso gehen. Der gleiche Fehler, wie er im Hinblick auf alle Fragen des Orients in Europa gemacht wird — das Uebertragen der eigenen Anschauungen auf die Lebenserscheinungen des orientalischen Lebens — wird auch hier wieder begangen. Die unbewußte Ueberhebung des Okzidents, die ihn veranlaßt, bei allem den eigenen Maßstab anzulegen, leitet ihn auch hier wieder irre. Damit soll keineswegs gesagt sein, daß in der Orientalin nicht auch ein gewisses Freiheitssehnen liegt, wie schließlich in jedem Menschen; aber es fehlt ihr völlig der Wunsch des rücksichtslosen Durchsetzens ihrer eigenen Persönlichkeit, wie solcher die ursprüngliche Triebfeder aller Freiheitsbestrebungen der Europäerin ist.

Die Frau des Orients ist seit Jahrhunderten gewohnt, ihren Lebenszweck darin zu sehen, dem Manne die Freude und das Glück der Liebe und der Zukunft Kinder zu geben. Auf diese Feststellung pflegt die Ausdrucksweise des Frauenrechts, die in der Wahl ihrer Worte nicht zimperlich ist, zu erwidern, daß man schon längst wisse, es handle sich im Orient für die Frau nur darum, entweder Freudenmädchen oder Gebärmaschine zu sein. Aber man irrt. Die Orientalin ist dem Manne weder das eine noch das andere, sie ist ihm nur im schönsten Sinne des Wortes — Frau. Weiß man denn überhaupt heute noch, was dieses Wort, wenn man es auf seinen tiefsten Sinn hin prüft, eigentlich bedeutet? Wird man sich klar über all die Möglichkeiten an Wärme, Stärke, Dulden und Freudigkeit, die dieses Wort in sich schließt? Man hat etwas von seiner Bedeutung wieder erkannt durch das, was der Krieg an den Frauen offenbarte, aber schon in dem Wort „offenbaren" liegt verborgen, wie sehr das Verständnis für die Frau unter dem Druck des Alltaggetriebes leidet. Und eben das ist es, was der Orient erkannt hat: daß eigentlich die Frau für den Alltag nicht geeignet ist, daß sie ein Feiertag in sich ist, ein verborgener festlicher Garten, darin der müde Wanderer nach des Tages Staub Erquickung findet. Und so verbannte der Orient die Frau aus dem Alltagsleben und schuf ihr ein verstecktes Dasein, darin sie Herrscherin sein konnte und darin der Mann stets alles das fand, was ihm das Leben der Arbeit und des Verkehrs nicht zu gewähren imstande war. In diesem ihrem Verborgenhalten liegt keine Mißachtung der Frau, vielmehr liegt die eifersüchtige Liebe darin, die der Besitzer eines köstlichen Schatzes fühlt, der sein Kleinod nicht dem entweihenden Blick des gleichgültigen Beschauers aussetzen will. Wenn ich hier das Wort „eifersüchtig" gebrauchte, so höre ich schon, daß man erwidert: „Na ja, da sieht man es wieder! Eifersucht ist immer entwürdigend, weil sie Mißtrauen bedingt, und der Orientale sperrt seine Frau eben ein, weil er sonst ihrer nicht sicher ist". Nein, das tut er eben nicht. Eifersucht ist hier so gemeint, wie der Begriff anzuwenden wäre auf die Besitzfreude an einem wunderbaren, einzigartigen Stück bedeutenden Kunstwertes. Wer wirklich inneres Verständnis für dessen Wert hat, wird es nie ausstellen, sondern sich geheim daran erfreuen und es nur solchen zeigen, die er im besten Maße imstande glaubt, sein Empfinden vollauf zu teilen; jeder

Bu seçenekler olaya yüzeysel yaklaşımı olan kişilere hiç de korkunç görünmeyebilir, ama bu olayda Doğunun yaşam gücünün korunması veya yok edilmesi söz konusudur. Çünkü Doğulu kadına yaşam gücü veren şey, Doğuda tüm yaşamın üzerine kurulduğu islam geleneğidir. Şimdi, din işlerini devlet işlerinden ayırma parolasını ortaya atmak gibi bir yanlışa düşülmesin. Batıda uygulanan bir şey, Doğu için söz konusu olamaz. Kuran, içindeki emirlerle sadece soyut bir takım dinsel taleplerin toplamını değil, yüzyıllardan beri Türkiye'nin yaşamında hem ahlaksal hem de hukuksal alanda uygulanmakta olan kanunları içerir. Bu durum bilinmesine biliniyor, ama bu bilgiden gereken sonuç, yani eğer Doğu, islam geleneklerinden yoksun bırakılırsa, ona bunların yerini tutacak başka değerler sunma olanağı olmadığı sonucu çıkarılmıyor. Her seferinde bu konu açıldığında »Ama Doğu bu değerlerinden yoksun bırakılmak istenmiyor ki!« denmekte. Oysa kişiler tam olarak bu durumun farkına varmamış olsalar bile, ben bunun istendiğini ileri sürüyorum. Ve böylece kadın örtüsünü açtığı vakit, bu bir giyim kuşam sorunu değil, aksine bir çok örnekte görülebilecek, tam olarak düşünülmeden yapılan zoraki bir kopuş anlamını taşıyacaktır.

Kuşkusuz bazan belli bir giyim şeklinin arkasında kişinin kendi kendisiyle zorlu bir hesaplaşma süreci yatıyor; ama kadınların kararlarına çoğunlukla yeni bir şey denemenin sevinci etki etmekte. Genellikle kadınlar beraberlerinde kimse olmadan gezmenin, dar arabaların içine kapanmak zorunda olmamanın, koyu renkli mantoların içinde kaybolmadan serbestçe ortalıkta dolaşmanın ve Frenklerin yaptığı her şeyi yapabilmenin ne denli eğlenceli olduğunu düşündüler! »Böyle yaşayabilmek ne eğlenceli olmalı, belki benim başımdan da ufacık bir serüven geçer... Ne zararı olur ki! Sarı ciltli Fransız kitaplarında yazılı olan cinsten! Böyle bir yaşam ne eğlenceli olacak!«

Sadece evinin sessiz sakinliğini tanıyan, attığı her adımı korunan, her düşüncesi erkeğinin sevgisine ve çocularının mutluluğuna yönelik olan kadın, dış çevrenin kirli etkilerinden nasıl korunacağını bilemeden, kendini ansızın dışardaki gündelik yaşamın içinde buldu. Avrupalının oynadığı bu sorumsuz oyun içinde ne yapacağını bilemeden durmakta ve hayatını üzerinde kurmuş olduğu temel sarsıntıya uğradığında ise, güven duygusunun getirdiği huzuru da yitirmekte.

Bu durum, olayları pek inceden inceye düşünmeyen bir kadını hoppalığa, olaylara daha ayrıntılı bakan bir kadını ise muhtemelen içinden çıkamayacağı duygusal çatışmalara düşürür. Her iki durumda da, biçimsel Avrupa geleneklerinin böylesine acele benimsenmesinden, yarardan çok zarar gelmektedir. Doğulu kadın kendisini sadece aile çevresinde güvenli hisseder ve orada güven bulur. Bu, Avrupalı kadınların çok azında rastlanan bir durumdur.

Bütün bu söylediklerim, mutlaka çok gerici düşünceler olarak görünmekte. Ama Avrupa'daki kadınların, kendini ispatlama savaşında kaybettiği değerlerin yerine geçecek, başka değerler henüz bulunmadı. Kadın haklarını en ateşli savunan kadınlardan, sayıları yok denecek kadar az bir kaç tanesi dışında diğerleri, eğer kendilerine olanak tanınsa, sevgide ve analık hayatında mutluluğa erişmiş bir kadın olmak isterler.

Bir kadın iş hayatında ne kadar durup dinlemeden çalışıyorsa, yalnız kalmış kalbinin, bir kadının en doğal hakkı olan sevgiye suskun hasreti de o derece büyük demektir. Kendini kabul ettirme savaşı içindeki Avrupalı kadınlardan dürüst olanlar, kadın için başarı tacını taşımanın ne kadar yorucu olduğunu ve ağır, sert, soğuk olan bu tacı çıkartmanın ise, kendisi için mutluluk anlamına geleceğini itiraf etmelidirler. Doğulu kadın bu ızdırap tacını neden taşısın? Neden Doğulu kadının elinden bir takım kişilere bağlılıkta bulduğu ve kişiliğine tam bir gelişme olanağı tanıyan, mutluluk duygusu alınmak isteniyor?

Bu kadına insanlığın en yüce duygusu olan ruh özgürlüğü getirmek istenirken, unutulan önemli nokta, bu ruh özgürlüğünün olgun insanların ancak kendi kendileriyle yaptıkları zor savaşların meyvası olduğu ve kılık kıyafetle bir ilgisinin olmadığıdır. Doğulu kadının varlığına temel olan değerler, yerine yenisi koyma olanağı olmadığı halde sarsıntıya uğratılıyor. Bu değerler zaman içinde, yani farkedilmeyen yavaş bir değişme ile olabilir. Şu anda henüz vakit çok erken.

Ayaklarında günlük yaşamın yolları için hiç de uygun olmayan ayakkabılar ve gene hayatın curcunasına hiç uymayan korkak ya da şuh bakışlarla küçük hanımların ortalıkta dolaştığı görüldüğünde... Ah Tanrım! İnsanın yüreği yok edilen tüm bu sevecenlik ve bu sessiz büyünün bozulmasından dolayı nasıl parçalanmaz?

Bazıları tamamen Avrupa tarzında giyiniyor, ama bunu becerdikleri söylenemez; çünkü olayı kavrayamıyorlar. Bazıları, Doğu ile Batı giyim tarzları arasında ortalama bir yol tutturup, ortaya tamamen berbat görüntüler koyuyorlar. Fakat bu kadınların hepsinde olan ortak yön, örtü kullanmamak. Bundan böyle yaşam yolunda örtüsüz gitmek, mutluluk ve mutsuzluğa açıkça göğüs germek istiyorlar. Ama yaşamı böyle düşünmedikleri için ilk haşin esintide hemen kabuklarına çekiliyorlar! Hemen örtülerine yeniden sarınmak istiyorlar. Kendilerini her türlü çirkin şeyden korumak için özen göstermiş olan örtüyü yeniden istiyorlar. Ama örtü nereye gitmiş ki? Çevrelerinde olan her şeyi yeniden çocuklarının sevgi örtüsünün arkasından görmek istiyorlar. Peki ama ya çocuklara ne olmuş? Yeni yaşam tarzı onları da çekip aldı. Onlar da kendilerine yabancı bir dünyada yollarını şaşır-

gleichgültige Blick wird ihm schon Entweihung dünken. So verbirgt der Orientale die Frau, so ist seine Eifersucht auf sie beschaffen und so seine Wertschätzung für sie, die ihm das Leben seines Hauses bedeutet.

Wie ein wilder Rausch ist das Neue über die Türkei gekommen und hat von heute auf morgen Besitz genommen vom Denken und Fühlen weiter Kreise des Volkes. Frauen, denen es die Sitte nicht einmal gestattet hatte, zu Fuß zu gehen, sondern die nur von ihren Equipagen aus die Straßen kannten, zeigten sich plötzlich mitten im Trubel des Alltagsgetriebes ohne Schleier noch Mantel mit einem Versuch, die europäische Art nachzuahmen. Es war eine große Tat für sie, so aufzutreten, und innerlich zitternd und bebend taten sie es. Die Türkin ist bisher nicht imstande, das Maß ihrer Wirkung auf andere Männer zu erkennen; sie weiß nur vom Verkehr mit dem eigenen Manne und ihren allernächsten männlichen Verwandten, die ihr vertraut sind von frühester Kindheit an. Als Weib sich zu geben und zu verhalten, ist ihr also nur dem Manne gegenüber vergönnt, dem sie gehört; was so die Frau an kleinen Künsten hat, führt sie in gleicher Lieblichkeit immer wieder ihm zu Liebe ins Feld. Dazu kommt, daß die Empfindungen von den Dingen des Geschlechtslebens von größter Einfachheit und Natürlichkeit sind. Ein Verschleiern, ein versteckt Lüsternes gibt es nicht; es ist, wie es nun einmal ist, und niemand denkt auch nur für eines Herzschlags Dauer darüber nach. All dieses stattet die Türkin natürlich in keiner Weise aus zu dem Kampfe, der sich unausgesetzt im Leben Europas zwischen den Geschlechtern abspielt; ein Kampf, bei dem jedes Mittel recht ist und bei dem kein Pardon gegeben wird. Die Türkin muß da als Freiwild erscheinen, da für den europäischen Mann die Faktoren nicht gegeben sind, welche ihm eine richtige Beurteilung ihres Denkens und Empfindens vermitteln würden. Das unfehlbare Ergebnis dieser Situation ist also entweder ein Mitgehen mit den Anschauungen des Okzidents und somit ein Vernichten alles dessen, was ihres Lebens Halt war; oder aber ein Abweisen alles Okzidentalen und ein Verlust auch dessen, was ihr der Okzident vielleicht hätte bieten können für ihr neues Leben.

Diese Alternative mag dem oberflächlichen Beobachter nun keineswegs schreckenerregend erscheinen, doch liegt in ihr die Frage der Erhaltung oder Zerstörung der Lebenskraft des Orients begründet. Denn was der Frau des Orients Halt gibt, ist das, worauf das gesamte Leben des Orients sich aufbaut: die islamische Ueberlieferung. Man darf hier nicht in den Fehler verfallen, etwa das Schlagwort von der Trennung von Kirche und Staat hervorzuholen. Was sich im Okzident anwenden läßt, kommt für den Orient nicht in Betracht. Der Koran mit seinen Verordnungen stellt nicht etwa eine Ansammlung abstrakter religiöser Forderungen dar, sondern ist das ethische und praktische Gesetz, wonach seit Jahrhunderten die Türkei lebt. Das ist ja hinlänglich bekannt, doch wird aus dieser Kenntnis nicht die notwendige Folgerung gezogen, die darin besteht, daß man nicht imstande ist, dem Orient einen Ersatz zu bieten für das, was man ihm nehmen würde, so man ihm das Leben nach der islamischen Tradition raubte. „Aber das will man ihm ja gar nicht rauben!" heißt es dann immer entrüstet. Ich aber behaupte, daß man das will, wenn man sich auch nicht ganz klar darüber ist. Wenn also die Frau ihren Schleier ablegt, so bedeutet das nicht eine Toilettenangelegenheit, sondern einen gewaltsamen Bruch, der in zahlreichen Fällen vielleicht nicht durchdacht worden ist. Gewiß ging manchmal ein schwerer innerer Kampf voraus, der sich schließlich ein äußeres Ausdruckssymbol wählte, aber oft war nur die Freude am Neuen maßgebend, oft dachten sich die Frauen, wie unterhaltend es doch sein müsse, nicht mehr in Begleitung, nicht mehr in enge Wagen eingeschlossen, nicht mehr in dunkle Mäntel verborgen, frei umherzugehen und alles zu tun, was die Franken tun! „Oh, wie muß das Leben kurzweilig sein, wenn man es so verbringen kann und wer weiß, vielleicht passiert auch mir einmal so ein ganz kleines Abenteuer ... es darf nichts Schlimmes sein! .... wie immer in den schönen gelbgebundenen französischen Büchern beschrieben ist! Ach, wie unterhaltend muß das Leben nun werden!" Und die Frau, die nur die dämmernde Stille ihres Hauses kannte, deren jeder Schritt umhegt war, jeder Gedanke nur auf ihres Mannes Liebe gerichtet und ihrer Kinder Glück, sie sieht sich plötzlich dem schmutzigen Alltag gegenüber und sie weiß nicht, wie die Handschuhe beschaffen sind, die vor unsauberen Berührungen schützen könnten. Sie steht ratlos vor dem leichten Spiel, das der Europäer treibt, und verliert bei der Erschütterung der Grundlage, auf der sich ihr Leben aufbaute, die Ruhe der Sicherheit, die sie vorher genoß. Das muß bei einer oberflächlichen Frau zu Leichtsinn, bei einer tiefer veranlagten zu inneren Kämpfen führen, denen sie wahrscheinlich nicht gewachsen sein wird. In jedem Falle entsteht mehr Schaden als Nutzen aus dieser voreiligen Annahme europäischer äußerer Sitten. Die Orientalin aber ist und fühlt sich nur im Kreise ihrer Familie sicher, da allerdings vollkommen und mehr, als man es bei Europäerinnen im Durchschnitt antrifft.

Alles das hört sich nun gewiß sehr reaktionär an; man wolle aber bedenken, daß auch für Europas Frauen bis jetzt noch kein Ersatz gefunden wurde für das, was sie verließen, um sich in den

mışlar, bir o yana, bir bu yana sendeliyorlar. Hele koca! Şimdiye kadar gerçek anlamda bir kadını olmuş olan ve yaşam ona bütün haşinliğiyle davransa bile, kendisine her zaman sığınak görevi görmüş bir evi olmuş olan erkek şimdi ne yapacak?

İstekleri ve isteklerinden korkma duyguları arasında kalmış, yiten huzurunu bulmak için nereden yardım bulacağını bilmeyen bu yaratığı artık koca tanıyamıyor. Varoluş savaşındaki bu küçücük kar tanesi, kocasıyla kafaca anlaşmak için henüz yeterli olgunluğa erişmiş olmadığı gibi, albenisini oluşturan her şeyi de olanak bulduğu oranda çıkarıp atmaya bakmaktadır. Dış görünüşünü değiştirmesi ona Avrupalı kadının cazibesini kazandırmaya yetmediği gibi, iç huzurunun kaynak olduğu uyuma da erişememektedir. Olan yegane şey, eşi bulunmaz sevimli çekiciliğini kaybedip, onun yerine Paris kılığını kazanmasıdır. Şimdi eskiden yuvasının kuytuluğunda beğenip hayran olduğu bu Paris kılığının ise erkeğe pek faydası yok. Erkeğin yegane isteği, mutluluğunu tekrar erkeğinin sevgisinde arayan bir kadınının olması. Durum böyle olunca erkek ne yapıyor? Kanaatine göre böyle bir kadını bulabileceği bir çevrede bu kadını arıyor.

Güller henüz gonca iken devşirilmemeli. Tabii olmayan yollardan filiz sürdürülmek istenirse bitki bozulur. Ötüşleri sadece belli zamanlarda ancak yüreklerinden kopup gelen kuşları, her dakika öttürmeye çalışmak adil bir davranış değildir. Böyle bir kuşun her dakika ötmesini isteyenin, onu önce kör etmesi gerekir. İnsanlara çocukları ve daha sonra çocuklarının çocukları tarafından, yürekleri kan ağlayarak uğrunda savaşılmamış bir özgürlüğü getirmek sakıncalıdır. Yaşamın ve günlük yaşantının görüntüsü, gölgeye alışmamış göze nasıl ağrı veriyor ve varoluşun farkına varmak da düşlerle dolu yüreği nasıl ağrıtıyorsa, bugün Türk kadınının ve onunla birlikte tüm Türkiye'nin zorlandığı şeyi, yani »örtüsü kaldırılmış kadını« kabul edebilmek, büyük bir ruh gücüne sahip olmayı ve aynı zamanda mutluluk duygularıyla da ilişkiyi koparmış olmayı gerektiriyor.

* Else Marquardesen-Kamphövener: »Die entschleierte Frau«, *Die Islamische Welt*, Nr. 10 (September 1917), S. 578580

* Else Marquardesen-Kamphövener: »Die entschleierte Frau«, *Die Islamische Welt*, Nr. 10 (September 1917), S. 578580 →

Kampf des Daseins zu stürzen; man wolle nicht vergessen, daß mit ganz verschwindend wenigen Ausnahmen auch die heftigste Verkünderin des freien Rechtes der Frauen bereit ist, eine in der Liebe und der Mutterschaft glückliche Frau zu werden, wenn man ihr nur Gelegenheit dazu geben wollte. Je heftiger die Arbeit nach außen, desto stärker die verschwiegene Sehnsucht des einsamen Herzens, nach dem, was das wahre Recht der Frau ist, nämlich das Recht auf Liebe. Wer ehrlich ist unter den Frauen Europas, die im Kampfe des Daseins stehen, muß es zugeben, daß die Krone, die der Erfolg der Frau auf die Stirne drückt, eine schwere, harte, kalte Last ist, die abzulegen Seligkeit bedeuten würde.

Warum nun soll die Orientalin diese Krone der Qual tragen müssen? Warum läßt man ihr nicht das Glück, das sie in der Gebundenheit zu finden vermochte, das Glück, das ihrem Wesen volle Entfaltung gestattet? Man will ihr das höchste Menschengut, die erhabene innere Freiheit, bringen, und man vergißt die Kleinigkeit, daß diese innere Freiheit die Frucht schwersten Ringens reifer Menschen mit sich selbst ist, nicht aber eine Frage der Kleidung. Man entreißt der Orientalin die Stützen ihres Seins ohne doch imstande zu sein, ihr neue zu schaffen. Aber das kann eben nur die Zeit bringen, nur die langsame Umwandlung, die durch den Einfluß unsichtbaren Wechsels hervorgerufen wird. Jetzt aber ist es noch zu früh. Wenn man jetzt in der Türkei die armen kleinen Dämchen herumgehen sieht auf ihren für den Weg des Alltags so ungeeigneten Schuhchen, mit ihren für das Treiben des Lebens so ungeeigneten ängstlichen oder auch kecken Blicken — ach, wie tut einem da das Herz weh um all die Lieblichkeit, die vernichtet wurde, um all den stillen Zauber, der zerrissen wurde. Manche kleiden sich ganz europäisch nur natürlich unter gänzlich falscher Behandlung der großen Kleiderfrage; andere suchen einen Kompromiß zu schaffen zwischen Orient und Okzident und bringen etwas ganz Unglückliches zustande; allen aber ist eines gemeinsam: die Schleierlosigkeit. Schleierlos wollen sie hinfort durchs Leben gehen, schleierlos so dem Glück wie Unglück ins Auge blicken; und bei dem ersten rauhen Luftzug ziehen sie sich entsetzt in sich selbst zurück, denn so hatten sie sich das Leben nicht vorgestellt! Und dann möchten sie den Schleier wieder haben; möchten wieder vor alles Häßliche den Schleier der Fürsorge, die immer für sie rege war, gebreitet haben — doch wo ist er hin? Möchten wieder vor dem leeren Himmel den Schleier ihres reinen Kinderglaubens wehen haben — doch wohin entschwand er? Möchten wieder durch den Schleier der Liebe ihrer Kinder alles Geschehen um sich sehen — doch ach die Kinder? Auch sie riß das neue Leben fort — auch sie irren schleierlos in einer ihnen fremden Welt. Und der Mann? Er, der bisher wahrhaft ein Weib hatte und ein Heim, eine Zufluchtsstätte, die ihm offen stand, und nur ihm, wie auch das Leben ihn zausen mochte — was wird aus ihm? Er kennt dieses Wesen nicht wieder, das, haltlos zwischen Wunsch und Bangen hin und hergerissen, nicht mehr weiß, wohin es sich wenden soll, um die verlorene Ruhe wiederzufinden. Zu einer geistigen Gefährtin ist diese arme Flocke im Wirbelwind des Daseins noch lange nicht reif genug, und alles, was sonst ihren Reiz ausmachte, sucht sie abzulegen so schnell sie nur vermag. Aber nicht den Reiz der Europäerin tauscht sie ein für das, was sie ablegt, nicht die Geschlossenheit innerer Freiheit erlangt sie mit der äußeren zugleich. Nein, sie verliert ihren eigenen unbeschreiblichen Liebreiz und sie gewinnt — eine gewagte Pariser Toilette. Der Mann aber hat nicht genug an dieser Pariser Toilette, die er in früheren Zeiten in der Verstecktheit seines Heimes auch bewundern konnte und die nun die Straßen ziert; ihm liegt daran, wieder ein Weib zu haben, das sein Glück in seiner Liebe sucht. Was also tut er? Er sucht dieses Weib da, wo es sich ihm in richtiger Abschätzung der Verhältnisse bietet.

Man darf nicht Rosen pflücken wollen, ehe sie die Zeit ihrer Blüte erreichten; treibt man sie künstlich, so zerstört man den Stock. Es ist unrecht, Vögel singen machen zu wollen zu jeder Stunde, deren Lied ihnen nur in geheimen Augenblicken aus der Brust dringt; will man es, so muß man sie blenden. Nicht unbedenklich ist es, Menschen das Geschenk der Freiheit bringen zu wollen, ehe sie es nicht durch Kinder und Kindeskinder hindurch mit ihres Herzens Blut erkämpften. Schmerzhaft ist dem schattenungewohnten Auge das Bild des Lebens und des Alltags, schmerzhaft dem träumereichen Herzen das Erkennen des Daseins, und es gehört Kraft der Seele und des Geistes, Losgelöstheit vom Glück dazu, um das zu sein, was man heute die Türkin und mit ihr die ganze Türkei zwingen will, zu heißen: die entschleierte Frau.

Ekonomik Çıkarlar Açısından »Örtü«

Ökonomische Interessen und die Schleierfrage

Türk kadınının bağımsızlığını, Alman milli çıkarları çerçevesinde düşünen, ekonomik çıkarcı görüşü Charlotte Lorenz, 1918'de dile getirir [3] ve Türk kadınının kurtuluşunu, ekonomik anlaşmalarla güçlendirilen, Alman kültürel etkilerine bağlı olarak görür:

»Eğer Alman eğitimcileri, sayıca oldukça üstün olan yabancı, özellikle Fransız, Amerikan ve İngiliz okullarını devreden çıkarmayı ve kız okullarının reform işini üzerine almayı başarırlarsa, kadınların durumu tıpkı Almanya'da olduğu gibi sistemli bir ciddiyet ilkesiyle ağır ama emin ve aşırılıklardan arınmış bir gelişme gösterecek ve bu da şüphesiz kadınların kendi yararına olacaktır. [4]

Bir yandan, kadının ekonomik alandaki işgücü katkısını, öte yandan kadının hukuksal durumunu batılı anlamda yeniden düzenlenmesini öngören, Türkiye ve Almanya arasında yapılmış hukuk anlaşmalarına göre, İslam hukuku anlayışı, batıdaki ilkelerle uyum haline getirilmelidir.

Böylece kadın sorununun nasıl bir ekonomik düzenlemeye gerek göstereceği konusunun geleceği, Almanların Türklerle kurdukları ve bu hukuk anlaşmalarını gerçekleştirilmesi beklenen kültür birliğine bağlı olacaktır.« [5]

Charlotte Lorenz, Türkiye'nin gelişmesinin özellikle Alman ticari çıkarları açısından ekonomik sorunları üzerinde görüşlerini bildirirken ise, sadede geliyor: Kadın bağımsızlığında esas sorun başörtü değildir. Esas sorun, yerli ve yabancı endüstri ürünlerinin sürümü ve bunun yanında kadınların üretim sürecinde nasıl "kullanılabileceği" konusudur.

»Ordunun ihtiyacı dolayısıyla, tekstil ürünlerine talebin son derece artması, doğal olarak yeni fabrikaların kurulmasını ve mevcut olan fabrikaların da üretimlerinin bu alana çevrilmesi sonucunu doğurdu. İstanbul yakınlarında büyük, elektrikli tezgahla çalışan ve askeri kumaş üretmekte olan, aynı zamanda da makinalı tezgahta nakış işleyen Feshane, fabrikanın ürünlerini elbise haline getirebilecek bir dikiş atölyesine sahiptir. Büyük oranda kadın işçilerin işe alınması, işçi sorununu ko-

Die ökonomischen Interessen, verbunden mit deutsch-nationalen Interessen an einer Emanzipation der türkischen Frau, legt Charlotte Lorenz 1918 dar.[3]

Die Befreiung der türkischen Frau hängt ihrer Meinung nach wesentlich von den deutschen kulturellen Einflüssen ab, die durch wirtschaftliche Verträge bekräftigt werden:

»Gelingt es dem deutschen Schulmann, mit der Verdrängung der stark in der Überzahl vorhandenen ausländischen, besonders französischen, amerikanischen und englischen Schulen auch die Reformierung des Mädchenschulwesens in die Hand zu bekommen, so wird die gesamte Frauenfrage eine Entwicklung nehmen, welche zweifellos zu ihrem Nutzen, im Zeichen systematischer Gründlichkeit und, ähnlich wie jene in Deutschland, des langsamen, sicheren, von Extremen freien Fortschreitens stehen wird. [4]

Die deutsch-türkischen Rechtsverträge verlangen eine so energische Anpassung islamischer Rechtsbegriffe an abendländische Grundsätze, daß die wirtschaftliche Mitarbeit der Frau einerseits und die Hebung ihrer rechtlichen Stellung im abendländischen Sinne andererseits als unbedingte Erfordernisse erscheinen.

Gerade von der neuen deutschen Kulturgemeinschaft mit der Türkei, welche diese Rechtsverträge gewährleisten sollten, wird die Zukunft, die ganze wirtschaftliche Gestaltung der Frauenfrage abhängen.« [5]

Wenn sie die ökonomischen Probleme der Entwicklung der Türkei diskutiert — vor allem auch im Interesse deutscher Handelsbeziehungen — kommt sie jedoch zur Sache: Nicht eine Frage von Emanzipation ist der Schleier, sondern eine Frage der 'Verwendbarkeit' von Frauen im Produktionsprozeß ebenso wie eine Frage des Absatzes von Produkten der ausländischen oder heimischen Industrie.

"Die ungeheure Steigerung des Textilwarenbedarfs durch die Ansprüche des Heeres begünstigte naturgemäß die Errichtung neuer und die scharfe

laylıkla çözdü. Junge, başörtüsüne rağmen kadınlardan iyi yararlanılabileceğini, bugün yer yer makina başında çalışanların % 80'inin kadın olduğunu, bunların arasında hatta erkek ustabaşı emrinde çalışan çok sayıda Türk kadınının bulunduğunu yazıyor. [5]

Kadınların başörtülerini çıkarmaları ve bunun sonucu olarak modern baş örtme yollarına gerek duymaları ve ayrıca savaştan sonra başkente gelmesi beklenen yoğun yabancı ziyaretçiler gibi nedenlerle özellikle başkentte yoğunlaşmış olan ve yapımı kadınların elinde bulunan kadın şapkası atölyeleri de beklenen büyük ekonomik gelişmelerine ulaşacaklardır.« [7]

Heranziehung bereits bestehender Fabrikbetriebe. So betreibt die große, elektrisch betriebene Militärtuchfabrik und Maschinenstrickerei in Fes Hande bei Konstantinopel eine Näherei, welche in der Lage ist, die gesamten Fabrikerzeugnisse zu konfektionieren. Durch die starke Heranziehung weiblicher Arbeitskräfte wurden die Schwierigkeiten in der Arbeiterfrage damit glatt gelöst. Wie Junge berichtet, erwies sich hier die Frau trotz der Schleierfrage als gut verwendbar, so daß heute stellenweise an den Maschinen bis 80 Prozent Frauen, unter denen die Türkinnen zahlreich vertreten sind, sogar unter männlicher Aufsicht arbeiten. [5]

Auch die Putzmacherei, welche sich in weiblichen Händen befindet und vor allem in der Hauptstadt konzentriert, wird erst mit der Entschleierung der Frau und damit dem Nötigwerden moderner Kopfbedeckungen sowie mit dem unmittelbar nach dem Kriege zu erwartenden zunehmenden Fremdenverkehr in der Hauptstadt ihren eigentlichen Aufschwung erleben". [7]

Eine junge Türkin (18 jährig), Schriftführerin eines „Frauen-
vereins zur Ausbildung türkischer Mädchen"; so wie sie unter-
halb des Schleiers gekleidet ist.

Bild/Resim 74
Çeviri: »Türk Kızlarını Eğitme Derneği« adlı kuruluşun sekreteri olan 18 yaşındaki genç bir Türk kızının örtüsü altında nasıl olduğunu gösterir resim

Kültür Tarihçisi ve Örtü

Her ne kadar, özgürlüklerinden bazen yakışık almayan bir şekilde faydalanan kadınlar da bulunsa bile, kadın hakları için, son derece "kararlı" mücadeleler veren erkekler de eksik değil![8]

Bir zamanlar, Yakın Doğu ile ilgili çalışmalarda otorite olarak kabul edilen Carl Endres, "kadın doğasını" da anlamakta ustaydı:

»Mustafa Kemal öncülüğünde bütün şeriat kanunlarından vazgeçildiği, İslam ulemalarının yerlerinden edildiği, haremle ilgili her türlü geleneğin kaldırıldığı, İsviçre medeni kanununun getirildiği, kadınların tüm mesleklere, sosyal hayata katılmalarına müsaade edildiği ve hatta (kadınların kullandığı) örtünün yasaklandığı göz önüne getirilsin. Önce görülmemiş bir karmaşa oldu. Haliyle sayısız kadın sahip oldukları bu özgürlüklerle ne yapacaklarını bilemediler ve önceleri bu durum görülmemiş bir sefalete neden olacağı görüntüsünü verdi.

Ama bu, her büyük devrimle birlikte gelen normal bir durumdu. Kararlı bir çalışmayla Türk kadınının reformu gerçekleştirildi.«[9]

Kulturhistoriker und die Schleierfrage

Und dann sind da noch die Männer, die „eisern" um die Rechte der Frauen kämpfen – auch wenn diese ihre Freiheiten manchmal unziemlich ausnützen.[8]

Franz Carl Endres, sehr angesehen in der „Orientszene" der damaligen Zeit, konnte sich sehr gut in die „Natur der Frauen" einfühlen:

„Und nun stelle man sich vor, daß unter Mustapha Kemal gewissermaßen mit einem Schlage das ganze Scheriatsgesetz über den Haufen geworfen wurde, die islamische Geistlichkeit vertrieben, jede Haremssitte abgeschafft, das Schweizer Bürgerliche Gesetzbuch eingeführt, den Frauen alle Berufe, jegliche öffentliche Tätigkeit erlaubt und das Tragen des Schleiers sogar verboten wurde. Es entstand zunächst ein Wirrwarr sondergleichen. Naturgemäß verstanden unzählige Frauen nicht, was sie mit ihrer Freiheit anfangen sollten, und es hatte anfänglich den Anschein, als wenn unerhörte Liederlichkeit der Lebensformen und der Lebensgestaltung die Folge sein würde.

Aber das waren ein paar Jahre der Kinderkrankheiten, wie sie jede große Revolution mit sich bringt. Mit eiserner Energie wurde die Reform der türkischen Frau durchgeführt."[9]

İki Kadın

Osmanlı İmparatorluğunda, Avrupalı kadının çok özgür olduğu ve hatta bu özgürlüğünü cinsel yaşamında da sürdürdüğü veya Avrupalı kadının kocasından son derece iyi muamele gördüğü konusunda, yerleşmiş belli düşünceler vardı.[10]

Avrupa'daki kadın bağımsızlığı hareketinin hedefleri ve ana düşünceleri, yaşam tarzlarını değiştirmek isteyen Osmanlı kadınları tarafından, yakından takip edilen ve hakkında tartışılan konulardandı. Ama Osmanlı kadınları da, Avrupalı kadınların düştüğü hatayı tekrarlayarak, birtakım basmakalıp varsayımlara kapılıyorlar ve böylece Avrupalı kadının gerçek yaşamı ile onun uygulamakta olduğu düşünülen yaşam arasındaki fark büyük oluyordu. 19. yy.da, kadın hakları konusunda detaylı düşünceler geliştiren Zeynep Hanım, büyük ümitlerle gittiği Avrupa'dan, hayal kırıklığı içinde geri dönmüştür. 1924'de Fransa'da bir barış kongresine katılan Nimet Cemil ise, Fransa'daki kadın hayatını, İstanbullu kadınlarınkinden pek farklı bulmayarak, sadece orada Türk kadını hakkında yaygın olan bazı fikirleri düzeltme gereğini duyacaktır.

Zwei Frauen

Das Bild der Europäerin im Osmanischen Reich war einmal von der Vorstellung bestimmt, daß diese sehr freizügig — auch sexuell freizügig — leben könnte, daß sie zum anderen von ihrem Mann sehr zuvorkommend behandelt würde.[10]

Die Ziele und Ideale der europäischen Frauenbewegung wurden sehr aufmerksam verfolgt und diskutiert von den osmanischen Frauen, die ihre Situation verändern wollten.

Dabei gerieten auch sie in Gefahr, in Klischees zu verfallen, und ihre Vorstellungen und die Realität klafften oftmals weit auseinander. Zeyneb Hanoum, eine türkische Frauenrechtlerin des 19. Jahrhunderts, die mit großen Hoffnungen nach Europa reiste, kehrte ihm enttäuscht den Rücken.

Nimet Cemil, die 1924 einen Friedenskongreß in Frankreich besucht, findet das Leben dort nicht so anders, möchte nur das Bild, das dort von der Türkin herrscht, zurechtrücken.

Zeynep Hanım [II]

Zeynep Hanım on yaşındayken, kendinden bir iki yaş büyük olan arkadaşı, artık oyunlara katılmaz, Midilli atlarıyla yapılan gezintilere gelmez olup da, sokağa ancak kalın bir peçe örtündükten sonra çıkmaya başlayınca, kadın olmanın ne demek olduğunu anladı. Kendi anneannesi daha 19. yy. başlarında, ince beyaz yaşmaklar kullanırken, kendisi elli sene sonra siyah, kalın bir peçe örtmek zorunda kalıyordu.

Zeynep Hanım büyüdüğünde, erkeklerle, gerçek bir ortaklık içinde yaşanabilecek bir hayatın özlemini duyar oldu. Evleneceği erkeğin en yakın dostu olmak istiyor ama bunu gerçekleşmeyecek bir düş olarak görüyor ve içinde yaşadığı şartlar onu tatmin etmiyordu. Tartışmalara, bu konuda

Zeynep Hanoum [II]

Im Alter von zehn Jahren entdeckte Zeyneb Hanoum, was es bedeutete, weiblichen Geschlechts zu sein. Ihre nur wenig ältere Freundin wurde plötzlich von ihren Spielen und Ponyausflügen ausgeschlossen und durfte sich draußen nur noch unter einem dicken Schleier zeigen. In der Jugend ihrer Großmutter, Mitte des 19. Jahrhunderts, konnten Frauen es noch bei einem durchsichtigen weißen Gesichtsschleier bewenden lassen. 50 Jahre später mußte sie den dicken, schwarzen Umhang tragen.

Zeyneb sehnte sich als Erwachsene nach einer echten Partnerschaft mit Männern. Sie wollte die engste Vertraute ihres zukünftigen Mannes sein, was aber für sie wie ein unerfüllbarer Traum war.

konuşmalara olan açlığını gidermek amacıyla, o sıralarda harem hayatı ile ilgili bir roman yazmayı planlayan Fransız yazar Pierre Loti ile sık sık buluşmaya başladı.

Yapılan konuşmalar romancıya malzeme olduğu için, Pierre Loti'de kendisini canla başla dinleyen bir kişi bulmuştu. 1906'da bu romanın yayınlanmasından kısa bir süre önce, Zeynep Hanım kız kardeşiyle birlikte Avrupa'ya gitti.

Orada yabancı erkeklerin dikkatlerini kendi üzerlerine çekmek ve kendilerini onların kollarına bırakmak için, bir gece davetinden diğerine koşturup duran, Parisli kadınları bir tuhaf buldu. Sanki Parisli kadınlar için, kimin kimle yattığı konusundan başka konuşulacak konu yoktu.

Londra'ya geldiğinde, kadın bağımsızlığı ve kadın hakları konusunda çalışmalar yapan, Sufrajet gurupla mutlaka tanışmak istedi, çünkü bu gurup, Zeynep Hanım'ın yürekten inandığı idealler uğruna mücadele veriyordu. Ama bir ömür boyu, sadece kadından beklenen ev işlerinin ve ezici geleneklerin egemenliğinden kurtulma çabasında olan, fakat mutlu olduğu söylenemeyecek bu kadınlar da, onu hayal kırıklığına uğrattı. Avrupa'da her ne kadar bir takım yüce politik idealler var idiyse de, bu durum kadınların içinde olduğu sorunlara bir çözüm getirmiyordu. Avrupa'da, ya bir ömür boyu, sonradan bir işe yaramadığı ortaya çıkabilecek bir takım soyut özgürlük ilkeleri için mücadele etmek, ya da kendini "yüzeysel" bir cinsel özgürlüğe kaptırmak gibi soruna çözüm getirmeyen olanaklardan başka bir seçenek yoktu.

Zeynep Hanım, Avrupa'dan geri dönerken, üzerinde tartışılmadan uygulanacak Avrupa kadın bağımsızlığı hareketinin doğuracağı sorunlar konusunda, yapıcı fikirlere sahip ve yeni bir arayışın içindeydi.

Nimet Cemil[12]

»Firuze, Hanımlara mahsus edebi gazete«, Nr. 4, bugünkü Türkçeye kısmen uyarlanarak alınmıştır.

Fransa Barış ve Barış İçinde Yaşama Kongresinde Bir Türk Hanımı — Nimet Cemil Hanımefendi ile Bir Konuşma[3]

Türk hayatında aşağı yukarı ilk defa görülen olağanüstü bir olay: Bir Türk hanımı bir Avrupa kongresine katılıyor. Türk kadınının bugün ulaştığı yüksek gelişme düzeyi, bu bakımdan çok kutlamaya değer. Bunun içindir ki, bir kadın dergisi olan Firuze bu kutlanacak fırsatı kaçırmayıp, sayfalarında yayınlamak istemiş ve bir yazarı-

Die Lage, in der sie sich befand, war für sie nicht zufriedenstellend. Sie traf häufig den französischen Schriftsteller Pierre Loti, um ihren Hunger nach geistigen Auseinandersetzungen zu stillen. Sie fand bei ihm einen bereitwilligen Zuhörer, weil er für einen geplanten Roman Einzelheiten über das Haremsleben brauchte. Bevor dieser Roman 1906 erschien, fuhr Zeyneb Hanoum mit ihrer Schwester nach Europa.

Die Pariserinnen fand sie eigenartig. Sie hasteten nervös von einer Soirée zur nächsten, um dort die Aufmerksamkeit von Männern auf sich zu lenken, die sie kaum kannten, und ihnen in aller Öffentlichkeit in die Arme zu fallen. Es schien für die Pariserinnen nur ein Thema zu geben — wer mit wem schlief.

In London wollte Zeyneb vor allem Sufragetten kennenlernen, die so hart für jene Ideale stritten, an die sie selbst leidenschaftlich glaubte. Aber auch diese Frauen enttäuschten sie. Sie rangen ihr ganzes Leben lang darum, der Tyrannei von Haushalt und Konvention zu entkommen. Aber sie schienen nicht glücklich zu sein.

Trotz seiner erhabenen politischen Ideale bot Europa keine Lösung für das Dilemma der Frauen. Vielmehr gab es dort nur Ersatzmöglichkeiten, nämlich entweder ein lebenlanges Ringen um abstrakte Freiheitsgrundsätze, die sich als trügerisch erweisen konnten, oder die Hingabe an die oberflächliche sexuelle „Freiheit" nach Art der Salonlöwinnen.

Sie kehrte nach Hause zurück mit wertvollen Einsichten in die Probleme, die sich aus der unveränderten Übernahme europäischer Emanzipationsmodelle ergeben würden. Die Suche müßte weitergehen.

Nimet Cemil[12]

Übersetzt aus der türkischen Frauenzeitschrift »Firuze«.

Eine türkische Frau bei einem französischen Kongreß für Frieden und friedliches Zusammenleben — Ein Interview mit Frau Nimet Cemil[3]

Ein ganz besonderes Ereignis, das wahrscheinlich im türkischen Leben zum ersten Mal vorkommt:

Eine türkische Frau nimmt an einem europäischen Kongreß teil. Angesichts des hohen Entwick-

nı göndererek Nimet Cemil Hanımefendi ile bir söyleşi yaptırmıştır.

Nimet Hanımefendi, gösterişli tavırları ve gururu ile sıkıntı saçan yaşlı ve ukala bir kadın değil, yirmi yaşlarında çok candan ve rahat davranışlı. Sorularıma pek büyük bir naziklikle cevap verdi. Evvela Avrupa seyahatini konuştuk:

»Lyon'da toplanan uluslararası bir kongreye babam Türk temsilcisi olarak gidiyordu. Ben de hiçbir gaye ve vazife ile değil, sadece gezi yapmış olmak için kendisine eşlik ettim. Lyon'a geldiğimiz gün kongrenin ilk toplantısına katıldık. Konfransta dünyanın her tarafından gelmiş kadın temsilciler vardı. Bunlar aşağı yukarı elli kişiydi. Benim gibi bir görevi olmadan babalarına eşlik eden Polonya, Fransa ve İngiltereliler de vardı. Konferansta dünyayı ilgilendiren, hukuksal, ekonomik, siyasal, toplumsal bütün konular konuşuldu. Bu konulardan en çok sosyal hayatta kadının rolüne önem verdim.

Bir akşam 300 kişilik resmi ve görkemli bir ziyafet veriliyordu. Bu ziyafette bütün milletlerin temsilcileri ile birçok önemli kişi bulunuyordu. Fransızların ikinci başkanı Profesör Olar bir saat süren büyük bir konuşma yaptı. Bunda insanlığın gerçek ve uygar bir barışa kavuşması için gerekli olan koşulları saydı. Ve son söz olarak bu konuda en büyük ödevin kadınlara düştüğünü anlattı. Kadının, insanlığın anası olmasından ötürü büyük ve dünya çapında bir rol oynayacağından söz etti.

Ondan sonra Madam Mardlesliye'ye söz verildi. Madam Mardlesliye, kadının dünyadaki görevinin yeri hakkında gerçekten bilinçli ve çok etkili konuştu. Sözlerinin sonuna doğru bütün dünya kadınlarında var olan değişme ve yenileşme düşüncesinden söz etti. Artık konuşmak sırası bana gelmişti. Ben de kızkardeşlerimin medeni hayata girmek için bütün niteliklere sahip olduklarını, vatan sevgisi ve toplum hayatı anlayışının Türk kadınında zaten bulunduğunu söyledim.»

İşte bu kadar. Nimet hanım bu kadar söyledi. Fakat ben de ekliyorum ki, ertesi gün Paris'in bütün gazeteleri kendisinin resmini koydu. Gazeteler sanıldığından bambaşka bir Türk kızı hakkında övgülerle çeşitli uzun makaleler yazıyordu. Nimet Hanımefendi pek değerli görüşlerine şöyle devam etti:

»Paris'te kadın hayatı hiç de bizim düşündüğümüz gibi değildir. Biz Paris'te kadının sadece süslenmek ve güzelliklerini göstermek için yaşadığını düşünürüz. Gereksiz yere harcamayı, zevk ve eğlenceye aşırı derecede düşkünlüğü, aşırı gitmeyi onların başlıca özelliğinden biliriz. halbuki öyle değil. Ben Paris'te iken Profesör Buklen'in evinde kalmıştım. Bu aile, Paris'in en yüksek en kibar ailesi olmasına rağmen, hayal ettiğim durumlardan hiç birisini onlarda göremedim. Onlar ve yine bütün Fransa kadınları ev işi ve çocuklarının bakımı ve eğer varsa mesleği ile tam bir ciddiyetle uğraşır. Şaştım ve hayretimi onlara bildirdim. Gülümsediler. Bar hayatı! Ciddi aileye ait hiç bir kız veya kadın herkesin gittiği

lungsstandes, den die türkische Frau heute erreicht hat, ist das ein sehr begrüßenswertes Ereignis. Weil Firuze eine Frauenzeitschrift ist, wollte sie diese Chance nicht verpassen und davon berichten und schickte deshalb einen ihrer Journalisten und ließ ihn ein Gespräch mit Frau Nimet aufzeichnen.

Frau Nimet ist keine alte und arrogante Frau, die mit ihrem leeren Benehmen und ihrem Hochmut Verdruß bereitet, sondern sie ist um die Zwanzig, sehr liebenswürdig und kameradschaftlich. Sie hat mit großer Höflichkeit meine Fragen beantwortet. Zuerst unterhielten wir uns über ihre Europareise:

„An einem internationalen Kongreß in Lyon nahm mein Vater als türkischer Repräsentant teil. Ich selbst hatte keine besondere Absicht und Aufgabe, ich begleitete ihn nur um der Reise willen.

An dem Tag, an dem wir nach Lyon kamen, haben wir an der ersten Sitzung des Kongresses teilgenommen. Zu der Konferenz waren Repräsentantinnen aus der ganzen Welt gekommen. Diese waren ungefähr 50 Personen. Es gab Polinnen, Französinnen und Engländerinnen, die wie ich keine besondere Aufgabe hatten und lediglich ihren Vater begleiteten. Auf der Konferenz wurden Themen behandelt, die die ganze Welt angehen, und zwar juristische, wirtschaftliche, politische und soziale Fragen. Von diesen Themen habe ich mich am meisten mit der Rolle der Frau im sozialen Leben befaßt.

An einem Abend wurde ein offizielles und sorgfältig vorbereitetes Essen für 300 Personen gegeben. An diesem Essen nahmen neben den Repräsentanten aller Nationen viele bedeutende Persönlichkeiten teil.

Der zweite Vorsitzende der französischen Delegation, Professor Olar, hat einen eindrucksvollen einstündigen Vortrag gehalten. Darin zählte er die Bedingungen auf, die nötig sind, um einen echten und verbesserten Frieden für alle Menschen zu erreichen. Und zum Schluß sagte er, daß die wichtigste Aufgabe auf diesem Gebiet den Frauen zufällt. Er sprach von der großen und zentralen Rolle der Frau, die sie als Mutter aller Menschen spielt.

Dann wurde das Wort Madame Mardlesliye erteilt. Madame Mardlesliye sprach wirklich erfahren und sehr eindrucksvoll von dem Stellenwert, den die Aufgaben der Frau in der Welt haben. Gegen Ende ihrer Ausführungen sagte sie, daß es bei allen Frauen auf der Welt Veränderungs- und Erneuerungsgedanken gibt.

Dann war die Reihe zu reden an mir. Ich sagte, daß bei meinen Schwestern alle Voraussetzungen, um an einem modernen Leben teilzunehmen, vorhanden sind und die türkische Frau sowieso Vater-

فرانسه صلح و مسالمت قونغره سنده

بر تورك خانمی

نعمت جمیل خانم افندیله بر ملاقات

نومرو : ۱ — ۳ — ۱۵ ایلول

Bild/Resim 75
Auszug aus der Frauenzeitschrift »Firuze«, Anfang 19. Jahrhundert
19.yüzyıl başlarında çıkmış kadın Dergisi »Firuze« den bir haber

landsliebe und Verständnis für das Zusammenleben in der Gesellschaft besitzt."

Soweit Frau Nimet. Ich setze noch dazu, daß am nächsten Tag alle Zeitungen in Paris ihr Bild brachten. Sie schrieben verschiedene längere Artikel über diese türkische junge Frau, die so ganz anders ist, als man gedacht hatte. Frau Nimet setzte ihr wertvolles Gespräch folgendermaßen fort:

„Das Leben der Frau in Paris ist überhaupt nicht so, wie wir denken. Wir denken, daß die Frau in Paris nur lebt, um sich zu schmücken und ihre Schön-

بر واراق كوردم . مدنيت مفهومنك
بو سويه‌سنی ادراك ايده‌ن تورك
قادينلغی اير كيج هر حقی الده
ايده‌جكدر .
فقط شونی‌ده خاطرده طوتمق
لازمدر كه : قادينلرك حقوقی اداره
ايتمه‌سی وبنه سياسی حياته آتيلمه‌سندن
زياده موقع اجتماعيسنی الده ايده‌بيلمه‌سی
عرفانك سويه عموميه‌سنی يوكسلتمه‌سی
دها اول دوشونولمه‌ليدر .
بوندن صوكره : بوندن صوكره
بارسده طانيشديغم فمينست غروپنك
غايه‌سنی كنديمه هدف اتخاذ ايده‌رك
چاليشاجغم . مقصدم . بشريتی صلح
ومسالمته نائل اولمش كورمكدرونه .
بونك ايچونده قادينلرك اوينايه‌جغی رولی پك هميتله تقدير ايديورم . ايتديكمدن چوق چوق باشقه ايدی .
علاوه ايده‌يم كه چاليشمق و مجادله ايتمك ايچون كنديمه خارجی

نعمت جميل خانم فندی

صفحه‌يی مناسب كوربيورم .. انتهی .
تورك قادينلغی اجنبيلره طانتمق ايچون
پروپاغاندا ياپه‌جغم . بونك ايچون اكر
قابل اولورسه تكرار بر آوروپا
سياحتنه چيقمه‌يی درشونيورم .
آقشام اوليوردی . كونش
افقلری چوبرزيشيل آغاج جرچوه‌
لرينك آرقاسنه كيزلنمك اوزره ايدی .
نعمت جميل خانم افندی‌يی دها
زياده راحتسز ايتمك ايسته‌مدم .
بر چوق تشكرلر ايده‌رك آيرلدم ..
ترهلك مطردصار صينتلری آراسنده
ذهنمدن كچن دوشونجه كلير كن حس

غ . ن

نعمت جميل خانم كوشكنك اوكنده

heit zu zeigen. Wir nehmen an, daß unnötiges Geldverschwenden, übermäßiges Interesse an Amüsement und Vergnügen und Übertreibungen ihre hauptsächlichsten Eigenschaften seien. Aber im Gegenteil. Als ich in Paris war, wohnte ich im Haus von Professor Buklen. Obwohl diese Familie zu den bedeutendsten und feinsten in Paris gehört, traf keine meiner Vorstellungen auf sie zu. Die Frauen in dieser Familie beschäftigen sich, wie alle Französinnen, mit reifem Ernst mit ihrer Hausarbeit, mit der Erziehung ihrer Kinder und eventuell mit ihrem Beruf. Ich wunderte mich und sagte ihnen, wie erstaunt ich

barlara ayak basmaz. Dans ve oyun ihtiyacını özel aile balolarında ve resmi balolarda giderir.

Karışık öğrenim: Bu mesele için size esaslı bir şey söyleyemiyeceğim. Ancak diyebilirim ki, ilk ve yüksek tahsil için evet. Meslek okulları için hayır.

Çünkü bütün uygar ülkelerde bu böyledir. Hatta en aydın ve uygar bir ülke olarak tanıtılan Danimarka'da bile...

Kadınlar ve milletvekilliği, hakimlik, gazetecilik... Herkes inanmıştır ki, kadınlar şimdi avukat olabiliyor. Fakat hakim olmalarına hiç bir kanun engeli olmadığı halde şimdilik biraz zordur. Hem şunu da düşünmelidir ki, bu yıl daha üç hukuk mezunumuz var. Şimdiden daha böyle şeyler düşünmek daha garip olmaz mı? Geçen gün hukuk fakültesinde ikinci sınıfın imtahanlarında bulundum. Burada hayret edilecek bir varlık gördüm. Uygarlık anlayışında bu düzeye ulaşan Türk kadınlığı er geç her hakkı elde edecektir.

Fakat şunu da unutmamak gerekir ki, kadınların hukuk konularında çalışmaktan ve siyasi hayata atılmasından çok, toplum içindeki yerini elde edebilmesi, bilgi ve kültürünün genel düzeyini yükseltmesi daha önce düşünülmelidir.

Bundan sonra Paris'te tanıştığım feminist grubun amacını kendime erek edinerek çalışacağım. Amacım insanlığı barışa ve barış içinde yaşamaya erişmiş görmektir. Ve yine bu yolda kadınların oynayacağı rolü çok iyi anlıyorum. İlave edeyim ki, çalışmak ve mücadele etmek için kendime dış dünyayı uygun görüyorum. Türk kadınlığını yabancılara tanıtmak için propaganda yapacağım. Bunun için eğer olanak bulursam tekrar bir Avrupa yolculuğuna çıkmayı düşünüyorum.« Akşam oluyordu. Güneş ufukları çeviren yeşil ağaç çerçevelerinin arkasına gizlenmek üzereydi. Nimet Cemil Hanımefendiyi daha fazla rahatsız etmek istemedim. Bir çok teşekkürler ederek ayrıldım.

Trenin tekdüze sarsıntıları arasında zihnimden geçen düşünce gelirken hissettiğimden çok çok başka idi.

sei. Sie lächelten. Das Nachtleben! Ein Mädchen oder eine Frau, die zu einer anständigen Familie gehört, setzt nie ihren Fuß in ein öffentliches Lokal. Ihr Tanz- und Vergnügungsbedürfnis wird auf privaten Familienfesten oder offiziellen Bällen gestillt.

Koedukation: Zu dieser Frage kann ich Ihnen nichts Wesentliches sagen, höchstens daß ich sie für die Volks- und weiterführenden Schulen befürworte, aber für die Berufsschule nicht. Weil es in allen modernen Ländern so gehandhabt wird. Sogar in Dänemark, von dem angenommen wird, daß es besonders aufgeklärt und fortschrittlich sei.

Frauen und die Berufe der Abgeordneten, der Richter, der Journalisten ...: Jeder ist der Meinung, daß Frauen jetzt Rechtsanwalt werden können. Obwohl es gesetzlich kein Hindernis gibt, ist es für die Frauen, die Richter werden wollen, zur Zeit etwas schwierig. Man muß dabei bedenken, daß wir in diesem Jahr nur drei Juraabsolventinnen haben.

Ist es nicht ein bißchen merkwürdig, jetzt über solche Dinge nachzudenken? Ich war vor kurzem bei Prüfungen der vierten Semester in der Rechtsfakultät anwesend. Ich habe dort erstaunliche Persönlichkeiten angetroffen. Türkische Frauen, die solch einen Grad von Verständnis für Kultur und Bildung erreicht haben, werden früher oder später jedes Recht für sich sicherstellen.

Aber man darf dabei nicht vergessen, daß die Frauen, bevor sie im Rechtswesen arbeiten oder am politischen Leben teilnehmen, zuerst ihre Stellung in der Gesellschaft und eine Verbesserung ihrer Allgemeinbildung erreichen sollten.

In Zukunft werde ich das Ziel der feministischen Gruppe, die ich in Paris kennengelernt habe, zu meinem eigenen machen. Meinen Vorsatz sehe ich darin, Frieden für die Menschheit und ein friedliches Zusammenleben zu erreichen. Und gleichzeitig ist mir die Rolle, die die Frauen auf diesem Weg spielen werden, sehr klar. Ich möchte noch hinzufügen, daß ich für mich die Außenwelt durchaus geeignet finde, um darin zu arbeiten und mich durchzusetzen. Ich werde für das Bild der türkischen Frau im Ausland Propaganda machen. Ich denke daran, wieder eine Europareise zu machen, wenn ich die Gelegeneheit dazu finde."

Allmählich wurde es Abend. Die Sonne war dabei, sich hinter dem Rahmen aus grünen Bäumen, der den Horizont umgab, zu verstecken. Ich wollte Frau Nimet Cemil nicht noch weiter stören. Ich bedankte mich herzlich und verabschiedete mich.

Im Zug mit seinen andauernden Bewegungen waren meine Gedanken ganz anders als meine Gefühle auf der Hinfahrt.

19. ve 20. Yüzyıllardaki Politik ve Sosyal Tartışmalarda Baş Giysileri Konusu

Osmanlı İmparatorluğu'ndan Türkiye Cumhuriyeti'ne

Kopfbedeckung im Zeichen der politischen und sozialen Veränderungen im 19. und 20. Jahrhundert

Ende des osmanischen Reiches — Gründung der türkischen Republik

19. ve 20. Yüzyıllardaki Politik ve Sosyal Tartışmalarda Baş Giysileri Konusu

Kopfbedeckungen im Zeichen der politischen und sozialen Veränderungen im 19. und 20. Jahrhundert

1908'den Cumhuriyet'in kuruluşuna kadar geçen zaman, çökmekte olan Osmanlı İmparatorluğun'da, politik çekişmeler devresidir. Bu süre içinde, kadınların giyimi konusundaki tartışmalar, yönetenlerle muhalefet arasında, bir güç denemesi durumuna gelmiş, kadınların toplumdaki yeri konusu, Osmanlı İmparatorluğu'nun çöküşünü etkileyen en önemli sorunlardan biri düzeyine çıkarılmıştır.

Saltanatı ve hükümeti temsil eden, İslâmcı görüşe göre, kadınların örtünmesinden vazgeçmek, dini ve sosyal bakımdan bir çok uğursuzluğu da beraberinde getireceğinden, üzerinde tartışılmayacak bir konu olarak görülüyordu. "Kadınların hareket özgürlüğünü kısıtlama" ve örtünme konusunda çıkarılan kararnameler ya da gazetelere konan sansürler gibi yasaklamalarla, muhalefet sindirilmeye çalışılıyordu.[1]

Türkçü görüşü savunanlar (Pantürkler) ise, toplumsal yaşamda kadının bir zevk ve cinsel nesne durumuna indirgenmesini, Osmanlı İmparatorlu-

Die Zeit zwischen 1908 bis zur Gründung der Republik war eine Zeit der heftigen politischen Diskussionen im untergehenden osmanischen Reich. Zu dieser Zeit geriet die Auseinandersetzung um die Kleidung der Frauen zu einer regelrechten Kraftprobe zwischen Regierungstreuen und Opposition. Die Frauenfrage wurde zu einer Schlüsselfrage der Entwicklung des Osmanischen Reiches erhoben.

Die islamischen Richtung meinte, die Verhüllung der Frauen sei eine unverzichtbare Bedingung. Ein Abgehen davon bedeute ein großes Unglück in religiöser und sozialer Hinsicht. Diese Richtung vertraten Monarch und Regierung. Sie versuchten immer wieder, durch neue Verbote, wie "Einschränkung der Bewegungsfreiheit von Frauen", Schleierverordnungen, Zeitungszensuren, die Opposition einzuschüchtern.[1]

Die andere Richtung, vertreten durch die Pantürken, sah die Misere des Osmanischen Reiches unter anderem darin begründet, daß die Frau im

Bild/Resim 76
Schulklasse mit Lehrerinnen, İstanbul 1914
Öğretmenleri eşliğinde bir sınıf, İstanbul 1914

ğu'nun sefalet nedenlerinden biri olarak görüyorlardı.

Bu görüşün temsilcilerinden, Selâhattin Asım, "Türk Kadınının Tereddisi (soysuzlaşması)" adlı kitabında, "örtünmenin yararsızlığını" vurguluyordu.

»(...)Bu ağlanacak durumun sebeplerinden birisi de (kadının) çarşaf giymesi, kapalı olmasıdır.«[2]

Türkçüler (Pantürkler), kocasıyla toplumsal sorumluluk taşıyan, eski Türk kadınının kişiliğini vurguluyor ve İslâm dini ile bu özellik arasında bir ilişki kurmaya çalışıyorlardı. Bunun yanında, Halide Edip (Adıvar), 1910 yılında yayınlanan Yeni Turan adlı romanında "yeni Türk kadınını" şöyle tanımlıyor: [3]

»Baştaki büyük locaya yalnız bir kadının girdiğini ve bu kadının girişinin yeni Turan gençlerine saygılı bir davranış verdiğini gördüm. Arkasında ta ayaklarına kadar inen ve bol, uzun kolları elleri örten, dizlerine düşen yumuşak, kurşuni bir yün cübbe vardı. İlk duygum, hiç kadına bakmadan, bu pek kişisel yürüyüşün anlamını kavramak için içten bir çatışma oldu. Bol, uzun cübbesi altında, uzun vücudunun dalgalanması acaba bir kadının nazlı yürüyüşünü mü, yoksa bütün fırtınalara kavi sökülmez bir sazın, tabiatın dil ve davranışlarıyla direnen dalgaları mı? Çevresinde uyandıracağı her türlü hisse karşı güçlü fakat sade kişiliği, duygusuzmuş gibi, kesin adımlarla yürürken ince, uzun ayaklarında bazı Turan kadınları gibi yumuşak bir deriden, fakat tamamen Türk köylüsü gibi yapılmış, bir çarık olduğuna inanıyordum. Kadın ilerlerken kıyafeti, o kadar İslamın söylenti ve inancıyla uygun görünüyordu ki, bu benzersiz olay, oradakiler arasında beklediğim bir küçük başkaldırma, yahut şaşkınlık doğurmadı.

Bütün genel kurulun sade gücüne katılan, başında sert fakat kusursuz bir çizgi ve anlam güzelliği buldum. Bunun örtülüşündeki sadelik ve güç! Alnının sağ çizgisinin altından kulaklarını ve çenesinin altını çevirerek yalnız biraz yuvarlakça olan yüzünü meydanda bırakan bir beyaz Bursa bezi, iddiasız, fakat güzel kıvrıntılarla omuzlarına düşüyordu. Kaşları siyah, ince, kalemle çekilmiş; sonra altında uzun siyah kirpikler arasında büyük, biraz donuk firuze renginde iki mavi, direnen ve kudretli bakış... Bu bakışta katiyen, kadın ya da erkek, insana cinsiyet hatırlatan bir şey yoktu. Bu iki göz, kuvvetinden habersiz olduğu için direnilmesi zor iki isimsiz güçtü!«

1908 de II. Abdülhamid, Meşrutiyet'i ilân etmek zorunda bırakıldığında, binlerce kadın kendiliğinden sokaklara dökülmüş, ve *"(...) demokratik coşkunluğun hüküm sürdüğü günlerde, Sultan geçerken belki de ilk defa olarak örtüsü açılmış kadın yüzleri görülmüştü."*[4]

Kadınlara tanınacak haklar konusunda, birbirine karşıt kararlar, birbirini takip etti. Örneğin, 1911 de kadınların ortada dolaşmaları ceza tehdidi ile sınır-

gesellschaftlichen Leben auf ein Vergnügungs- und Sexobjekt reduziert sei.

Ein Vertreter, Selahattin Asım, betont in seinem Buch "Der Verfall des türkischen Frauentums" die Nutzlosigkeit der Verhüllung .

"Einer der Gründe für diesen beklagenswerten Zustand ist das Tragen des Tscharschaf und die Verhüllung überhaupt."[2]

Die Pantürken berufen sich auf die Frühgeschichte der türkischen Frau, die mit dem Mann gesellschaftliche Verantwortung trug, und verbinden dies mit der islamischen Religion. Halide Edip, eine berühmte Schriftstellerin und Frauenrechtlerin, zeichnet in ihrem 1910 erschienenen Roman "Das neue Turan" das Bild der "neuen türkischen" Frau:[3]

"Meine Augen folgten der hohen Frauengestalt, die langsam und ruhig durch den Saal schritt, unbekümmert um die Blicke der Männer. Eine weite, grauwollene Dschübe mit langen, über die Hände hängenden Ärmeln ließ ihren Bewegungen volle Freiheit. Und wie sie dahinschritt, war nichts von Geziertheit in ihrem Gang; ihre Bewegungen waren wie das Sich-Wiegen des Rohres im Winde, das allen Stürmen kraftvoll widersteht. An den schmalen Füßen trug sie weiche lederne Schuhe, nach Art der Fußbekleidung der anatolischen Bäuerinnen gearbeitet. Und es war keiner unter den Vielen, der ein Ärgernis genommen hätte an dieser stolzen unverschleierten Erscheinung; stand sie doch ganz im Einklang mit den Überlieferungen und Lehren des Islam. In der ruhigen, unauffälligen Kraft dieser Persönlichkeit lag etwas Ehrfurchtgebietendes, an das keiner zu tasten wagte. Während ihre Blicke prüfend über die Versammlung schweiften, konnte ich auch ihren Kopf näher betrachten. Seine Schönheit war herb – die Linien voll Geist und Anmut. Die edlen Züge ihres strengen Profils traten um so viel schärfer hervor, weil ein weißer Brussahschleier Haar und Ohren ganz verhüllte und nur den Ausschnitt des Gesichts freiließ. Ganz beherrscht aber wurden diese Züge durch machtvolle, von dunklen Wimpern überschattete, leuchtend blaue Augen. Sie hatten das merkwürdige Blau des Türkisen und schauten fast streng und durchdringend in die Welt, ohne irgend etwas von der sinnlichen Weichheit, die sonst dem Blick der Frau eigen ist, zu verraten. Diese Augen waren, gerade weil sie selbst ihrer Macht unbewußt waren, eine Welt der Kraft."

Als Abdulhamid II. 1908 zur konstitutionellen Monarchie gezwungen wurde, kamen spontan Tausende von Frauen unverschleiert auf die Straße. *"So zeigten sich in den Tagen demokratischer Begeisterung dem vorübergehenden Sultane, wohl zum allerersten Male unverhüllte Frauenantlitze."*[4]

Bild/Resim 77
Frau Belkıs Şevket in Flugbkleidung. Sie erhielt 1914 als erste Frau die Flugerlaubnis.
1914 de ilk uçma iznini alan, Belkıs Şevket Hanım uçuş giysisi ile

Bild/Resim 78
Frau Saadet Canay trägt nur das Oberteil des Tscharschafs, 1924
Saadet Canay, kostümü üzerinde çarşafın pelerinini taşıyor.

lanırken, 1915 de, çıkarılan bir kararname ile, bir iş yerinde çalışan kadının, bu süre içinde çarşafını çıkartmasına müsaade ediliyordu.

19. yy. sonlarından itibaren kurulmaya başlayan kadın dernekleri, hızlı bir tempo ile gelişmelerini sürdürdüler. 1913 de kurulan, Kadın Haklarını Savunma Derneği (Müdafa-ı Hukuk-ı Nisvan Cemiyeti) çalışmalarında şu amaçları güdüyordu:

»Kadın kıyafetlerini düzeltmek, kadınları iş hayatına sokarak kadınlıktaki sefaleti hafifletmek, kadınları toplum hayatına alıştırarak, "bizi mahveden" çirkin gelenekleri yıkmak, kadın hürriyetlerini geri almak, özel okullar açarak, gazete, broşür yayımlayarak, konferanslar vererek kadınların kültürünü arttırmak ve aydınlatmak.«[5]

Die Beschlüsse der Regierung für und gegen die Feizügigkeit der Frauen lösten sich ab. So wurde 1911 versucht, Frauen einzuschränken, sich in der Öffentlichkeit zu bewegen. 1915 dagegen wurde erlassen, daß die Frau im Erwerbsleben den Schleier ablegen dürfe.

Die Frauenvereine, die sich seit Ende des 19. Jh. gegründet hatten, bekamen neuen Aufschwung. Ein 1913 gegründeter "Verein zum Schutz der Frauenrechte" (Müdafa-i Hukuk-u Nisvan Cemiyeti) konzentriert sich auf folgende Ziele: *"Reformierung der Frauenkleidung, Öffnung der Wege in die Arbeitswelt, damit sie ihrer Armut entrinnen können, Einführung in das öffentliche Leben, Abbau der frauenfeindlichen Traditionen, Zurückgewin-*

Bild/Resim 79
Frau Seniye Beykozlu trägt ihr Tuch in der »Sıkma baş«-Art, İstanbul 1930
Seniye Aydın sıkma baş tarzında bağlanmış başörtüyle, İstanbul 1930

Osmanlı İmparatorluğu, giderek siyasal ve ekonomik gücünü kaybetmiş ve 1. Dünya Savaşı'ndan sonra İstanbul İngiliz, Fransız ve İtalyan'lar tarafından işgal edilmişti.

İşgal kuvvetleri subaylarına eşlik eden Avrupalı kadınlar da, onlarla birlikte İstanbul'a gelmeye başladılar. Avrupa modasının etkisiyle, İstanbullu kadınlar, çarşaflarında değişiklikler yapıp, "modernleştirdiler". O zamanın kaynaklarına göre, çarşafların etekleri öylesine daralmıştı ki, kadınlar paytonlara binemez olmuşlardı. Bu durumu önlemek amacıyla, eteklere yandan yırtmaçlar yapıldı.[6]

Bazı kadınlar, manto veya kostümlerinin üzerine, aynı zamanda başı da örten bir pelerin alıyorlardı. Bu şekilde pelerin kullanımı ve sıkma baş tarzında baş örtme, yavaş yavaş İstanbullu kadının giyiminden kaybolmakta olan, çarşafın kalıntılarıydı.

Daha sonra, pelerin de kullanılmayacak ve geriye sadece başörtüsü kalacaktı.

Bazı kadınlar, başlarını siyah, dikdörtgen bir başörtü ile ensede bağlayarak, "sıkma baş" tarzında örterlerdi.

20. yy. başlarında politik, sosyal, ekonomik ve kültürel alanlarda hızlı değişiklikler meydana gelecek ve 1922'de son Sultan tahttan indirilecek, 1923'de Cumhuriyet ilân edilecek, 1924 de şeriat, Medeni Kanunlar la yer değiştirecek, 1925'deki kıyafet reformunda ise, erkeklerin bundan böyle fes taşımaları yasaklanacaktı. Bu reformda kadınların örtünüp örtünmemesi ile ilgili, herhangi bir madde yoktu.

1932 yılında Türkiye Güzellik kraliçesinin »Dünya Güzeli« seçilmesi ise, Türkiye'de kadın bağımsızlığının özlenen »Batı standartlarına« eriştiğinin kanıtlarından biri olarak da kutlanacaktı!

nung der Freiheiten für Frauen durch private Schulen, Zeitungen, Broschüren, Vorträge und Erzielen einer Verbesserung des Bildungs- und Informationsstandes der Frau."[5]

Das Osmanische Reich verlor immer mehr seine politische und ökonomische Handlungsfähigkeit. Nach dem ersten Weltkrieg war Istanbul in den Händen der englischen, französischen und italienischen Besatzungsmächte.

Mit den Soldaten kamen wieder europäische Frauen. Durch den Einfluß der europäischen Mode "modernisierten" die Istanbulerinnen ihren Tscharschaf. Da es ihnen nach zeitgenössischen Berichten nicht möglich war, in die Droschken einzusteigen, denn die Röcke des Tscharschafs waren sehr eng geschneidert, bekamen sie seitliche Schlitze.[6]

Manche trugen Mäntel oder Kostüme mit einer kurzen Pelerine über den Schultern. Die Pelerine und ein schwarzes Kopftuch waren Überbleibsel des schwarzen Tscharschafs.

Später wurde die Pelerine auch weggelassen, es blieb nur das Kopftuch übrig.

Manche Frauen bedecken ihre Haare in der "Sıkma baş-Art", d.h., ein schwarzes, rechteckiges Tuch wird hinten im Nacken festgebunden.

Auf politischer, sozialer, ökonomischer und kultureller Ebene fanden rasche Veränderungen statt:

1922 wurde der letzte Sultan abgesetzt, 1923 die Republik proklamiert, 1924 das Scheriat durch ein neues bürgerliches Gesetzbuch ersetzt, 1925 in einer Kleidungsreform der Fez, nicht aber der Schleier gesetzlich abgeschafft.

Die Emanzipation der Frau erreicht endlich den Standard "westlicher Freiheiten": 1932 wird die türkische Schönheitskönigin "Miß World".

Bild/Resim 80
Frau Keriman Halis, Miss World 1932

Cumhuriyetin Kuruluş Yıllarından Anılar

Cumhuriyetin kuruluş yıllarında kadınların örtünmeleri ile ilgili tartışmalar Melahat Derefındığı, Bedia Muvahit ve Ümmü Dikbaş'in halen tazeliğini koruyan anıları arasındadır.

Melahat Derefındığı o yıllarda henüz küçük bir çocuk. İstanbul'da yaşıyor. Örtünme konusunda ağızdan ağıza dolaşan haberleri, özellikle çarşaf giymeye devam eden kadınları Atatürk'ün hapse attıracağı söylentisini halen anımsamaktadır.

Buna karşılık, ilk Türk kadın sahne sanatçısı Bedia Muvahit, Atatürk'ün kendisinden sahneye çıktığında başını örtmesi ricasıyla ilgili anısını anlatırken, tebessüm etmekten kendini alamıyor.

Anadolu'nun küçük bir köyünde yaşayan Ümmü Dikbaş ise, beyaz tülbentli ve yaşlı kemikleri pek çabuk üşüdüğü için başından eksik etmediği koyu renkli yün atkısı ile, Atatürk'ün emirlerini dinleyip, önce peçesini sonra çarşafını çıkarışını kendine has şen tavrıyla anlatıyor.

Kıyafet Devrimi adıyla anılan, 1928 yılında getirilen giyimle ilgili düzenlemeler, sadece erkeklerin baş giysilerini içeren değişikliklerdir. Buna göre, fes resmen yasaklanıyor ve din adamlarının baş giysileri konusu yeniden düzenleniyordu. Daha sonraları ise, devlet memuru olarak çalışan kadınların, iş yerlerinde başörtü kullanmamaları ile ilgili kararnamelere de rastlanacaktır.

Erinnerungen an die Zeit der Republikgründung

Die drei Frauen, Melahat Derefındığı, Bedia Muvahit und Ümmü Dikbaş, können sich noch sehr gut an die Zeit der Republikgründung und an die damaligen Diskussionen um die Bedeckung der Frau erinnern.

Frau Derefındığı war damals noch ein Kind. Sie lebte in Istanbul und erinnert sich an die Gerüchte der damaligen Zeit zur „Schleierfrage". Besonders haften geblieben ist ihr, daß Atatürk Frauen, die den Tscharschaf trugen, ins Gefängnis werfen lassen wollte.

Frau Muvahit dagegen, die erste türkische Schauspielerin, die auf der Bühne stand, amüsiert sich heute darüber, daß sie von Atatürk selbst gebeten wurde, ihren Kopf zu bedecken, wenn sie auf der Bühne stehe.

Frau Dikbaş schließlich, eine Frau, die in einem kleinen Dorf lebt, die ein Kopftuch trägt und oft in ein dunkles Tuch gehüllt ist, weil sie leicht friert, erklärt fröhlich, wie sie die Wünsche Atatürks befolgte und erst den Schleier und dann den Tscharschaf ablegte.

Tatsächlich wurde in der Kleidungsreform von 1925 nie der Schleier abgeschafft. Sie befaßte sich mit den männlichen Kopfbedeckungen. Der Fez für Männer wurde verboten und Regelungen für die Kopfbedeckungen der Geistlichen getroffen. Für weibliche Angestellte im öffentlichen Dienst gab es dann im Verlauf der Republik Anordnungen, die auch ihre Kopfbedeckungen betrafen.

Melahat Derefındığı

73 yaşında, İstanbul

Annemin ördek başı yeşil bir çarşafı vardı. Kloş etek ve pelerinli. Eteğini ata binebilmek için kloş yaptırmışmış. Çanakkale savaşında, 1915'de babamı oraya göndermişler. Annem onu yalnız bırakmak istememiş, beni ve yeni doğan kardeşimi aldığı gibi peşinden gitmiş. Ben iki yaşındaymışım. Hava taarruzu olduğu zaman bizi alıp, ata biner köylere kaçarmış. İşte kloş eteğini de ata binebilmek için o yüzden yaptırmış.

İstanbul'da resimdeki gibi çarşaf giyer, çarşafın pelerinini eteğin üzerine sarkıtırdı. Pelerini çarşafın içine Trabzon yöresi sokardı. Pelerinin uçları eteğin beli ile birlikte dikilirse buna »Milli Çarşaf« denirdi. Annemin giydiğine »İstanbul çarşafı« derlerdi. Annem çarşafı çıkardı, çünkü Atatürk »çarşaf çıkarılsın« demişti. Her yerde erkeklerin sarık, takke, kadınların çarşaf giymeyecekleri söyleniyordu. Cezası, hapsi var deniyordu. Bütün bunlar her yerde konuşulduğu için herkes çıkarıyordu.

Bild/Resim 81
Melahat Derefındığı (1. von links), 9 Jahre, 1922
Melahat Derefındığı (soldan birinci), 9 yaşında, 1922

Melahat Derefındığı

73 Jahre, İstanbul

Meine Mutter hatte einen smaragdgrünen Tscharschaf, rund geschnitten mit seitlichen Taschen am Rock und mit einer Pelerine. Sie erzählte, daß sie ihren Rock rund schneidern ließ, damit sie reiten konnte. Damals, 1915, als der Dardanellen-Krieg war, mußte mein Vater dorthin. Meine Mutter wollte ihn nicht alleine lassen, nahm mich und meine neugeborene Schwester mit und ging nach Çanakkale. Ich war damals zwei Jahre alt. Sie brauchte deswegen einen Rock zum Reiten, weil sie mit uns Kindern in die Dörfer flüchten mußte, wenn ein Luftangriff war.

In Istanbul trug sie ihren Tscharschaf, wie auf diesem Bild zu sehen ist. Sie ließ die Enden der Pelerine über ihren Rock hängen. Nur die Frauen in der Gegen von Trabzon trugen die Enden der Pelerine innerhalb des Rockes. Manchmal waren die Enden der Pelerine mit dem Rock zusammengenäht. Das nannte man „National-Tscharschaf". Der Tscharschaf meiner Mutter wurde „Istanbul-Tscharschaf" genannt.

Meine Mutter hat ihren Tscharschaf abgelegt, weil Atatürk es so wollte. Es wurde überall über diese neue Bestimmung gesprochen. Jeder sprach darüber, daß Männer keine Turbane, keine Mützen und die Frauen keinen Tscharschaf tragen sollten. Man munkelte, daß Gefängnis- oder andere Strafen dafür verhängt werden, für diejenigen, die sich dagegen sträubten. Weil man überall und ständig dieses hörte, haben viele Frauen ihren Tscharschaf abgelegt.

Bild/Resim 82
Melahat Derefındığı (1. von links), 19 Jahre, 1932
Melahat Derefındığı (soldan birinci), 19 yaşında, 1922

Benim babam subaydı. İlk defa subaylar mecburi şapka giydiler. Sonra subay karıları kılıklarını değiştirdiler. Diğer subayların karıları başlarını açtılar. Annem açmadı. Başını siyah bir başörtü ile örterdi. Bu başörtü uzun bir dikdörtgendi. Önden hafif bir düğüm yapardı. İzmir'e giderken siyah ipekli bir elbise diktirmiş, üstüne de pelerin yaptırmıştı. Elbise uzun kollu, yakasının sol tarafı boncuk işlemeli, yuvarlak yakalıydı. Yakanın kravat gibi birbiri içinden geçen iki parçası vardı. Bu parçalardan birinin ucu da boncuk işlemeliydi. Üstüne de pelerin koyardı. Bu hafif bir şeydi. Pelerinin, alına gelen kısmının iki yanındaki şeritleri başın arkasından bağlanırdı. Pelerinin uçları da önden bir iğne ile üstüste tutturulurdu. Pelerin elbisenin kumaşından yapılırdı. Misafirliğe gidince, pelerinini çıkarır elbise ile otururdu.

Mein Vater war Offizier. Es wurde Vorschrift bei den Offizieren, daß sie europäische Mützen tragen. Danach haben die Ehefrauen der Offiziere ihre Kleidung geändert. Manche haben die Haare nicht mehr bedeckt. Aber meine Mutter ging nicht mit unbedeckten Haaren aus. Sie hat sich ein schwarzes Tuch auf die Haare gelegt. Es war recht-eckig, aus feinem schwarzen Tuch, sie befestigte es am Nacken.

Als wir nach Izmir gingen, ließ sie sich ein schwarzes seidenes Kleid nähen. Darüber ließ sie sich auch eine Pelerine schneidern. Das Kleid war langärmlig, hatte einen runden Ausschnitt mit schwarzen Perlen auf der linken Seite. Der Kragen hatte zwei Enden, die wie eine Krawatte ineinander gingen. Das eine Ende war ebenfalls mit schwarzen Perlen verziert. Ihre Pelerine war aus einem sehr leichten Stoff. Sie trug sie über dem Kopf. An dem Teil der Pelerine, der über der Stirn lag, waren zwei Bänder befestigt, die am Hinterkopf zusammengebunden wurden. Die Ränder der Pelerine wurden vorne mit einer Nadel zusammengehalten. Diese Pelerinen konnte man in jeder Farbe anfertigen.

Wenn sie einen Besuch machte, legte sie ihre Pelerine ab. So konnte sie sich im Kleid wohlfühlen.

Annem yaşlandığı zaman, başörtüsünün uçlarını önden bağlardı, gerdanı görünmesin diye. Böyle örtmeyi kendine daha uygun buluyordu, ayrıca sıkma baş modası zaten kalkmıştı. Bu resimde kızkardeşlerimin başları açık. Ben otuz yaşından beri başımı örterim. Ya başörtü ya da eğer şık giyineceksem türban takarım. Şimdi kızkardeşlerimden ikisi başlarını örtüyorlar. Biri 65, diğeri 70 yaşında başladı baş örtmeye. 70 yaşındaki kardeşim başını örtmüyor. İki kızım var, biri 36, diğeri 30 yaşında. İkisi de başlarını örtmezler. Neden mi? Şimdiye kadar bizde bu konuda konuşulmadı bile.

Als alte Frau band meine Mutter die Enden des Tuches nach vorne, damit sie im Ausschnitt bedeckt war, weil sie es nun so passender fand, und außerdem war Sıkma baş nicht mehr in Mode.

Meine Schwestern sind hier mit unbedeckten Haaren abgebildet. Ich bedecke meine Haare, seit ich 30 Jahre bin, mit dem Tuch oder, wenn ich mich schick anziehe, mit dem Turban. Zwei meiner Schwestern bedecken heute auch ihre Haare. Die eine begann mit 65, die andere mit 70. Sie trägt aber eine Perücke, keine Tücher. Die jüngste bedeckt ihre Haare nicht.

Ich habe zwei Töchter von 36 und 30 Jahren. Sie bedecken ihre Haare nicht. Warum? Ich weiß es nicht, es war nie ein Thema bei uns.

Bild/Resim 83
Melahat Derefındığı (1. von rechts), 39 Jahre, 1952
Melahat Derefındığı (sağdan birinci), 39 yaşında, 1952

Bedia Muvahhid

sahneye çıkan ilk Türk kadını, 85 yaşında

Ozanay Omur

1922 de ilk Türk kadını olarak sahneye çıkan Bedia Muvahit, bugün 85 yaşında. Büyük adada doğmuş, büyümüş. Dokuz yaşında babası ölünce, bir Fransız okuluna verilmiş. Hiç başını örtmemiş. Ondokuz yaşında, Fransız Lisesini henüz bitirmiş, karşısına bir öğretmen rolü oynama fırsatı çıkıyor.

"Mustafa Kemal İzmir'de haber yollayıp, tiyatroya geleceğim," diyor. Tiyatro, sahneye bir müslüman kadını çıkarmak istiyor. İşte bu, bana sahneye çıkma şansını verdi. Bir günde rolümü ezberledim, akşama ilk defa sahneye çıktım. Oyundan sonra Mustafa Kemal beni çağırdı. Çok beğendiğini söyledi, "sen bu işi bırakma," dedi. Tabii ben başım açık geziyorum. Hiç örtmemişim ki. Atatürk "Bedia sen başını ört, daha iyi olur," dedi. "Ne örteyim?" diye sordum. Çünkü ben örtmeyi bilemiyorum. "Kostümünün parçasını al, kafana şöyle sar" dedi. "Ama niçin, ben şimdiye kadar başımı hiç örtmedim ki!" Başımı örtmemin gerekçesini şöyle açıkladı. "Sen bir müslüman kadını olarak sahneye çıkıyorsun. Bir de başın açık olursa, bu çok fazla olur."

Mustafa Kemal, tiyatro grubuna Anadolu'da bir turneye çıkmalarını rica ediyor. Balıkesir, Kütahya, Eskişehir, Ankara'da oynadık. Mustafa Kemal'in dediğini yaptım. Kostümümden bir parçayı başıma türban olarak sardım. Fakat oynarken sıkılmaya başladım ve sahnede başımdaki türbanı çıkardım. Fakat hiç bir yerde başım açık olduğu için bana tek laf gelmedi, hiç kimse bir şey söylemedi. Ve ben hayatımda baş bağlamadım."

Bedia Muvahhid

Die erste türkische Schaupielerin, 85 Jahre

Ozanay Omur

Bedia Muvahit, die, wie sie erzählt, 1922 als erste türkisch-islamische Frau auf der Bühne stand, ist heute 85 Jahre alt. Sie ist in Istanbul auf den Prinzeninseln auf die Welt gekommen und aufgewachsen. Mit neun Jahren hat sie ihren Vater verloren. Die Familie hat sie in eine französische Schule gegeben. Ihre Haare hat sie nie bedeckt.

Als junge Frau von 19 Jahren – sie war gerade mit dem französischen Gymnasium fertig – hatte sie die Chance, die Rolle einer Lehrerin auf der Bühne zu spielen.

"Atatürk hatte angekündigt, daß er dem Theater in Izmir einen Besuch abstatten wolle. Das gab mir die Chance, auf der Bühne zu spielen, weil das Theater Atatürk zu Ehren eine türkisch-islamische Schauspielerin anstellen wollte.

Ich habe meine Rolle an einem Tag auswendig gelernt, und am Abend spielte ich das erste Mal in meinem Leben auf der Bühne. Nach dem Spiel rief mich Mustafa Kemal zu sich und sagte, daß es ihm

Bild/Resim 85
Bedia Muvahhid, 1930

Bild/Resim 84
Bedia Muvahhid in den 70er Jahren
Bedia Muvahhid 70'li yıllarda

sehr gut gefallen habe und daß ich diesem Beruf nachgehen solle. Natürlich war mein Haar unbedeckt. Ich hatte es ja nie bedeckt. Atatürk sagte: 'Bedia, es wäre besser, wenn du die Haare bedekken würdest'.

Ich fragte ihn, wie und was ich bedecken solle, weil ich das ja nie gemacht hatte. Er sagte: "Nimm ein Stück Stoff deines Kostüms und binde es dir um die Haare". Ich fragte: 'Aber warum? Ich habe das ja noch nie gemacht!' Er erklärte es mir so: 'Du stehst auf der Bühne als eine islamische Frau, und wenn deine Haare unbedeckt sind, wird das zuviel.'

Atatürk bat die Gruppe, eine Tournee in Anatolien zu machen. Wir spielten in Balıkesir, Kütahya, Eskişehir und Ankara.

Ich machte es genau so, wie er mir empfohlen hatte. Ich nahm ein Stück Stoff und band es um meinen Kopf.

Aber während ich auf der Bühne spielte, merkte ich, wie es mir unangenehm wurde, und ich nahm meinen Turban weg - und trug ihn nie wieder. Nirgends habe ich eine Reaktion der Zuschauer erlebt, weil ich mit unbedeckten Haaren auf der Bühne stand. Niemand verlor darüber ein Wort. So habe ich bis heute meine Haare nie mehr bedeckt."

Ümmü Dikbaş

78 yaşında, Adana'nın bir köyünde yaşıyor

1922 de Selânik'ten Türkiye'ye geldim. Orada siyah "zar"larımız vardı. Hep öyle giyinirdik. Zarı üstüne giyersin, kuşaklı. Peçeyi de yüzüne bırakırsın. Öyle geldik buraya Selânik'ten. Burada da peçeli gezdim. Sonra Atatürk dedi ki: "Aman, atsınlar peçeyi" Peçeyi açtık. Zarla gezerdik. Sonra dedi ki: "Zarı da atın." Attık. Entariyle, şalvarla kaldık. Başımızı beyaz örtüyle örttük. İşte böyle!

Ümmü Dikbaş

78 Jahre, aus einem Kleinen Dorf bei Adana

„Ich kam 1922 aus Saloniki (Griechenland) in die Türkei. Wir trugen dort schwarze Tscharschafs, die wir 'Zar' nannten. Wir haben uns immer so angezogen. In der Taille hatten wir einen Gürtel. Unser Gesicht bedeckten wir mit dem Peçe. So sind wir in die Türkei gekommen. Eine Weile ging ich noch mit dem Peçe aus, dann sagte Atatürk, wir sollen ihn ablegen. Wir legten unser Peçe ab. Dann sagte er, die Frauen sollten auch den Tscharschaf ausziehen, also haben wir dann den Tscharschaf ausgezogen. So blieben nur noch die Schalwar oder Kleider, und unsere Haare bedeckten wir mit weißen Tüchern."

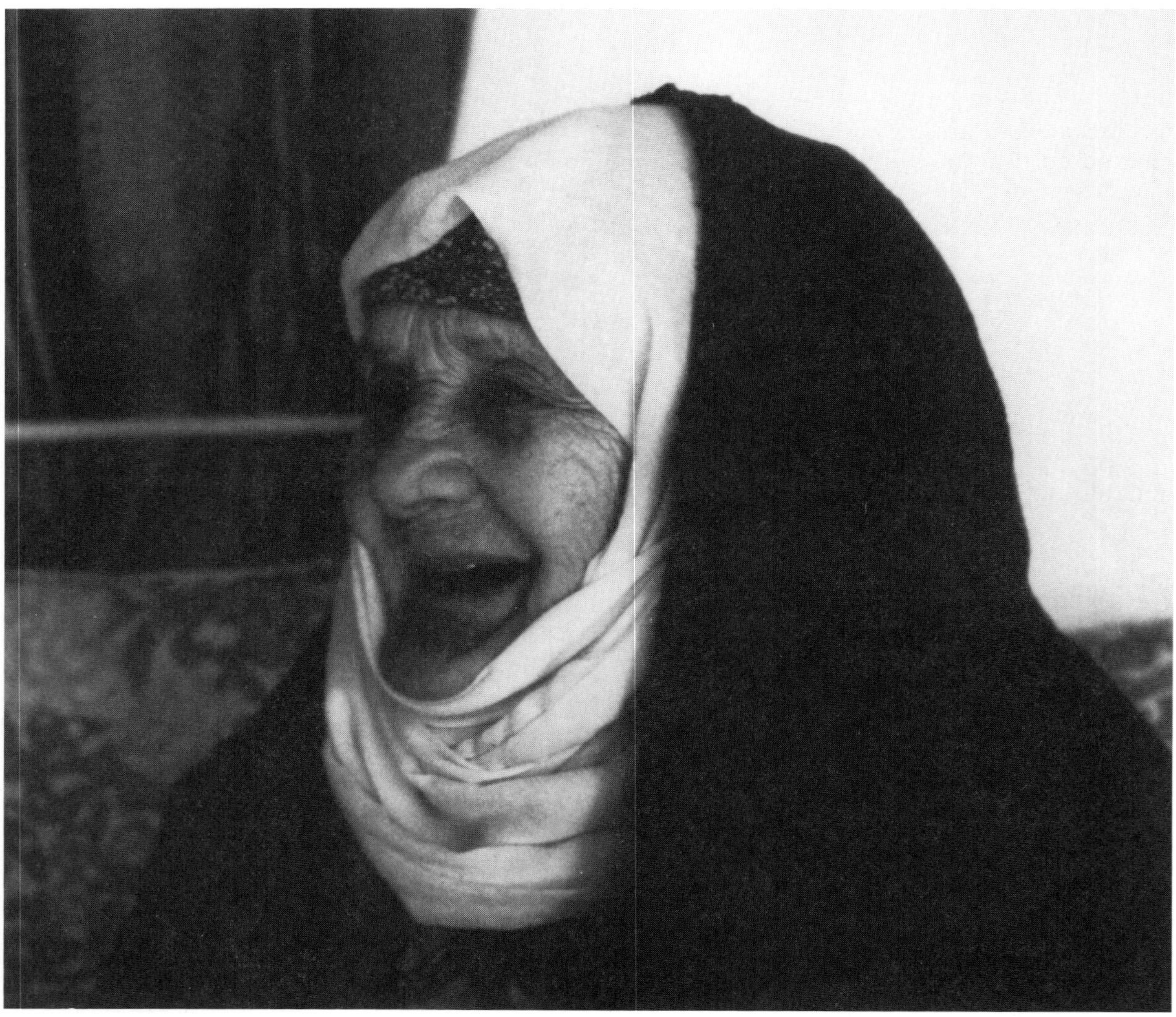

Bild/Resim 86

Günümüzde Türk Kadınının Başörtüsü Üzerine Tartışmalar

Günümüz Türkiye ve Almanya'sında kadınlar moda, gelenek, dinsel nedenlerden veya sadece praktik oluşundan dolayı, başlık, şapka, bere, başörtü, türban gibi baş giysileri kullanıyorlar. Bu baş giysilerinden hiç birisi üzerinde, Türk kadınının başörtüsünde olduğu kadar tartışmalar olmamıştır. Bu konudaki tartışmalar Cumhuriyet tarihinde takip edilebildiği gibi, Türklerin yoğun olarak yaşadığı ve başörtüsünün, "geri kalmış" Türk kadınının bir simgesi olarak algılandığı, Batı Almanya'da da izlenebilir.

Almanya ve Türkiye'de, bu tartışmaların içinde veya bu tartışmaların hedefi olan ve bu konudaki düşünce ve davranışları birbirinden çok ayrı çeşitli kadın grupları vardır.

Bu grupların, kesin bir tanımını yapmak, her ne kadar olanak dışıysa da, genel çizgiler dahilinde aşağıdaki gözlemler yapılabilir:

Kadınların bir kısmı, bir din kuralını yerine getirdikleri bilinciyle başörtü kullanırlar.

Büyük bir kadın grubu başörtü kullanmamakta ve bunlardan bazıları, başörtüyü ya "köylülük" ve "geri kalmışlık" kavramlarıyla algıladığı, ya da kendisini Atatürkçü bir çizgide gördüğü için, başörtüyü hoş karşılamamaktadır.

Oldukça büyük bir kadın topluluğu ise, başörtü geleneğinin içine doğması ve bu geleneğin kendisiyle özdeşleşmesi nedeniyle, başörtü örtmektedir. Bu kadınlar için başörtü ne dini, ne de politik bir tartışma konusu olma özelliğindedir. Saçı örten örtü, giyimin bir parçasıdır. Kendini tam giyinmiş sayması için mutlaka bir başörtüye gerek duyan, Almanya'nın kırsal bölgelerinde yaşayan Alman kadınlar, yukarda tanımı yapılan, Türkiye'deki kadınlara paralel bir gurup oluştururlar.

Başını, yerine getirilmesi gerekli dini bir vazife olarak gördüğü için örten ilk gurup, sayıca az temsil edilmesine rağmen, Türkiye ve Almanya'daki politik tartışmalarda oldukça abartılmaktadır.

Diskussionen um das türkische Kopftuch heute

Frauen in der Türkei und in Deutschland tragen heute Kappen, Hüte, Mützen, Kopftücher, Turbane aus modischen Gründen, aus Tradition, religiösen Gründen oder einfach, weil es praktisch ist. Keine dieser Kopfbedeckungen ist so umstritten wie das Kopftuch der Türkin. Diskussionen darüber ziehen sich durch die Geschichte der türkischen Republik. Auch in Deutschland ist das Kopftuch zu einem Symbol geworden: Zum Symbol der Türkin schlechthin und ihrer Unterdrückung.

Es gibt in Deutschland wie in der Türkei verschiedene Gruppen von Frauen, die von dieser Diskussion direkt betroffen oder an ihr beteiligt sind und deren Haltungen und Meinungen sehr weit voneinander abweichen. Soweit sich diese Gruppen überhaupt kategorisieren lassen, können folgende Haltungen verfolgt werden:

Eine Gruppe von Frauen trägt Kopftücher aus religiösem Pflichtbewußtsein.

Die nächste, große Gruppe trägt kein Kopftuch. Häufig lehnen diese Frauen das Kopftuch als etwas „Bäurisches" und „Rückständiges" ab oder auch, weil sie sich politisch in der kemalistischen Tradition sehen.

Die größte Gruppe von Frauen trägt das Kopftuch aus Gewohnheit und Tradition, einfach weil es zur Kleidung dazugehört. Für sie ist es kein Thema, weder für politische noch für religiöse Diskussionen. Das Tuch, das die Haare bedeckt, ist ein Teil der Bekleidung selbst. Vergleichbar dieser Gruppe finden wir auch deutsche Frauen in ländlichen Gebieten, für die das Kopftuch zur vollständigen Kleidung gehört.

Die erste Gruppe ist zahlenmäßig nicht sehr groß, auch wenn sie in politischen Auseinandersetzungen in der Türkei – und immer wieder in Deutschland – sehr hochgespielt wird.

Die zweite große Gruppe von türkischen Frauen bedeckt ihr Haar überhaupt nicht. Diese Frauen le-

Yukarıda anılan ikinci büyük gurup, başını hiç örtmeyen kadınlardan oluşur. Bu kadınlar kısmen küçük kentlerde, kısmen kırsal bölgede ama özellikle büyük kentlerde yaşarlar. Toplumun bütün tabakalarının temsil edildiği ve kesin bir tanımının yapılması olanaksız olan bu gurupta işçi, memur, eğitim görmüş ya da görmemiş her türlü kadın yer alır.

Başörtü ile ilgili tartışmalar, kimi ailelerde 1920'li yıllarda olmuş, kimilerinde halen olmaktadır. Bazı ailelerde böyle tartışmalar hiç olmamış, bazı ailelerde, kendisi başörtü kullanan anne, kızının "yeni devre" uymasını istemiştir.

Bu kadınlardan Almanya'da yaşayanlarına başörtü takmadıklarından dolayı, devamlı yöneltilen "Siz gerçekten Türk müsünüz?" sorusu olmasaydı, belki de onlar için "başörtü sorunu" diye bir konu olmayacaktı!

ben hauptsächlich in den Groß- und zum Teil auch in Kleinstädten, aber auch auf dem Land. Weil in dieser Gruppe alle Gesellschaftsschichten repräsentiert sind, ist sie nicht zu kategorisieren. So sind in ihr gleichermaßen Arbeiterinnen, Beamtinnen, weibliche Angestellte, Frauen mit oder ohne Schulbildung vertreten.

In manchen Familien fanden Auseinandersetzungen über das „Kopftuch" in den 20er Jahren statt, in manchen noch heute, in manchen nie, und in manchen Familien möchten die Mütter, die das Kopftuch tragen, daß sich die Töchter „der neuen Zeit" anpassen sollen.

Das „Problem Kopftuch" wäre für diese Frauen in Deutschland nicht existent, würden sie nicht immer wieder gefragt, ob sie wirklich echte Türkinnen sind, weil sie kein Kopftuch tragen.

Din ve Politika

Hiç bir ülkenin din tarihinde, bir nesne Türkiye'de olduğu ölçüde, böylesine tartışılmadı. Bunun nedenlerini, mutlaka Türkiye Cumhuriyeti tarihinde aramak gerekecektir. Osmanlı İmparatorluğu'nda, halife ünvanını da taşıyan sultan, Cumhuriyet'in kurulmasıyla, arka arkaya her iki yetkisini de kaybetti. Din ve devlet işlerinin ayrılması, yani laiklik prensibi, cumhuriyet in devamını sağlamak amacıyla, anayasa ile garanti altına alındı. Böylece İslâm dininin, devletin resmi dini olma özelliğine son verildi. Din işlerinin, devletin yetkili organları tarafından, kontrol edilmesi kuralı getirildi.[7]

Günümüz Türkiye'sinde genç kız ve kadınlar okul, üniversite gibi topluma açık kurumlarda başörtü ile görüldüklerinde, bu kurumların idare organları kendilerini böyle bir "dini gösteriyi" önlemek ve anayasanın bu konudaki hükümlerini, geçerli kılmakla yükümlü görüyorlar. Başörtü takan genç kız ve kadınlar ise, gene aynı anayasanın hükümleri arasında olan, "din özgürlüğü" hakkını öne sürerek, bu tutuma karşı koymaktadırlar. "Hukuk devleti" ilkesiyle yola çıkan ve İslâm dini esaslarına yönelik bir devlet yönetimi amacında olan Erbakan[8] gibi politikacılar da, yukarda adı geçen diğer iki grup gibi aynı fikri ileri sürmekte ve ayrıca Batı Almanya'da bu konuda verilen mahkeme kararlarını örnek olarak göstermektedirler.

"Anayasa'da Türkiye'nin bir hukuk devleti olduğu yazılıdır. Buna göre Anayasa'nın koyduğu temel prensiplerin tatbikatta da yürümesi lâzımdır. 1982 Anayasasının 24. maddesi her Türk evlâdının istedi-

Religiöse Aspekte und Politik

Kein Gegenstand wurde in der Religionsgeschichte eines Landes so heftig diskutiert wie dieser in der Türkei: Der Hintergrund dafür liegt in der Geschichte der Gründung der türkischen Republik. Im osmanischen Reich war das Staatsoberhaupt zugleich oberste religiöse Instanz. Diese Staatsform wurde durch die Gründung der Republik abgeschafft, Laizismus, das heißt Trennung von Staat und Religion, wurde im Grundgesetz verankert als Garantie für das Weiterbestehen der Republik. Der Islam ist also keine Staatsreligion. Religiöse Angelegenheiten sind allerdings der staatlichen Aufsicht unterstellt. Religion ist strikt Privatsache und darf öffentlich nicht demonstriert werden.[7] Wenn Frauen nun in öffentlichen Bereichen wie Schulen oder Universitäten mit Kopftüchern auftreten, sehen sich die Verwaltungen veranlaßt, diese „religiöse Demonstration" zu untersagen, und sie berufen sich dabei auf die Verfassung. Die Frauen argumentieren mit ihrem Grundrecht auf „Religionsfreiheit", das ja ebenfalls in der Verfassung verankert ist. Dieses Argument wird auch vertreten von Politikern wie Erbakan,[8] einem Politiker der islamisch-fundamentalistischen Richtung, der sich auf „Rechtsstaatsprinzipien" beruft und dabei beispielsweise auch auf Gerichtsurteile in Deutschland verweist.

„Laut unserer Verfassung ist die Türkei ein Rechtsstaat. Demnach müssen die in der Verfassung verankerten Grundprinzipien auch in der Praxis Anwendung finden. Artikel 24 der Verfassung von 1982 legt klar fest, daß jeder Türke der Religionsge-

ği dine bağlı olabileceğini ve dinin gereklerini yapabileceğini açıkça ortaya koymuştur.

Türkiye'nin dışında hiç bir ülkede, Avrupa dışındaki hiç bir ülkede de böyle bir davranış söz konusu değildir. Almanya'da çalışan pek çok memleket evlâdı söz konusudur. Buradaki kız çocukları da başörtülü okullara gidiyorlar. Orada da bu konuyla ilgili olaylar oldu. Bu konu Alman mahkemelerine intikal ettiğinde herkesin dini inancına uygun hareket etmesinin onun en tabii hakkı olduğu karar altına alınmıştır. Ve bu karar gereğince kız çocukları başlarını örtmektedir. Bizdeki uygulama değil Avrupa, dünyanın hiç bir ülkesinde yoktur. Anayasa'ya kanunlara aykırı bir uygulamadır bu."[9]

Gerçekte bu tartışmalar, Ankara Hacettepe üniversitesindeki bir örnekte de görüleceği gibi, bazen kısmen gülünç bir hale de girmekte: Dini bir derginin redaksiyonundan iki kadın gazeteci, üniversitenin başörtü takan öğrencileri cezalandıran rektörüyle, bu konuda bir röportaj yapmak istediler.

"Sekreter önce, okulun öğrencisi olduğumuzu zannederek içeri almak istemedi, fakat "Kadın ve Aile Dergisi"nden geldiğimizi söyleyince serbest bırakıldık. Rektör Bey'in odasına girdiğimizde daha tek laf etmeden "Sizinle bu şekilde konuşamam" dedi ve başörtümüzün kenarından çekiştirerek, "Bunları çıkarın sonra gelin, o zaman konuşuruz" dedi."[10]

Aynı tutuma Almanya'da da rastlanmakta "ilerici" devlet daireleri ya da memurları, başörtüsüyle dile gelen "politik gösteriyi" engellemeye çalışmakta ve dolayısıyla bu tutumlarıyle, geçtiğimiz yüzyılların kurallarından biri olan "Kıyafet kararnamesi" gibi düzenlemelerde bulunan kişi düzeyine gelmektedirler. Başörtü gündeme geldiğinde, başörtü kullananların fikirleri ciddiye alınıp, tartışılmamakta, tersine derhal bir takım varsayımlarla yola çıkılarak, davranışlar genelleştirilmekte ve baskıya yönelik bir tutum izlenmekte ve de bütün bunlar "kadının bağımsızlığını amaçlayan" bir çabayla yapılmaktadır.

Almanlar arasında, kolye ya da başka bir süs eşyası olarak kullanılan haçı yasaklamayı, kimse aklından geçirmez, veya üzerinde böyle bir haç taşıyan kişinin politik bir amacı olup olmadığını düşünmez, ya da gene üzerinde böyle bir şey görülen bir kadının, özgürlüğünü kazanıp kazanmamış olduğu konusunda karar veremezken, başörtü bu tip varsayımlara neden olmaktadır:

Bavyera bölgesinde böyle düşünen bir okul müdürü, *"Okulun bütün öğrencileri için hazırlanmış bir danışma toplantısı sırasında, başı örtülü bir Türk öğrencinin tam ön sıraya oturmamasını rica etmiştir. Bu okul müdürü için başörtü örtmek, aşırı bir ideoloji gö-*

meinschaft seiner Wahl angehören und sie ausüben kann. Niemand darf wegen seines Glaubens und der Ausübung seines Glaubens belangt werden.

In keinem anderen Land außer der Türkei, auch in keinem außereuropäischen Land, gibt es ein solches Verhalten. Viele unserer Landsleute arbeiten in Deutschland. Auch deren Töchter besuchen dort mit Kopftuch die Schulen. Auch in Deutschland gab es Vorfälle in diesem Zusammenhang. Als diese Angelegenheit vor die deutschen Gerichte kam, beschlossen sie, daß es das natürlichste Recht eines jeden Menschen sei, sich gemäß seines religiösen Glaubens zu verhalten. Aufgrund dieses Urteils tragen die Töchter Kopftücher. Unsere Praxis kennt man in keinem anderen Land der Erde. Es handelt sich hier um eine Praxis, die gegen die Gesetze, gegen die Verfassung verstößt."[9]

Konkret nimmt diese Auseinandersetzung zum Teil groteske Formen an, wie ein Beispiel aus der Haceteppe Universität in Ankara zeigt: Redakteurinnen einer religiösen Zeitschrift wollten den Rektor der Universität zur Rede stellen wegen Sanktionen, die er gegen kopftuchtragende Studentinnen verhängt hatte.

„Die Sekretärin dachte zunächst, wir seien Studentinnen der Universität und wollte uns nicht vorlassen. Nachdem wir jedoch sagten, daß wir von der Zeitschrift 'Frau und Familie' seien, wurden wir vorgelassen. Als wir das Rektorenzimmer betraten, sagte uns der Rektor, noch bevor von uns ein Wort fiel: 'So rede ich nicht mit Ihnen' und zupfte an unserem Kopftuch. 'Kommen Sie erst wieder, wenn Sie diese abgenommen haben, dann reden wir' sagte er."[10]

Auch in Deutschland versuchen fortschrittliche Behörden oder Beamte, „politische Demonstrationen" durch das Kopftuch zu verhindern, und fallen dabei auf die Kleiderordnung herein. Man setzt sich nicht mehr im einzelnen mit Motiven und Ansichten auseinander, sondern vom Kopftuch ausgehend wird unterstellt, generalisiert, Repression ausgeübt, – mit den „besten, emanzipatorischen Absichten" natürlich.

Niemand käme in Deutschland auf die Idee, das Tragen eines Kreuzes als Anhänger zu verbieten oder daraus Rückschlüsse auf politische Motive oder den erworbenen Grad von Emanzipation der Trägerin zu ziehen. Der Anblick eines Kopftuches aber erweckt solche Vorstellungen: So bat ein Schuldirektor

"eine Türkin während einer Informationsstunde sich nicht direkt in die erste Reihe zu setzen, weil sie ein Kopftuch trug. Für den Schulleiter ist das Tragen des Tuches eine Demonstration extremistischer Ideologie. Es schmerze ihn persönlich zu sehen, daß

sterisi anlamına geliyor ve verdiği beyanatta, eşlerini bu tutuma zorlayan Türk erkeklerinin varlığının kendisine acı verdiğini söylüyordu."[11]

Bir yandan, özellikle başörtü örten bir kadına, din konusunda ne yapıp, ne yapmayacağına kendisi karar veremeyen bir kişi olarak bakılırken, öte yandan bağlı olduğu varsayılan "aşırı ideolojiler" konusunda onunla tartışmaktan da kaçınılıyor.

Bu durumu, Berlin'de olan bir tartışmayı belgeleyen haber, daha somut bir hale getirmektedir.[12]

es türkische Männer gibt, die ihre Frauen dazu zwingen."[11]

Der Kopftuchträgerin wird dabei erstens unterstellt, daß sie nicht allein Entscheidungen fällen kann, wie sie ihre Religion ausüben will, zweitens enthebt man sich einer inhaltlichen Auseinandersetzung über "extremistische Ideologien", die ihr blindlings unterstellt werden.

Dies macht auch die im folgenden dokumentierte Auseinandersetzung in Berlin deutlich.[12]

12 FRAUEN TAZ 11.11.1985

Die vielen Seiten eines Kopftuchs

Ihr Kopftuch geriet einer türkischen Erzieherin zum Berufsverbotsgrund, sie war einem Stadtrat nicht emanzipiert genug

Foto: Paul Glaser

Berlin (taz) — Ein Kopftuch, gut einen Meter im Quadrat — Bekenntnis zum Islam, Symbol weiblicher Unterwerfung unter den Mann, Teil kultureller und weiblicher Identität türkischer und arabischer Frauen. Ein solches Kopftuch hat in Berlin die politischen Fronten durcheinandergebracht: Da erteilt ein als fortschrittlich geltender SPD-Stadtrat im Namen der Emanzipation einer jungen Türkin de facto ein Berufsverbot, kreiert als Mann des 20. Jahrhunderts eine Kleiderordnung, bekommt dafür klammheimlich Beifall von „linken" Eltern und wird ausgerechnet von Innensenator Heinrich Lummer dafür gescholten. Verkehrte Welt? Nein, ganz und gar nicht. Nur ein Problem, das in seiner Vielschichtigkeit nicht in den üblichen Rahmen passen will und gerade deshalb in ein viel zu enges Weltbild gepreßt wird.

Passiert war eigentlich nichts anderes, als daß sich die 25jährige Serife Sahin im Berliner Bezirk Schöneberg um eine Praktikumsstelle als Erzieherin beworben hatte. Die Kolleginnen und Kollegen der städtischen Kindertagesstätte, in der sie arbeiten wollte, hatten Serifes Einstellung ausdrücklich befürwortet, nur hatten sie nicht mit ihren „fortschrittlichen" Vorgesetzten gerechnet.

Kopftuch oder Praktikum

Schon beim ersten Einstellungsgespräch teilte die zuständige Abteilungsleiterin des Jugendamtes der jungen Türkin mit, daß Ausländerinnen mit Kopftuch nicht eingestellt würden. In ihrer Freizeit könne Serife das Tuch so oft tragen wie sie wolle, während der Arbeit habe es aber zu verschwinden. Stützen konnte sich die Abteilungsleiterin in ihrer Entscheidung auf eine Weisung ihres Vorgesetzten, des Jugendstadtrates Barthel, einem aufgeschlossenen SPD-Mann. Barthel verlangte: entweder Kopftuch oder Praktikumsplatz. Serife entschied sich für das Kopftuch und verzichtete damit lieber auf die für ihre Ausbildung notwendige Stelle als auf ihre Überzeugung. „In meinem Glauben steht, daß ich ein Kopftuch tragen soll", sagt sie und daß das ganz allein eine Sache zwischen Gott und ihr sei. „Das geht doch niemanden etwas an!"

Doch Stadtrat Barthel meinte, daß ihn das sehr wohl etwas anginge — zwar nicht die religiöse Überzeugung, die stehe der jungen Frau „natürlich" frei, aber die Lebenseinstellung der Serife Sahin, die sei ein Nichteinstellungsgrund. „Für mich ist das Kopftuch weniger ein Zeichen der Religion, sondern ein Zeichen der Unterordnung der Frau unter den Mann", begründete der Stadtrat, weshalb er eine kopftuchtragende Erzieherin für nicht geeignet hält und in „seinem" Bezirk auch nicht dulden wird. „Das Kopftuch ist ein Signal und eine Form der Diskriminierung und ein solches Signal wirkt sich pädagogisch negativ auf die Kinder aus. Für mich ist der Anspruch der Gleichheit von Mann und Frau ein so wichtiges Erziehungsziel, daß ich davon keine Abstriche mache. Und eine Erzieherin mit Kopftuch würde diesen Erziehungsauftrag konterkarieren."

Im Namen des Fortschritts?

Muß man nicht froh sein über diesen konsequenten Verfechter der Emanzipation? Welcher Politiker macht sich schon stark dafür? Und welche „linken" Eltern würden ihre Kinder schon gern von einer Frau erziehen lassen, die das Symbol ihrer eigenen Unterdrükkung auf dem Kopf trägt? An solch einem symbolträchtigen Kopftuch entzünden sich gerade im Schul- und Erziehungsbereich, dort, wo deutsche Behörden einen Zugriff haben auf das Privatleben ausländischer Kinder und Eltern, immer wieder Auseinandersetzungen.

Die Vorschläge zum „richtigen" Umgang mit dem Kopftuch gingen so weit, daß an einigen Berliner Schulen im Namen des „Fortschritts" und der „Integration" ein generelles Kopftuchverbot für türkische Mädchen diskutiert wurde. Und nachdem ein türkischer Vater mit einer Klage vor dem Verwaltungsgericht gegen das Kopftuchverbot gedroht hatte, wurde die umstrittene Kopfbedeckung vor einigen Jahren Gegenstand eines Senatsrundschreibens. Lehrer, so heißt es in dem Rundschreiben, sollten versuchen, die Schülerinnen zur „freiwilligen" Aufgabe des Kopftuchtragens zu bewegen, „da es dem Integrationsgedanken widerspricht". Falls ein Mädchen beharrlich auf dem Kopftuch bestehe, solle jedoch von „schuldisziplinarischen Maßnahmen" abgesehen werden.

All diese Maßnahmen geschehen im Namen von Fortschritt und Emanzipation und sind dennoch nichts anderes als koloniale Besserwisserei, als alles Fremde ausgrenzende Zwangsintegration und — wie im Fall von Serife Sahin — sogar ein Berufsverbot von links. Zurecht fragt Serife Sahin nämlich, woher der Stadtrat weiß, wie emanzipiert die anderen Erzieherinnen seiner Kitas sind, „aber die tragen ja einen Pullover und kein Kopftuch. Und warum", will Serife wissen, „wäre ich plötzlich eine gute Erzieherin gewesen, wenn ich an der Eingangstür zur Kita das Kopftuch abgelegt hätte. Wichtig ist doch, wie ich mit den Kindern umgehe."

Eine selbstbewußte Frau

Das jedoch wollte der fortschrittliche Jugendstadtrat gar nicht erst wissen. Er diskutiert mit Serifes Dozentin und ihrem Schulleiter, mit ihr selber hat er jedoch kein einziges Mal gesprochen.

Wenn er das getan hätte, hätte er vielleicht feststellen müssen, daß er es bei Serife Sahin mit einer sehr selbstbewußten Frau zu tun hat. „Wenn ich eine unterdrückte Frau wäre", so argumentiert Serife, „dann würde ich doch nicht so um meine Überzeugung kämpfen. Gerade wenn ich mir von einem Stadtrat vorschreiben ließe, das Kopftuch abzunehmen, wäre ich doch eine unterdrückte Frau!"

Die Berliner Ausländerbeauftragte Barbara John (CDU) geht sogar noch einen Schritt weiter. „Vor dem Hintergrund der autoritären Amtsanmaßung mancher Amtspersonen, Kleidervorschriften durchzusetzen, ist gerade das Zeigen von Kopftüchern ein emanzipatorischer Akt, der Unterstützung verdient", schreibt die Ausländerbeauftragte nicht ohne Seitenhiebe im Vorwort zu einer Ausstellung über türkische Kopftücher, die zur Zeit in Berlin gezeigt wird.

Warum war es Serife so wichtig, auf dem Kopftuch zu bestehen? „Ich will zeigen, daß auch die vielen Frauen mit Kopftuch ihre Stellung in der Gesellschaft haben, daß mit dem Vorurteil aufgehört wird, daß all diese Frauen Analphabetinnen und unterdrückt sind. Sicher gibt es viele Frauen, die ihre eigene Unterdrückung akzeptieren. Aber man kann doch keine Vorschriften machen, wie jemand glücklich werden soll."

Serife ist erst mit 18 Jahren überzeugte Anhängerin des Islam geworden. Nicht alles, was im Koran steht, akzeptiert sie. „Ich bin immer noch auf der Suche, vielleicht finde ich auch einmal etwas anderes", sagt sie heute. Als ein wichtiges Ziel ihrer Arbeit sieht sie, daß Jungen und Mädchen gleich erzogen werden. „Ich würde so gerne den Jungen strikken beibringen." Einiges an der Arbeit in deutschen Kindergärten könnte sie jedoch nicht mit ihrem Glauben vereinbaren. Mit den Kindern schwimmen gehen z.B., das würde sie nicht, aber sie würde stattdessen etwas anderes mit ihnen unternehmen.

Es klingt absurd, aber Serife Sahin hat Glück gehabt, daß nicht alle Stadträte so fortschrittlich sind wie der im Bezirk Schöneberg. In einem anderen Stadtteil hat sie inzwischen einen Praktikumsplatz bekommen, sonst hätte sie ihren Beruf aufgeben müssen. Bei der täglichen Arbeit mit den Kindern hat das Kopftuch bisher keine Probleme bereitet. „Die waren nur neugierig, wie meine Haare aussehen. Da habe ich das Tuch abgenommen und ihnen mein Haar gezeigt. Da waren sie zufrieden." Serife Sahin ist inzwischen die Auseinandersetzung um ihr Kopftuch leid. Sie hat die Auseinandersetzung verloren, um die es ihr ging: „Ich wollte, daß die Leute mich akzeptieren. Wir akzeptieren euch Deutsche doch auch. Die Leute sagen, daß sie fortschrittlich sind und werfen mir vor, eng zu denken. Dabei merken sie gar nicht, wie eng sie selber denken."

Vera Gaserow

TAZ 11/11/1985

Die vielen Seiten eines Kopftuchs

Ihr Kopftuch geriet einer türkischen Erzieherin zum Berufsverbotsgrund, sie war einem Stadtrat nicht emanzipiert genug

Berlin (taz) — Ein Kopftuch, gut einen Meter im Quadrat — Bekenntnis zum Islam, Symbol weiblicher Unterwerfung unter den Mann, Teil kultureller und weiblicher Identität türkischer und arabischer Frauen. Ein solches Kopftuch hat in Berlin die politischen Fronten durcheinandergebracht: Da erteilt ein als fortschrittlich geltender SPD-Stadtrat im Namen der Emanzipation einer jungen Türkin de facto ein Berufsverbot, kreiert als Mann des 20. Jahrhunderts eine Kleiderordnung, bekommt dafür klammheimlich Beifall von „linken" Eltern und wird ausgerechnet von Innensenator Heinrich Lummer dafür gescholten. Verkehrte Welt? Nein, ganz und gar nicht. Nur ein Problem, das in seiner Vielschichtigkeit nicht in den üblichen Rahmen passen will und gerade deshalb in ein viel zu enges Weltbild gepreßt wird.

Passiert war eigentlich nichts anderes, als daß sich die 25jährige Serife Sahin im Berliner Bezirk Schöneberg um eine Praktikumsstelle als Erzieherin beworben hatte. Die Kolleginnen und Kollegen der städtischen Kindertagesstätte, in der sie arbeiten wollte, hatten Serifes Einstellung ausdrücklich befürwortet, nur hatten sie nicht mit ihren „fortschrittlichen" Vorgesetzten gerechnet.

Kopftuch oder Praktikum

Schon beim ersten Einstellungsgespräch teilte die zuständige Abteilungsleiterin des Jugendamtes der jungen Türkin mit, daß Ausländerinnen mit Kopftuch nicht eingestellt würden. In ihrer Freizeit könne Serife das Tuch so oft tragen wie sie wolle, während der Arbeit habe es aber zu verschwinden. Stützen konnte sich die Abteilungsleiterin in ihrer Entscheidung auf eine Weisung ihres Vorgesetzten, des Jugendstadtrates Barthel, einem aufgeschlossenen SPD-Mann. Barthel verlangte: entweder Kopftuch oder Praktikumsplatz. Serife entschied sich für das Kopftuch und verzichtete damit lieber auf die für ihre Ausbildung notwendige Stelle als auf ihre Überzeugung. „In meinem Glauben steht, daß ich ein Kopftuch tragen soll", sagt sie und daß das ganz allein eine Sache zwischen Gott und ihr sei. „Das geht doch niemanden etwas an!"

Doch Stadtrat Barthel meinte, daß ihn das sehr wohl etwas anginge — zwar nicht die religiöse Überzeugung, die stehe der jungen Frau „natürlich" frei, aber die Lebenseinstellung der Serife Sahin, die sei ein Nichteinstellungsgrund. „Für mich ist das Kopftuch weniger ein Zeichen der Religion, sondern ein Zeichen der Unterordnung der Frau unter den Mann", begründete der Stadtrat, weshalb er eine kopftuchtragende Erzieherin für nicht geeignet hält und in „seinem" Bezirk auch nicht dulden wird. „Das Kopftuch ist ein Signal und eine Form der Diskriminierung und ein solches Signal wirkt sich pädagogisch negativ auf die Kinder aus. Für mich ist der Anspruch der Gleichheit von Mann und Frau ein so wichtiges Erziehungsziel, daß ich davon keine Abstriche mache. Und eine Erzieherin mit Kopftuch würde diesen Erziehungsauftrag konterkarieren."

Bir Başörtünün Çeşitli Anlamları

Başörtüsü Yüzünden Kendisine Meslek Yasağı Konulan Türk Eğitimci, Belediye Meclisi Bir Üyesinin Görüşüne Göre Yeterli Derecede Bağımsızlığına Kavuşmuş Değilmiş

Berlin (taz) Başörtü: Aşağı yukarı bir metre karelik bir kumaş. İslami bir inanç ve erkeğe boyun eğen kadının simgesi, Türk ve Arap kadınlarının kültürel ve kadınlık kimliklerinin bir parçası. Böyle bir başörtü, Berlin'deki politik cepheleri birbirine karıştırdı: İlerici olarak bilinen Sosyal Demokrat Partili bir belediye meclici üyesi, kadın bağımsızlığı adına, genç bir Türk kadınına resmen meslek yasağı koyuyor ve 20. yüzyılın insanı olmasına karşın, yeniden bir »kıyafet yönetmeliği« yaratıyor ve bu davranışıyla solcu ailelerden gizli gizli alkış topluyor, aynı zamanda İçişleri Senatörü Heinrich Lummer gibi birisinden de azar işitiyor. Acaba dünya mı değişti? Hayır, değişen bir şey yok! Bu, sadece çok yönlü oluşundan dolayı alışılagelmiş çerçevelere sığmayan ve bu yüzden de çok dar bir dünya görüşüne sıkıştırılan bir sorun. Olay, yirmibeş yaşındaki Şerife Şahin'in Berlin Schöneberg semtindeki bir çocuk yuvasında eğitmen olarak staj yapma başvurusundan başka bir birsey değildi. Stajını yapmak istediği belediyeye ait bu yuvadaki kadın ve erkek meslekdaşları, Şerife'nin işe alınmasını özelikle istediler. İstediler, ama ilerici yöneticilerini hesaba katmamışlardı.

Başörtü mü, Staj mı?

Daha işe alırken yapılan ön konuşmada, Gençlik Dairesinin yetkili bölüm müdiresi, genç Türk kadınına başörtü örten yabancıların işe alınmayacağını söyledi. Şerife, çalışmadığı zaman başörtüsünü istediği gibi örtebilirdi, ama iş sırasında başörtü ortadan kaybolmalıydı. Müdire bu kararını, Belediye Gençlik İşleri yetkilisi Sosyal Demokrat Partili ve açık görüşlü bir adam olan Barthel'in bir talimatına dayandırmaktaydı. Barthel »ya başörtü ya da staj« diyordu. Şerife, kararını başörtü için verdi ve böylece dini inancından vazgeçmektense, eğitimi için gerekli bu staj yerini kaybetmeyi tercih etti. »Benim dini inancıma göre, başörtü örtmem şarttır« diyor ve bunun tamamen kendisi ile tanrı arasında olan birşey olduğunu söylüyor: »Bu benden başka kimseyi ilgilendirmez!«

Belediye meclisi üyesi Barthel, bunun kendisini pekala ilgilendirdiği kanısındaydı. Şerife Şahin dini inancında »tabii ki« özgür olabilirdi, ama onun yaşam anlayışı, işe alınmaması için yeterli bir nedendi. Belediye meclisi üyesi, »Başörtü benim için dini bir göstergeden çok, kadının erkeğe bağımlılığının belirtisidir« gerekçesiyle başörtü örten birisini eğitimci olmaya uygun bulmadığını ve kendi bölgesinde buna razı olmayacağını söyledi. »Başörtü, küçümsenmenin ve ezikliğin bir simgesi ve bunun gözle görülen bir şeklidir. Böyle bir simge, çocuklarda pedagojik ters etki yapar. Kadın ve erkeğin eşitliği, benim için o kadar önemli bir eğitim hedefi ki, bu hedeften taviz vermem olanaksız. Başörtülü bir eğitmen, böyle bir hedefi suya düşürebilir.«

İlericilik Adına mı?

Kadın haklarının böyle bir savunucusu olduğuna sevinmek gerekmez mi? Hangi politikacı bu mesele için böyle çetin direniyor? Ve hangi »solcu« aile, ezilişinin simgesini başında taşıyan bir kadının çocuğunu eğitmesine izin verir? Alman makamlarının yabancı çocuklar ve ailelerinin özel yaşamlarını etkileyebildikleri okul ve eğitim alanında simgesel yönü böylesine ağır basan başörtü tartışmaları alevlenmektedir. Başörtü ile ilgili »doğru« davranma konusunda getirilen öneriler öyle hale geldi ki, Berlin'deki bazı okullarda »ilericilik« ve »uyum« adına Türk kızlarına genel bir başörtü yasağı koyulması tartışıldı. Bir Türk babanın Yüksek İdari Mahkeme'de bu başörtü yasağına karşı dava açma tehdidi ise, bu tartışmalı baş giysisini Berlin senatosunun çıkardığı bir genelgenin konusu yaptı. Bu genelgede »başörtü uyum anlayışına aykırı olduğu için« öğretmenlerden, kız öğrencilerini »kendi istekleriyle« başörtüden vazgeçmeye yöneltmeleri isteniyordu.

Tüm bu tedbirler, ilericilik ve kadın hakları adı altında alınıyordu. Oysa bunlar, sömürgeci tavrıyla yapılan bir bilgiçlikten, yabancı olan herşeyi dışlayan bir uyum (integration) anlayışından başka birşey değil ve hatta Şerife Şahin meselesinde olduğu gibi, sol kesim tarafından da konulan bir meslek yasağıydı. Şerife Şahin, haklı olarak bu meclis üyesinin yuvadaki diğer kadın eğitimcilerin ne dereceye kadar bağımsızlıklarına kavuşmuş olduğunu nasıl bildiğini merak ediyor, ama »onlar bluz giyip, başörtüsü örtmüyorlar« diyor ve »eğer yuvanın girişinde başörtümü çıkarsaydım aniden iyi bir eğitici nasıl olabilecektim?« diye de soruyor. »Önemli olan benim çocuklara nasıl davrandığımdır.«

Bilinçli Bir Kadın

Ama ilerici meclis üyesi, bu sözleri hiç duymak istemedi. O, Şerife'nin (yüksek okuldaki) öğretmeni ve okul müdürüyle tartıştı ama Şerife'yle bir kez olsun konuşmadı. Eğer bunu yapsaydı, Şerife Şahin gibi son derece kendinden emin bir kadınla uğraşmakta olduğunu farkedecekti. Şerife, »Ben ezilen bir kadın olmuş olsaydım, inacım uğruna böylesine mücadele edemezdim« diye fikrini belirtiyor. »Asıl bir meclis üyesinin bana başörtümü çıkarttırmasına boyun eğseydim, işte o zaman gerçekten ezilen bir kadın olurdum!«

Berlin kenti Yabancılar Sorumlusu Barbara John (Hıristiyan Demokrat Birliği) bu konuda bir adım daha ileri giderek, Berlin'de açılan bir başörtü sergisinin ziyaretçi defterine »başörtü örtmek, bulunduğu görevin yetkisini kötüye kullanan bazı devlet memurlarının kıyafet yasakları koymaları gerçeği ile paralel düşünülecek olursa, gerçek bir bağımsızlık hareketi anlamına gelmektedir.« satırlarını yazıyor.

Başörtüden vazgeçmemek neden bu kadar önemli sorusuna Şerife şöyle cevap veriyor: »Başörtü örten kadınların da sosyal yaşamda bir yer sahibi olduklarını göstermek ve ayrıca bu kadınları okuması yazması olmayan ve ezilmiş kadınlar olarak gören önyargının kalkmasını istiyorum. Bu kadınlar arasında mutlaka ezilmişliğe boyun eğenler vardır, ama hiç kimse diğer kişilere nasıl mutlu olacakları yolunda kurallar koyamaz.«

Şerife 18 yaşında iken, bilinçli bir şekilde dinine bağlandı. Kuran'da yazılı olan herşeyi olduğu gibi kabul etmiyor. »Ben hâlâ arayış içindeyim, belki ben de yeni bir şeyler bulabilirim.« diyor. Mesleğinin en önemli hedefi olarak, kız ve erkek çocuklarının eşit şekilde yetiştirilmesini görüyor. »Erkek çocuklarına yün örmeyi öğretmek en çok istediğim bir şey«. Alman çocuk yuvalarındaki bazı noktaları inancı ile birleştiremiyor. Örneğin çocuklarla yüzmeye gitmek istemiyor. Ama yüzme yerine başka şeyler organize edeceğini söylüyor.

İnanılmayacak bir şey, ama Şerife Şahin'in şansı varmış ki, Berlin'deki bütün meclis üyeleri, Schöneberg semtindeki, meclis üyesi gibi ilerici değilmiş. Başka bir semtte kendine staj yeri buldu. Yoksa, (staj yapmadan) mesleğinde çalışması olanaksızlaşacaktı. Başörtüsü yüzünden, yuvadaki işinde çocuklarla çalışırken, herhangi bir problem çıkmamış. »Çocuklar sadece, saçlarımın nasıl olduğunu merak ediyorlardı. Başımı açıp saçlarımı gösterdim. Merakları gitti«. Şerife Şahin, artık başörtü konusunda tartışmaktan bıkmış. Tartışmaların kendisi için en önemli olan noktasını kaybettiğini söylüyor. »Kişiler beni olduğum gibi kabul etsinler istedim. Biz de Almanları oldukları gibi kabul etmiyor muyuz? Kendilerine ilerici diyenler, bana dar kafalı olduğumu söylüyorlar. Ama bu arada esas kendilerinin ne kadar dar düşünceli olduklarının da farkına varmıyorlar.

Vera Gaserov

Im Namen des Fortschritts?

Muß man nicht froh sein über diesen konsequenten Verfechter der Emanzipation? Welcher Politiker macht sich schon stark dafür? Und welche „linken“ Eltern würden ihre Kinder schon gern von einer Frau erziehen lassen, die das Symbol ihrer eigenen Unterdrükkung auf dem Kopf trägt? An solch einem symbolträchtigen Kopftuch entzünden sich gerade im Schul- und Erziehungsbereich, dort, wo deutsche Behörden einen Zugriff haben auf das Privatleben ausländischer Kinder und Eltern, immer wieder Auseinandersetzungen.

Die Vorschläge zum „richtigen“ Umgang mit dem Kopftuch gingen so weit, daß an einigen Berliner Schulen im Namen des „Fortschritts“ und der „Integration“ ein generelles Kopftuchverbot für türkische Mädchen diskutiert wurde. Und nachdem ein türkischer Vater mit einer Klage vor dem Verwaltungsgericht gegen das Kopftuchverbot gedroht hatte, wurde die umstrittene Kopfbedeckung vor einigen Jahren Gegenstand eines Senatsrundschreibens. Lehrer, so heißt es in dem Rundschreiben, sollten versuchen, die Schülerinnen zur „freiwilligen“ Aufgabe des Kopftuchtragens zu bewegen, „da es dem Integrationsgedanken widerspricht“. Falls ein Mädchen beharrlich auf dem Kopftuch bestehe, solle jedoch von „schuldisziplinarischen Maßnahmen“ abgesehen werden.

All diese Maßnahmen geschehen im Namen von Fortschritt und Emanzipation und sind dennoch nichts anderes als koloniale Besserwisserei, als alles Fremde ausgrenzende Zwangsintegration und — wie im Fall von Serife Sahin — sogar ein Berufsverbot von links. Zurecht fragt Serife Sahin nämlich, woher der Stadtrat weiß, wie emanzipiert die anderen Erzieherinnen seiner Kitas sind, „aber die tragen ja einen Pullover und kein Kopftuch. Und warum“, will Serife wissen, „wäre ich plötzlich eine gute Erzieherin gewesen, wenn ich an der Eingangstür zur Kita das Kopftuch abgelegt hätte. Wichtig ist doch, wie ich mit den Kindern umgehe.“

Eine selbstbewußte Frau

Das jedoch wollte der fortschrittliche Jugendstadtrat gar nicht erst wissen. Er diskutiert mit Serifes Dozentin und ihrem Schulleiter, mit ihr selber hat er jedoch kein einziges Mal gesprochen.

Wenn er das getan hätte, hätte er vielleicht feststellen müssen, daß er es bei Serife Sahin mit einer sehr selbstbewußten Frau zu tun hat. „Wenn ich eine unterdrückte Frau wäre“, so argumentiert Serife, „dann würde ich doch nicht so um meine Überzeugung kämpfen. Gerade wenn ich mir von einem Stadtrat vorschreiben ließe, das Kopftuch abzunehmen, wäre ich doch eine unterdrückte Frau!“

Die Berliner Ausländerbeauftragte Barbara John (CDU) geht sogar noch einen Schritt weiter. „Vor dem Hintergrund der autoritären Amtsanmaßung mancher Amtspersonen, Kleidervorschriften durchzusetzen, ist gerade das Zeigen von Kopftüchern ein emanzipatorischer Akt, der Unterstützung verdient“, schreibt die Ausländerbeauftragte nicht ohne Seitenhiebe im Vorwort zu einer Ausstellung über türkische Kopftücher, die zur Zeit in Berlin gezeigt wird.

Warum war es Serife so wichtig, auf dem Kopftuch zu bestehen? „Ich will zeigen, daß auch die vielen Frauen mit Kopftuch ihre Stellung in der Gesellschaft haben, daß mit dem Vorurteil aufgehört wird, daß all diese Frauen Analphabetinnen und unterdrückt sind. Sicher gibt es viele Frauen, die ihre eigene Unterdrückung akzeptieren. Aber man kann doch keine Vorschriften machen, wie jemand glücklich werden soll.“

Serife ist erst mit 18 Jahren überzeugte Anhängerin des Islam geworden. Nicht alles, was im Koran steht, akzeptiert sie. „Ich bin immer noch auf der Suche, vielleicht finde ich auch einmal etwas anderes“, sagt sie heute. Als ein wichtiges Ziel ihrer Arbeit sieht sie, daß Jungen und Mädchen gleich erzogen werden. „Ich würde so gerne den Jungen strikken beibringen.“ Einiges an der Arbeit in deutschen Kindergärten könnte sie jedoch nicht mit ihrem Glauben vereinbaren. Mit den Kindern schwimmen gehen z.B., das würde sie nicht, aber sie würde stattdessen etwas anderes mit ihnen unternehmen.

Es klingt absurd, aber Serife Sahin hat Glück gehabt, daß nicht alle Stadträte so fortschrittlich sind wie der im Bezirk Schöneberg. In einem anderen Stadtteil hat sie inzwischen einen Praktikumsplatz bekommen, sonst hätte sie ihren Beruf aufgeben müssen. Bei der täglichen Arbeit mit den Kindern hat das Kopftuch bisher keine Probleme bereitet. „Die waren nur neugierig, wie meine Haare aussehen. Da habe ich das Tuch abgenommen und ihnen mein Haar gezeigt. Da waren sie zufrieden.“ Serife Sahin ist inzwischen die Auseinandersetzung um ihr Kopftuch leid. Sie hat die Auseinandersetzung verloren, um die es ihr ging: „Ich wollte, daß die Leute mich akzeptieren. Wir akzeptieren euch Deutsche doch auch. Die Leute sagen, daß sie fortschrittlich sind und werfen mir vor, eng zu denken. Dabei merken sie gar nicht, wie eng sie selber denken.“

Vera Gaserow

Başörtü Kültürü Kopftuchkulturen

Türkiye'de Başörtü Kültürü ve Birkaç Örnek

Türkiye'de oldukça büyük bir kadın topluluğu için başörtü, giyimin, belli bir parçasıdır.

Bu örtüler, soğuk ve sıcaktan korunma veya kadının dini inancından kaynaklanan baş örtme gibi çeşitli kullanım amaçlarının yanında, çevreye mesaj gönderici, yani kadının evli olup olmadığı veya ailesinin ekonomik durumu hakkında bilgi verici bir özelliğe sahiptir. Ayrıca yöreye göre değişme gösteren, sadece başörtünün bağlanma şekli veya rengiyle değil, kenarına yapılan süslemelerle de, kadının, duygularını dile getirme olanağı vardır.

Bu bölümde adı edilen kadınların yaşamında başörtü, giyimlerinin doğal bir parçası olduğu için, bu örtülerin zevkle süslenerek kullanıldığı bir »başörtü kültürü« gelişmiştir.

Beispiele von Kopftuchkulturen aus der Türkei

Die größte Gruppe in der Türkei sind die Frauen, die ihre Haare bedecken, weil das Tuch ein Teil ihrer Bekleidung ist.

Diese Tücher haben zusätzlich neben ihren verschiedenartigen Funktionen (beispielsweise dem praktischen Schutz vor Kälte oder Wärme oder dem religiös begründeten Gebrauch des Sichbedeckens der Frau etc.) einen wichtigen Signalwert für die Außenwelt.

So kann mit einem Tuch verdeutlich werden, ob eine Frau verheiratet, geschieden oder noch ledig ist, ob ihre Familie wohlhabend oder arm ist. Auch das gefühlsmäßige Befinden kann durch die Tücher signalisiert werden, und dies nicht nur durch das Binden oder die Farbe des Tuches in manchen Gegenden, sondern auch durch die Zierspitze (Oya), die als Borte das Tuch verziert.

Weil das "Kopftuch" im Leben dieser Gruppe so ungezwungen mit einbezogen ist, hat sich eine "Kopftuch-Kultur" entwickelt, in der dieses Tuch mit Geschmack verfeinert wurde.

Hanife Yılmaz'ın Köyü

Kozan yakınlarında bir köyde doğmuş olan Hanife Yılmaz kırkbeş yaşında. Çocukluğunu geçirdiği köyündeki evini kiraya vererek İstanbul'a göçen Hanife'nin Kozan'da kiraya verdiği iki katı vardır.

Bizde kızlar başörtüyü üçgen yapıp örter, kundak kurarlar. Başı açık gezen de vardır. Gelinler hep Serendez örterler. Kızlar kundaklarını biraz forsluca (gösterişli) kurarlar. Ben gençken kundak kurduğum zaman, düğümünü çok gösterişli yapardım. Ne kadar deliymişim!

Aynaya da bakardık, kundağımızı böyle güzel bağlamadan, gelişi güzel çıkmazdık dışarıya. Benim bu bağlayış şeklimi yeni yetişen kızlar bilmez. Benim gelin kız bilmez bunu. O bizim devrenin işiydi. Ben şimdi 45 yaşındayım. 14-15 yaşlarındayken yapardım böyle.

Die Frauen im Dorf von Hanife Yılmaz

Hanife Yılmaz (45) lebt mit ihrer Familie in Istanbul. Sie stammt aus einem Dorf in der Nähe von Kozan. Sie besitzt noch ihr Elternhaus im Dorf und hat einige Wohnungen in Kozan vermietet.

In meinem Dorf tragen die Mädchen die Tücher in Dreieck-Form, oder sie machen es nach Kundak-Art, oder manche tragen keine Tücher. Die verheirateten haben ausschließlich die Serendez-Art. Wenn die Mädchen Kundak machen, binden sie es etwas schöner. Als ich ein junges Mädchen war, habe ich meinen Knoten ganz toll gemacht. Mein Gott, wie verrückt müssen wir gewesen sein.

Natürlich haben wir das immer vor dem Spiegel gemacht. Bevor wir unseren Knoten schön hergerichtet haben, sind wir nicht aus dem Hause gegangen. Ich glaube, die jungen Mädchen von heu-

Bild/Resim 87
Hanife Yılmaz, 1986

Şimdi bir düzende duran yok. Herkes istediğini yapıyor. Bir kız kundak kuruyor, öteki kız başı açık geziyor, diğer bir kız daha kapalı, boğazını kapatmış geziyor. Kesin bir şey söyleyemem ki. Ailesine göre... Aslında ailesine göre de değil, kızların isteğine göre.

te kennen diese Art nicht. Zum Beispiel, meine Schwiegertochter kennt so etwas nicht. Das haben wir gemacht, als wir jung waren. Ich bin 45 Jahre alt, das war ungefähr, als ich 14-15 Jahre alt war.

Bild/Resim 88
Kundak

Başörtü kullanan bir kız nişanlanırsa, örtünün iyisini, oyanın iyisini örter. Başka değişen bir şey olmaz. Evlendiği zaman kapanırsa, kapanır. Yani Serendez bağlar. Serendezi sadece evliler bağlar.

Lohusanın alnına kırmızı bir yazma bağlarlar. Bunu "Al basmasın" diye bağlarlar. Çocuğun üstüne kırmızı örtü örterler. Kadının baş ucuna bir soğan koyarlar, soğana iğne sokarlar... Bazen ekmek bazen de bir makas koyarlar yatağın yanına. Karı yoruşturması çok olur (Kadınların böyle inançları çoktur). Lohusanın kırmızı başörtüsü özellikle daha önceden oyalanıp hazırlanır, zamanı gelince örtsün diye.

Tarlaya çalışmaya giderken, yüzümüzün yanmaması için, örtümüzü daha başka türlü bağlarız. Bazıları da tarlaya giderken ağzını ve burnunu örterler. Ama bu çeşit bağlamayı kadınlar, en çok çırçır fabrikasında (pamuğun bitkisinden ayrılma işleminin yapıldığı yer) ağızlarına toz gitmesin diye yaparlar. Ama gene de hepsi yapmaz böyle.

Heute ist sowieso alles ganz anders. Jetzt macht jeder, was er will. Ein Mädchen läuft mit Kundak, das andere läuft mit Pferdeschwanz, das nächste mit sehr bedeckten Haaren und Hals herum. Es gibt halt nichts Allgemeines mehr hier. Es ist auch unterschiedlich je nach der Familie - oder eigentlich hängt es nicht so sehr von der Familie ab, sondern doch mehr von den Wünschen der jungen Mädchen. Die Mädchen machen, was sie wollen. Manche Familien mögen ihre Töchter, wenn sie die Haare bedecken. Andere wieder, daß die Mädchen ihre Haare nicht bedecken.

Wenn ein Mädchen, das Kopftücher trägt, verlobt ist, dann nimmt sie eine besonders gute Baumwollqualität und besonders schöne Perlenoyas. Sonst ändert sich nichts. Naja, und wenn sie verheiratet sind – nehmen wir an, sie möchte ihre Haare bedecken –, dann bedeckt sie ihre Haare nach der Serendez-Art. Diese Bindeart verwenden bei uns nur verheiratete Frauen.

Wöchnerinnen tragen zu dem Tuch nach Serendez-Art noch ein rotes Tuch als Stirnband.

Bild/Resim 89

Kozan'a ya da Adana'ya giderken başka başörtüler alınır. Evde boncuklu oyalar kullanılır. Ama başka bir yere giderken, satın alınmış desenli başörtüleri kullanılar. Ya da düz kumaştan, ama kenarları iğne oyalı olur. Boncuklu oyalar gündelik oyalardır, çünkü rahat oluyor kullanması. Sen nasıl gündelik kıyafetinle dışarı çıkmıyorsun, işte öyle.

Yaşlı kadınlar hiç saçını göstermezler. Dolama dolarlar. Serendez gibi yaparlar, alınlarını biraz daha kapatırlar. Kuran kursuna giden kızların çoğu böyle yapıyor. Yaşlı kadınlar ayrıca alınlarına bir de sargı sararlar. Genellikle beyaz başörtü kullanırlar. Örtülerinde düz oya, yani ince oya tercih ederler. Böylesi alına bağlamaya daha uygundur. Yaşlılar alınlarını devamlı sararlar.

Yaşlı adam ne yapacak tülbenti güzel oyalı kadın görüp de? Ama genç adama güzel oyalı yağlıklar takmış kadın yaraşır. Yaşlı adamın karşısına, genç kadın gibi süslenip çıkmaya hiç gerek yok. Yaşlı adam genç kadın havasını ne yapacak? İşte bunun gibi, genç adam da, tülbenti güzel oyalı kadın ister. Bizde bir laf vardır: "Beyine göre bağla başını, yüküne göre kay taşını."

Bei uns schützt man in der ersten Zeit das Kind mit einem roten Tuch. Es wird stets auf das Kind gelegt, wenn es im Bett liegt. An den Bettrand wird eine Zwiebel gehängt, in der eine Nadel steckt. Manchmal wird eine Schere oder ein Stück Brot dazugelegt. Die Frauen sind halt abergläubisch. Die roten Tücher werden speziell für die Wöchnerinnen vorbereitet.

Wenn wir auf dem Feld arbeiten, haben wir eine bestimmte Bindeart, damit unser Gesicht nicht so viel Sonne bekommt. Es gibt auch welche, die eher Mund und Nase mit dem Tuch bedecken, wenn sie auf das Feld gehen.

Diese Bindeart aber wird am häufigsten verwendet, wenn die Frauen in die Baumwollfabrik zum Arbeiten gehen. Der wichtigste Grund ist, daß die Frauen keinen Staub in die Nase bekommen. Das machen aber nur manche Frauen, nicht alle.

Wenn die Frauen in die Stadt nach Kozan oder Adana fahren, haben sie andere Tücher als zu Hause. Zu Hause tragen sie meistens Tücher aus Baumwolle mit Perlenoyas. Wenn sie in die Stadt fahren, haben sie keine Perlen. Es gibt so gekaufte, bedruckte Tücher, oder Georgette-Tücher mit İğne-Oyası.

Die Tücher mit Perlen sind Tücher für zu Hause, für

Bild/Resim 90

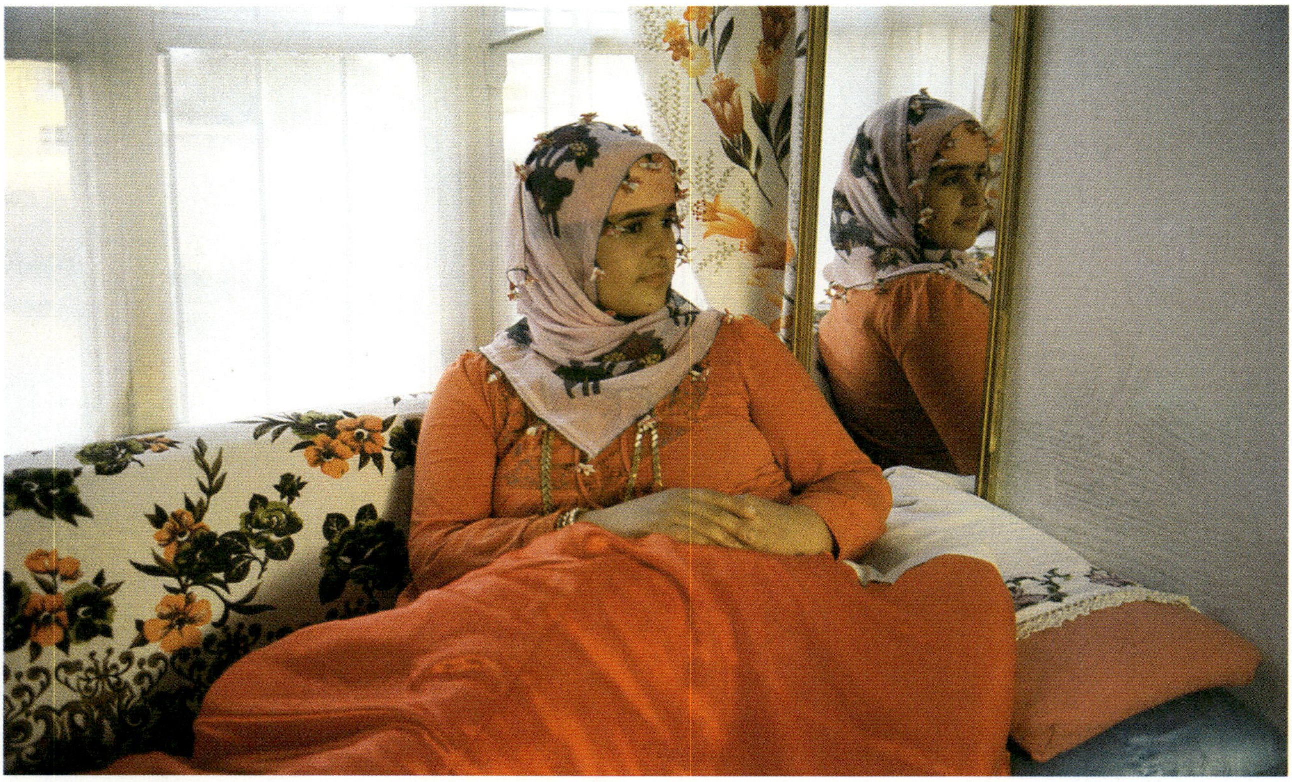

Bild/Resim 91
Wöchnerin mit rotem Stirnband
Kırmızı çatkılı lohusa

Her köyün ayrı adeti var. Meselâ Adana'ya bağlı Şıklı köyünde, kadınlar başındaki tülbenti oyasız olarak kullanıyorlar. Ayaklarında siyah şalvar. Hiç desenli kumaş kullanmıyorlar. Annemgile gelmişlerdi, orada gördüm. Her yer yöresine göre yani. Kadınların yaptıkları da buna göre değişiyor.

Kozan'a bağlı Nalbant köyünün, kızları da örtü örtüyor, gelinleri de örtü örtüyor. Dedim ki, "size dünürcü gelse nasıl bilecek kız olduğunuzu, gelin olduğunuzu? Bizde gelinler örter, kızlar açık kalır" dedim. "Utanıyorlar mı, sorsunlar, biz söyleriz" dediler. Kürkçü köyünde ise "hepiniz serendezlisiniz, gelinleriniz nasıl ayırdediliyor?" dedim. "Gelinlerimizin gözleri sürmeli oluyor, kızlarımız sürme kullanmaz" dediler.

Dedim ya, bir çeşit bulamazsın ki, meselâ bugün düğüne bir çok kadın başını örtmeden gidiyor. Neden deme! Para yok, boncuk pahalı, tülbent pahalı... Yakında biz de açacağız başımızı!

den Alltag. Sie sind sehr angenehm zu tragen. Es ist genauso wie bei dir. Du gehst auch nicht zum Besuch mit deinen täglichen Kleidern.

Die alten Frauen zeigen ihre Haare gar nicht. Sie binden ihre Haare nach Dolama-Art, das ist wie die Serendez-Art, genauso. Bei den Alten ist die Stirn nur noch etwas bedeckter. Und auch die Mädchen, die die Koran-Kurse besuchen, bedecken ihre Haare so, wie die Frauen. Die Alten binden aber zusätzlich noch ein Tuch um die Stirn herum. Sie verwenden normalerweise weiße Tücher mit İnce Oya. Das sind keine Perlenmotive, sondern einfach gezogene Linien mit Perlen. Die Alten bevorzugen besonders diese einfachen Perlenbordüren, weil sie diese Tücher um die Stirn herum sehr fest binden können. Sie binden ihre Stirn ständig mit Tüchern fest.

Wenn der Mann alt ist, braucht er keine Tücher mit Oyas zu sehen. Ein junger Mann muß schöne Tücher mit schönen Oyas sehen. Warum soll man sich bei einem alten Mann nach Art junger Frauen schmücken? Genauso braucht aber der junge Mann schön geschmückte mit Tüchern. Deswegen sagt man bei uns: Du sollst Deinen Kopf nach Deinem Mann binden, Du sollst Deine Küche nach Deinem Einkommen richten.

Bild/Resim 92
»Alte-Frauen-Art«
»Yaşlı kadın örtüşü«

Es ist aber in jedem Dorf anders. Ich kenne ein Dorf, da tragen die Frauen nur weiße Tücher ohne Oyas und schwarze Schalwars. Das Dorf ist auch in der Nähe von Adana. Ich habe diese Frauen einmal bei meiner Mutter gesehen. Sie kamen, sie zu besuchen. Es ändert sich immer mit der Region, wie die Frauen ihre Haare bedecken, welche Tücher sie nehmen.

Oder ich kenne das Dorf Nalbant bei Kozan. Dort tragen die jungen Mädchen und auch verheiratete Frauen die gleichen Tücher, ich meine die gleiche Bindeart. Ich habe einmal diese Frauen gefragt, wenn irgend jemand um die Hand einer Tochter anhält, wie merken sie, wer bei euch verheiratet ist, wer ledig? Ich sagte noch, bei uns haben die Bräute Tücher und junge, ledige Frauen haben keine Tücher. Sie antworteten mir: "Genieren sich die Leute, sie sollen halt mal fragen, dann können wir ihnen erzählen, wer hier bei uns ledig oder verheiratet ist."

Und im Dorf Kürkçü habe ich gefragt, wie man die jungen Mädchen von den verheirateten Frauen unterscheiden kann. Sie sagten mir: "Zwar bedekken wir alle unsere Haare nach Serendez-Art, aber bei uns haben die verheirateten Frauen Augenmake-up, unverheiratete Mädchen haben das nicht."

Heute ist sowieso alles anders. Zur Hochzeit gehen auch die meisten Frauen mit unbedeckten Haaren. Warum? Ja, es fehlt an Geld, die Perlen sind teuer, die Tücher sind teuer, bald werden wir auch unsere Haare nicht mehr bedecken können.

Sisinli Kadınlar

Lale Yalçın

"Hakkari'de akrabalık ve aşiret ilişkileri" konusunda sosyal antropolojik bir çalışma yapmak amacıyla, 1980 ve 1982 yılları arasında, 12 ay Güneydoğu Anadolu'da bir Kürt köyünde yaşadım.

Die Frauen von Sisin

Lale Yalçın

Ich habe zwischen 1980 und 82 18 Monate in einem kurdischen Dorf im Südosten Anatoliens gelebt und habe eine ethnologische Studie über "Stammesstrukturen und Verwandtschaftsbezie-

Bild/Resim 93
Das Tuch Ebri, wie es am häufigsten getragen wird
En sık görülen bağlama şekliyle Ebri adı verilen örtü

Bu süre içinde köyün kadınları ile yakın ilişkilerim oldu.

Yazımda bu köyü Sisin adıyla anacağım. Sisin, Hakkari'nin küçük bir dağ köyü, halkı aşiretli Kürt, 25 haneli, aşağı yukarı 250 nüfuslu. Hakkari'den Avrupa'ya çok az kişi işçi olarak gitmiş. 1973 yılına kadar, bu ilden Avrupa'ya giden tüm kişi sayısı kayıtlara göre otuz sekiz. Sisin'den ise hiç kimse yurt dışına çalışmak üzere gitmemiş.

Hakkari'nin sınır vilâyeti olması nedeniyle, sınır köylerinde, İran ve Irak'la alışveriş çok yoğun. Özellikle, kadınların en sevdiği başörtüleri, pahalı olmasına rağmen çoğunlukla İran ve Irak'tan geliyor. Sınır köylerinde yaşayan halk, normal olarak kaçakçılıkla geçinir. Buna sınır ticareti demek de mümkün. Koyun, keçi gibi mallarını aracılar yoluyla İran ve Irak'a satarlar. Dönüşte, başörtüler, elbiselik kumaşlar, çay ve başka yiyecek maddeleri getirilir. Başörtüler ucuz oldukları için değil, sadece, kadınların çok hoşuna gittiği için tercih edilir. Parlak elbiselik kumaşları kadınlar çok beğenir. Böyle kumaşlardan Türkiye'de de, pazarlarda satın alma olanağı bulunur, ama bunlar, kalın sentetik olduğu için ve ayrıca renk ve desenleri beğenilmediği için tercih edilmez. İran ve Irak'tan gelen kumaşlar ise suni ipektir.

hungen" gemacht. Ich habe mit den Frauen gelebt und vieles von ihrem Alltag erfahren.

Ich nenne das Dorf Sisin, in Hakkari, in den Bergen. Es ist ein Bergdorf mit ungefähr 250 Leuten und 25 Häusern. Niemand aus dem Dorf ist in Europa. Aus Hakkari sind nur ganz wenige Leute nach Deutschland gegangen. Bis 1973 waren es nur 38 Leute aus der ganzen Provinz.

Weil Hakkari so an der Grenze liegt, kaufen die Leute nur wenige Sachen in der Türkei, z. B. kommen die beliebten Kopftücher aus dem Irak und Iran. Die Leute in den Grenzdörfern leben meistens vom Schmuggeln, d. h. im Grunde Grenzhandel, und alles, was sie von den Schafen und Ziegen haben, verkaufen sie entweder im Iran oder Irak, also meistens nicht direkt, sondern über den Händler.

Auf dem Rückweg bringen sie Kopftücher, Stoffe für die Kleider, Tee und andere Nahrungsmittel. Die Sachen sind dort nicht billiger, aber die Kleidungsstücke sind sehr schön. Die glänzenden Stoffe kaufen sie dort. Sie kaufen auch einige Stoffe auf dem Markt in der Türkei, in der Stadt, aber das sind Synthetik-Stoffe. Die Stoffe aus dem Iran und Irak sind aus Kunstseide. Die Farben und Muster der Synthetik-Stoffe sind nicht so schön.

Bild/Resim 94
Ebri mit Kofi
Kofi ile birlikte kullanılan ebri

Bild/Resim 95
Poşu (Palestinensertücher)
Poşu

Bu kumaşları kadınlara akrabalar, tanıdıklar getirirler ya da kadınların kendileri satın alırlar. Düğün, karşılama, uğurlama gibi hallerde de kadınlara güzel kumaşlar armağan olarak verilir.

Her başörtünün bir adı vardır. En sık rastlanan başörtü, kofi ile ya da kofisiz taşınan Ebri'dir.

Sisin'in batısındaki bir vadide yaşayan kadınlar, Almanya'da Filistin başörtüsü diye bilinen, *Poşu* kullanırlar. Beyaz-siyah, veya beyaz-mavi renkte olan bu poşuyu erkekler de başlarına başka bir şekilde sararlar. Poşu kırmızı-beyaz olursa, peşmerge, yani Barzani'nin askeri anlamına gelir. Yeşil-beyaz olursa Seyyid, yani Peygamber'in sülâlesinden geldiğini söyleyen ailenin kullandığı renktir. Eğer bir kadın Seyyid ailesinden geliyorsa, o da bu örtüyü kullanabilir.

Bu köylerde kadınlar oya kullanmazlar. Sadece, Hakkari'nin kasabalarındaki kadınların bunu yapmaya zamanı vardır ve nasıl yapılacağını da bilirler. Köydeki kadınlar için oya yapmak, şehirdeki kadının ince işi olarak görülür ve bunun dağ köylerinde yaşayan kadınları, kentteki kadınlardan ayıran bir özellik olduğunu söylerler. Oya yapmak da tabii ki, moda ile ilgili bir olaydır ve Türk'lerden alındığını zannediyorum.

Başörtü bağlama şekilleri belli anlamlar içermez. Örneğin, yüz hayvanları sağarken de, namaz kılarken de, başörtü ile benzer şekillerde örtülür. Ka-

Die Tücher werden von einem Verwandten oder Bekannten mitgebracht und verkauft. Diese schönen Tücher werden von den Frauen dann meistens als Geschenke gegeben, wenn eine Hochzeit ist oder wenn jemand weggeht oder kommt. Jedes Kopftuch hat einen Namen.

Am häufigsten tragen die Frauen dieses Kopftuch manchmal wie auf dem ersten Bild (Abb.93), manchmal mit einem Kofi — Fez aus Kopftüchern darunter (Abb.94)

Etwas westlich von Sisin, ein Tal weiter, tragen die Frauen ganz andere Tücher, die man hier in der BRD als »Palästinensertücher« bezeichnet. Die Farben sind schwarz-weiß oder blau-weiß.

Diese Palästinensertücher heißen Poşu. Sie werden auch von Männern getragen. Wenn das poşu rot-weiß ist, bedeutet das: Sie sind Peşmerge (Soldaten) von Barzani. Wenn das grün-weiß ist, bedeutet das, sie sind seyyids, "die Heiligen". Wenn eine Frau seyyid ist, kann sie es auch tragen, weil sie zu einer seyyid-Familie gehört. (Abb.95)

Die Frauen haben keine Oyas. In diesen Dörfern kennt man das nicht. Nur die Frauen in der Stadt haben Zeit dafür und wissen, wie man das macht. Das Anfertigen von Oyas gilt als kultivierte Tätigkeit der Frauen in der Stadt und unterscheidet sie von den Frauen in den Bergdörfern. Aber ich glaube, das ist eine Mode und wahrscheinlich von den

dınlar çoğunlukla örtülerini ensede bağlarlar. Başörtü bağlama şekilleri, bir kadının evli olup olmadığını göstermez.

Ayrıca, kadınlar kılık kıyafette renklere çok önem verirler. Düğünlerde herkes, parlak sarı, kırmızı, beyaz, turuncu giyer. Düğünlerde koyu mavi ve yeşil beğenilmeyen renklerdir. Ben bir düğünde, yeşil bir elbise giymiştim, "Olur mu, bu giydiğin yaşlı ka-

Türken übernommen.

Bei den Bindearten gibt es keine festgelegten Bedeutungen, z. B. wird das Gesicht mit dem Tuch bedeckt, wenn die Frauen beten, aber sie bedekken auch ihr Gesicht, wenn sie melken. Meistens tragen die Frauen das Kopftuch fest und zurückgebunden. Das hat nichts mit verheiratet oder nicht verheiratet zu tun. (Abb.96)

Bild/Resim 96

dın rengi. Gençler böyle renkler giymemeli" dediler. Koyu kırmızı ve koyu mavi de yaşlı kadınların kullandığı renklerdendir.

Bir kadının başörtü bağlama şeklinden, evli ya da bekâr olduğu anlaşılmaz. Ama *kofi* (bir çeşit başlık) taşıyan kadın mutlaka evli demektir. Çünkü *kofi,* düğünde çoğunlukla kayınvalide tarafından geline verilir. Ama, kadınlar kofiyi hergün kullanmaz, sadece başörtüyle dolaşırlar. Genç kadınlar kofiyi düğünlerde giyerler, kadın yaşlandıkça kofisini daha sık kullanmaya başlar.

Kadınlar hangi renkleri birlikte kullanacaklarını bilirler ama, bu sadece başörtüyü içermez bütün giyimi kapsayan bir anlayıştır. İki iç elbisesi (kiras) iki üst elbisesi (fistan), çalışırken de üzerine önlük ya da kolluk giyerler. Bütün bunların hepsinde birbirine uyan renkler kullanmak isterler. Başörtü,

Sie sagen, die Farben sind wichtig: wenn es eine Hochzeit gibt, müssen die Farben der Kleidung aller Frauen (auch der Gäste) entweder orange, rot, weiß oder gelb sein, nicht blau oder grün. Ich hatte bei einer Hochzeit ein grünes Kleid an. Sie sagten: "Das ist schlimm; was du hast, das ist für alte Frauen, die jungen sollten nicht grün tragen." Dunkelrot und blau sind auch Farben, die ältere Frauen tragen.

Am Kopftuch erkennt man nicht, ob die Frau verheiratet ist oder nicht, aber am Kofi. Das bekommt man nur zur Hochzeit. Man trägt es noch bei anderen Hochzeiten, wenn man älter ist, trägt man das öfter. Das Kofi bekommt man meistens von den Schwiegereltern. Es ist ein Teil der Hochzeitskleidung. In der Zeremonie geben die weiblichen Verwandten des Bräutigams der Braut das Kofi und das Hochzeitskleid.

Bild/Resim 97

belli bir sosyal anlamı olmasına karşın, tüm giysinin sadece bir parçasıdır, ama en önemlisi değil.

Yüksekova'da doğa çok renklidir. Yazın bile! Kadınların giysilerindeki renkler, mevsimlere göre değişme göstermezler. "Zaten doğa gelin olmuş" deyip, ilkbaharda düğün yapmazlar. Ama başka bir neden daha vardır ki, o da yaz sonunda koyun, yün gibi mallarını sattıktan sonra, ellerine düğün parası geçmesididir.

Die Frauen haben einen genauen Begriff davon, welche Farben zusammenpassen, aber nicht nur bezogen auf das Kopftuch. Sie haben mindestens drei Röcke, einen Unterrock, dann eine Schürze, alles muß zusammenpassen. Außerdem tragen sie Armschützer. Also das Kopftuch ist in Bezug auf seine soziale Bedeutung nur ein Teil der ganzen Kleidung und nicht das Wichtigste. Man muß es haben, aber...

Kadınlar genellikle bir çok elbiseyi üst üste giyerler ama, iş yaparken onları yukarı kaldırırlar. En üstteki etek önden açıktır. İş esnasında arkadan bir düğüm atılabilir.

Kadının mahremiyetine ait olan boyun ve yanak erotik bulunmakta ve yanaklar zülüflerle kapatılmaktadır. Sekiz dokuz yaşından başlayarak kızlar için, saç uzatmak, zülüf bırakmak toka takmak büyümenin ve güzelliğe dikkat etmenin bir göstergesidir. Ayaklar da, yanak gibi erotik bölge sayılır ve hiç bir kadın yalın ayak görülmez. Aynı şekilde kolun dirsekten bileğe kadar olan kısmı ve gerdan gösterilmez. Ama kadınlar, erkekler yanlarında olsa bile, çocuklarını emzirirler.

Dini inançların, giyim kuşam üzerinde etkisi olmasına rağmen, kadınların kendi kıyafetlerini açıklamada, din geri planda kalır. Estetik, güzellik ve adet kavramları ön plandadır. Kadınlar, "ayıp" kelimesini, mutlaka erkeği düşünerek kullanmıyorlar.

Ben oradayken kadınlar, "Ankara'da da başörtü örtecek misin?" diye sorarlardı. "Hayır" dediğimde, "Peki, burada neden örtüyorsun?" diye bilmek isterlerdi. Ben de, "Burada her kadın başını örtüyor, ben de başımı örtünce, kendimi daha rahat hissediyorum" cevabını verirdim.

Başörtü, bu köylerde yaşayan bir kız için, kıyafetinin bir parçasıdır. Ama eğer, bir kız köyünden kasabaya taşınır ya da oraya okumaya giderse, başı örtülü olmak, bir zorunluluk olarak görülmemektedir.

Die Landschaft in Yüksekova ist so farbig, auch im Sommer, alles ist grün. Die Frauen tragen die gleichen Farben im Winter und im Sommer. Sie sagen, wir wollen keine Hochzeit im Frühling haben, weil die Natur schon hochzeitlich gekleidet ist. Die Hochzeit ist etwas Farbiges, wir machen sie im Spätsommer oder im Frühherbst. Das ist das, was sie sagen, aber es gibt einen anderen Grund. Nur am Ende des Sommers, wenn sie Schafe oder Wolle verkaufen, bekommen sie Geld. (Abb. 5)

Die Frau trägt viele Kleidungsstücke übereinander und wenn sie arbeitet, schürzt sie sie hoch. Der oberste Rock ist vorne offen, sie kann ihn nach hinten knoten, wenn sie arbeitet.

Was wichtig ist: Man darf seinen Hals und die Wangen nicht zeigen. Sie trägt ihr Haar so, daß die Wangen bedeckt sind. Alle Frauen tragen das so. Sie fangen ungefähr mit 10 Jahren oder 8, 9 an, dann behalten sie ihr Haar lang. Je länger das Haar, desto besser. Sie tragen auch Haarspangen. Wenn man die Wangen zeigt, ist das erotisch und gehört zur Intimsphäre, so wie man nicht die Füße zeigen soll. Keine Frau ginge barfuß, und auch die Unterarme soll man nicht zeigen, auch den Ausschnitt nicht. Aber wenn die Frauen gestillt haben, dann war alles geöffnet, auch wenn die Männer da waren.

Die Frauen denken nicht an die Männer, wenn sie sagen, das zu zeigen ist "ayıp" ("das gehört sich nicht"). Die Art sich zu kleiden, hat eine religiöse Bedeutung, aber diese ist den Frauen nicht bewußt.

Sie haben mich immer gefragt, trägst du das Kopftuch auch in Ankara? Ich habe nein gesagt, dann fragten sie, warum machst du es hier? Ich habe gesagt, weil das alle anderen Frauen auch machen und ich fühle mich so wohler.

Ein Dorfmädchen trägt das Kopftuch, weil es zur Kleidung gehört. Wenn sie aber z. B. in die Stadt umzieht und in die Schule geht, hat sie keine Probleme, wenn sie es ablegt.

Dikbaş

"Benim çocukluğum köylerde geçti. Ben köylü asıllıyım. Onbeş yaşına kadar köyde yaşamıştım, sonra şehire göçtük, çünkü topraksız köylüydük. Bir çok topraksız köylü bugün de aynı şeyi yapıyor. Fabrikalarda işçilik yaparak, şehirli yaşamına girdim.

Köyümü çok özledim. Bu özlem içimde bir kabuk bağladı. Köylülüğümü içimde tuttum, dışım şehirleşti."

Sabiha Tansuğ, sayısız yazma, yemeni, Anadolu'nun çeşitli yörelerinden giyimler, takılar ve el işleri kolleksiyoncusu. Anadolu'daki kadın baş bağlama çeşitleri, kolleksiyonunun ağırlık noktalarından birisi. Tansuğ'un topladıkları sadece cansız malzemeler değil. Kolleksiyonuna kattığı eşyanın öyküsünü, onu taşımış, kullanmış kadının anılarını

Dikbaş

"Ich wuchs in einem Dorf auf. Ich bin der Herkunft nach Bäuerin. Ich war 15 Jahre, als wir in die Stadt zogen, weil wir Bauern ohne Grundstücke waren. Viele Bauern in dieser Lage machen das heute noch so. Ich arbeitete in Fabriken und bin langsam in das städtische Leben hineingewachsen.

Ich vermißte mein Dorf. Diese Sehnsucht hat in meinem Herz Narben hinterlassen. In mir selbst habe ich das Bauerntum beibehalten, nur in meinem Äußeren wurde ich städtisch."

Frau Tansuğ ist Sammlerin von unzähligen Tüchern, anatolischen Trachten, Schmuckstücken, Handarbeiten. Der Schwerpunkt ihrer Sammlung liegt auf Frauenkopfbedeckungen Anatoliens. Sie ist nicht nur Sammlerin von Ob-

Bild/Resim 98
Dikbaş

da birlikte topluyor. Topladıkları aynı zamanda kendi çocukluğunun renklerini, seslerini, anılarını tazeliyor.

"Benim düğünüm, çocukluğumda köyümde gördüğüm düğünler gibi renkli olmadı. Davullar çalmadı. Kına geceleri olmadı. Benim düğünüm, şehirde gayet modern oldu. Beyaz gelinlik giydim. Evde yemek verildi, dans edildi. 1957 yılıydı.

Seneler sonra bir gün köyüme gittim. O zamanlar gezeteci-turizm yazarı olarak çalışıyordum. Amacım köyümün turistik güzellikleri konusunda bir yazı hazırlamaktı. Sordum, düğünler köyde nasıl oluyor diye. Kadınlar bana güldüler. "Biz artık düğünlerde davul zurna çalmıyoruz" dediler. Çocukluğumdan hatırladığım bir çok şeyin yok olduğunu gördüm. Çok üzüldüm. Böylece kaybolmakta olan bir çok şeyi toplamaya başladım. Bu endüstri çağında moda kişileri uniformalı hale getiriyor. En azından herkes kot pantolon giyiyor. Bu gelişmenin önüne geçmenin olanağı yok. Benim yapabileceğim, ancak unutulmaya terkedilmiş şeyleri toplamak."

Sabiha Tansuğ köylerde özellikle kadınlarla konuşuyor. Eskiden neler giydiklerini, bugün artık neleri kullanmadıklarını soruyor. Köylü kadınlardan sandıklarını kendisine göstermelerini diliyor ve anlattırıyor.

"Kadın toprak gibi, doğa gibi üreten bir varlık." Adetlerdeki bir çok davranış biçimlerini kadının önemli rolüyle açıklıyor. "Bir gelin süslenir, ata bindirilir yeni evine getirilirse, bunun anlamı – bu dünya kadın içindir – demektir. Çünkü çocuğu doğuracak olan, çocuğu büyütecek olan, tarlada çalışacak olan hep odur. Bütün törenler de hep kadınların hazırlayıp, yürüttüğü olaylardır. Erkekler "sadece" yardımcı olabilirler.

1974 yılında başlık aramak üzere Ankara civarına gittirn. Alacahöyük'e bağlı bir köye geldim. Köylü kadınlarla eski gelin başları konusunda konuşmaya başladım. Yanımıza 26 yaşlarında bir kadın geldi ve bana kendisinde bulunan "Dikbaş"ı gösterdi. Dikbaş'ın öyküsü oldukça hareketliydi. Atatürk bir kez buraya gelmiş. Bu başı köyde görünce çok ilgilenmiş. Müzeye koymak üzere istemiş, vermişler. Fakat bu başlık köydeki tek başlık. Atatürk'e verince onların ellerinde kalmıyor. Kadınlar başlığı geri istiyorlar. Yaşlı kadınlar bana bunları anlatırken, genç kadından da çocuğu olmadığını öğrendim. Yakınlarda doktor olmadığını da söyledi. Yanımda B vitaminleri vardı, verdim, İstanbul'dan da kendisine gene vitamin hapları gönderdim. Dikbaş'ı yanımda İstanbul'a getirmiştim, kopyasını yapmak üzere. Bir süre sonra onun hamile olduğu-

jekten, sondern sie sammelt auch Geschichten und Erinnerungen der Frauen, die diese Dinge benutzt haben.

Sie sammelt, um ihre eigenen Erinnerungen aufzufrischen, um die Erlebnisse ihrer Kindheit wachzuhalten, um ihre Sehnsucht nach den Farben und Tönen, die sie seit ihrer Kindheit immer noch mit sich trägt, zu stillen.

"Meine eigene Hochzeit war gar nicht so, wie die Hochzeiten meiner Kindheitserinnerung im Dorf. Die Hochzeiten meiner Kindheit waren farbenfroh, da wurden die Trommeln geschlagen, man hat Hennaabende gefeiert. Meine Hochzeit in der Stadt war sehr modern ausgerichtet. Ich hatte ein weißes Brautkleid angezogen. Zu Hause gab man ein Essen, und man hat getanzt. Es war 1957."

Dabei lebte sie weiterhin in der Stadt. Eines Tages besuchte sie ihr Dorf wieder. "Nach Jahren ging ich in mein Dorf zurück. Zu dieser Zeit war ich Tourismus-Journalistin. Ich ging in mein Dorf, weil ich über seine touristischen Schönheiten berichten wollte."

Dort erinnerte sie sich an alles, was sie als Kind begeistert hatte. Ein Lieblingsthema war die Hochzeit. "Ich fragte im Dorf: Wie feiert ihr denn eure Hochzeiten? Die Frauen lächelten und sagten: Schon lange haben wir keine Flöten und Trommeln mehr bei unseren Hochzeitsfesten. Ich sah viele Dinge nicht mehr, die ich als Kind kannte. Das tat mir sehr weh. So fing ich an, Objekte zu sammeln, die langsam verschwinden."

"Ich glaube, daß die Mode in diesem Industriezeitalter die Menschen zu uniformierten Gestalten macht. Diese Entwicklung ist nicht zu stoppen, ich sammle Dinge, die sonst langsam in Vergessenheit geraten würden."

Frau Tansuğ spricht in einem Dorf hauptsächlich mit den Frauen und läßt sich erzählen, was früher getragen wurde und heute nicht mehr. Sie bittet die Frauen, ihr ihre Truhen zu zeigen und über die darin befindlichen Sachen mit ihr zu sprechen.

"Die Frau ist produktiv – wie die Erde – wie die Natur." Viele Verhaltensweisen, die in der Tradition verhaftet sind, interpretiert Frau Tansuğ mit der bedeutenden Rolle der Frau. Wenn eine Braut mit ihrem Brautschmuck auf einem Pferd in ihr neues Zuhause gebracht wird, bedeutet das "diese Welt gehört der Frau, weil sie es ist, die die Kinder zur Welt bringt, sie ist es, die die Kinder großzieht und sie ist es, die auf dem Feld arbeiten wird. Auch alle Feierlichkeiten im Dorf sind Sache der Frauen.

nu ve 'bir bebeği oldu' haberini aldım. Kendisine başlığı geri vermek için gittiğimde 'Sen bana uğurlu geldin, çocuğum oldu. Başlığı geri istemiyorum' dedi.

Dikbaş'ın kullanılışı ve anlamı

Düğünün ertesi günü bütün kadınların bir araya geldiği bir törende Dikbaş bağlanır. Evli olmayan kadınlar bu törene gelemez. Önce kırmızı çuhadan yapılmış başlık başa koyulur. Başlığın alın kısmında iplikten örülmüş kahkül bulunur. İki beyaz tülbentin ortadan birbirine eklenmesiyle elde edilen büyük başörtü bu başlığın üzerine, üçgen yapılıp örtülür, uçları çene altından yukarıya doğru dolanıp başlığın tepesinde bağlanır. Ağız da bu başörtünün bir kenarı ile örtülür. Poşu adı verilen altı ayrı renkte başörtü, başlığın tepesine doğru, bant gibi birbiri üstüne gelecek şekilde sırayla bağlanır. Başörtüde kullanılan sayı her zaman çift sayıdır. Çift sayıların kullanılmasının nedeni herşeyin çiftten üredîğini göstermek içindir. Başlıkta kullanılan renklerden siyah ve beyaz şaman inancından kalıntı, yeşil ve kırmızı gelin ve damat renkleri, sarı güneş, mavi ise gök anlamını taşır.

Baş bağlanıp, ağız başörtü ile örtüldükten sonra, gelinin konuşmama devresi başlar.

Gelinin konuşup konuşmaması, aile ile olan ilişkisine bağlıdır. Gelin istediği süre konuşmaz. Eğer aile gelini konuşturmak istiyorsa, onu memnun etmek zorundadırlar. Memnun etmek mal bağışı ile olur. Tarla, ağaçlık, zeytinlik, altın gibi hediyeler vermesi gerekir kaynana ve kayınpederin. Hatta ailenin diğer fertleri, meselâ kayınbirader de ona hediyeler vermek zorundadır. Bayramda da hediyeler verecekler. Ama geline sırf hediye vermek de yetmez, onu iyi tutacaklar. Gelin aileden memnun kalınca onlara ses verecek. Gelini ses veren aile sevinir, memnun olur. Ondan sonra gelin Dikbaş'ı çıkarır, normal başörtüsünü örter."

Diese werden durch Frauen organisiert und durchgeführt. Die Männer können dabei "nur" behilflich sein."

"1974 war ich hinter Kopfbedeckungen her und kam so in ein Dorf in der Nähe von Ankara. Dieses Dorf gehörte zum Kreis Alacahöyük. Ich fing an, mich mit den älteren Frauen über den Kopfschmuck der Bräute zu unterhalten. Zu unserem Kreis kam eine 26-jährige Frau und zeigte mir einen Kopfschmuck. Er trug den Namen "dikbaş" und war ein spezieller Kopfputz für die Braut. Jeweils die letzte Braut bekam ihn und behielt ihn eine Zeitlang. Dieser dikbaş hatte eine bewegte Geschichte hinter sich. Atatürk besuchte einmal dieses Dorf. Er sah diesen Kopfschmuck und war sehr interessiert daran. Er wollte ihn haben, um ihn im Museum aufzubewahren. Sie gaben ihm den dikbaş. Aber es war der einzige übriggebliebene Kopfputz in diesem Dorf. Nach einer Weile bereuten die Frauen diesen Entschluß und baten Atatürk, diesen Kopfschmuck wieder zurückzuschikken, und sie bekamen ihren dikbaş wieder. Als die älteren Frauen mir das erzählt hatten, erfuhr ich von der jungen Frau, daß sie keine Kinder bekommen könne und in für sie erreichbarer Nähe auch kein Arzt wäre. Ich hatte Vitamin-B-Tabletten dabei und gab sie ihr und schickte auch noch aus Istanbul welche. Den Kopfputz hatte ich mitgenommen, um eine Kopie davon herzustellen.

Nach einer Weile bekam ich die Nachricht, daß sie schwanger sei. Danach, daß sie ein Kind bekommen habe. Als ich sie wieder besuchte, um den dikbaş zurückzugeben, sagte sie: Du hast mir Glück gebracht. So kannst Du den dikbaş behalten, ich möchte ihn nicht zurück haben."

Frau Tansuğ beschreibt die Verwendung und Symbolik des dikbaş so:

"Am Tag der Hochzeit wird der Braut der Kopfputz gebunden: Dies findet in einem Fest statt, an dem viele Frauen zusammenkommen. Die unverheirateten Mädchen dürfen nicht daran teilnehmen. Zuerst kommt der Unterbau des dikbaş, aus gewalktem rotem Stoff. Über der Stirn sind schwarze, geflochtene Fransen, aus Baumwollfäden. Auf die gewalkte Kappe wird das weiße Tuch lose gebunden. Es besteht aus zwei rechteckigen, aneinandergereihten Baumwolltüchern. Die paarig verwendeten Tücher in sechs verschiedenen Farben und aus glänzender Kunstseide werden eins nach dem anderen streifenweise hochgebunden. Das hat die Bedeutung, daß in der Natur sich alles aus Paaren vermehrt. Die Farben sind: grün und rot, die Farben des Bräutigams und der Braut, gelb und blau für Sonne und Himmel, schwarz und

weiß, Überreste der schamanistischen Religion. Der Kopfputz wird so gebunden, daß der Mund verdeckt wird. Ist dies geschehen, fängt für die Braut die Zeit des Schweigens an.

Ob und wann die Braut wieder spricht, hängt einzig und allein von der Beziehung zur Familie ihres Mannes ab. Die Braut spricht solange nicht, solange sie nicht will. Wenn die Familie Wert darauf legt, sie zum Sprechen zu bringen, ist sie verpflichtet, die Braut zufriedenzustellen. Sie zufriedenzustellen bedeutet, ihr Geschenke zu machen, wie z. B. Felder, Wälder, Olivenhaine, Gold, Häuser. Sogar die restlichen Mitglieder der Familie, wie z. B. Schwager, müssen sie beschenken. Wenn Feiertag ist, soll sie besonders beschenkt werden. Es reicht aber nicht, sie nur zu beschenken, sie muß auch gut behandelt werden. Wenn die Braut mit dem Verhalten der Familie zufrieden ist, fängt sie an zu sprechen. Und wenn die Stimme der Schwiegertochter zu hören ist, freut sich die ganze Familie und fühlt sich geehrt. Erst dann nimmt die junge Frau ihren dikbaş weg, bindet ihr normales Tuch um."

* Dikbaş ist eine Wortbildung, die aus den Wörtern Dik und Baş zusammengesetzt ist. Dik: Aufrecht, gerade, stolz und unnachgiebig, eigensinnig; Baş: Kopf

Güney Almanya'da Başörtü Kültürü ve Birkaç Örnek

Beispiele von den Kopftuchkulturen aus Süddeutschland

Franken Bölgesi Geleneksel Giysisi »Tracht« ve Başörtü

»Adam gibi giyin, başını ört!«
»Düğümü arkada mı önde mi?«
»Örtü başımda ya işte!«

Böyle kısa bir konuşmayı duyarak, Almanya'da kırsal bölge kültüründe hep görülegelmiş ve görülmeye devam eden başörtüsünün sırrına vardığını sanan kişi, yanılıyor demektir. Bu bölgede görülen, son derece çeşitli başörtü bağlama şekilleri arasında, en doğru sayılan bağlama şekli hangisidir? Ya da başörtü, ne zamandan beri, köylü giysisinde vazgeçilmez bir öğedir?

"J.K. Buntschuh, 1700'lerdeki, Aşağı Frankonya (Unterfranken) bölgesindeki geleneksel giysilerin *(Tracht)* tanımını yaparken, kadın baş giysileri konusunda şunları yazıyor: *"Kadınların, altına beyaz patiskadan yapılmış, dantelli bir başlık giydikleri, kadife ve çuhadan yapılmış kürklü bir baş giysileri var"*[1] 1808 yıllarında ise, zamanının geleneksel kadın giysilerini tanımlarken ise: *"günlük kılık ile, beyaz renkli ketenliden herkesin evde kendi dokuduğu, bir örtü başa örtülür. Boyuna bir Gulden'e satın alınan bir şal koyulur (ve) pamukludan bir başlık giyilir."*[2] *"Kadınlar, şimdi bayram ve dini tören günlerinde şöyle giyiniyorlar: Yüksek, sivri bir başlık (....) ve bunun üzerine, baştan başlayıp, arkada aşağıya kadar sarkan, Saksonya danteli veya ipek dantelden yapılmış, şık ve hafif bir örtü kullanılıyor. Bazı örtülerin fiyatı altı veya on Gulden'e kadar çıkar."*[3]

Nürnberg, Knoblauchsland yöresinde, on sekizinci yüzyılda köylü kadınlar arasında başörtünün üzerine koyulan kürk başlıklar, oldukça rağbet gör-

Einiges zum Kopftuch in der fränkischen Tracht

»Zieh dich anständig an, setz dir a Tüchle auf!«
»Ninterbunden oder neibunden?«
»Aufg'setzt halt!«

Wer glaubt, daß er in diesem kurzen Dialog das Geheimnis der "immerwährenden bäuerlichen Kopfbedeckung gelöst hat, irrt. Welches ist nun die richtige Methode das Kopftuch aufzusetzen, und wie lange ist es überhaupt ein fester Bestandteil der bäuerlichen Kleidung?

"Der Kopfputz der Weiber eine grüne Pelzkappe von Sammet oder Tuch; unter welcher eine weiße leinene Haube mit weißen Spitzen hervorstach", beschreibt J.K. Bundschuh die unterfränkischen Trachten um 1700.[1] Die Frauentrachten seiner Zeit, d.h. um 1808 beschreibt er folgendermaßen: *"ein weißes, flächsernes, selbstgesponnenes Tüchlein auf den Kopf gestrickt, ein Halstuch von beyläufig 1 fl. Wehrt, eine baumwollene Mütze..." für werktägliche Kleidung.*[2] *"Der jetzige fest- und feyertägliche Anzug der Weiber ist: Der Kopfputz eine hohe spitzige Haube von Zitz, Seidenzeug etc. über dieser wird ein feines Tüchlein von Nessel- oder Niederländertuch, welches mit sächsischen oder gar seidenen Spitzen besetzt ist, gestricket, es hängt im Rücken weit herunter. Manches Tuch der Art kommt auf 6-10 Gulden."*[3]

Im Nürnberger Knoblauchsland sind bei den Bäuerinnen im 18. Jahrhundert Pelzkappen beliebt, die sie über Tüchern tragen. Die Kappen haben sie den städtischen Frauen abgeschaut, die sie größer und ohne Tuch tragen.

Bild/Resim 99
Frau mit Pelzkappe, 18. Jahrhundert
Kürk başlıklı kadın, 18. yüzyıl

mekteydi. Şehirli kadınlar bu tip başlıkların daha büyüğünü, başörtüsüz olarak kullanıyorlardı. Köylü kadınlar arasında, kürk başlık şehir modasının etkileri sonucu yayılmıştır.

"Nürnberg yöresindeki köylü kadınların geleneksel kürk başlıkları kullanmaktan yavaş yavaş uzaklaştığını belirten ilk resimlerden biri Andrea Entner'in 1780'lerde ve bir de Johann Trautner'in 1797'de yaptığı *"sepet taşıyan, çıplak ayaklı (...) bir kadın" resmidir. Bu son resimdeki kadın, yeşil büyük bir örtüye bürünmüştür."*[4]

Geleneksel giysiler konusunda yapılan araştırma sonuçlarına dayanarak, Franken bölgesine (Güney Almanya) ilişkin şunlar özetlenebilir: Geleneksel Giysi *(Tracht)*, 1800'lerden başlayarak, her geçen gün daha fazla tipik bölgesel bir görünüş kazanmaya başlamıştır. Ama bu bölgesel görünüş içinde, köylünün kendi diktiği giysisi ve köydeki yüksek tabakanın, kendi yaşadığı yöreye sahip çıkışının bir ifadesi olan "Hakiki Tracht *(geleneksel giysi)"*, arasındaki fark gözden uzak tutulmamalıdır. Geleneksel giysi konusundaki bilincin desteklenmesinin, bu devreden daha sonralara, özellikle 1900'lere rastlaması da son derece ilgi çekicidir.

"Eine der ersten Abbildungen, die das Abkommen der Nürnberger Bäuerinnen von den traditionellen Pelzkappen vermerken" ist eine Abbildung von Johann Andrea Endter um 1780 und "die korbtragende, barfüßige Frau auf dem 'Nürnbergischen Ausruff' bei Johann Trautner 1797. Letztere trägt ein großes grünes Kopftuch."[4]

Den Forschungsergebnissen über Tracht am Beispiel Franken kann man folgendes entnehmen: Tracht wird erst um 1800 mehr und mehr zu einem typischen regionalen Merkmal. Man muß dabei zwischen dem selbstgefertigten Bauernkleid und der "echten" Tracht, als Ausdruck von ländlichem Regionalbewußtsein der bäuerlichen Oberschicht unterscheiden. Erstaunlicherweise hat erst die Spätzeit, oft erst um 1900 ein besonderes Trachtenbewußtsein gefördert.

So haben Anlässe wie die Hochzeit des Kronprinzen Maximilian 1842 oder die Wittelsbacher Trachtenpolitik 1852/53 oder Umzüge zu ehren des Prinzregenten Luitpold im späten 19. Jahrhundert zur Förderung der nationalen Tracht beigetragen. Das Trachtenbewußtsein wurde sozusagen durch das Wechselspiel von Selbstdarstellung und öffentlich anerkannter Representation gefördert.[5]

Bild/Resim 100
Ende der Pelzkappenära
Kürk başlık devrinin sonu

1842 yılında yapılanveliaht Prens Maximilian'ın düğünü ya da 1852-53 yıllarındaki, Wittelsbach, geleneksel giysileri teşvik politikası veya 19. yy. sonlarında kral vekili Luitpold şerefine yapılan tören yürüyüşlerinde, geleneksel giysi taşıyan gurupların geçiş törenlerine katılmalarına özellikle önem verilmesi gibi nedenler, geleneksel giysinin (Tracht) bu defa milli bir özellik kazanmış halde desteklenmesine veya yaygınlaşmasına yol açtı. Tracht bilinci, hem yaşadığı yöreye sahip çıktığını ve o yöreyi temsil ettiğini göstermek amacında olan varlıklı köylü kesim yoluyla, hem de resmi çevrelerce toplum hayatının önemli törenlerinde, Tracht'a yer verilerek ve dolayısıyla bu tür giysinin varlığının ve değerinin resmen kabul edilmiş olduğu da belirtilerek, teşvik gördü.[5]

Geleneksel köylü giysisini etkileyen nedenlerden birisi de tekstil endüstrisinin gelişimidir. Konfeksiyon üretimin artması, geleneksel giysinin ve bu giysiye ait yöresel özelliklerin geniş ölçüde yayılmasına neden oldu.

1890-1900 yılları arasında, Forchheim yöresindeki *Tarihi Tören Giysisi,* yerini hafta içinde ya da pazar günleri giyilen *Tracht*'lara bıraktı. Bu Tracht'lar ise, kentlerden gelen moda akımlarının etkisiyle değişime uğramış giysilerdi.[6] Böylece, elinde *Tarihi Tören Giysisi* kalmış kadınlar, bu giysilerini, ancak en büyük tören ve bayramlarda giyer oldular. Bu giysiyi giydiklerinde ise, başlarına *Hörnertuch* adı verilen bir başörtü alırlardı. *Hörnertuch,* çeşitli renklerde olurdu: *Beyaz Hörnertuch,* patiskadan yapılır ve en önemli bayramlarda kullanılırdı. Üzerinde "hayat ağacı" motifi işliydi. *Kırmızı Hörnertuch,* pazar günleri veya dans etmeye giderken kullanılan bir başörtü idi. Üzerinde siyah renkte çiçek motifleri bulunurdu. Bu başörtü kullanıldığı zaman, Tracht ceketi giyilmezdi.

Neunkirchen'de (Bayern) yaşayan ve annesinden kendine kalmış olan Tarihi Tören Giysisini hâlâ, özel günlerde ve Geleneksel Giysi Derneğinin düzenlediği geçit törenlerinde giyen bir kadın, annesinin başörtüsü için şunları anlatıyor:

"Bu başörtüye Hörnertüchle, Schnepfeltüchle ya da Zipfeltüchle diyenler varsa da, en doğru adı Hörnertuch'tur. Bu başörtü, 1930 sonlarına kadar kullanılırdı. Çok iyi hatırlıyorum, annem bunu kardeşimin Kommunion'unda son defa takmıştı. Sene 1936 idi!"

Etnolog Helga Fuchs, başörtüsünün, 1930'larda Forchheim yöresi geleneksel giysisinin bir özelliği olduğunu belirtiyor:

"Köylü halkın kılığını, diğer çalışan kesimden ayıran en önemli özellik, başın örtülü olmasıdır. Nürnberg pazar yerinde, Nürnbergli pazarcı kadın-

Die Entwicklung der bäuerlichen Tracht ist ebenso eng verbunden mit der Entwicklug der Textilindustrie. Erst die Industriewaren tragen erheblich zur Ausweitung und lokalen Differenzierung bei.

Die historische Festtracht im "Forchheimer Land" wird zwischen 1890 und 1900 durch eine neue "vom bürgerlichen Modeeinfluß geprägte Sonn- und Werktagstracht abgelöst".[6] Die *"historische Tracht"* wurde seit dieser Zeit nur noch zu den höchsten Feiertagen angelegt von Frauen, die sie noch besaßen. Der Kopfschmuck bestand aus *"Hörnertüchern"*, dem weißen, aus feinem Linnen, bestickt mit dem *"Lebensbaum"* für die höchsten Festtage, dem *"roten Hörnertuch"*, bedruckt mit schwarzen Blumenmotiven für die "gewöhnlichen" Sonntage und zum Tanzen, dann aber ohne Jacken getragen.

Eine Frau, die die historische Tracht von ihrer Mutter geerbt hat, und sie noch heute in Neunkirchen zu besonderen Anlässen und bei Trachtenumzügen trägt, erinnert sich an das Tüchle ihrer Mutter:

"Das weiße, der eine sagt Hörnertüchle, der andere sagt, Schnepfeltüchle oder Zipfeltüchle, richtig heißt es Hörnertuch, ist noch bis in die 30er Jahre getragen worden. Also, 1936, das weiß ich, da hat mein kleiner Bruder Kommunion gehabt und da hats meine Mutter das allerletzte Mal aufgehabt."

In den 30er Jahren stellt Hela Fuchs fest, daß die Kopftücher in der Forchheimer Tracht ein wesentliches Erkennungsmerkmal geworden sind: "Das, was am auffälligsten die bäuerliche Kleidung von der sonst üblichen des arbeitenden Volkes unterscheidet, ist die Verhüllung des Kopfes. Auf dem Nürnberger Markt fällt als einziges Unterscheidungsmerkmal zwischen den städtischen Händlerinnen und den Bäuerinnen aus dem Knoblauchsland auf, daß die ersteren mit bloßem Kopf oder irgendeiner aus der augenblicklichen Mode genommenen Mütze zwischen ihren Gemüsekörben sitzen, während die Bauersfrauen ein Kopftuch tragen".[7]

Im Forchheimer Land ist noch heute die Tracht lebendig. Sie wird werktags und sonntags von Frauen getragen, die meistens über 60 Jahre alt sind. Sie selbst nennen ihre Tracht *"Bauernmontur"*. Das Kopftuch ist ein fester Bestandteil ihrer Kleidung. Die Frage nach dem *"Kopftuch"* beantworten sie immer mit dem Hinweis auf das gestickte Festtagstuch, das sie nach hinten gebunden am Sonntag in die Kirche tragen. Die anderen Tüchle sind — auch für Frauen, die keine Tracht tragen — die *"Reinbindtüchle"*, Tücher, die sie in der Stadt kaufen, mit Blumen- oder Kaschmirmuster — sog. Türkenmuster. Diese Bindeart kam erst nach dem Krieg auf, "durch die Flüchtlingsfrauen".

Bild/Resim 101
Weißes Hörnertuch mit Festtagstracht
Geleneksel tören giysisi ile kullanılan beyaz »Hörnertuch«

larla, Nürnberg'in çevre köylerinden gelmiş olan köylü pazarcı kadınlar arasında, göze çarpan yegâne ayrıcalık bu oluyor. Köylü kadınların başında başörtü varken, kentli pazarcı kadınlar ya başlarını örtmüyorlar ya da o sıralar moda olan herhangi bir şapkayı başlarırına geçirip, sebze sepetlerinin arasında oturuyorlar."[7]

Hafta içinde giyilen gündelik giysi ve pazar günü giysisi olarak kullanılan *Tracht*'lar Forchheim yöresinde, halen geçerli bir giysi olma özelliğindedir. Bu yöredeki halk kendi giysilerini *Tracht* değil, *Bauernmontur* olarak adlandırmaktadırlar.

Bu kadınlar için başörtü, giyimden ayrı düşünülemiyen bir parça. Başörtü ile ilgili sorulara, her zaman işlemeli "Bayramlık Başörtü"yü *(Festtagstuch)* anlatan cevaplar veriyorlar. Bu başörtüyü, Pazar günleri kiliseye giderken arkadan bağlayarak örtüyorlar. İşlemeli Bayramlık Başörtü dışında kalan her başörtünün adı, bu kadınlarca *(Reinbindtüchle)*, yani "önden bağlanan örtücük". Bu başörtüler şehirden satın alınan, çiçekli ya da Türk deseni adı da verilen kaşmir desenli örtüler. Başörtüyü önden, yani çene altından bağlamak, *"İkinci Dünya Savaşı'ndan sonra Almanya'ya mülteci kadınlar geldikten sonra ortaya çıktı"* diyorlar.

Köylü giysisinde *Bauernmontur), "Hasat başörtüsü"* (Erntetüchle) halen bu giyimin mutlaka birlik-

In der *"Bauernmontur"* darf dann das *"Erntetüchle"* nicht fehlen, ein weißbedrucktes Tuch, das im Sommer als Schutz gegen die Hitze getragen wird. Die *"Herbst- und Frühjahrstüchle"* oder *"Leinen"*, die entweder mit *"Tour"*, einer bedruckten Bordüre, gekauft werden oder aus bunten Stoffen herausgeschnitten werden und *"Trauertüchle"* ergänzen die Ausstattung für Werktags.

Die lebendige Tracht, die seit ca. 1890 besteht, wird bis heute von den Frauen nach ihren Bedürfnissen umgewandelt. So verändern sich Schnitt der Röcke — die Bahnen werden von 5 m auf 3 m reduziert —; moderne Stoffe werden verwendet, Trevira statt Wolle; Brokat statt Seide etc.; die Kopftücher werden nicht mehr "wie es sich gehört", nach hinten gebunden.

te kullanılması gereken bir parçasıdır. Beyaz renkte olan bu başörtü, yazın sıcağa karşı korunma ödevini görür. *"Leinen"* ya da ilkbahar, sonbahar başörtücükleri *(Frühjahrstüchle – Herbsttüchle)* ya ortası ya da çepeçevre kenarları desenli olan bir başörtüdür. Evde olan desenli kumaşlardan da kesilerek, başörtü yapılır. Matem başörtüsü de gündelik kıyafetle kullanılan başörtülerden biridir.

Günümüzde halen kullanılmakta olan Tracht, *lebendige Tracht* adını taşımaktadır ve 1890'dan beri bu giysiyi kadınlar, kendi ihtiyaçlarına göre değiştirmişlerdir. Etekler için gerekli kumaş miktarı, beş metreden, üç metreye indirilmiş yün yerine trevira, ipek yerine brokar kumaş kullanılmaya ve hatta başörtüler bile adet olduğu üzere, ensede değil de çene altında bağlanmaya başlanmıştır.

Bild/Resim 102
Hörnertuch

Weißenburg Yöresindeki Başörtüler

Evelyn Gillmeister-Geisenhof

1913 yılındaki kayıtlarında, Gunzenhausen yakınlarındaki, Sausenhofen köyü papazı *"hiç bir şeye benzemeyen, şu küçük siyah başörtüler yüzünden, Haube (dökümlü, kumaş başlık) ortadan kalktı"* diyerek, 1900'lerdeki kadın baş giyimindeki değişmeyi tanımlıyor.

Weißenburg yöresinde, 19. yy. dan itibaren tarihi kayıtlarda başörtü, *geleneksel iş giysisi (Arbeitstracht)* eşliğinde kullanılan bir öğe olarak görülür ve 1890'lardan itibaren ise, iyi kalite kumaşlardan yapılan başörtüler, kiliseye giderken de kullanılmaya başlandı. Başörtü kullanımının artması sonucunda ise, pazar günleri ve dini bayram günlerinde kullanılan *Bänderhaube* ortadan kayboldu. Ve *Haube* 1914 yıllarında doğmuş ve geleneksel giysilerini kullanmaya devam eden kadınlarca, 1950 yıllarına kadar, sadece kilisede yapılan Abendmahl törenlerinde, o da çok ender olarak giyildi.

Günümüzde, kiliseye giderken başı örtme adeti, geleneklerine bağlı ve giysisinin kullanışını henüz değiştirmemiş yaşlı bir kadın gurubu ile bir anlamda görülmeye başlanmıştır. Bu kadın gurubu, elbiseleri ve baş giysisi ile, iş günü, bayram, kış, yaz, sevinç, yas gibi içinde bulunduğu her duruma göre, çevreye ayrı bir mesaj gönderir.

Başörtü konusunda yapılan bir konuşmadan notlar:

Seksen beş yaşında olan ve Wettelsheim köyünde (Frankonya) yaşayan, Bayan Oberdorfer, halen *bäurisches Gewand* adı verilen, *geleneksel köylü giysisini* giyiyor. Bayan Oberndorfer Amslinger Hof'da doğdu ve genç yaşında Trommetsheim köyünde, bir çiftçi ailesinin yanında iş buldu. Burada çalışırken, *Haube*'yi bayram günleri giyilen bir baş giysisi olarak kullanmıştı. Gene hizmetçi olarak girdiği ikinci iş yerinde ise, artık, sadece başörtü örtmeye başlamıştı. 1920'lerin sonunda evlendi ve bir kilisede hademe olarak çalışmaya devam etti.

Das Kopftuch im Weißenburgerland

Evelyn Gillmeister-Geisenhof

"Die höchst unschönen schwarzen Kopftüchlein haben die Hauben aus dem Feld geschlagen", so charakterisiert der Pfarrer von Sausenhofen, einem kleinen Dorf bei Gunzenhausen, die Veränderung der weiblichen Kopfbedeckung um die Jahrhundertwende in seiner Pfarrbeschreibung von 1913. Das Kopftuch ist etwa seit der Mitte des 19. Jahrhunderts im Weißenburger Land in der Arbeitstracht belegt und wird seit den neunziger Jahren — in hochwertigerem Material und in feinerer Ausführung — nun auch zum Kirchgang getragen. Mit dem zunehmenden Gebrauch des Kopftuches verschwinden die bisherigen sonn- und festtäglichen Kopfbedeckungen, die reichgestickten, sehr dekorativen Bänderhauben langsam ganz aus dem Dorfbild. Vereinzelt werden die Hauben zwar noch — zum Teil sogar bis in die fünfziger Jahre — zum Abendmahl aufgenommen, jedoch nur von Frauen, die der Generation vor 1914 angehören und die noch das "bäurische Gewand" tragen.

Inzwischen verbindet man sogar schon das Kopftuchtragen beim Kirchgang mit einer traditionsgebundenen Gruppe, nämlich mit jenen alten Frauen, die nun als letzte noch an einem Kleidungsverhalten in Funktion festhalten, d.h., daß sie durch ihre Kleidung und somit auch durch ihre Kopfbedeckung eine Aussage über den jeweiligen Anlaß bzw. jeweilige Situation (Alltag — Feiertag, Sommer — Winter, Freude — Trauer) machen.

Protokoll eines Gesprächs über den Umgang mit dem Kopftuch:

Frau Oberndorfer ist 85 Jahre alt, wohnt in Wettelsheim und trägt noch das bäurische Gewand. Sie stammt aus dem "Amslinger Hof" und kam als Jugendliche "in Stellung" zu einem Bauern nach Trommetsheim. Dort trug sie noch die Haube als festtägliche Kopfbedeckung. An ihrem zweiten Dienstbotenplatz am Schwimmer-Hof in Wettelsheim trug sie dann nur noch das Kopftuch. Ende

Bayan Oberdorfer, evde de başörtü takıyor. Sıcak odada, başörtüyü yavaş yavaş omuzlarına indiriyor ama odadan çıkarken, gene başına çekebilmek için, tam çıkarmıyor. Kendisi, başörtüleri ile ne yaptığını, onları nasıl bağlayıp, kullandığını anlatır-

der 20er Jahre heiratete sie dann den Wettelsheimer Gemeindediener. 1933 errichtete sie und ihr Mann eines der ersten "Siedlungshäuser" von Wettelsheim in der Mühlstraße, wo sie noch heute wohnt.

Bild/Resim 103
Frau Oberndorfer aus Wettelsheim, Franken 1984
Bayan Oberndorfer, Wettelsheim köyü/Franken 1984

ken, başörtüsünün onun anlayışına göre, sadece başa bağlanan dört köşe bir kumaş parçası olmadığı, tam tersine bunun kendi giysisinde, zengin bir geçmişe sahip, bir öğe olduğu anlaşılıyordu.

Aslında hep başörtülü geziyor denebilir. Örneğin, sabah kalkıp da hemen başını örtmezse, derhal farkına varıyor. Henüz soğuk olan odalarda tepesi ağrımaya başlıyor. İşte bu da, başörtüyü derhal bağlamak için bir işaret oluyormuş.

Eskiden herkes başörtü örterdi, ama son zamanlarda bu durum oldukça değişti diyor. Kendi kızı da normal zamanlarda başörtü kullanmıyormuş, ama geçirdiği şiddetli bir gripten sonra, başörtüsüz evden dışarı çıkmaz olmuş. Başörtü örtmek her ne kadar bir alışkanlık olsa bile, gene de hastalıklara karşı koruma özelliği de unutulmamalıdır.

Herşeyden önce, soğuk ve sıcağa karşı başörtü gerekliymiş. Eğer, hava ne çok sıcak, ne de çok soğuk olursa, dışarıya başörtüsüz de çıkması mümkünmüş.

Bayan Oberndorfer, üst üste koyduğu bir çok başörtüyü masanın üzerine getiriyor. İlk bakışta hepsi kara görünüyor.

Yaz dahil, her mevsimde koyu renkler kullanırmış. Örtülerinin çoğu, ikinci dünya savaşından önce alınmış. Gunzenhausen'deki Yahudi Lehmann'ın bu başörtüleri satan dükkânını, hâlâ çok iyi hatırlıyor. Hatırında kaldığına göre, o zamanlar, bu başörtülerin büyük bir bölümü Sachsen veya Thüringen'de imâl edilirdi. Bu genel olarak böyle bilinirmiş. Bugün bu başörtülerden artık piyasada bulunmuyormuş.

En üstteki üç başörtü, oldukça sıkı ve düz dokunmuş yünlü bir kumaştan. Kenara üç santimetre mesafede, üç, dört santimetre eninde çiçek desenli bir şerit var.

Başörtünün kenarlarında beyaz çiçek motifleri var. Motifler dokumanın kendi deseni. *Pazar günleri* kiliseye giderken bu başörtüyü takıyor.

İkinci başörtü üzerindeki çiçek deseni siyah. Üçüncü örtüde ise kenar deseni yok. Siyah başörtü, yakın akrabaların ölümünde, iki seneye kadar süren *yas*larda örtülüyor. Bu süreden sonra, yani esas yas süresi bittikten sonra, bazen altı ay kadar daha, *"pek o kadar yas tutulmayan "*bir devre başlıyor. Bayan Oberndorfer böyle hallerde, kenarı siyah çiçek deseni ile çevrili, siyah başörtüsünü örtüyor. Yas adetleri geleneksel giysi giyenler için, daha zorunlu bir gelenek olarak görülüyor. Şehirli kılığı giyenlerde ise, yakın akrabaların ölümünde tutulan yas bir seneye iniyor.

Diğer bir başörtü ipekli. Gene siyah bir fon üzerine küçük mavi, kendinden dokumalı çiçekler var.

Als sie die Haustüre öffnet, hat sie ein dunkles Kopftuch umgebunden. In der warmen Stube läßt sie es langsam auf ihre Schultern gleiten, nimmt es jedoch nicht ganz herunter, um es beim Verlassen des Zimmers wieder über den Kopf streifen zu können. Sie erzählt über den Gebrauch und Umgang mit ihren Kopftüchern. Dabei wird vor allem offensichtlich, daß das Kopftuch nicht nur ein viereckiges Stück Stoff darstellt, das um den Kopf gebunden wird, sondern daß es ein fester Bestandteil der Kleidung und in seiner differenzierten Anwendungsweise, Ausdruck einer traditionsreichen Lebensart ist.

Eigentlich trägt sie das Kopftuch immer. Wenn sie z.B. am Morgen nach dem Aufstehen einmal das Kopftuch nicht gleich umbindet, merkt sie dies sofort. In den noch kühlen Räumen fängt ihr dann der Kopf an der Scheitelgegend an, weh zu tun. Dies ist dann das Alarmzeichen, sofort ein Kopftuch umzubinden.

Früher haben alle Kopftücher getragen, aber in letzter Zeit verliert sich das immer mehr. Ihre Tochter trägt in der Regel auch keine Tücher mehr, aber nachdem sie sich erst von einer schweren Grippe erholt hat, verläßt sie zur Zeit das Haus nicht mehr ohne Kopftuch. Sicherlich ist es auch eine Gewohnheit, ein Kopftuch zu tragen; aber trotzdem schützt es auch den Kopf vor Krankheiten.

Vor allem gegen die Kälte und Hitze ist das Kopftuch notwendig. Wenn es nicht zu kalt und nicht zu heiß ist, dann könnte man schon einmal ohne Kopftuch das Haus verlassen.

Frau Oberndorfer holt einen ganzen Stapel Kopftücher an den Tisch. Beim ersten Hinsehen wirken sie alle schwarz.

Sie hatte immer schon recht dunkle Tücher gehabt, auch im Sommer. Die meisten stammen noch aus der Zeit vor dem zweiten Weltkrieg und wurden in Gunzenhausen bei den Schnittwarenhändlern gekauft. Einer war der Jude Lehmann, das weiß sie noch ganz genau. So viel sie sich erinnern kann, wurden die meisten Tücher in Sachsen oder Thüringen gefertigt. Das wurde allgemein so gesagt. Heute bekommt man diese Art von Tüchern nicht mehr.

Die ersten drei Kopftücher auf dem Stapel sind aus Wolle, ziemlich dicht und glatt gewebt. In einem Abstand von ca. drei Zentimetern vom Rand entfernt, läuft eine drei bis vier Zentimeter breite, eingewebte Blumenborte rings um das Tuch herum. Bei dem ersten Tuch ist weiß mustermäßig in die Bordüre mit eingewebt. Dieses Tuch trägt sie an den gewöhnlichen Sonntagen zum Kirchgang.

Das Blumenmuster auf dem zweiten Tuch ist nur schwarz, während das dritte schwarz ohne jegliche Bordüre gefertigt ist. Das letzte wird zur tiefen Trau-

Bu, en güzel başörtüsü olduğu için, *Pfingsten dini bayramına* rastlayan *pazar günleri* kiliseye giderken, ya da bir eğlenceye giderken kullanıyor. *Ostern* dini bayramında da bu başörtüyü kullanabilir ama, o mevsimde havalar henüz soğuk olduğu için pek uygun değilmiş. Bu başörtüsünü sadece kiliseye giderken kullanıyor, ama gezmeye giderken örtmüyor. Bu ipek başörtü 1920'lerden beri kendisinde bulunuyormuş. Başörtü sanki eski değil de, yeni gibi görünüyor.

Saçlar her zaman ortadan ikiye ayrılır, sıkıca arkaya toplanıp örülür, firkete ve küçük taraklarla örgüye simit şekli verilir. Her örgünün sonu bir saç parçası ile açılmasın diye sarılmıştır. Pazar günleri böyle işlere biraz daha fazla vakit vardır. Bayan Oberndorfer'in, gençliğinde saçı pek gürmüş. Pazar günü olunca, saçlarını dört örgü halinde örer, gösterişli bir simit şekli verirmiş.

Saçlarını, hiç olmazsa altı haftada bir yıkarmış. Saç yıkamak için, ısırgan otu toplanır, kaynatılırmış. Bu ısırgan otu suyu ve beyaz sabun ile başını yıkarmış. İçine biraz sirke katılmış su ile de saçlarını durularmış. Temiz yıkanmış saçlar uçuşmasın diyerek, biraz da (özel bir) yağ sürermiş. Bu yağ Sülze yapmak için (jelatinli bir yiyecek maddesi) et kaynatılırken, üzerinden alınan köpükten elde edilirdi. Et o zamanlar Sülze yaparken şimdiki gibi tuz ve sirke ile kaynatılmazdı. Her kadın hayvan kesiminde, etler hazırlanıp, kaldırılırken, böyle küçük bir kutu yağ toplamaya bakardı. Bu yağ saçları besler, daha çabuk uzatırmış.

Aslında ipek başörtü örtmekten pek hoşlanmıyormuş. Yün başörtüleri kaymadığı ve dik durduğu için daha çok tercih ediyormuş.

Başörtüler önce üçe katlanıp, başa koyulur ve bir elle başörtünün iki ucunu tutarken, öteki elle, başın tam üstüne gelen kısmı köşelensin diye kaldırılır. Sonra başörtünün iki ucu bol bir şekilde düğümlenir. Başörtü iyice sıkılmaz. Örtü yüze yapışmayacak, başörtünün uçları omuzları kapatacak şekilde bol bırakılır. Böyle bağlanan örtü, başı büyük gösterirmiş.

Evlenmeden önce sık sık, pazarları bisikletle dolaşmaya çıkarmış. Bir kaç kere, hava ne çok sıcak, ne de çok soğuk olduğunda başörtü takmadan, bisikletle gezmeye gittiği de olmuş.

Dans etmeye her zaman başörtüsüz gidilirmiş. Ama kendisi pek öyle dans etmeye gitme olanağı bulamamış.

Annesi, Bayan Oberndorfer'in dökülen saçlarının bir kısmını atmamış, Weißenburg'da bir kadına (adını artık hatırlamıyormuş) götürmüş, bu saçlardan bir zincir ördürmüş. Bununla damadına bir saat zinciri, kızları için de ucunda bir haç asılı kol-

er umgebunden, die bei nahen Verwandten bis zu zwei Jahren dauert. Nach dieser Zeit beginnt dann meistens für noch einmal ein halbes Jahr die Austrauer, bei der man *"nicht mehr so arg trauert"*. Zu diesem Anlaß bindet Frau Oberndorfer dann das schwarze Tuch mit der schwarzen Blumenbordüre um. Die Trauergewohnheiten sind für das bäurische Gewand bindend. Geht man *"städterisch"*, so verkürzt sich die Trauerzeit auch bei nahen Verwandten auf ein Jahr.

Das nächste Tuch auf dem Stapel ist aus Seide. Kleine mittelblaue Blümchen sind in den ebenfalls schwarzen Grund eingewebt. Dies ist ihr bestes Tuch und bleibt den besseren Sonntagen wie Pfingsten und Kirchweih vorbehalten. Ostern würde auch noch zu diesen Sonntagen zählen, aber da ist es meistens noch zu kalt. Sie bindet es nur für den Kirchgang um und nicht zu Spazierfahrten oder dergleichen. Dies "Seidentüchle" besitzt sie seit Anfang der zwanziger Jahre. Einen Verschleiß kann man bis jetzt nicht feststellen, es wirkt noch wie neu.

Eigentlich trägt sie das Seidentuch auch gar nicht so gern, sie bevorzugt mehr Wolltücher, weil sie nicht so rutschen und mehr an Volumen hergeben. Die Tücher wurden alle in der Mitte zu einem Dreieck gefaltet, über den Kopf gelegt und während die eine Hand die beiden Enden locker hält, hebt die andere Hand in der Mitte über dem Scheitel das Tuch zu einem kleinen Spitz an. Dann werden die beiden Enden locker ineinander verschlungen, nicht fest zugezogen, so daß das Tuch das Gesicht kaum berührt und auf den Schultern breit zu liegen kommt. Durch diese Art das Tuch zu binden, wird der Kopf optisch vergrößert.

Als sie noch nicht verheiratet war, ist sie öfters am Sonntagnachmittag bei Spazierfahrten mit dem Fahrrad schon einmal ohne Kopftuch gewesen, aber nur wenn es nicht zu heiß oder zu kalt gewesen ist. Zum Tanzen ist man immer barhäuptig gegangen, sehr häufig ist sie allerdings nicht zum Tanzen gekommen.

Das Haar ist immer in der Mitte gescheitelt und wird streng nach hinten genommen, wo es in Zöpfe geflochten wird, die dann zu einem Nest mit Haarnadeln und Kämmchen aufgesteckt werden. Die Zopfenden werden mit Haaren umwickelt und so befestigt. Am Sonntag hatte man schon einmal ein bißchen mehr Zeit. Da hat sie sich dann ihre Haare, sie hatte als junges Mädchen sehr viel Haare, in vier Zöpfe geflochten, die sie dann zu einem großen stattlichen Nest geformt hat.

Gewaschen haben sie ihre Haare höchstens alle sechs Wochen. Dazu wurden Brennesseln gepflückt und abgekocht. Mit diesem Brennesselsud und Kernseife wusch man sich dann den Kopf. Mit

yeler yaptırmış. Bayan Oberndorfer'in annesi bunları yaptırdığında yıl 1912 imiş. Bu adeti devam ettirmeyen Bayan Oberndorfer, kendi kolyesini torunu için, iki sıra kısa bir kolye haline getirttirmiş.

Genç kızlık zamanında da kiliseye başörtüyle giderdi. Haube zamanına bile yetişmişti. Başını örtmeden kiliseye gitmeye "utanırdı". Aynı zamanda, kısa kollu giysilerle de kiliseye gidilmezmiş. Böyle şeyler yapılmazmış. Kimseler yapmazmış. İşte öyleymiş.

Başörtülerin içinde, üç tane kalın örtü daha var. Bunlar, tüylü yünü daha da kalın gösteren pike dokumalı örtüler. Bir tanesi gene tamamen siyah, ötekilerden birinin dört kenarında çepeçevre menekşe renkli, diğerinin ise beyaz kendinden dokumalı deseni var. Bu örtüler aynı zamanda saçaklı. Ayrıca kışlık örtü oldukları için, boyutları omuzların da örtülebilmesi için daha büyük tutulmuş. Siyah örtü gene yas süresince kulanılıyor. Diğer ikisi, normal zamanlarda kiliseye giderken örtülüyor.

Geriye kalanlar, *Schlingtücher* adında iki özel örtü. 1.5 m. × 80 cm. boyutunda, *Chenillegarn* adı verilen bir iplikle dokunmuş, diğeri ise *astragan dokuma* adı verilen bir çeşit kadife örtü. Bu örtüyü

Bild/Resim 104
Frau Oberndorfer bei der Arbeit
Bayan Oberndorfer odun kırarken

verdünntem Essigwasser wurden die Haare nachgespült. Damit die frischgewaschenen Haare nicht so flogen, wurden sie mit etwas Klauenfett handsam gemacht. Das Klauenfett war das Fett, welches beim ersten Mal Sülze aufkochen abgeschöpft wurde. Die Sülze war zu diesem Zeitpunkt noch nicht mit Salz und Essig gewürzt. Jede Frau sah zu, daß sie nach dem Schlachten sich ein Töpfchen mit diesem Klauenfett zur Seite bringen konnte. Das Fett war sehr gut für das Haar, damit wuchs es viel schneller.

Die Mutter von Frau Oberndorfer hat noch ihre ausgekämmten Haare aufgehoben. Diese Haare wurden dann nach Weißenburg zu einer Frau (an den Namen kann sie sich nicht mehr erinnern) gebracht, die dann Haarketten daraus geflochten hat. Der Bräutigam bekam eine Uhrkette und die Töchter je eine Halskette mit einem Kreuz daran. 1912 muß es gewesen sein, als ihre Mutter für die drei Töchter die Haare nach Weißenburg getragen hatte. Frau Oberndorfer, die diese Tradition nicht weitergeführt hat, hat inzwischen ihre Haarkette für ihre Enkelin in eine zweireihige um den Hals anliegende Kette umarbeiten lassen.

In die Kirche ist sie auch als Mädchen mit Kopftuch, zum Teil sogar noch mit Haube gegangen. Ohne Kopfbedeckung hätte sie sich *"geniert"*. Genauso wenig hätte man mit kurzen Ärmeln die Kirche betreten. Das hat man halt nicht gemacht, das hat niemand getan. Das war eben so.

Auf dem Tücherstapel liegen nun drei besonders dicke Exemplare. Sie sind aus Wolle und in einer Piquébindung gewebt, die das dicke flauschige Garn noch voluminöser erscheinen lassen.

Eins ist wieder ganz schwarz, die anderen beiden haben an den Rändern violette das eine, weiße Fäden das andere mustermäßig eingewebt. Fransen zieren den Saum. Diese Tücher sind dem Winter vorbehalten. Sie sind in ihren Maßen etwas größer als die anderen, so daß sie die Schulterpartie zusätzlich mitwärmen. Das ganz schwarze Kopftuch wird wieder während der tiefen Trauer aufgenommen, die anderen beiden zum normalen Kirchgang.

Am Ende des Stapels liegen noch zwei besondere Tücher, die sogenannten Schlingtücher. Sie sind etwa eineinhalb Meter lang und achtzig Zentimeter breit. Das eine Tuch ist aus Chenillegarn gewebt, das andere ist ein Astrachangewebe, eine Art Preßsamt. Dieses Tuch bekam sie 1926 von ihrem Verlobten geschenkt, als sie einmal zusammen in Gunzenhausen gewesen sind. Über dieses Tuch war sie sehr stolz gewesen.

Die Schlingtücher trug man nicht zum "Kittel", dem üblichen langärmligen Oberteil der Tracht, sondern nur zur "Bluse", einer moderneren Weiter-

ona, 1926 senesinde nişanlısı hediye etmiş, kullanırken koltukları pek kabarırmış.

Bu örtüler, Tracht'ın uzun kollu ceketi ile beraber değil, sadece bluz giyildiği zaman kullanılırmış. Bu bluz genellikle siyah kadifeden yapılır ve Tracht eteğinin içine sokulurmuş. Pervaz ve kol büzgülerinde de süslemeler bulunmazmış. Bu örtünün bir ucu başın üzerinden sol koltuk altına getirilir, öteki ucu ise, önden çene altından sol omuz üzerinde getirilip, arkaya sarkıtılırdı. Bayan Oberndorfer bu başörtüyü sadece kiliseye giderken örtermiş. Bu örtüler anlaşılan kısa ömürlü bir modaymış ki, uzun zamandan beri onları kullanmıyor.

Gündelik başörtülerimi de görmek istiyorsunuz ha!" diyerek, yatak odasından üç başörtü daha getiriyor. Gündelik başörtülerin hepsi koyu renklerde. Yaslı kadınların kullandığı başörtü siyah renkli pamuklu kumaştan yapılmış. Bu başörtüleri günümüzde de bazı dükkânlarda bulmak olanağı varmış. Savaştan sonra, 1950 ve 1960'larda böyle örtüler bulmak oldukça zor olduğu için, metrelik puanlı kumaşlardan satın alır, istediği ölçüde keser, kendine başörtü yaparmış.

Gündelik başörtüler, *"kişilik başörtülerden"* daha çabuk eskidiği için, ara sıra yenilerinin alınması gerekiyormuş. Çünkü gündelik başörtüler, kişilik başörtülerden daha sık yıkanırmış. Yünlü başörtüler çok daha ender temizlenirmiş. Sabunlu suya bir batırılıp, bir çıkarılır, arkasından ütülenirmiş. Bayan Oberndorfer, başörtülerini küllü suyla ve kendi yaptığı sabunla yıkadığını söylüyor. Eskiden hiç bir örtü böyle günümüzdeki gibi çok, sık yıkanmazmış. İş başörtüleri bile bu kadar çabuk kirlenmezmiş. Günümüzde ahırlar, yapay yem kullanıldığı için dayanılmaz bir şekilde kokar olmuş.

Normal olarak, ahırda iş yaparken, tarlada çalışırken ve bu işler bittikten sonra, evde kullandığı üç ayrı *gündelik başörtüsü* var. Eskiden tarlada diğer kadınlar, beyaz üstüne kırmızı ve açık mavi puanlı, açık renkli başörtüler kullanırken, Bayan Oberndorfer koyu renkli örtüler kullanırmış.

Çayır biçme işine sıra geldiğinde genellikle yeni bir giysi giyilirmiş. Buna Heukleid (kuru ot giysisi) denir. Açık renkli bir önlük ve başörtü bu giysinin ayrılmaz parçalarıydı. Herkes köyden çıkıp, tarlalara bayırlara giderken, bu güzel elbiseler ile kendisini gösterirmiş. Ama bu sırada başörtü çenenin altına bağlı olmalıymış. „Pek kendini beğenmişlik taslardık o zamanlar" diyor. İşe başlarken, kadınlar gene eski giysilerini giyinir, başörtülerini de enseden düğümlerlermiş. Bazı kadınlar başörtü başa yapışmasın ve o sıcakta biraz havalı olsun diye, başörtünün ortadaki katının içine, bir saman parçası koyarlarmış. İş bitip de köye dönülürken, gene herkes, *Heukleid*'ını *(Feldkleid* da denirmiş) giyer,

entwicklung des Kittels. Die Bluse war häufig aus schwarzem Samt und wurde im Gegensatz zum Kittel in den Rock hineingetragen. Sie hatte auch keine Borten um den Saum und um die Ärmelbündchen. Das eine Ende des Schlingtuches wurde seitlich über den Kopf bis kurz unter die rechte Schulter geführt, während das andere Ende vorne unter dem Kinn über die rechte Schulter den Rücken hinunter geschlungen wurde. Frau Oberndorfer nahm diese Tücher auch nur zum Kirchgang um. Die Schlingtücher benützt sie schon lange nicht mehr, sie waren wohl nur eine Modeerscheinung.

"Meine Werktagstüchle wollen Sie auch noch sehen?" fragt sie und holt drei Stück aus ihrer Schlafkammer. Sie sind aus Baumwolle und alle recht dunkel, schwarz- und blaugrundig mit kleinen weißen Punkten und am Rand mit einer Borte aus kleinen Blümchen bedruckt. Für die Trauer sind sie aus ganz schwarzer Baumwolle genäht. Vereinzelt bekommt man diese Tücher heute wieder in den Geschäften zu kaufen. Nach dem Krieg in den fünfziger und sechziger Jahren war das oft schwieriger, da hat sie sich die Tücher aus gepunkteter Meterware selber gefertigt.

Die Werktagstücher müssen schon hin und wieder gegen neue ausgetauscht werden, sie verschleißen doch eher als die "guten Tüchle". Sie werden auch öfters gewaschen. Die Wolltücher wurden schon auch manchmal gesäubert, aber ganz selten und dann hat man sie nur kurz in die Lauge getaucht und wieder aufgebügelt. Frau Oberndorfer hat noch mit Aschenlauge und selbstgesiedeter Seife die Wäsche gewaschen. So viel wie heute wurde früher nicht gewaschen. Auch die Werktagstücher wurden nicht so schnell schmutzig. Im Stall stinkt heute alles viel mehr durch das Silofutter. Das ist sicher auch ein Grund, warum auf den Höfen mehr gewaschen werden muß.

In der Regel hat sie drei Werktagstücher im Gebrauch, je eins für den Stall, für die Feldarbeit und für den Feierabend. Frau Oberndorfer hatte auch für die Feldarbeit im Sommer dunkle Tücher, während andere sehr helle verwendeten, meistens weißgrundige mit roten oder hellblauen Pünktchen bedruckt. Zur Heuernte gab es allgemein ein neues Gewand, das Heukleid. Dazu gehörte auch eine helle Schürze und ein Kopftuch. Auf dem Weg durchs Dorf zu den Wiesen und Feldern zeigte man sich in diesem schönen Gewand. Das Kopftuch mußte auf diesem Gang unter dem Kinn gebunden sein. "Eitel waren wir schon recht." Vor der Arbeit zogen sich die Frauen dann ältere Arbeitssachen an und banden das Kopftuch nach hinten. Manche legten in den mittleren Knick des Tuches einen Strohhalm, damit das Tuch etwas weiter vom Kopf abstand und die Luft in der Hitze darunter besser zirkulieren konnte. Vor dem Heimweg legten sie dann wieder

başörtüsünü çenesinin altından bağlarmış. "Köylüler her zaman gururlarını muhafaza etmişlerdir" diye ekliyor. Eğer bir çiftçinin yanında çalışan köylü kızlarından biri, köye dönerken başörtüsünü önden bağlamayı unutsa, çiftçinin karısı hemen ikaz edermiş.

Bayan Oberndorfer'in *"şehirli"* gibi giyindiği zaman kullandığı, başka renklerde bir kaç başörtüsü daha var, ama bunlar köylü giysilerine kesinlikle yakışmıyorlarmış. Nürnberg'e kızını ziyarete giderken, Bayan Oberndorfer, "şehirli" gibi giyinmektedir. Eskiden, Tracht giyip Nürnberg kentine geldiği zamanlar, herkes ona bakar, bu özel giyimi hakkında sorular sorar, nereli olduğunu bilmek isterlermiş. Giyimi ile dikkati çekipdış görünüşü ile günümüzün genel giysi görünüşüne uymayan Bayan Oberndorfer, bu duruma bir son vermek için, Nürnberg'e gelirken, artık Tracht giymemeye başlıyor.

"Şehirli giysilerine" ait ne varsa, hiç biri yatak odasındaki dolapta değil, oturma odasında bulunan bir dolapta duruyor. Köylü giysilerini en küçük detayına kadar, şehirli giysilerinden ayırıyor. Böylece, her kılığın kendine ait başörtüleri de var. Bayan Oberdorfer'in başörtüleri kendine has renk ve kumaşlarıyla, köylü giysilerinin ayrılmaz bir öğesini teşkil etmektedir.

ihr sogenanntes Heu- bzw. Feldkleid an und banden das Tuch wieder unter dem Kinn. "Die Bauern hatten schon ihren Stolz." Hatte man einmal vergessen, das Kopftuch nach unten zu binden, wurde man von der Bäuerin, bei der man in Stellung war, zurecht gewiesen.

Frau Oberndorfer hat auch noch ein Paar andersfarbige Kopftücher, aber diese bindet sie nur um, wenn sie "städterisch" geht. Diese passen nicht zum Bauernkleid, ganz unmöglich. Sie kleidet sich städterisch, wenn sie in Nürnberg ihre Tochter besucht. Als sie noch in ihrer Tracht nach Nürnberg gefahren ist, sahen ihr alle nach und fragten nach ihrem besonderen Gewand und wollten wissen, woher sie denn käme. Durch ihre Kleidung fiel sie auf, paßte nicht in das heutige Kleidungsbild. Um dem zu entgehen, kleidet sie sich für ihre Besuche nach der üblichen Norm.

Ihr städtisches Gewand mit allem Zubehör hängt auch nicht in ihrer Schlafkammer, sondern in einem Schrank in der Wohnstube. Sie trennt die bäurische Kleidungsweise bis ins kleinste, so daß z.B. auch die Kopftücher gewechselt werden. Das Kopftuch in seinen bestimmten Farben und Materialien bildet einen festen Bestandteil ihres bäurischen Kleides.

1931 Yılından Bir Kommunion Resminin Anımsattıkları

Frankonya (Franken) bölgesinde başörtü konusunda çalışmalar yaparken, kendisiyle konuştuğumuz köylü kadınlardan birisinde, 1931 yılında çekilmiş olan bir Kommunion Töreni resmi (gençlerin, katolik cemaatine tam üye olarak katılmalarını sağlayan tören) gördük. Neunkirchen'deki bir kilisede, Kommunion Törenleri yapılan, otuz iki kız çocuğundan dokuz tanesinin üzerinde, Forchheim yöresi Geleneksel Giysi'leri (Tracht) vardı.

Auf den Spuren eines Kommunionbildes von 1931

Auf unserer Suche nach Kopftüchern in Franken stießen wir auf ein Kommunionbild aus dem Jahr 1931. Von 32 Mädchen, die in Neunkirchen zur Kommunion gingen, trugen 9 Mädchen die Tracht des "Forchheimer Landes".

Wir wurden neugierig. Ob wohl alle Mädchen die Tracht behalten haben — oder ob sie sich umgekleidet haben, wie viele Frauen nach dem 2. Weltkrieg. Hat das Kopftuch für die Frauen noch eine Bedeutung?

Bild/Resim 105
Kommunionbild aus dem Jahre 1931, Franken
1932 yılın bir Kommunion resmi, Franken

Bu resimdeki Geleneksel Giysi'li olan kızların, daha sonraları da bu giysiyi giymeye devam edip etmediklerini, veya İkinci Dünya Savaşı'nın neden olduğu etkiler sonucu, giyimlerinde bir değişiklik olup olmadığını ve başörtüsünün, kendileri için günümüzde halen bir anlam taşıyıp taşımadığını araştırmak istedik.

Elimizdeki resimle, altı köy dolaştık. Konuşmak istediğimiz kadınlardan bir tanesi ölmüştü. Bir diğeri Köln'de oturuyordu. Aramızdaki mesafe çok fazla olduğu için kendisiyle konuşamadık. Kadınlardan bir tanesiyle, sadece telefonlaşabildik. Geriye kalan altı kadınla konuşma olanağını elde ettik. Ayrıca, çocukluğunda bu törene şehirli kılığı ile katılan, fakat daha ileri bir yaşta şehirli kılığını çıkarıp, Geleneksel Giysi giymeye başlayan, başka bir kadınla da karşılaştık.

Rosa Nepf

Neunkirchen

(Resimdeki 1 numara)

Ben 1936'dan itibaren *Geleneksel Köylü Giysisi (Bauernmontur)* giymeye başladım. Ebersbach'lıyım aslında. Ama Kommunionum Neunkirchen'de olmuştu, sonra sekizinci sınıfa kadar Neunkirchen'de oturdum, daha sonra Effeltrich köyünde, Anna Pinsel isimli bir terzi kadın yanında, Tracht biçip dikmesini öğrendim. *Tracht* (Köylü Giysisi) giymek, daha çok hoşuma gittiği için, şehirli elbiselerini bırakıp, *Köylü Giysisine* döndüm.

Evleninceye kadar dışarıya dikiş dikerdim, şimdi sadece evimin dikişini dikiyorum.

Eskiden *Köylü Giysisini* giyenler daha çoktu. Ben de o yüzden heves etmiştim. İnsan *Tracht* giyince kendini daha rahat hissediyor. Hem ne bileyim köyde de olunca insan... Kommunion Töreninde bizlerin ne giymesi lâzım geldiğine anamız, babamız karışırdı. Benim beyaz elbise giymemi istemişlerdi, beyaz elbise aldılar. Daha sonra da, köylü giysileri satın aldılar. Dedim ya, tepeden tırnağa her şeyim tamamdı, insan nasıl şehirli kılığına dönsün! Aslında şehirli kılığı daha kullanışlı. Bizim köylü giysimiz ise, kışın ısıtmaz, yazın buram buram terletir.

Tracht giymekten vazgeçsem, kendime yeni kılık düzmem gerekecekti. Bir iki Tracht bırakıp, bir iki de şehirli giysileri satın alsam, belki olurdu ya, ama onu da ben istemedim. İşte böylece kendi kılığımla kaldım. Ayrıca, şehirli kılığında insan hep modaya uygun giyinmek isterse, o da dünyanın parasına mal olur.

Mit dem Bild in der Hand fuhren wir in die Dörfer Großenbuch, Weingartz, Honings, Ebersbach, Oberehrenbach und nach Neunkirchen. Eine der Frauen war schon gestorben. Eine lebt heute in Köln, sie konnten wir nicht fragen. Mit einer Frau haben wir nur telefoniert. Mit sechs Frauen konnten wir uns unterhalten, eine davon, das fanden wir erst bei unseren Besuchen heraus, hatte sich erst nach der Schule umgekleidet.

Rosa Nepf

aus Neunkirchen

(Nr.1 auf dem Bild)

1936 hab ich die Bauernmontur angezogen. Da bin ich von der Schule rausgekommen. Ich bin von Ebersbach, die Kommunion war in Neunkirchen und dann bis zur 8. Klasse, und dann hab ich in Effeltrich das Trachtenschneidern gelernt, bei der Anna Pinsel. Die Bauernmontur hat mir besser gefallen, und da hab ich mich dann umgekleidet.

Ich hab weitergenäht bis ich geheiratet hab, jetzt mach ich es nur noch für den Hausgebrauch.

Damals hats noch mehr Trachten gegeben, da hab ich dann die Tracht angezogen. Da hat man sich dann wohler gefühlt, ich weiß auch nicht... wenn man schon auf dem Dorf war! Bei der Kommunion, wie will ich sagen, da haben die Eltern noch mehr bestimmt, die haben mir eben das weiße

Bild/Resim 106

Bizde başörtüler, pazar ya da bayram günleri kiliseye giderken kullanılır. Hafta içinde, böyle önden bağlanan örtücükler kullanırım. Yazın da beyazları var.

Beyaz başörtülerimizi ya beyaz çarşaflardan 80 e 80 keser, ya da satın alırdık. Veya kataloglardan ısmarlardık. Eskiden her katalogda başörtüler de bulunurdu. Hetzles'deki adı Krauß olan son başörtü satıcısı da bundan on sene önce öldü.

Kenarları desenli olan başörtüleri, hazır satın alırdık. Ayrıca hafta içinde, şehre giderken örtülecek başörtüler de satın alınırdı. Eskiden köylüler Erlangen'e giderken, bizim işli başörtülerimiz gibi çiçek desenli baskılı başörtüler örterlerdi. Şimdi ise, köylü kadınlar, çiçekli ya da başka desenli, önden bağlanan örtücükler kullanıyorlar. Bir çok kadın kiliseye bile böyle başörtülerle geliyorlar. Geleneksel giysiye çok düşkün olan kadınlar ise, bu halden hiç memnun kalmıyorlar. Geleneksel giysiye böyle başörtü yakışmaz ki! Ama öte yandan da, böyle başörtüleri kullanmak biraz da pratik. Bazıları kollarını yukarı kaldıramayacak halde. Bizim başörtümüzü bağlamak ise oldukça emek isteyen bir iş. İşte bu yüzden, bazı kadınlar başörtüsünü çene altından bağlamaya başladı.

Başörtüler pek çabuk eskiyor. Gündelik örtüler, hele o kaynatılması gereken beyaz başörtüler! Ama işlemeli başörtüler evladiyeliktir, ömür boyu eskitemezsin.

Kleid gemacht. Später hab ich dann die Bauerntracht gekriegt.

Und dann hat man soviel Sachen angeschafft gehabt und dann noch mal umstellen auf Kleider! Obwohl — praktisch ist ja die städtische Kleidung. Im Winter ist man halt nicht so warm angezogen und im Sommer schwitzt man halt elend damit.

Wenn man sich dann umkleidet — zwei Trachten halten, das ist mir zu teuer kommen, und wenn ich mir dann bloß ein paar Kleider anschaff, das habe ich auch nicht gewollt und dann bin ich halt bei meinem geblieben. Eine städtische, das kost schon was, wenn man immer mit der Mode gehen will.

Kopftücher trägt man die Sonntag und Festtag in die Kirchen rein. Am Werktag setz ich bloß die kleinen Reinbindtüchlein auf und im Sommer draußen, die weißen Dinger.

Die haben wir entweder aus der Bettwäsche rausgeschnitten, 80 x 80 oder bei den Händlern gekauft und aus den Katalogen. Die hats ja überall im Versand gegeben, die Kopftüchle. Der letzte Händler, der Krauß von Hetzles, der ist jetzt auch 10 Jahre gestorben, seitdem muß man halt immer...

Die anderen Tücher, die mit den Touren, die hat man fertig gekauft. Und jetzt, die städtischen für Werktag. Früher, wenn die Bauern nach Erlangen gefahren sind, hatten sie ein bedrucktes, mit bunten Blumen, wie die gestickten. Die bedruckten hat man für gewöhnlich genommen. Und jetzt, wenn die Bauernweiber gehen, setzens auch bloß noch so ein Reinbindtüchle auf, buntgeblumt oder mit Muster. Und viele Leute setzen die in die Kirche auch schon auf. Und wer dann noch so richtig auf seine Tracht versessen ist, die sind da entsetzt da drüber. Das paßt eben nicht zur Tracht. Naja, es ist praktischer manchmal, dann hat eins nicht mehr gekonnt mit den Armen, nimmer rauf oder wie, weil das Tüchle binden ist doch immer so eine Prozedur. Und dann ist das so gekommen.

Die Tüchle, die gehen schneller kaputt, die Werktagstüchle und die weißen muß man ja kochen und so. Aber die gestickten, das ist was fürs Leben.

E. H.

Oberehrenbach Köyünden (resminin yayınlanmasını istemedi)

(Resimdeki 2 numara)

Pazar günleri kiliseye giderken *Tracht'ımı* giyiyorum. Ara sıra başka yere giderken giydiğim de olur. Ama bu kılık bana yazın çok sıcak geldiği için, tam yirmi seneden beri hafta içinde giymiyorum.

E. H.

aus Oberehrenbach (ohne Bild)

(Nr. 2 auf dem Bild)

Die Sonntag hab ich meine Tracht noch an, wenn ich in die Kirche gehe, dann ziehe ich meine Tracht schon dazwichen an. Aber die Werktag nimmer, die hab ich schon 20 Jahre nicht mehr an,

Tracht'ı sırf yaşlılar giyiyorlar şimdi. Bu giysiyi giyene başka da pek rastlanmaz.

Kunigunde Habermann

Neunkirchen (resminin yayınlanmasını istemedi)

(Resimdeki 4 numara)

Tracht'ımı çıkarmam şehirli elbiseleri giymeye başlamam savaş yıllarına rastlar. O yıllarda, geleneksel giysilerimiz için gerekli öte beriyi bulamaz olmuştuk. Şehirli kılığı için böyle bir sorun yoktu. O zamandan beri başörtü de kullanmıyorum. İşli başörtüyü kullanmıyorum, çünkü o zaten *Tracht* giyilince örtülen bir başörtü. Önden bağlanan o küçük başörtülerden de kullanmıyorum.

Margarete Wieseckl

Ebersbach Köyünden

(Resimdeki 3 numara)

Ben *"Tracht"* denilen *Geleneksel köylü giysimi* üstümden hiç çıkarmadım. Sadece bir defa, kısa bir süre gündelik *"Tracht"* giymedim. Ama, sonra tekrar *Tracht* giymeye başladım. Yazın kollarım yandı hep güneşin altında, *Tracht* bluzunu giymek zorunda kaldım. Kışın başörtü örtüyorum, yazın örtmüyorum. Sokağa çıkarken normal bir başörtü örterim, önden, çenemin altından bağlarım. Pazar günleri zaten hep başörtü örtülür. Kışın dediğim gibi, hep örtülür ama yazın, oldukça sıcak oluyor, örtmüyorum. Duruma bağlı şey! Zamanım varsa başörtümü arkadan bağlarım. Eğer vaktim azsa, küçük örtülerden birini alıp önden, çenemin altından bağlarım. Yazın beyaz başörtü kullanırım.

weils mir zu warm ist im Sommer. Aber die älteren, die tragen noch Tracht, sonst trägt man sie nimmer.

Kunigunde Habermann

aus Neunkirchen (ohne Bild)

(Nr.4 auf dem Bild)

Ich habe meine Tracht schon während des Kriegs abgelegt. Damals hat man ja nichts mehr gekriegt und mit den Kleidern war das doch einfacher. Kopftücher habe ich dann nie mehr getragen. Das gestickte sowieso nicht, das gehört ja nur zur Tracht und die Reinbindtüchle auch nicht mehr.

Margarete Wieseckl

aus Ebersbach

(Nr.3 auf dem Bild)

Ich hab die Tracht nie abgelegt. Ich hab schon mal abgelegt, kurz, aber bloß für Werktag. Aber dann hab ichs wieder angezogen, weil mir immer die Arme aufgebrannt sind, da hab ich im Sommer wieder mein Hemd angezogen.

Im Winter trag ich das Kopftuch dazu, aber im Sommer nicht. Wenn ich rausgehe, trage ich ein normales Kopftuch, da bind ichs rein. Sonntags hat man normal immer ein Kopftuch auf, im Winter immer, im Sommer ist mirs zu warm. Das ist, wies mir grad auskommt. Hab ich Zeit, dann bind ichs hinter, wenn eben nicht die Zeit ist, dann bind ich so ein kleines Kopftüchle rein. Im Sommer hab ich ein weißes.

Bild/Resim 107

Marie Spatz

Neunkirchen

(Resimdeki 5 numara)

Ben Tracht Derneğindeyim. *Hakiki Tracht* çok sevdiğim bir kılıktır. Bende, annemden kalma *hakiki Tracht (historische Tracht)* halen durur. Tören yürüyüşü falan yapıldığı zaman giyiyorum o giysiyi. Günümüzde kullanılan *Tracht*'ı ise, giymiyorum. Ben kılığımı şehirli kılığına döndürdüm. Böylesi daha kolay. Bizim tarlalarımız vardı. Köylü Giysileriyle, bir gidin tarlaya, nasıl terlersiniz. Üstümüzde *"Mieder"* dediğimiz sıpsıkı bir ceket, yelek, bir sürü daha başka parça. Tarlaya giderken, bir iş önlüğü giymeye başladık, rahatlığını tabii ki, fark ettik. Kocam, ben *Tracht*'ımı çıkarıp, şehirli kılığına döndüğümde, hiç bir şey demedi. Zaten biz evlendiğimizde, kılığımın bir kısmını aşağı yukarı değiştirmiştim. Ama düğünümde, gene de *Tracht* giymiştim!

Bild/Resim 108
Frau Marie Spatz (links)
Marie Spatz (Soldaki)

Marie Spatz

aus Neunkirchen

(Nr.5 auf dem Bild)

Ich bin im Trachtenverein. Ich mag die alte Tracht. Ich habe noch die historische Tracht von meiner Mutter, die zieh ich manchmal an bei Umzügen und so. Die lebendige Tracht trage ich nimmer. Ich habe mich umgekleidet.

Es war schon einfacher. Wir haben ja die Landwirtschaft gehabt und gehens mal auf das Feld, da schwitzt man schon mit dem Mieder und dem ganzen Zeug. Und da ist man halt mit einer Schürze gegangen. Man hat einfach gemerkt, daß es bequemer ist. Mein Mann hat auch nichts dagegen gehabt, daß ich mich umkleide. Er hat auch nichts gesagt, daß ich mich umkleiden soll. Ich hab mich auch, bevor wir geheiratet haben, schon ziemlich umgekleidet gehabt. Aber geheiratet habe ich in Tracht.

Barbara Kist

Weingartz Köyünden

(Nr.6 auf dem Bild)

Kendisini ziyarete geldiğimde, Barbara Kist ahırdaki sabah işlerini yapmış, mutfağa yeni gelmişti. Başında üzerinde beyaz desenleri olan, açık mavi *"Leinen"* adında bir örtü vardı.

Ama kendisi, bu örtüye başörtü adını vermiyor. Ona göre bu örtü sadece saçları derli toplu tutan bir örtü. Ve bu örtüyle resmini de çektirmek istemiyor. Elinin sargılı olmasına rağmen. Kendisinin başörtü adını verdiği örtüyü başına bağlayıp, bana gösteriyor.

Bizim bu bölgede geleneksel giysilerin kıymeti az çok bilinir. Ayrıca bu yaştan sonra da kılık kıya-

Barbara Kist

aus Weingartz

(Resimdeki 6 numara)

Frau Kist hat gerade die Morgenarbeit im Stall beendet und ist in der Küche, als ich komme. Sie trägt ein hellblaues "Leinen", weißbedruckt, nach hinten gebunden.

Ein Kopftuch ist das aber auch nicht — das ist nur, damit das Haar hinterhält. Und fotografieren lassen mag sie sich auch nicht in dem Tüchle, und so nimmt sie trotz verbundener Hand die Mühe auf sich, ihr Kopftuch zu binden.

Wir sind in der Zone da, wo man sagt, daß die Tracht doch noch ein bißchen da ist und jetzt in dem Alter noch mal umkleiden, das bringt wirklich nichts. Und eine Tracht, kann man sagen... ich hab

fet değiştirmek olur mu canım! Bende daha anneannemden kalan etekler var, yani *Tracht* etekleri. Tabii bu etekler şimdi giyilmiyor artık, ama hepsi de sapasağlam. Benim anneannem dokumacıydı. Bu eteklerin kumaşları onun kendi dokuduğu kumaşlar.

Pazar günleri işlemeli başörtüler örteriz. Hafta içinde ise, nasıl desem ki, yani işte saçları toplasın diye bir örtü kullanırız. Benim eskiden kalma çok başörtüm var. Başörtüleri satın aldıktan sonra, umumiyetle ya işletmeye verirdik, ya da kendimiz işlerdik. Hafta içinde, gündeliğe bu örtücüğü kullanırım. Dediğim gibi, sırf saçımı arkada topluca tutsun diye... Öyle herkesin yanına çıkılacak bir örtü değil ki. İş yaparken kullanmak için. Yoksa saçlar, hep öne gelir. Ama pazar günleri, ya da bayram günleri kiliseye giderken, işte o zaman başörtü örteriz. Hava çok sıcak olduğu zaman örtülmez, ama geri kalan zamanda örtmek gerekir.

Bizim köyde Tracht giyen kadınların en genci elli yaşında, o da sadece bir tane. Kendisi kocamın yeğeni olur. Benim çocuklarım bayram olduğu zaman bazen Tracht giyerler ama her gün giymezler. Kadınların bir çoğu savaştan sonra, Tracht giymemeye başladılar. Çünkü ne kumaş, ne dantel, gerekli hiç bir şey bulunmaz olmuştu. Kaçak mal vardı tabii. Ama şehirli kılığı için savaş sırasında kıtlık diye bir şey olmamıştı.

ja Röcke, von meiner Mutter ihrer Mutter noch. Also, die sind nimmer aktuell, aber einwandfrei. Meine Großmutter, die war von Großenbuch, die war Weberin, das sind selbstgewebte Stoffe.

Die Sonntag haben wir gestickte Kopftücher. Die Werktag hat man halt, naja, daß das Haar hinterhält, kann man sagen. Ich habe viele alte Tücher, die hat man meistens gekauft und dann handsticken lassen oder auch selbst handgestickt. Am Werktag hab ich das Tüchle auf, ich sag ja, bloß daß es das Haar hinterhält, das ist ja kein Staatstuch, das ist bloß, wie man sagt, wenn man arbeitet und dann hängen vorn die Haare rein und alles. Aber so, wenn wir die Sonntags oder in die Festtag in die Kirche gehen, tun wir immer das Kopftüchle auf. Wenn mal arg warm ist, setzt man mal keins auf, aber sonst...

Die jüngste Frau, die in Weingartz Tracht trägt ist 50, da wüßte ich aber bloß noch eine, das ist die

Bild/Resim 109

Cousine von meinem Mann. Das wird die jüngste sein, die die Tracht noch trägt. Meine Kinder, die ziehn sie mal an zum Festtag, aber normalerweise nicht. Die meisten haben die Tracht nach dem Krieg abgelegt. Da hats dann die War nicht mehr so geben, ich mein, wer nicht noch was rübergebracht hat, und Kleidung und sowas hat man wieder leichter kriegt.

Anna Will

Honings Köyünden

(Resimdeki 7 numara)

Konuştuğum kadınlar arasında, sadece iki tanesine başlarında başörtü varken rastladım. Kendilerini hafta içinde, haber vermeden ziyarete gitmiştim.

Anna Will'in üstünde günlük iş elbiseleri ve başında açık kahverengi, önden bağlanmış, yün bir başörtü vardı. Bana başörtülerini gösterip, herbiri hakkında bilgi verirken, hafta içinde iş yaparken hangi başörtüyü kullandığı sorusuna, "Hiç birini! hafta içinde başörtü örtmem ki! cevabını verdi. "Ama şimdi başınızda bir başörtü var ya" dedim. Gülümsedi, "Ha, o mu? O *önden bağlanan örtücük (renbindtüchle)* canım. Biz önden bağladığımız örtüleri, başörtüden saymayız. Sadece arkadan bağlanan örtülere, başörtü deriz. Hem zaten, benim bu gün kulağım da ağrıyor, o yüzden bu örtücüğü örttüm."

Tracht giymekten neden vazgeçecekmişim ki! Öbür çeşit elbiselerle kılık düzmeye verecek param yok. Ben modaya uyamam. Ama bu kılığı her zaman giyebilirim. *Kommunion* törenimden kalma eteğimi bile giyiyorum daha. Hem de her bayramda! Hatta görümcem bu eteği, kendi düğününde de giymişti. Ben de şimdi düğün filân olunca bu eteği giyip gidiyorum. Bu etek hala üzerime uyar. Eteği dikerken ucuna bir pli yaparız,, eteğin boyunu uzatmak gerekince, bu pliyi açıveririz.

Başörtüyü kiliseye giderken takarım. İşlemeli başörtü zaten sadece kilisede takılır. Kiliseye giderken, başörtü arkadan bağlanır. Adeti öyledir. Ama hafta içinde, diğer örtüleri önden bağlarım, meselâ hava soğuk olursa filân. Yazın beyaz örtüler kullanırım. İnsanın gündelik ve pazar günü için kullanacağı başörtüler ayrı ayrı olmalı. Bizde sadece işlemeli örtüye *(gesticktes Tuch)* "başörtü" denir. Diğer taktıklarımıza ise, "önden bağlanan örtücükler" *(reinbindtüchle)* deriz.

Hönigs (köyünde) Tracht giyen on bir kadın daha var. En genci altmış yaşına geldi. Bu köyde çocukları da sayarsak hepimiz yetmiş kişiyiz. Ama aşağıdaki Effeltrich köyünde gençlerden de Tracht giyenler var. Oldukça fazla hem de. Gençler bile Tracht giyiyor.

Anna Will

aus Honings

(Nr. 7 auf dem Bild)

Anna Will und Barbara Kist sind die einzigen, die ich "kopftuchtragend" angetroffen haben, als ich sie so unangemeldet in ihrem Werktag besuche. Frau Will trägt zu ihrem Werktagskleid ein einfaches, hellbraunes Wolltuch, nach vorne gebunden. Sie erzählt mir von ihren Kopftüchern und auf die Frage, welche sie werktags trägt, sagt sie "keine". Erstaunt frage ich, "aber Sie haben doch eins auf?" Da lacht sie "ach, des Reinbindtüchle, das hab ich auf, weil ich Ohrenweh habe."

Warum hätte ich die Tracht nicht behalten sollen? Ich hab das Geld nicht, daß ich mich umkleiden kann. Ich kann heute nicht mit der Mode gehen. Das hier kann ich immer anziehen. Ich hab noch den Rock von der Kommunion, den hab ich jeden Festtag an. Den hat meine Schwägerin zur Hochzeit angehabt und ich ziehe ihn noch auf jeder Hochzeit an. Der paßt noch. Zuerst haben's einen Aufschlag raufgemacht und den hat man dann runtergelassen.

Das Kopftuch trage ich in der Kirche, das gestickte wird ja nur in der Kirche angezogen. In der Kirche haben wir das Kopftuch ninterwärts gebunden. Das ist so. Aber werktags, wenn es kalt ist, mach ichs nach vorn. Im Sommer hab ich weiße Tücher. Man braucht schon verschiedene für Werktag und Sonntag. Das Kopftuch ist das gestickte, das andere heißt Reinbindtüchle.

In Honings tragen noch 11 Frauen Tracht. Die jüngste wird 60 sein. Einwohner sind wir 70 mit Kindern und allem. Aber in Effeltrich unten, da sind auch ganz junge, die Tracht tragen, da ist's ganz arg. Da haben sogar jüngere die Tracht.

Bild/Resim 110

Großenbuch Köyünden Bir Kız

(resminin yayınlanmasını istemedi)

(Resimdeki 8 numara)

"Rahmetli papaz Hamm, *Tracht'a (Geleneksel Köylü Giysisi)* çok değer verirdi. Bu yüzden *Tracht* giyen bizleri, en ön sıraya kendi yanına dizmişti. Yani itibarımız vardı. Beyaz elbiseli kızlar, Neunkirchen'li olanlar. Biz küçükken, kızlar ilk *Kommunion'a* kadar normal elbise giyerlerdi. Ama, bundan sonra *Bauernmontur (Köylü Giysisi-Tracht)* giymeye başlarlardı. Bizler bu kılığa *Bauernmontur* derdik.

Kommunion'umun ellinci yıl kutlamasında, gidıp kendime bir elbise satın aldım diye, bugün halâ pişmanım. Keşke *Tracht* (geleneksel köylü giysisi) giyseydim. Bugün bile içim yanıyor. Benim bir komşum vardı. Kendisi ne yazık ki vefat etti. Onunla o törene, *Tracht* giyip gitmeyi kararlaştırmıştık. O yaşasaydı, belki ben de *Tracht*'la giderdim törene.

Paltoyu çıkardığım mevsimden, tekrar giymem gereken mevsime kadar, *Tracht*'ımı her pazar giyerim. Ben bir süre, bir iş yerinde çalışmıştım. O süre içinde Tracht giymedim. Şimdi bile Tracht'ı gündeliğe giymiyorum. Tracht iş hayatında praktik değil. Ama şehirli kılığı ise daha rahat ve hafif. On sene boyunca Tracht giymemiştim. Son beş senedir tekrar giyiyorum. Bir komşum evliliğinin kırkıncı yılını kutluyordu. Verdiği davete herkes, Tracht giyip gelmişti. Ben de eve geri geldim, Tracht'ımı dolaptan çıkardığım gibi, giyindim. Başlayış o başlayış oldu. Şimdi her pazar kiliseye giderken giyiyorum. Ayrıca şu sıralar, Tracht giymek de pek moda oldu. Ama artık başörtü takmıyorum. Çünkü modern görünmek istiyorum. Başörtüyü şal diye omuzuma alıyorum. Hem, insanın saçı kesik olunca da, başörtü yakışmıyor. Başörtüyü, başına oturtamıyorsun bir türlü. Eskiden ensemizde bir topuzumuz olurdu, başörtüyü şöyle bir sarardık. Başımızın şekli güzelce çıkardı. Dedim ya, ensede topuz olmayınca, başörtü falan yakışmıyor.

Eskinden hafta içinde pamuklu, pazar günleri ise *işlemeli başörtüler (gestickte Tücher)* örtülürdü. Şimdi pazar günleri ben kiliseye giderken, Tracht'ımın yeleğini (Mieder) giyiyorum. İşlemeli başörtümü omuzlarıma koyuyorum. Güzel bir bluzla şık duruyor. Yapınca, tam yapmalı insan!

Ben şimdi pamuklu örtülerimi önden bağlıyorum. Bunları hafta içinde hep kullanırım. Çünkü benim başım pek çabuk üşür. O yüzden dışarı çıkarken örtümü önden bağlarım.

Şimdi, tören yürüyüşü falan olunca, hayatında Tracht giymemiş kadınlar, törene katılmak için Tracht giyiyorlar. Olmaz böyle şey. Ben Tracht'ımı, sadece pazar günleri kiliseye giderken giyiyorum. Bana sorarsanız, en iyisi de bu işte.

Mädchen aus Großenbuch

(ohne Bild)

(Nr.8 auf dem Bild)

Der seelige Pfarrer Hamm, der hat die Tracht besondern geehrt, und wir mit derTracht haben uns neben ihn so hinstellen dürfen in der ersten Reihe. Wir waren besser angesehen. Die in den weißen Kleidern, das sind die von Neunkirchen. Das war früher so, bis zur Erstkommunion hat man Kleider angehabt und ab da die Bauernmontur. Bauernmontur hat man da gesagt.

Ich habs bereut bei meiner goldenen Kommunion, da hab ich mir ein neues Kostüm gekauft. Hätt ich doch meine Tracht angezogen, das bereue ich heute noch. Mit meiner Nachbarin, die halt leider schon gestorben ist, hab ich ausgemacht, daß wir in Tracht gehen. Wenn sie vielleicht noch gelebt hätte, hätt ich meine Tracht angezogen.

In der Zeit, wenn man keinen Mantel mehr braucht, bis man ihn wieder braucht, da trag ich meine Tracht am Sonntag. Ich war dann berufstätig, und da hab ich eine Zeitlang die Tracht nicht mehr getragen. Alltags trag ichs nicht mehr. Naja, das ist doch zu umständlich gewesen, das ist halt so viel leichter bei der Arbeit, leichter und bequemer. 10 Jahre habe ich die Tracht nicht mehr angehabt, jetzt trage ich sie wieder seit ungefähr 5 Jahren. Da war ich bei dem Fest von Nachbarn, 40-jähriges Eheleben, und da haben alle die Tracht angehabt und da bin ich heim, hab meine Tracht raus und hab wieder angefangen. Die Sonntag in die Kirche. Und das ist doch jetzt so groß aktuell! Das Kopftuch trag ich nicht mehr, weil ich will moderner sein, ich trags um die Schulter. Das Kopftuch paßt auch nicht mehr zu den abgeschnittenen Haaren. Das kann man so gar nicht aufsetzen. Da hat man hinten einen Haarschopf gehabt und das Tuch so rumgebunden und da hat man einen schönen Kopf gehabt. Aber das paßt jetzt nicht mehr, wenn hinten nichts dran ist.

Werktags hatte man halt so gewöhnliche Baumwolltücher, sonntags die gestickten. Und jetzt zieh ich mein Mieder an, häng mein Kopftuch, das gestickte Tuch, häng ich um die Schulter. Mit einer schönen Bluse sieht das elegant aus, wenn scho.

Jetzt trag ich halt meine gewöhnlichen, die Baumwolltücher halt, die brauch ich ja dauernd, weil ich leicht friere, halt die Tücher zum reinbinden, wenn ich rausgehe.

Jetzt mit den Festzügen tragen ja Frauen die Tracht, die sie nie vorher getragen haben. Und da bin ich nicht dafür. Ich ziehe meine Tracht wie immer an, sonntags in die Kirche. Das ist mir das liebste.

Bir Parça Kumaşın Üretimi ve Ticareti

Herstellung und Handel eines Stückchen Stoffes

Baskı Yöntemi ile Desenlenmiş Başörtü Örnekleri

Beispiele der bedruckten Kopftücher

Werktagstücher der "Forchheimer Tracht":
weiß: Sommer- oder Erntetüchle
rot, blau: Frühjahrs- oder Herbsttüchle
schwarz: Trauertüchle
Die Tücher werden als "Leinen" bezeichnet, das Material ist aber aus Baumwolle. Industrielle Herstellung. Erwerb: Forchheimer Palmsonntagsmarkt 1986

Forchheim yöresi, geleneksel köylü giysisi (Tracht) günlük başörtüleri:
beyaz örtü: yaz veya hasat başörtüsü
kırmızı ve mavi örtü: İlkbahar ve sonbahar başörtüleri

siyah başörtü: Yas başörtüsü
Bu başörtülere, *"Leinen"* (keten) adı verilirse de, pamukludan yapılırlar. Buradaki örnek, fabrika imalâtıdır. 1986 yılında, Forchheim'da kurulan bir pazar yerinden (Palmsonntagsmarkt) satın alınmıştır.

Bild/Resim 111

Rotes Hörnertuch der historischen Tracht des Forchheimer Landes, gedruckt von H. Rzejak, Laaber, ca. 1950 in Siebdruckverfahren

Forchheim- Frankonya yöresine ait, Kırmızı Boynuzlu Başörtü (rotes Hörnertuch) adı verilen başörtü. 1950 yıllarında H. Rzejak tarafından, Laaber'de (Bevyera) şablonla basılmıştır.

Bild/Resim 112

Tuch aus Bad Aussee, Österreich. Mautner Handdruck. Aufdruckverfahren

Tuch aus Bad Aussee, Österreich, Mautner Handdruck. Aufdruck überfärbt

Bad Aussee - Avusturya'dan bir başörtü. Mautner firmasında çalışılmış el baskısı, kalıp baskı metodu

Bad Aussee - Avusturya'dan iki başörtü. Mautner firmasında çalışılmış bir el baskısı, kalıp baskı ve daha sonra motiflerin boyanması metodu ile yapılmıştır.

Bild/Resim 113

Tuch aus Bad Aussee, Österreich. Mautner Handdruck, Reservedruck "Barockstern"

Bad Aussee'den *"Barokstern" (barok yıldız)* bir başörtü. Mautner el baskısı, rezerve baskı.

Bild/Resim 114

Bild/Resim 115

Rotes Tuch von Meister Hasan, Istanbul, gefärbt mit Alizar Farbe. Muster mit Modeln schwarz aufgedruckt

Hasan Usta'nın (Hasan Sadi, İstanbul) Alizar boya kullanarak ve el baskısı ile siyah motiflerini bastığı kırmızı başörtü (İstanbul)

Kopftuch mit Namen "Kestaneli"
von Meister Hasan, Istanbul, Siebdruckverfahren.
Das Tuch wird für Konya gedruckt

Kestaneli yazma, Hasan Usta (Sadi), bu kestaneli yazmayı 1986 yılında şablonla basmıştır. Kestaneli örtüler, Konya ve yöresi için yapılmaktadır.

Bild/Resim 116

Grün-gelb-rotes Tuch von Meister Şerafettin, Istanbul. Blaudruckverfahren mit Modeln und Buntreserven gedruckt. Sein letztes Tuch in dieser Technik; 1984 für einen Film der Universität Istanbul gedruckt

Dieses Druckmuster wird für Beypazarı hergestellt

Şerafettin Usta'nın, *"mavicilik"* metodu ile yaptığı son el baskısı başörtü. Bu örtü 1984 yılında, İstanbul Üniversitesi'nin bu konuda hazırladığı belgesel bir film çekilirken, basılmıştır. Bu türde deseni olan başörtüler, Ankara/Beypazarı yöresinde kullanılmaktadır.

Bild/Resim 117

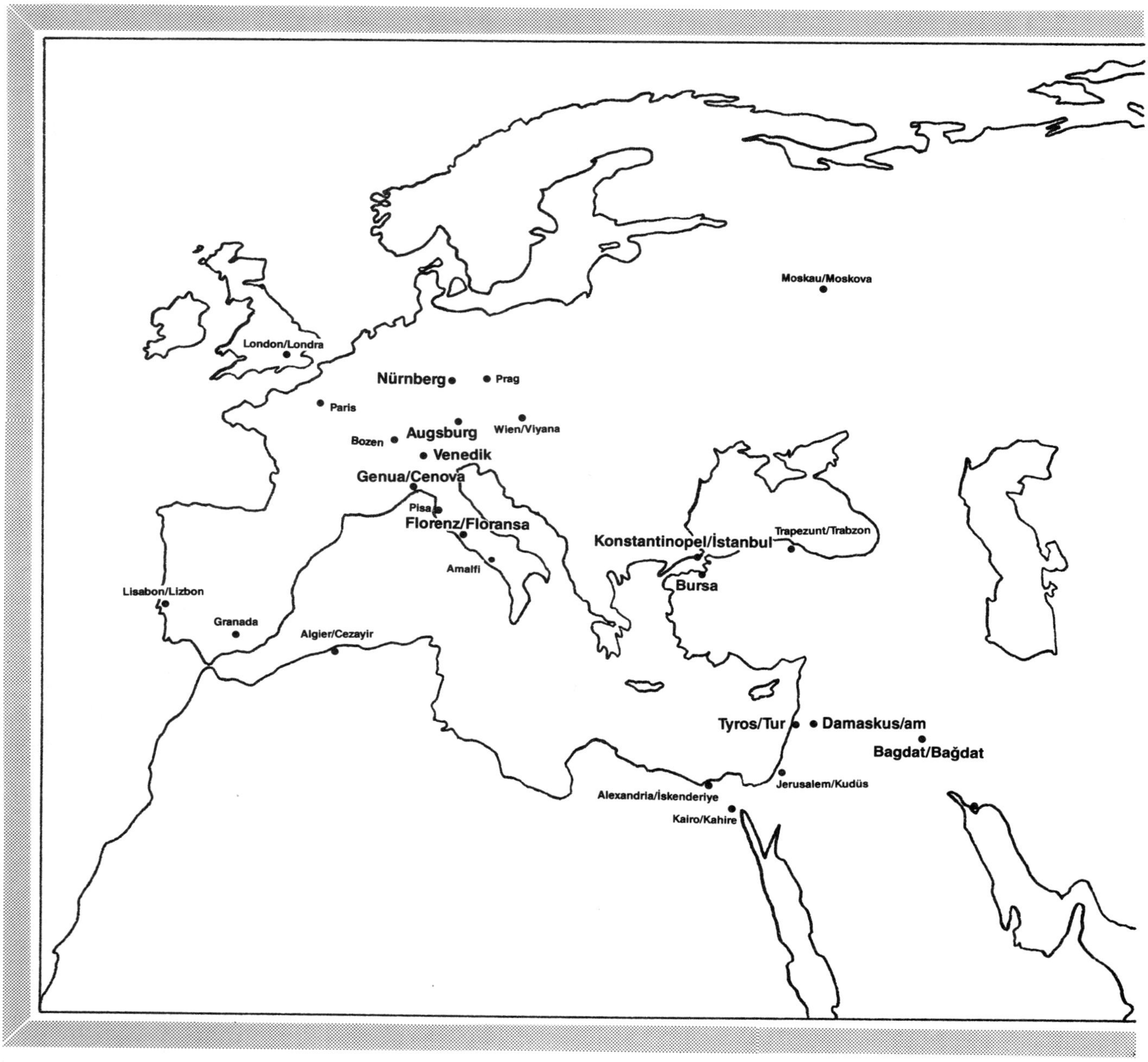

Kumaş Baskısının İzinde

11. ve 13. yüzyıllar arasında yapılan haçlı seferleri batıda bazı yeni ticari düşüncelerin, özellikle Doğu Akdeniz ülkelerinde ticaretin gelişmesine neden oldu. Doğu ve batı mallarının ticaret ve değiş tokuşunun yapıldığı merkezler oluştu.

Batı olanak bulduğu ölçüde ticarette, deniz yolunu kara yoluna tercih etti. Ticareti yapılan mallar arasında kumaş, çeşitli dokuma ürünleri ve boya maddeleri bulunuyordu.

Kuzey Avrupa: En önemli ticaret malları: Yün, keten, boya maddeleri, **Frizon** yün kumaşları imparator Şarlman tarafından, Bağdat halifesi Harun Reşid'e armağan edilmekte.

Nürnberg: Brenner yoluyla Bolzano üzerinden Venedik'le ilişkide; Sene 1000; Franken bölgesindeki kadınlar, Bizans malı kadife ve sırma işlemeli kumaşları kullanıyorlar.

Augsburg: Keten ve yünlü kumaş üretimi; Flander bölgesindeki önemli kumaş üretim merkezleriyle Thüringen ve Şilezya bölgelerinde yetişen yabani çivitotu (Isatis tinctoria) ticareti yapılıyor.

Cenova: Kumaş üretimi, boya atölyeleri, boya maddeleri ve şap ticareti, İspanya ve Fransa'ya mal satışı.

Floransa: Sardunya adasında elde edilen yünlerle kumaş üretimi.

Venedik: Avrupa'nın en önemli ticaret şehri; Doğu ve batı mallarının alınıp satıldığı yer; Birçok ülkenin tüccarı, kendilerine Venedik'teyken kalabilecekleri ticaret hanları sağlıyor. Böylece her ülkenin kendine özgü hanı ortaya çıkıyor. Türk ve Alman tüccarlarının da kendilerine özgü hanları var; İthal edilen malzemelerle kumaş üretimi; Doğuya mal satışı (örneğin fes).

Konstantinopel: Asya ve Avrupa arasında köprü, doğudan gelen işlenmiş ya da işlenmemiş bütün malların ticaret merkezi, ayrıca Venedik, Pisa ,Amalfi ve Cenova gibi İtalyan şehirlerinden gelen tüccarların konaklama yeri.

Bursa: Kadife üretimi.

Sur: En tanınmış erguvan renk elde etme merkezi

Mısır: Hırıstiyan din adamlarının giydiği altın sırma işlemeli kumaş ve keten kumaş üretimi.

Şam: 7. ve 8. yüzyıllardan başlayarak, Doğulu tüccarlar için ticaret merkezi.

Hindistan: İşlenmemiş pamuk, keten ve boya maddeleri üretimi (mavi boya kökü).

İpek Yolu: Çin'den başlayıp orta ve batı Asya üzerinden Hindistan'a uzanan ticaret yolu; Tarihinin milattan öncelere kadar uzandığı sanılmaktadır. Bu yol sayesinde Çin ipeği batıya, İran ipeği de doğu Asya'ya ulaşma olanağı bulmuştur.

Doğu Türkistan'daki çölün güney ve kuzeyinden geçen ve Avrupalı tüccarlarca da bilinen (örneğin Marco Polo) iki ticaret yolu vardı.

Bağdat: Batıyla yapılan boya maddeleri ticaretinde önemli bir konaklama yeri.

Bağdat'tan iki büyük ticaret yolu ayrılırdı:

Güney yolu: Suriye ticaret yoluyla kesişen Bağdat — Şam yolu Kudüs ve Kahire'ye uzanırdı.

Kuzey yolu: Ermenistan'dan Trapezunt'a (Trabzon) ve buradan da Konstantinopel'e (İstanbul) giden yol.

Anadolu'nun çeşitli limanlarından batıya şap ticareti yapılırdı.

Auf den Spuren des Zeugdrucks

Die Kreuzzüge des 11.-13. Jahrhunderts brachten merkantile Begleitserscheinungen mit sich, besonders das Aufblühen des Levantenhandels. Es bilden sich Handelszentren und Austauschplätze orientalischer und abendländischer Waren.

Wenn es möglich war, zog man als Handelswege die See- den Landswegen vor. Zu den gehandelten Waren gehörten auch Stoffe, Stofferzeugnisse und Farbstoffe.

Nordeuropa: Wichtigste Handelswaren: Wolle, Leinen, Farbstoffe, **friesische** Wollstoffe als Geschenk von Karl der Großen an den Kalifen von Bagdad, Harun Al Raschid.

Nürnberg: Durch die Brennerstraße über Bozen mit Venedig verbunden. Um das Jahr 1000 werden kostbare Stoffe wie Seide, Samt, Brokat aus Byzanz von fränkischen Frauen getragen.

Augsburg: Leinen und Wolltuchherstellung.

Handel mit Waid aus Thüringen und Schlesien für flandrische Tuchzentren.

Genua: Stoffherstellung, Färbereien, Farbstoff- und Alaunhandel, Absatz nach Spanien und Frankreich.

Florenz: Herstellung mit Wolle aus Sardinien.

Venedig: Wichtigste Handelsstadt auf abendländischer Seite, Austauschplatz für europäische und orientalische Waren, internationale Handelshöfe, auch deutsche und türkische Niederlassungen, Herstellung von Textilien aus eingeführten Webmaterialien und Farbstoffen, Ausfuhr nach Orient, zum Beispiel Herstellung der »roten Mützen« (Fez).

Konstantinopel: Brücke zwischen Asien und Europa, Sammelplatz aller Waren aus dem Orient, Rohstoffe wie Fertigwaren, Quartiere für Kaufleute aus Venedig und anderen italienischen Hafenstädten (Amalfi, Pisa, Genua).

Bursa: Samt.

Tyros: Purpur.

Ägypten: Leinen und Goldbrokate für klerikale Gewänder.

Damaskus: Bereits im 7.und 8. Jahrhundert Handelszentrum orientalischer Händler.

Seidenstraße: Alte Karavanenstraße von China durch Zentralasien nach Westasien und Indien. Sie bestand schon zu Beginn der Zeitrechnung, vielleicht schon früher.

Chinesische Seidenstoffe gelangten so nach dem Westen und umgekehrt persische Seide nach Ostasien.

Durch die Wüste Ost-Turkestan gab es einen südlichen und einen nördlichen Weg, auch europäischen Kaufleuten bekannt (Marco Polo).

Bagdad: war die wichtigste Etappe des Farbhandels nach dem Westen. Von dort aus gab es zwei Hauptwege:

Nördliche Route: durch Armenien nach Trapezunt am Schwarzen Meer, von dort aus nach Kostantinopel, von den Häfen Kleinasiens (Anatolien) aus, Alaunhandel für das Abendland.

Indien: Rohbaumwolle, Kattunherstellung, Farbstoffe (Indigo).

Kumaş Baskısının İzinde

Elisabeth Bala

1339 Floransa yün ve ipek endüstrilerinde 30 000 işçi çalışıyor.[1] (Aynı devirde Nürnberg şehrinin nüfusu ise 20 000 kişi.)

1397 Kalıp kesicilik, bir meslek olarak Nürnberg'de tanınmaya başlamış; kumaş boyama, kitap basımcılarının ve kalıp kesicilerinin de yaptığı bir iş; İtalyan dokumalarının güzel desen kopyaları, keten ve ipek kumaşlar üzerine yağla karıştırılmış pigment boya ile doğrudan doğruya baskı metodu ile basılıyor. Bu usulde boya kumaşın içine işlemez, satıhta kalır, dolayısıyla belli bir süre sonra boyası pul pul kalkan, sertleşen, yağ kokan, lekeli görünüş alan bu kumaş, çoğunlukla elbise yapımında değil, iç dekorasyonda kullanılırdı.

15. yy. Avrupa'da nar, gondol, çiçek vazosu ve kenger yaprağı en beğenilen motifler.

1453 İstanbul'un Türkler tarafından fethi.

15. yy. sonları Hindistan ve Avrupa arasındaki ticaret, Arap aracı tüccarlarının elinde; Avrupalıların Arap aracı tüccarlarını devreden çıkarmak amacıyla, Hindistan'a deniz yoluyla gitme çabaları.

1492/93 Kristoph Kolumbus Atlantik'i geçip, Amerika'ya varıyor; İspanyollar Amerika'da pamukla karşılaşıyorlar; Amerika'ya daha sonra gelecek göçmenler, Georgia ve Güney Carolina'da pamuk ekimine başlayacaklar.

1498 Portekizli denizci Vasco da Gama, deniz yoluyla Kalkutta'ya varıyor ve Kalkutta emiri ile bir ticaret anlaşması yapıyor.

16. yy. İtalya'dan kadife ve ipek kumaş ithali sonucu, Almanya'da kumaş baskısı yavaşlıyor.

1540 Venedikli Giovanni Ventura Rosetti, boyama tekniği konusunda ilk kitabı yazıyor.

16. yy. ortaları Mavi Boya Kökü (Indigofera tinktoria) oldukça bol miktarda, Bengal'den Avru-

Auf den Spuren des Zeugdrucks

Elisabeth Bala

1339 in der Woll- u. Seidenindustrie in Florenz 30.000 Menschen beschäftigt[1] (Nürnberg ca. 20.000 Einwohner)

1397 Formenschneider als eigenes Handwerk in Nürnberg erwähnt
Gewebedruck meist Nebenberuf der Färber, Buchdrucker, Formenschneider
Kopien kostbarer italienischer Gewebemuster
Stoffe (Leinen, Seide) werden in Öldruckverfahren mit Pigmentfarben direkt bedruckt.
Die Farben haften auf der Faser, dringen nicht in das Gewebe ein. Nachteile: bröckelig, hart, Ölgeruch, fleckig, mehr für Raumausstattung als für Kleidung geeignet

15. Jh. beliebt sind in Europa Granatapfelmotive, Gondel- und Blumenvasenmuster, Arkanthusblatt

1453 Eroberung Konstantinopels durch die Türken

Ende 15. Jh. Arabische Händler kontrollieren den Handel zwischen Indien und Europa. Suche der Europäer nach einem Seeweg nach Indien, dadurch wäre Ausschaltung des arabischen Zwischenhandels möglich

1492/93 Christoph Kolumbus segelt westwärts über den Atlantik nach Amerika
Spanier finden Baumwolle in Amerika, Anbau in Georgia und Süd-Carolina durch spätere Einwanderer

1498 Vasco da Gama, portugiesischer Seefahrer, erreicht Calikut (Kalkutta), schließt einen Handelsvertrag mit dem Fürsten von Calicut ab

16. Jh. Rückgang des Zeugdrucks in Deutschland durch Samt- u. Seidenimporte aus Italien

1540 erstes Werk über das Färben von Giovanni Ventura Rosetti in Venedig

pa'ya (İngiltere) getiriliyor ama Avrupa'da yetişen »çivitotu« bitkisinin ekimine engel olabilir korkusuyla, Bengal'den getirilen Mavi Boya Kökünün kullanımı yasaklanıyor; yasağı dinlemeyenler için ölüm cezası öngörülüyor.

1577 Frankfurt'ta Mavi Boya Kökü kullanımı, ölüm cezası ile engellenmeye ve halk içinde, bu boya maddesine karşı korku yaratacak haberlerin yayılmasına çalışılmaktadır (kumaşı »asit gibi« yiyen şeytan boyası!).

17. yy.ilk yarısı Güney Hindistan'dan, inanılmayacak kadar güzel renklerde pamuklu basma ithali; rengini atmayan, özellikle bol çiçek desenli ve »İndiennes« adıyla tanınan bu kumaşlar, perdelik ve duvarlara yapıştırılmak için veya elbiselik olarak kullanılmakta.

1600 İngiliz — Doğu Hindistan Ticaret Şirketi'nin kurulması.

1602 Hollanda — Doğu Hindistan Ticaret Şirketi'nin kurulması.

1658 »İndiennes« Fransa'ya geliyor.

1664 Fransız — Doğu Hindistan Ticaret Şirketi'nin kurulması.

1676 İngiltere'de renkli baskı bu dalda çalışanlara, özel bir hak olarak verilmekte.

1678 Jakob der Gon ve Henrik Popta, Avrupa'da (Amsterdam) ilk adı geçen basmahaneyi kuruyorlar. Kullanılan baskı metodunun adı »Hollanda usulü ya da Doğu Hindistan tarzı«

1683 »Annaberger« Kıyafet Yönetmeliği'ne göre (Erzgebirge/Almanya), toplumun bütün sınıfları için geçerli olmak üzere »ülke dışından (Hindistan'dan) gelen çiçekli kumaşlar ve bu kumaşlardan yapılmış her şeyi« hem elbise olarak taşımak, hem de bunları başka yerlerde kullanmak yasaklanmıştır.

1685 Fransa ve İsviçre'de, »İsviçre Usulü« adı verilen yöntemle Mavi Boya Kökü, kırmızı ve kahverengi ile su boyası baskısı yapılıyor.

1686 Fransa'da Lyon'daki ipek dokumacılığının korunması amacıyla renkli pamuklu malların ithali ve giyilmesi yasaklanıyor.

1687 Fransa'da dini inançları yüzünden takibe uğrayıp, Bremen'e gelen Hügno'lardan (Hugenotten), Jaques Sabatier burada bir basmahane açıyor.[2]

1689 Augsburg'lu çuha kırkıcısı Jeremia Neuhofer ve boyacı Daniel Deschler, Hollanda ve İngiltere basmahanelerinde yaptıkları »casusluklar« sonucu, Augsburg şehrinde Almanya'nın ilk basmahanesini kuruyorlar.

Mitte 16.Jh. Indigo aus Bengalen in größeren Mengen in Europa eingeführt, Anwendung meist verboten, um die heimischen Färbemittel zu schützen

1577 Frankfurt am Main, Todesstrafe für den Verbrauch von Indigo, "fressende Teufelsfarb"

1. H. 17. Jh. Einfuhr von bedruckten Baumwollgeweben = Kattundruck aus Ostindien von ungewöhnlicher Farbenpracht, Farb- u. Schweißechtheit, reiche Musterung, hauptsächlich Blumendekor, für Vorhänge, Tapeten, Bekleidungsstoff ("*Indiennes*")

1600 Gründung der Englischen-Ostindischen (Handels)-Kompanie

1602 Gründung der Holländisch-Ostindischen Kompanie

1658 Indiennes erstmals in Frankreich erwähnt

1664 Gründung der Französischen-Ostindischen Kompanie

1676 England erteilt Patent an Drucker für echten Buntdruck

1678 Jakob der Gon und Henrik Popta gründen erste nachweisbare Kattundruckerei in Europa, Amsterdam
Bezeichnung der Drucktechnik: "Holländische Art" = "Ostindische Manier"

1683 Annaberger Kleiderordnung (Erzgeb.) für alle Stände verbotene Kleidungsstücke und Schmuckwerk: "die neuen ausländischen geblümten Modezeuge und Stoffe"

1685 In Frankreich und Schweiz Wasserfarbendruck "Schweizer Art" mit Indigo, Rot u. Braun

1686 Einfuhr und Tragen von bunten Baumwollwaren in Frankreich verboten, zum Schutz der Lyoner Seidenweber

1687 Bremische Kattundruckerei des französischen Hugenotten Jaques Sabatier erwähnt [2]

1689 Augsburger Tuchscherer Jeremiea Neuhofer und Färber Daniel Deschler gründen erste deutsche Kattundruckerei in Augsburg (nach wiederholter Werksspionage in Holland und England)

1690 Kattunmanufaktur in Hamburg [3]

Ende 17.Jh. Reservedruck taucht als Ersatz für die kostbaren Stoffe aus Italien, Frankreich, Niederlande auf ("Arme-Leute-Kunst")

1737 Indigoeinfuhr in England wieder freigegeben

1745 Indigoanbau in Amerika (Nord- u.Südcarolina)

1758 Verbot von 1686 in Frankreich wieder aufgehoben

18./19. Jh. Bedeutende Entwicklung der Zeugindustrie, Zeugdruck mit Handmodeln, Krapp und Indigo auf Kattun und Leinwand

1690	Hamburg'da pamuklu imalâthanesi.[3]
17. yy. sonu	İtalya, Fransa ve Hollanda'dan Almanya'ya getirilen pahalı desenli dokumaları, reserve baskı ile yapılan kumaşlarla herkesin alabileceği bir mal haline gelmeye başlıyor. »Fakir kişi sanatı«.
1737	İngiltere'de ülkeye Mavi Boya Kökü ithali yasağının kaldırılması.
1745	Amerika'da (Kuzey ve Doğu Carolina) Mavi Boya Kökü ekimine başlanması.
1758	Fransa'da 1686 »pamuklu kumaş ithali yasağı« kaldırılıyor.
1771	Avrupa'da her bakımdan artık iyice kavranan pamuklu baskıcılığının rehber kitabı yazılıyor.[4]
18. yy. sonları	Endüstri devrimi; iplik bükme makinaları, yarı otomatik dokuma makinaları ve buharlı çırçır makinaları yaygınlaşmakta.
1785	İskoçyalı John Bell, bakır gravür tekniği ile çalışan silindir baskı makinasını icad etti.
1790	İngiliz fabrikatörler, Hindistan ve Amerika'dan işlenmemiş pamuk ithal ediyorlar.
1794	Dokumacıların isyanı; İngiltere'de, Hindistan mallarının ithalinden alınan vergi önemli ölçüde yükseltiliyor.
1824	Renkli rezerve kullanımı.
19. yy.	Kumaş endüstrisi hızla makineleşiyor, eskiden lüks sayılan mallar şimdi herkesin satın alabileceği bir hale geliyor; kolonilerden ve diğer denizaşırı ülkelerden ucuz hammadde ve kumaşlar Avrupa'ya taşınmakta.
1915	Alman Doğu Ticaret Şirketi (Orientalische Handelsgesellschaft) kurulması.
18./19. yy.	Kumaş imalâtında basma ve pamuklu kumaşların Mavi Boya Kökü ve Kök Boyası kullanılanılarak el kalıplarıyla basılmasında önemli gelişmeler kaydedilmekte.
19. yy. sonu 20. yy. başı	»Suni« renkler, doğal renk maddelerinin yerini alıyor; boyama ve baskı tekniğinde değişmeler ortaya çıkıyor.

1771	gedruckte Anleitung des völlig entdeckten Cotton od. Indiennendruck [4]
Ende 18. Jh.	"Industrielle Revolution", Spinnmaschinen, halbautomatische Webstühle, dampfbetriebene Entkörnungsmaschine für Baumwolle
1785	der Schotte John Bell erfindet die Walzendruckmaschine mit gravierten Kupferwalzen
1790	englische Fabrikanten importieren Rohbaumwolle aus Indien und Amerika
1794	Weberaufstand Einfuhrsteuern für indische Fertigwaren werden in England drastisch erhöht
1824	Anwendung von Buntreseven
19. Jh.	fortschreitende Mechanisierung der Textilindustrie, ehemalige Luxuswaren werden zu Massenartikeln, durch den Welthandel billige Rohstoffe und Textilien aus den Kolonien und überseeischen Ländern nach Europa
1915	Deutsche Orientalische Handelsgesellschaft
Ende 19. Anf. 20. Jh	die "neuen" synthetischen Farben verdrängen die Naturfarbstoffe, Veränderung in der Farbtechnologie und in der Drucktechnik

İki Doğal Boya:

Kökboyası ve Mavi Boyakökü

Elisabeth Bala

Zwei Naturfarben:

Krapp und Indigo

Elisabeth Bala

Völlig entdeckter

Cotton-

oder

Indiennen-Druck

nebst der sächsischen

Schönfärberei

auf Leinen, Seide, Wolle und Leder,

wie auch der

Ausbesserung der Cottonblumen,

die durch vieles Waschen erloschen sind.

Mit noch mehrern nützlichen Künsten.

Neue Auflage.

Carlsruhe,

Bey Michael Macklot, Markgräfl. Baden-Durlachis. Hof-Buchhändlern, und Hof-Buchdruckern.

1771.

Bild/Resim 118

17. yüzyılın sonundan 19. yüzyılın içlerine değin kullanılagelmekte olan her iki baskı tekniğinin, yani »aşındırma yöntemiyle baskı ve mavicilik«in sonucu renkli ve mavi baskı idi.

»Bunt und Blau« war das Ergebnis der beiden Drucktechniken, Beisendruck und Blaudruck, die vom Ende des 17. Jahrhunderts bis weit in das 19. Jahrhundert hinein gebräuchlich waren.

Kökboyası ya da kızıl boya

(Rubea tinctoria)

Boyakökünün, boyarmaddesine *Alizarin* adı verilir. *1869*'dan itibaren taşkömürü katranından suni olarak elde edilmeye de başlanmıştır. Kökboya, piyasadan kalkar.

Kök kurutulduktan sonra havanda dövülüp, toz haline getirilir ve fıçılar içinde satışa çıkarılır.

Avrupa'da kökboyasının ekimine, 800 yıllarında Alman Kralı Şarlman (Karl der Große) tarafından başlatılmıştır.

Başlıca ekim alanları: Güney Avrupa, Alsas (Elsaß), Flander (Flandern), Schlesien.

Ege kıyısında yetişen en iyi cins boyakökü, Alizarin adını taşır.

Krapp oder Färberröte

Alizarin heißt der Farbstoff der Krappwurzel.

1869 künstlich aus Anthrazin (Steinkohlenteer) hergestellt. Krapp verschwindet aus dem Handel.

Die Wurzeln wurden nach dem Trocknen zu Pulver zerstampft, in Fässer verpackt zum Verkauf gebracht.

Schon um 800 wurde Färberröte unter Karl dem Großen in Europa angebaut.

Anbaugebiete: südl. Europa, Avignon, Elsaß, Flandern, Seeland, Schlesien

Alizarin ist nach der besten levantinischen Krappart benannt (Ägäische Küste der Türkei).

Zitzkattundruck

Zitzkattun-Druck veya *"Doğu Hindistan tarzı"* adı verilen kumaş boyama metodunda, sadece beyaz pamuklu kumaş kullanılır ve aşındırma maddesinin sürülmesinden sonra, dokuma kaynar kökboyasına bastırılırdı.

Alizarin, tek başına kullanıldığı zaman güzel ve sabit renk vermeyen ama metal tuzları ile hazırlanan bir asitle işlendiğinde ise, oluşan metalhidroksit sonucu sabitleşen ve rengi güzelleşen bir boyadır.

Alizarin, aliminyum tuzları (şap ve yağlı çamur) ile karıştırıldığında kırmızı renk verir. Demir tuzu ile karıştırıldığında ise menekşe rengi veya kahverengine çalan siyah renk elde edilir.[5]

Dokuma, çeşitli asitlerle aynı anda işlenirse, bir boyama işlemi ile siyah, kırmızı, menekşe rengi ve çeşitli tonlarda kahverengine kadar değişen renkler elde edilir. Sarı, yeşil ve mavi gibi renkler ise daha sonra bir fırça ile boyanır.

Daha önceden sürülmüş olan aşındırma maddesini, daha iyi fikse etmek için, dokumaya sürülmüş olan asit kuruduktan sonra, alkalik maddelerin oluşturduğu bir sıvıya veya kaynar sabunla suya bastırılır.

Tezekle hazırlanmış fikse banyosu da iyi netice verirdi.

Zitzkattundruck

Der Zitzkattun-Druck (Kattundruck auf "ostindische Manier") verwendet als Grundlage ausschließlich weißes Baumwollgewebe. Nach dem Aufdrucken von *Beizen* auf das Gewebe folgt anschließend das Ausfärben in einem heißen Krappbad.

Alizarin erzielt in direkter Anwendung weder schöne noch dauerhafte Färbung. Erst im Zusammenwirken mit Beizen aus Metallsalzen bilden sich Metallhydrooxide, die sich haltbar und farbschön in die Faser einbeißen.

Alizarin ergibt mit Aluminiumsalzen (Alaun, Tonerde) *rote* Töne, mit Eisensalzen *violette* oder *schwarz-braune* Töne.[5]

Ist das Gewebe mit verschiedenen Beizen bedruckt, entstehen in einem Färbevorgang mehrere Farbtöne, von schwarz, rot, violett bis hin zum braun in verschiedenen Tonarten. Gelbe, grüne und blaue Farben wurden anschließend mit dem Pinsel eingemalt = "eingeschildert".

Um die aufgedruckte Beize noch besser zu fixieren, wurde das Gewebe nach dem Trocknen der Beize in ein Bad mit alkalischen Zusätzen oder in heißes Seifenwasser gelegt. Viel Erfolg versprach man sich auch von einem Befestigungsbad in Kuhmist.

Edirne Kırmızısı

Avrupa'da *Türkisch-rot* diye bilinen *Edirne kırmızısı*, pamuklu dokuma boyamasında kullanılan en eski bir boyama maddesidir. Bu renk, daha önceden zeytin yağı veya hint yağı ile işlem görmüş kumaşın, yağlı çamur veya kireçli asitle işlem görmüş *Alizarin'le* boyanması sonucu elde edilirdi. 18. yy. sonlarına kadar *Türkisch-rot/Edirne kırmızısı* rengi konusundaki bilgiler büyük bir titizlikle saklanmıştır.

Edirne kırmızısı, en fazla şu ülkelerde kullanılırdı:

	Doğu Hindistan
	İran
	Ermenistan
	Suriye
1650'den itibaren	Osmanlı İmparatorluğu
	Yunanistan
1700'den itibaren	Fransa
	Almanya (Wuppertal)
1844'den itibaren	Nürnberg'de *Türkisch-rot (Edirne kırmızısı)* fabrikası
	Daha sonra Naphtol ve indanthen kırmızısı renkleri, Edirne kırmızısı pazarını ele geçirdiler.

Türkischrot

Türkischrot gilt als die älteste Art der Baumwollfärberei. Es beruht auf einer Wirkung von Alizarin mit Tonerde — und Kalkbeizen auf mit Fettsäure (aus Oliven- oder Rizinusöl) vorbehandelter Baumwolle. Bis ins letzte Drittel des 18. Jh. wurde die Färbung mit Türkischrot streng geheimgehalten.

Heimat des Türkischrot:

	Ostindien
	Persien
	Armenien
	Syrien
ab 1650	Türkei
	Griechenland
ab 1700	Frankreich
	Deutschland (Wuppertal)
1844	Türkischrotfabrik in Nürnberg
	Naphtol- und Indanthrenrot bringt Türkischrotfärberei zum Erliegen

Hasan Usta Alizar Boyanın Yapılışını Anlatıyor

"Şap, kurşun tuzu, ve teneker (kaynakta kullanılan bir madde) maddeleriyle Alizar yapılır. Yazma çalışılır, kurutulur. Tokat'ta, ahırlarda, duvardan duvara çakılmış, tavana yakın ince sırıklar vardır. Bunlara çelek deriz. Yazmalar bunların üzerinde asılıp, kurutulur. Orada bir hafta, on gün kalır, sonra tekrar yıkanır. Büyük kazanlar vardır. Kazanlara Alizar boyası konur. Kaynaya kaynaya iki saatte kırmızı hale gelir.

Çeşitli boyama teknikleri vardır. Meselâ bazen evvelâ kırmızı boyanır, sonra siyahı çekilir. Başka bir teknikte ise, hazırlanan şaplı boya ile, kara kalemle siyahı işlenir. Buna *Fon* deriz. Kurutmak için ve aynı zamanda amonyak kokusunu alsın diye ahıra asılır. İstanbul'da gübreyi havuza koyar, su ile yumuşatırdık. Bir gün sonra havuzu su ile doldurur, yazmaları o gübreli suya batırırdık. Beş on dakika kalır, çıkarırsın, kazana atarsın. Kumaş o gübreli sudan geçmeyince, Alizar boyasını almıyor. Kumaşı kırmızıya soktuğun halde, kırmızı olmaz. Yani bir yıkayışta bembeyaz olur.

Bu örtü aslında bütündü. Elimde bir bu parça kaldı. Devamlı araştırmacılar geliyor, örnek olsun

Meister Hasans Färbetechnik mit Alizar-Farbe (Alizarin)

Auszug aus einem Gespräch:

Alaun, Bleisalz und Borax (ein Mittel, das beim Schweißen verwendet wird), aus diesen Stoffen wird (die Beize) für Alizar gemacht.

Der Druckkattun wird damit gefärbt, danach in Trockenräumen aufgehängt. In Tokat gibt es diese »Celekler« (Trockenräume). Dort bleiben die Tücher eine Woche bis 10 Tage. Dann werden sie wieder in ein Bad gegeben, ausgespült, gewaschen. Daraufhin kommen sie in große Kessel, in diesen Kesseln ist die Alizar-Farbe, nach zwei Stunden Kochen wird sie rot.

Hier wird der Kattun rot eingefärbt, später wird er schwarz bedruckt.

Eine weitere Technik ist, daß zuerst das Schwarz mit dunklem Stift bearbeitet wird, mit vorbereiteter Alaunfarbe (Alaun = Doppelsalz, Kaliumaluminiumsulfat). Wir sagen dazu: fon (= Fond, Untergrund). Zum Trocknen kommt das Tuch in den Stall, damit es den Ammoniakgeruch annimmt.

In Istanbul haben wir Dung in das Becken gegeben. Dann haben wir noch etwas Wasser dazuge-

Anweisung

baumwollen Garn

ächt türkisch roth

dann

mit Waid und Indig

blau zu färben,

aus Erfahrung erprobt.

Nürnberg

in der Steinischen Buchhandlung.

1796.

Bild/Resim 119
Kapağın çevirisi: Pamuklu iplik, Edirne kırmızısı ayrıca yabani çivitkökü ve mavi boya kökü ile mavi boyama konusunda talimatlar. Deneylerimizle sabittir.

Bild/Resim 120

diye, bir parça istiyorlar. Alizar boyasının kırmızısı belli bir kırmızıdır. Onun boyasının tonunu hiç bir başka boyayla bulamazsın. İmkân harici! Bu örtü Tokat'ta yapılmıştı yedi sekiz sene önce. Belki boyası bir kişinin elinde kalmıştır. Bundan iki sene evvel bir yerde bir fıçı bulmuşlar, almışlardı. Belki, Avrupa'da sağda solda kalmış vardır. Bu boya, bir Almanya, bir de İngiltere'den geliyordu."

Yabani Çivitotu ve Mavi Boya Kökü

Çivitotu yaprakları değirmende öğülür ve küçük parçlar halinde yuvarlak bir şekil verilir. Yabani çivitotu 1500 yıllarından daha da önce, Almanya'da *mavicilikte* (mavi renkte boyamada) kullanılıyordu.

En önemli ekim yeri: Thüringen
Welser ile Fugger'ler yabani çivitotu ticareti yapıyorlar.
Başlıca ticaret merkezi: Erfurt

Hint çivitotu bitkisi, Almanya'da ekilen çivitotu bitkisinin otuz katı fazla boyama gücüne sahiptir. Antik çağda bu boyaya *"boyaların sultanı"* adı verilirdi. Çiçekleri açtığı zaman bu bitki toplanır, suyun içinde mayalanmaya bırakılır, daha sonra çarpıla çarpıla bu yığın içine hava karışması sağlanır. Oksijenle karışma esnasında boyarmadde çıkar. Bu madde sıkıştırılır kurutulur ve küçük küp şekli verilerek satışa çıkarılır.

Avrupa'da, 16. yy.'da *Hint çivitotu* bitkisi, Avrupa'da ekilen bitkilerinin üretimini engellememek amacıyla yasaklanmıştı. 17. yy. başlarında, Nürnberg Kumaş boyacıları arasında da bu boyanın

tan, damit der Dung etwas weicher wird. Einen Tag bleibt es drin, am nächsten Tag haben wir das Wasser aufgefüllt. Wir haben den Druckkattun in dieses Dungbad eingetaucht. Fünf, zehn Minuten bleibt es darin, dann kann man den Kattun herausnehmen und in den Kessel werfen. Wenn man den Kattun nicht dieses Dungbad gibt, nimmt es die Alizar-Farbe nicht an. Schon bei der ersten Wäsche wäre es wieder schneeweiß.

Dieses Tuch (Abb. 120) war eigentlich einmal ganz. Ich habe nur noch dieses Teststück.

Ständig kommen Sammler und wollen ein Stück als Beispiel haben.

Alizar ist eine ganz bestimmte Farbe. Diese Tönung kann man nie mit einer anderen Farbe erreichen. Unmöglich. Dieses Tuch wurde von 7-8 Jahren in Tokat gemacht. So eine Farbe ist vielleicht immer noch irgendwo zu finden.

Davon hat einer vor zwei Jahren ein Faß gefunden und es mitgenommen. Vielleicht gibt es noch irgendwo in Europa so etwas. Diese Farbe ist aus Deutschland und England gekommen.

Waid und Indigo

Waid, deutsche Indigopflanze
(Isatis tinctoria)
Waidblätter werden zermahlen, vergoren, zu kleinen Kugeln geformt.

Färberwaid war schon vor 1500 in Deutschland in der Blaufärberei gebräuchlich.

Hauptanbaugebiet: Thüringen
Handelsplatz: Erfurt
Welser ud Fugger betrieben Waidhandel

Dreißigmal mehr Farbstoff als Waid besitzt die indische Indigopflanze, *Indigofera tinctoria,* schon im Altertum als "König der Farbstoffe" bekannt.

Die Pflanzen werden blühend geschnitten, in Wasser vergoren, nach der Zufuhr von Sauerstoff wird Indigo abgeschieden, abgepreßt, getrocknet, in Würfelform versandt.

Im 16. Jh. Verwendung von Indigo in Europa weitgehend verboten, Anfang 17. Jh. auch in Nürnberger Tuchfärberei als "Teufelsfarbstoff" verschrieen.[6]

beste Anbaugebiete: Java, Bengalen, Guatemala

1880 synthetisches Indigo
1901 Indanthrenblau

adına *"şeytan boyası"* denerek, adı kötüye çıkarılmıştır.[6]

En verimli ekim alanları: Java, bengal, Guatemala 1880'den itibaren suni mavi boya üretimine de başlanmıştır.
1901'de ise Indanthren mavisi yayılmaya başladı.

Mavibaskı Metodu (Mavicilik)

Mavibaskı, rezervebaskı usulünün bir türü olup, önceleri "porselenbaskısı" olarak tanımlanırdı. Basılacak kumaşlar, genellikle keten kumaşlardı ve ara sıra pamuklu da kullanıldığı görülürdü. Bu usul aslında, baskı değil bir nevi boyama usulüdür. "Pep" adı verilen bir tutkal maddesi zemin üzerine sürülen yerleri rezerve yapar ve böylece İndigoküp içinde kumaş boyanırken, rezerve edilen kısımlar sıvı haldeki boyar maddeyi içine geçirmez yani bu kısımlar boyanmamış olur.

Dokuma, yıldız şeklindeki bir askıya tesbit edildikten sonra, on ile otuz dakikalık aralarla (6, 10, 12, 18 defa) küp içindeki sıvı boyaya koyu mavi bir renge ulaşılıncaya kadar, batırılıp çıkarılır.

Daha sonra, hafif kükürt asitli bir banyo içinde yapılan muamele ile tutkal maddesi kumaş üzerinden çıkarılır. Basılmış olan desen, mavi zemin üzerinde beyaz olarak meydana çıkar. İndigo bir küp boyarmaddesidir. (Küpe = Küp, hazne veya boyama sıvısı olarak da tanımlanır.) Bu boyarmadde aslında suda erimez. Boyayabilmek için önce küllü alkalik ortamda çözmek ve arkadan demir veya bakır vitrol ve söndürülmüş kireç aracılığı ile çökelekleştirmek gerekir. (Buna reduksiyon küpü de denir.)

1700 senesinden sonra sıcak küp yerine, soğuk küp kullanılarak, mavibaskı metodu daha da geliştirilmiştir.

»Canlı yeşilliğin mavisi de canlı olur!«

Bir reduksiyon maddesi yoluyla (demir-bakır zaçı), alkalik bir banyo sonucu oksijenin serbest kalışı sağlanırken çivit mavisi çivit beyazına (Indigoweiß) dönüşür. Bu işlem sonucu meydana gelen sarımsı yeşil bir ton, kumaş açık havada kuruduktan sonra, okside olur ve koyu mavi renge dönüşür. Ayrıca kumaşın boyası da artık sabitleşmiştir. Şimdiye kadar alışılmamış bu tür bir işlem yolu ve Almanya'da yetişen çivit bitkisi (Weid) ile rekabet etme tehlikesi-

Blaudruck

Der BLAUDRUCK ist ein Reservedruckverfahren, anfänglich als "Porzellandruck" bezeichnet, als Grundlage wird meistens weißes Leinen, seltener Baumwollgewebe verwendet.

Eigentlich ist es weniger ein Druck- als ein Färbeverfahren.

Aufgedruckt wird der "Papp", eine kleisterartige Masse, das Gewebe wird dadurch *"reserviert"*, das heißt, bei der anschließenden Ausfärbung in der Indigoküpe sind die bedruckten Stellen vor der Einwirkung der Färbeflüssigkeit geschützt.

Das Gewebe wird an einem Sternreifen aufgehängt, mehrmals in die Küpe eingetaucht (6, 10,12, 18 x) und in Abständen von 10 - 30 Minuten wieder herausgezogen, bis eine tiefblaue Färbung erreicht ist.

Danach wird der farbabweisende Papp in einer leichten Schwefelsäurelösung herausgewaschen, das aufgedruckte Ornament erscheint nun weiß auf dunkelblauem Grund.

Indigo ist ein Küpenfarbstoff (*Küpe* = Bottich, oder Bezeichnung für die Färbeflüssigkeit), in Wasser an sich unlöslich. Zum Färben muß er erst in einer scharfen Lauge aus Asche oder Pottasche aufgelöst und mit Eisen- oder Kupfervitriol und gelöschtem Kalk versetzt werden = Reduktionsküpe.

Nach 1700 verbesserte man das Verfahren, indem man statt einer warmen eine kalte Küpe verwendete.

»Was gut grünt,das tut gut blauen!«

In einem alkalischen Bad wird durch ein Reduktionsmittel (Eisen-, Kupfervitriol) Waserstoff freigesetzt, dabei wird der blaue Indigo zu "Indigoweiß" überführt, schlägt in einen gelbgrünen Ton um und bildet erst durch Verhängen an der Luft durch Oxidation wieder seinen tiefblauen unlöslichen Farbton zurück.

Dieser ungewöhnliche Vorgang und die gefährliche Konkurrenz zum heimischen Waid haben Indigo sicherlich den Ruf einer "fressenden Teufelsfarb" eingebracht.

nin ortaya çıkardığı korku, Almanya'da boya kökü hakkında »kumaş yiyen şeytan boyası« dedikodularının çıkarılmasına neden oldu.

Renkli Rezerve

1824 yılından başlayarak, koruyucu rezervelere katılan kurşun tuzu ile ve bunun yanında bütün işlemlerin bitmesinden sonra yapılan kireç ve chrom alkalik banyoları sonucu, sarı renk elde edilmesi olanağı doğmuştur. 1830 yılından başlayarak da, portakal rengi ve ayrıca boyanmış kumaşın üzerinin tekrar boyanması ile yeşil renk de elde edilebilmiştir.[7]

Buntreserven

Von 1824 an erbrachte ein Zusatz von Bleisalzen zur Schutzreseve bei entsprechender Nachbehandlung im Kalk- und Chromkalibad gelbe sowie seit 1830 orange Musterung und mit Überfärbung auch grüne Töne.[7]

Pamuk Bitkisinden Desenlenmiş Kumaşa

Elisabeth Bala

Pamuk, şeytan keneviri ailesine mensup bir bitkidir. Çiçekleri, ekimden on ile oniki hafta sonra açar.

Bild/Resim 121

Çiçekler açıldıktan yedi veya on hafta sonra kapsüller açılır ve pamuk elyafı dışarı taşar. Bu devrede toplama başlar. Her kökte, üç ve otuz arası pamuk kapsülü bulunur. Pamuk, elle veya pamuk toplama makinası ile, kapsülleriyle birlikte toplanır.

Der Weg von der Rohbaumwolle zum bedruckten Tuch

Elisabeth Bala

Die Baumwolle ist eine nahe Verwandte des Hibiskus.

Zehn bis zwölf Wochen nach der Aussaat der Baumwollsamen öffnen sich die Blüten.

Bild/Resim 122

Sieben bis zehn Wochen nach der Blüte öffnet sich die Kapsel, die reifen Baumwollfasern quellen heraus. Das Pflücken kann beginnen. Zwischen fünf und dreißig Kapseln reifen an einer Pflanze. Die Fasern werden mit den daran fest haftenden Samen gepflückt, entweder von Hand oder mit Pflückmaschinen.

Bild/Resim 123

Toplanan pamuk çırçır fabrikasına götürülür. (pamuk temizleme fabrikası)

Çırçır makinaları, pamuk elyafını kapsülden ayırır. Temizlenmiş pamuk, büyük balyalar halinde iplikhanelere gelir.

Bild/Resim 125

Pamuk, iplikhanelerde atılır ve temizlenir. Daha sonra, pamuk elyaflarının taranıp, birbirine paralel hale getirildiği, kısa ve işe yaramaz elyafların ayıklandığı makinalarda işlenir. Düzenli bir hale gelen pamuk elyafı, gevşek fitiller halinde (kard bantları), büyük kaplarda biriktirilir.

Bükme işleminden sonra, iplik meydana gelmiş olur. İplik dokumaya hazırlık olarak, atkı ipliği masuralarına sarılır ve dokuma mekiğine yerleştirilir. Dokuma, atkı ipliğinin mekik yardımı ile, kendine dikey gelen başka bir iplik arasından geçmesi ile yapılır.[8]

Die gepflückte Baumwolle wird in die Lager der Entkörnungsanstalten gefahren.

Bild/Resim 124

Mit Entkörnungsmaschinen werden die Fasern von der Saat getrennt. Dann wird die Baumwolle in Ballen gepreßt, verschickt und kommt so in die großen Spinnereien.

Dort wird die Baumwolle in kleine Flöckchen zerpflückt, gereinigt und zu Maschinen befördert, wo sie »kardiert« und gekämmt wird. Das heißt, die Einzelfasern werden parallel ausgerichtet, die ungeeigneten und zu kurzen aussortiert. Die geordneten Fasern hängen locker zusammen und werden als »Kardenband« in großen Behältern gesammelt.

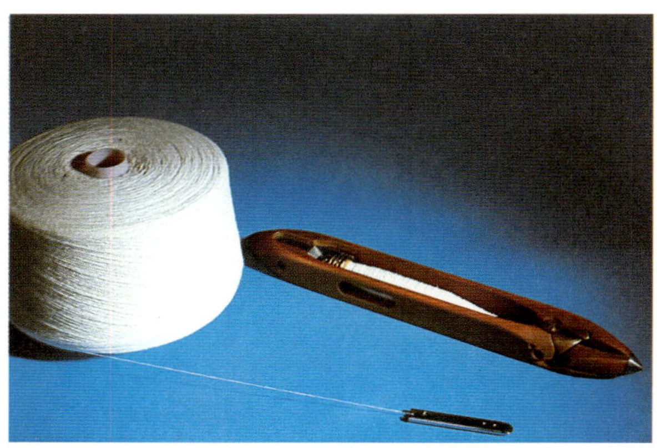

Bild/Resim 126

Im Spinnvorgang wird daraus das Garn gesponnen. Für den Webvorgang wird das Garn auf einer Schußfadenspule in den Webschützen eingelegt. Das Gewebe entsteht, indem der querlaufende Schußfaden mit dem Webschützen durch die senkrecht laufenden Kettfäden »durchgeschossen« wird.[8]

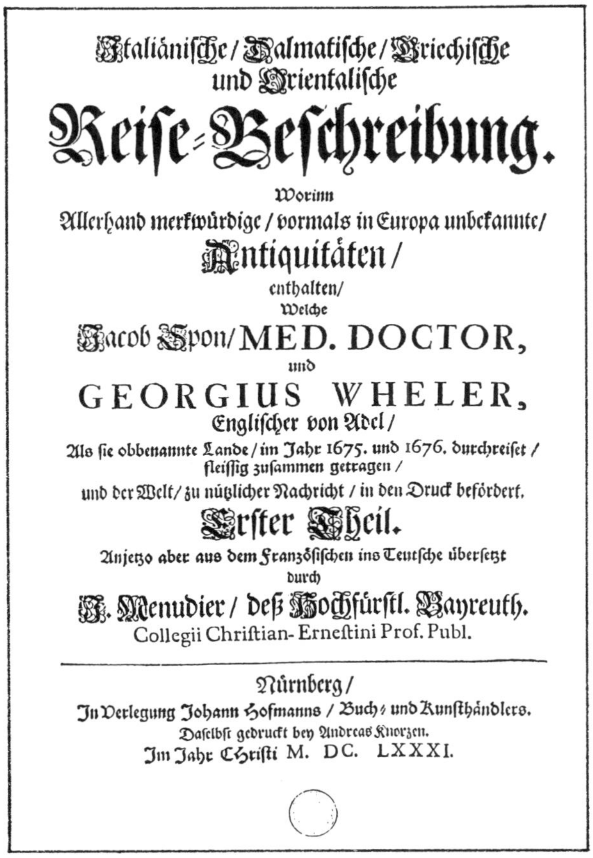

Italiänische / Dalmatische / Griechische
und Orientalische
Reise-Beschreibung.
Worinn
Allerhand merkwürdige / vormals in Europa unbekannte /
Antiquitäten /
enthalten /
Welche
Jacob Spon / MED. DOCTOR,
und
GEORGIUS WHELER,
Englischer von Adel /
Als sie obbenannte Lande / im Jahr 1675. und 1676. durchreiset /
fleissig zusammen getragen /
und der Welt / zu nützlicher Nachricht / in den Druck befördert.
Erster Theil.
Anjetzo aber aus dem Französischen ins Teutsche übersetzt
durch
J. Menudier / deß Hochfürstl. Bayreuth.
Collegii Christian-Ernestini Prof. Publ.

Nürnberg /
In Verlegung Johann Hofmanns / Buch- und Kunsthändlers.
Daselbst gedruckt bey Andreas Knorzen.
Im Jahr Christi M. DC. LXXXI.

Bild/Resim 127

İlk çırçır makinasının 1794'de Amerika Birleşik Devletleri'nde icad edildiği varsayımının geçersizliğini kanıtlayan belge: 1675 yılında yayınlanmış bir kitaptaki çırçır makinası resmi ve çalışma tekniği konusunda bilgiler
(resimde adı geçen kitabın kapak resmi görülmektedir.)

gesottenen Wein eingemachten Früchten. Wir nahmen bey ihm eines Instruments gewahr / welches er brauchte / die Baumwollen von denen Körnern zu sondern / dann man deren in dieser Gegend sehr viel bauet. Dieses sind zwey Walzen / eine von Holz / die andere von Eisen / welche man alle zwey inwendig umdrehet / und thut man die Baumwollen hinzu / welche zwischen beyden durchgehet / aber das Körnlein würde nicht darinnen gehen können / weil eine an die andere geschlossen; Die Figur wird es auch besser zeigen / als die Beschreibung.

Instrument der Türken / zu Absonderung der Körner von Baumwollen.

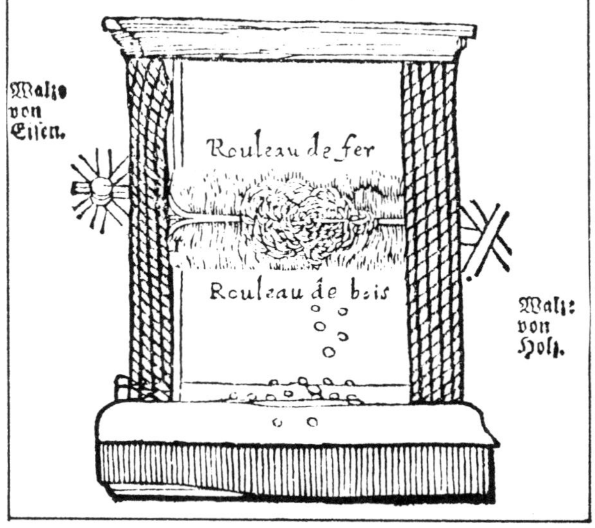

Bild/Resim 128

Entgegen der Meinung, daß die erste Entkörnungsmaschine 1794 in den USA erfunden wurde, hier das Bild und die Beschreibung einer Entkörnungsmachine aus der Türkei, 1675 (im Bild das Deckblatt dieses Buches)

»Bir metre kumaşın geçirdiği işlemler«

Hans Rzejak ile yapılan bir konuşmadan alıntılar:

Bir kumaşın basılabilmesi için, bazı ön işlemlerin yapılması zorunluluğu vardır. Ön işlemleri yapılmış bir kumaş, boyarmaddeyi emmez. Kumaş ilk olarak gaze işlemine tabi tutulur. Genellikle gaz alevi ile çalışan makinalarda, kumaş üzerinde ayakta duran elyaf uçları, kumaşın hem ön, hem arka tarafı olmak üzere ayrı ayrı yakılır. Basılacak pamuklu bezin sathına bakıldığında, satha dik bir şekilde duran elyaf uçları görülür. Bu uçların basma işle-

»...bis ein Meter Stoff fertig ist!«

Auszug aus einem Gespräch mit Herrn Rzejak:

Um eine Ware zu bedrucken, muß sie erst vorbereitet werden. Bei einer unbehandelten Rohware wird der Farbstoff abgestoßen.

Zuerst muß die Rohware über die *Senge* gehen, das ist meist ein Gasgesenge, da wird die Ware mit einer hohen Geschwindigkeit von links und rechts oder auch nur einseitig mit Gasbrennern gesengt, die Flammen versengen die oberen Flusen. Wenn man eine Ware ansieht, sieht man überall die ab-

minden önce muhakkak satıhtan uzaklaştırılması gereklidir. Bundan başka elyafların üzerinde dokuma işlemi için zorunlu olan, haşıl maddesi bulunmaktadır. Dokuma hatalarını azaltmak veya ortadan kaldırmak için iplik üzerindeki elyaf uçlarını satha yapıştırmak gereklidir. Bunun için, çözgü haşıl banyosundan geşirilir. Haşıl maddesi baskı işlemini etkiler. Nötüral bir baskı sathı elde etmek için dokuma işleminden sonra, haşıl maddesinin, kumaş üzerinden alınması gerekmektedir. Günümüzde genellikle suda eriyen haşıl maddeleri kullanılmaktadır. Eskiden haşıl maddesi, patates nişastasından elde edilmekteydi. Haşıl çıkarıldıktan sonra, alkalik bir ortamda, basınç altında, içindeki yabancı madde ve pamuk çekirdeği artıklarının çıkarılabilmesi için kaynatılır. Daha sonra beyazlatma işlemi tatbik edilir. Bu safhada pamuk elyaflarının tabii rengi, klorlu bir sıvı içinde beyazlatılır. Gaze etme, haşıl sökme, kaynatma ve beyazlatma işleri genellikle ara vermeden arka arkaya, sadece her işten sonra belli bir süre beklenerek, yapılır. Beyazlatmadan sonra kumaş yıkanır ve nötürleştirilir. Çünkü, eğer kimyevi madde artıkları elyaf üzerinde kalırsa, elyafları parçalar. Kumaş daha sonra kurutulur ve merserize edilir. Merserize işlemi, pamuğun gergin bir durumda alkalik bir ortam içinde soğuk muamele görmesidir. Bu işlemler elyafları paralelleştirir, sağlamlık, parlaklık ve yüksek boya emme özelliği kazandırırlar.

Kumaş merserize işleminden sonra istenirse boyanır, arkasından yıkanır. Kurutulduktan sonra ise baskı işlemine başlanabilir.

Kumaşın baskısı yapılırken, sürülmüş boyanın kuruması gereklidir, boya nemli kalırsa renkler birbirine geçer. Bu yüzden kumaş, baskı makinasından ya da el baskısı masasından alınarak kurutulmalıdır. Eskiden, boyar maddenin sabit hale getirilmesi amonyak buharı ya da bir asit banyosu veya alkalik bir şok usulü ile yapılırdı. Bu işlemler, boyarmaddenin pıhtılaşmasını ve kumaş üzerine sürülmüş çeşitli renklerin birbirine geçmesine engel olurdu. Kimyasal maddeler ve boyarmadde fazlasının baskıdan sonra yıkanması gereklidir. Boyanın belli bir yüzdesi elyaf tarafından emildiği ve dolayısıyla her zaman belli bir miktarda boya artığı olduğu için, bunu yıkamak gerekir. Şimdi mal basıldı, boyarmadde fikse edildi, kumaş yıkandı. Daha sonra ise belli bir finish (bitirme işlemleri) gereklidir. Apre etme, kalanderleme ve kumaşı kimyevi maddelerle muamele ederek parlaklık kazandırma gibi özel işlemleri, günümüzde pamukluya uygulama olanağı vardır. Bu anlattıklarım, metresi belki de on Mark'a satılacak olan bir kumaşın, satışa hazır hale gelişine kadar geçen sürede kaç ayrı makinada birbirinden ayrı işlem görmesi gerektiği kısa bir izlenim verir. Bu arada iplik bükme ve dokuma işlemlerini de henüz hesaba katmış değiliz.

stehenden Fasern, diese Fasern dürfen beim Druckvorgang nicht mehr da sein.

Dann sind auf der Baumwolle Schlichten, die für den Webprozeß notwendig waren. Beim Webvorgang wird in die Webkette ein Webschütz eingeschossen, wenn die Kettfäden zu haarig sind oder wegstehen, gibt es Webfehler, deshalb wird die Webkette durch ein Schlichtbad geführt, diese Schlichte stört dann wieder den Druckprozeß, also muß sie abgebaut, *entschlichtet* werden. Heute gibt es normalerweise wasserlösliche Schlichten, früher verwendete man Schlichten aus Kartoffelstärke.

Dann kommt das *Beuchen*. Die Baumwolle wird geerntet, entweder von Hand, was man heute kaum mehr macht, oder maschinell, — da sind Schalenteile noch im Garn, die das Gewebebild stören würden. In alkalischer Lauge wird unter Druck die Baumwolle gekocht, um Nissen und Schalen daraus zu entfernen.

Anschließend kommt die *Bleiche*, der Naturfarbstoff der Baumwolle wird im Chlorbad gebleicht.

Von der Senge über die Schlichtung, über die Beuche bis hin zur Bleiche könnte praktisch alles kontinuierlich in einer Straße gemacht werden, mit den entsprechenden Verweilzeiten zwischen den Arbeitsgängen. Nach der Bleiche muß das Gewebe gewaschen und neutralisiert werden. Würden die Chemikalien auf der Faser bleiben, würde die Faser nachfressen und zerfallen. Dann kommt die Ware zum Trocknen, und dann muß sie im Normalfall mercerisiert werden. *Mercerisieren* ist eine Behandlung der Baumwolle unter Spannung in kaltem Zustand in konzentrierter Lauge. Dabei passiert folgendes, die Fasern werden in die Länge orientiert, dadurch bekommt die Baumwolle einen höheren Glanz, einen schöneren "Lüster", und gleichzeitig eine höhere Farbstoffaufnahmefähigkeit.

Nach dem Mercerisieren wird die Ware z.B. gefärbt. Nach dem anschließenden Waschen und Trocknen kann sie bedruckt werden.

Beim Druckprozeß selbst muß die Farbe getrocknet werden. Die Farben sind ja naß und würden dann abklatschen, also muß von der Druckmaschine oder vom Handdrucktisch weg getrocknet werden. Früher hat man die Fixierung des Farbstoffes mit Salmiakdämpfen oder mit einem Säurebad oder mit einem Alkali-Schockverfahren erreicht, dabei erreicht man eine Verdickung, der Farbstoff wird sulzig und kann nicht gleich abklatschen. Die Chemikalien und der Überschuß des Farbstoffes müssen anschließend wieder ausgewaschen werden. Es gibt immer einen Farbüberschuß, denn nur ein bestimmter Prozentsatz des aufgedruckten Farbstoffes fixiert auf der Faser, der Rest muß runtergewaschen werden. Hier haben wir nun die Ware bedruckt, Farbstoff fixiert, ausgewaschen und dann

Baskı Tekniğinin Evrimi

Elisabeth Bala

Rezerve tekniği ve bu tekniğin tanınmış bir çeşidi olan, mum rezerveli batik, en eski kumaş desenleme metodudur.

Kalıp baskıcılığında, boyarmadde veya baskı rezervesi, tahta model (kalıp) vasıtasıyla kumaş sathına basılır.

Bild/Resim 129

Rolo baskı adı da verilen silindir baskısı, en eski mekanik baskı metodudur. Basılacak desen, bakır silindir üzerine gravür olarak işlenir. Her renk için ayrı bir silindire gerek vardır.

braucht sie ein bestimmtes Finish, eine Ausrüstung, z.B. durch Appretieren, Kalandern oder Chintzen. Solche Hochveredelungen sind bei der Baumwolle heute möglich. Dies ist nur ein Einblick, wieviele Arbeitsgänge an Maschinen erforderlich sind, bis so ein Meter Stoff fertig ist und im Verkauf vielleicht 10,- DM kostet. Den Spinnprozeß und den Webprozeß haben wir dabei noch gar nicht angesprochen.

Zur Entwicklung der Drucktechniken

Elisabeth Bala

Zu den ältesten Arten der Stoffmusterung gehört die Methode der Reservetechnik, Batik mit Wachsreserven.

Der Modeldruck ist ein Handdruckverfahren, bei dem die Druckfarbe mit Holzmodeln auf das Gewebe gedrückt wird.

Das älteste maschinelle Druckverfahren ist ein Walzendruckverfahren, der Rouleauxdruck. Das Druckmuster ist in Kupferwalzen eingraviert. Pro Farbe wird eine Druckwalze benötigt.

Bild/Resim 130

Bild/Resim 131

Beim Flach-Filmdruck (Sieb- oder Schablonendruck) wird der zu bedruckende, vorgebleichte oder gefärbte Stoff auf einem Drucktisch befestigt. Die einzelnen Farben werden mittels Schablonen (feine Siebe) und Rakel (Streichvorrichtung) auf den Stoff aufgetragen. Auf der Schablone gibt es abgedeckte und farbdurchlässige Flächen, durch die die Farbe mit der Rakel an den Stoff gepreßt wird. Das jeweilige Muster ist in einem fotografischen Verfahren auf die Schablone übertragen worden. Für jede Farbe ist eine eigene Schablone erforderlich.

Yassı film baskısında (şablon baskısı), önceden beyazlatılmış ya da boyası yapılmış ve şimdi de baskısı yapılacak olan kumaş, bir baskı masası üzerine yayılır. Desendeki renkler, şablon ve rakle aracılığı ile kumaşın üzerine iletilir.

Şablon üzerinde, boyayı altına geçiren ve geçirmeyen satıhlar vardır. Bu satıhlar, öngörülen desenin, fotoğraf tekniği ile şablon üzerine aktarılması ile oluşur. Her renk için ayrı bir şablon hazırlanır. Boyarmaddenin kumaş üzerine nakli, şablon üzerinde ileri geri gezdirilen bir rakle vasıtasıyla sağlanır.

Bild/Resim 132

Büyük işletmelerde, baskı masasının uzunluğu, 30 ile 120 metre arasında değişir. Basılan bir rengin, ondan sonra basılacak bir renge karışmasını önlemek için, tek ve çift usulü uygulanır. 2-3-6 basılıncaya kadar, ilk basılan renkler kurumuş olurlar.

In größeren Betrieben wird auf Tischen gedruckt, die eine Länge von 30 - 210 m haben. Gedruckt wird "ungerad - gerad", den 1.3.5.... Rapport, in der Zwischenzeit bis zum 2. Rapport ist die Farbe angetrocknet.

Bild/Resim 133

Rotasyon baskı tekniği, yassı film tekniğinin daha geliştirilmiş bir şeklidir. Bu teknikte, rakle silindir şeklindeki şablon içinde hareket eder ve boyarmaddeyi, şablon içinden dokuma üzerine aktarır. Desendeki renk sayısında olan, film baskı şablonları arka arkaya kullanılır. Tekstil terbiye endüstri makinaları içinde en pahalı olanlar, elektronik teknikle donatılmış film baskı makinalarıdır.

Der Rotations-Filmdruck ist eine Weiterentwicklung des Flach-Filmdruckverfahrens. In den siebartigen, runden Schablonen bewegt sich eine Farbrakel, mit der die Farbe auf den Stoff gedrückt wird. Je nach Anzahl der zu druckenden Farben werden hintereinander mehrere Filmdruckschablonen verwendet.

Die mit viel Elektronik ausgestatteten Filmdruckanlagen zählen zu den teuersten Maschinen der Textilveredlungsindustrie.

Şerafettin Usta

"Bizim esas ihtisasımız 'mavicilik'tir. Bize, dedeme sonra dayıma 'mavici' derlermiş. Bunda isim bırakmışız. Her sanatın bir erbabı vardır. Mesela bugün 'Hacı Bekir'in lokumu' derler ya. Onun gibi bu mavicilikte de, bir dedem gösterilirmiş: Kara Mustafa.

On seneden beri başörtüsü çalışıyorum. İş yürümüyordu. Şimdi sadece turistik eşya çalışıyoruz., Usul, gene aynı usul. Yani şöyle yapıyoruz: Beyaz kumaşın üstüne önce kalıpla siyah motifi basarız. Ondan sonra amonyağa asarız. Ertesi günü zemin çekilir, siyah. Motiflerin etrafı boyanır. Siyah boya, ıslakken yeşil görünür. Motiflerin çevresini boyarken biraz boyanmamış yer bırakıyoruz. Bu malları

Meister Şerafettin

Mein Fachgebiet ist eigentlich die Blaufärberei. Zu uns, meinem Großvater, später meinem Onkel und mir haben sie "die Blaufärber" gesagt. Wir haben einen guten Namen erworben. Jedes Handwerk hat seinen Fachmann. In Istanbul denkt jeder bei dem Begriff "Lokum" (spezielle Süßigkeit) an Hacı Bekir, den berühmtesten Lokum-Hersteller in Istanbul. Immer wenn von Blaufärberei die Rede war, wurde mein Großvater damit in Verbindung gebracht: Kara Mustafa.

Vor 10 Jahren habe ich aufgehört, Tücher zu drucken. Wir konnten sie nicht mehr verkaufen. Jetzt machen wir Waren für die Touristen, nach unserem alten Verfahren.

dışarıya satan adam söyledi: Siyah zemin, motifin çevresine dikiliyor zannediyorlarmış. Kafa çalışmıyor. Ama şimdi biz böyle yapınca, tabiatıyla belli oluyor el baskısı olduğu.

Bild/Resim 134

Karartmak için anilin koyuyoruz. Yoksa öyle kalırsa donar. Siyahı almaz üstüne. Yeşilimtrak olur, gri olur. Ondan sonra akşam bir de amonyağa atarız. Amonyakta sabitleşir iyice. Siyah renk iyice siyaha dönsün diye.

Sonra kumaşlar sobalı odaya girer, orada iyice pişer, siyah renk iyice gelir. Akşam üstü suya alırız, iki üç defa yıkarız. Sonra sabaha kadar suda bırakırız, sabitleşsin iyice pisliğini bıraksın diye. Sonra asarız, bitmiş olur iş.

Yazmacıların verem olanına rastlanmamıştır. Bu havada mikrop barınmaz. Yazmacıların hiç veremden ölenine rastlanmamıştır. Sadece açlıktan sürünürüz."

Das ist so: Wir drucken jetzt schwarze Muster auf den weißen Stoff; zuerst die Kontur mit der Model. Danach hängen wir es in Ammoniak. Am nächsten Tag wird der Farbgrund aufgetragen, schwarze Farbe. Das Äußere wird also gefärbt. Wir tragen die schwarze Farbe, die grün aussieht, wenn sie naß ist, mit der Hand auf. Am Rand des Musters lassen wir jetzt immer einen weißen Rand. Die Händler sagten, daß die Ausländer, die diese Stoffe kaufen, meinten, daß das Schwarze angenäht wäre. Die sind eben dumm.

Aber wenn wir es jetzt so machen, sieht man, daß nichts genäht ist. So sieht man sofort, daß es etwas Handgedrucktes ist.

Zum Schwärzen nehmen wir Anilin. Andernfalls bindet es ab, d.h. die Oberfläche nimmt das Schwarz nicht an, es wird grünlich oder grau. Fixiert wird es die ganze Nacht lang in Ammoniak. Dann kommt die schwarze Farbe als tiefes Schwarz heraus.

Im Ammoniakdampf wird die grüne, aufgetragene Farbe schwarz. Wenn die Tücher trocken sind, nehmen wir sie heraus und geben sie ins Wasser. Dort werden sie einige Male geschwenkt und dann bis zum nächsten Morgen im Wasser gelassen. Dann hängen wir die Tücher auf — fertig ist die Arbeit.

Unter den Kattundruckern findet man keinen mit Tuberkulose, denn in der Ammoniakluft hält sich keine Mikrobe. Es ist noch kein Kattundrucker an TBC gestorben — wir hungern eher aus...

Hasan Usta

1934 yılında Tokat'ta doğdum. Babam hademe idi. Bizim aileden, dayımın oğlu bu meslekte çalışıyordu. Beni de sanata götüren o. Ben yedi yaşındayken babam hastaydı. Dayımın iki oğlu vardı. İkisi de yazmacı idi. Ben çok küçükken çalışmaya başladım. Yedi yaşındaydım. Pek çok şeyi de bilmiyordum. Dayımın oğlu bir gün benden su istedi. Çalıştığımız hanın ortasında bir havuz vardı. Burada boyadığımız başörtülerini yıkardık. O havuzdan, içmesi için su getirmiştim. İşte böyle küçük bir çocuktum. Dayım istemişti kendisiyle beraber çalışmamı. Bana verilen işler, meselâ dört metre yükseklikteki cerek üstüne çıkıp örtüleri asmak. Ucunda çivi çakılı bir direkle, başka bir çocuk örtüleri verirdi. Ben direğin üstünde, dizlerimin üstünde, örtüleri alıp sererdim. Ne kadar yüksekte asılırsa,

Meister Hasan

Ich bin 1934 in Tokat geboren. Mein Vater war Bürodiener. In unserer Familie arbeitete der Sohn meines Onkels als Kattundrucker. Der hat mich auch zu dieser Kunst gebracht. Als ich sieben Jahre alt war, wurde mein Vater krank. Mein Onkel hatte zwei Söhne. Beide wurden Kattundrucker. Ich habe angefangen, zu arbeiten als ich noch ganz klein war, mit sieben Jahren. Vieles hab ich noch nicht verstanden. Ich erinnere mich noch, daß der Sohn meines Onkels eines Tages von mir Wasser haben wollte. Da, wo wir arbeiteten, gab es ein Becken in der Mitte des Hofes. Dort haben wir die Kopftücher, die wir gefärbt hatten, ausgewaschen, und aus diesem Becken habe ich ihm Wasser zum Trinken gegeben. Ich war eben noch so ein kleines Kind.

yazmalar o kadar çabuk kururdu. Sekiz yaşındayken babam öldü. Böylece okula hiç başlayamadım. Hademelikten ayrılıp, kahvecilik yapmaya başlamıştı. Devamlı ayakta çalışması gerekiyordu. Bacakları şişti. İyileşemedi, öldü. Okumayı bir sene boyunca günde iki saat gece mektebine giderek öğrenmişti. Ben on yaşındayken Tokat'ta bir gece mektebi vardı. Okula gidemeyenler gece mektebine giderlerdi. Şimdi böyle bir şey yok.

Çocukken basmadan elbise giyerdim, sekiz yaşına kadar. Bütün çocuklar Tokat'ta elbise giyer. Entari giymek nedir biliyor musun? Biz yoksulduk. Yoksul olanlar entari giyiyor. Öbürleri kısa pantolon giyiyorlar. Olmayan ne yapacak. Bir entari, tamam! Annesi diker. Eski entarisini atmaz, çocuğuna yapar. O zamanlar Tokat'ta üç büyük yazmacı hanı vardı. Ben Tokat'ta Türk usta yanında öğrendim, ama Ermeni ustalar yanında da çalıştım. Eskiden bu sanatı yapanların çoğu Ermeni idi. Bu sanatta daima Ermeni olmuştur. Bunlar çok iyi sanatkârlardı. Ermeni ustalar bu sanatı daha kıymetli bir hale getiriyorlardı. Eskiden ustalık Alizar boyasını yapabilmedeydi. Alizar işini kim temiz çıkarırsa, o usta olmuş sayılırdı.

Benim çıraklığım Tekkeli Han'da geçti. Tekkeli Han derler, çünkü içinde bir büyük Tekke vardı. Öksürük Tekkesi derler, boğmaca derler. Biz o handa çalışırdık. Benim işim peçe sürmekti (örtünün kenarlarını boyamak). Yanda boya hazırdı. Handan içeri bir çocuk girdi mi, boyaya elimi batırır, gider alnına vururdum. Eski çıraklık nerde! Beni sadece kısa bir süre için eve gönderirlerdi. Tükürürlerdi, "tükürük kuruyunca geleceksin" derdi usta. Eskiden ustalar sanatı tam öğretmezlerdi. Ondan kaçamak öğrenirsen, öğrenebilirdin. Usta boyayı tartardı, o dışarı çıkınca ben gider, kaçamak boyanın gramlarına bakardım.

1951 yılında ilk defa İstanbul'a geldim. Evden kaçıp buraya geldim. Doğrusunu istersen, bir kız yüzünden evden kaçtım. Ben Tokat'ta bir kızla arkadaşlık ediyordum. Ben okumuyorum, kız okuyor. Annem eski kafalı bir kadındı. Kendi ailesinden hiç okuyan olmamış. Okuyan kızı istemedi. Kız kapalı gezmez diye düşündü.

1953 de bir usta ile beraber İstanbul'da ortak bir iş açtık. Bir sene çalıştık. Fakat o zaman bizim gençlik zamanımız. Gündüz çalışıyor, gece geziyorduk. Gazinoya giderdik. İki sene çalıştık, para tutamıyorduk. Ortağımın annesi ve babası da zaten bana kızıyordu. Çünkü ben bazen işe yan veriyordum. 1955 de tekrar Tokat'a gittim. Askerden sonra gene İstanbul'da çalıştım. Bir mendil fabrikasıydı. Sonra tekrar bir arkadaşımla ortak bir iş açtım. İki ay çalıştık, 1960 da hükümet devrildi. İşler durdu. Biz de işi bıraktık. Tokat'a gittim, dayımın küçük oğlunun yanında çalışmaya başladım.

Mein Onkel wollte, daß ich mit ihm selbst zusammenarbeite. Ich mußte z. B. auf die Balken in 4 m Höhe steigen und die Tücher aufhängen. Ein anderes Kind hat von unten die Tücher hochgereicht mit einer Stange, an deren Spitze war ein Nagel befestigt, ich habe oben auf den Knien die Tücher abgenommen und ausgebreitet. Je höher sie gehängt werden, desto schneller trocknen sie. Als ich acht Jahre alt war, starb mein Vater. Deswegen konnte ich nicht mit der Schule anfangen.

Mein Vater hatte seine Tätigkeit als Bürodiener beendet und war Kellner in einem Kaffeehaus geworden. Dort mußte er dauernd stehend arbeiten, seine Beine sind angeschwollen, schließlich starb er. Er hatte lesen in einer Abendschule gelernt, täglich zwei Stunden, ein Jahr lang. Als ich zehn Jahre alt war, gab es eine Abendschule in Tokat. Dorthin kamen diejenigen, die nicht in die Schule gingen. Jetzt gibt es so etwas nicht mehr.

Als Kind trug ich ein Kleid aus Druckkattun, bis zum 8. Lebensjahr. Das tragen alle Jungen in Tokat. Weißt du was es bedeutet, ein Kleid zu tragen? Wir lebten in armseligen Verhältnissen. Die, die arm sind, ziehen ein Kleid an. Die anderen tragen kurze Hosen. Wenn sie keine Hosen haben, was sollen sie machen, dann eben ein Kleid. Die Mutter näht es. Die alten Kleider wirft man nicht weg, man macht daraus Kleider für die Kinder.

In Tokat gab es drei Kattundruckereien. Ich habe in Tokat bei einem türkischen Meister gelernt, aber auch bei armenischen Meistern.

Damals waren viele von denen, die diese Kunst ausübten, Armenier. In diesem Kunsthandwerk gab es immer Armenier. Viele waren hervorragende Künstler. Es sind die armenischen Meister, die diese Kunst noch wertvoller gemacht haben.

Früher war derjenige ein Meister, der Alizar-Farbe machen konnte. Wer die Alizar-Technik sauber beherrschte, den hat man zu den Meistern gerechnet.

Ich habe meine Lehrzeit in Tekkeli Han (Tokat) verbracht. In großen Gebäude neben der Kattundruckerei war auch ein großes Derwischkloster. Keuchhusten-Kloster sagten sie. Wir haben dort gearbeitet. Meine Arbeit war, die Farbe am Rande des Tuches zu vervollständigen. Gleich daneben stand die Farbe bereit. Wenn ein Kind reinkam, habe ich meine Hand in die Farbe getaucht und auf seine Stirn gedrückt. Wo ist die Lehrzeit von früher, sie ist nicht zu vergleichen mit der heutigen.

Nur für eine kurze Zeit haben sie mich nach Hause geschickt. Sie haben ausgespuckt. "Wenn die Spucke trocken ist, mußt du wieder kommen," hat der Meister gesagt.

Beni dayımın hanımının kardeşinin kızı ile nişanladılar. 1961 de Tokat'ta evlendik. Ama orada durmak istemedim. Çünkü, günde sadece on lira yövmiye alıyordum ve annemle beraber oturuyordum. Bir sene sonra tekrar İstanbul'a geldim. Hanımı orada bıraktım, ama yalnız yapamadım, altı ay sonra yanıma aldım.

Bir ara hastalandım, çalışamadım. Tekrar Tokat'a gittik, bir süre başka ustanın yanında çalıştım. 1963 de tekrar geri geldim, Kumkapı'da Ohannes Ustanın yanında çalıştım. 1964 de ilk defa kendim iş kurdum. Bir arkadaşım o yeri bana verdi. Enişteme mektup yazdım. "Evimi İstanbul'a taşı" dedim. Hanım geldi. Benimle beraber çalıştı. İki çocuğumuz vardı. Koyardık çocukları sandığın içine, biz de ikimiz tezgâhta çalışırdık.

Sonra çok yer değiştirdik. Sebepleri çok çeşitli. Ya ev dar geliyor, ya ev sahibi ile anlaşılmıyor... Sonra iyi bir yer bulduk. Ama 1970 yılında burası istimlak oldu, Haliç köprüsü yapıldığı için. Gene taşındık. Ama bu defa ev dardı ve suyu yoktu. İşi evde yapardık, yıkamaya denize giderdik. Yazın deniz kenarında kuruturduk. Kışın malları eve getirirdik. Evde teras gibi ufak bir yer vardı, orada kuruturduk. Her şey çok zordu. Sonunda bu evi buldum. İki katlı, kendi kuyusu ve bahçesi vardı. Bu evde hem oturduk, hem çalıştık. İşler iyi gidiyordu, sıkıntı çekmiyorduk. Hanım hep benimle beraber çalışıyor, çok faydası oluyordu. İşleri asardı, işleri beraber katlardık. Bu arada çocuklar da büyümüştü. İki tanesi bizimle beraber çalışıyordu. Karımın erkek kardeşi ve iki hemşerim de yanımda çalışıyorlardı. İşler iyiydi.

1978 de işler durdu. Sipariş gelmedi, boyalar bulunmadı, Avrupa'dan gelen boyalar gelmedi. Bu arada ev sahibi kirayı yükseltti. Bir süre bu şartlarda çalıştık. Ben aşağı kattan vazgeçtim. Ama dolayısıyla bahçeyi kullanamayınca, evin önüne bir terasa yaptım. Şimdi Kumkapı'daki bu semt tamamen yıkılacak, sahile yeşil saha yapılacak diyorlar. Halimiz ne olacak, bilemiyorum. Eskiden Tokatta yazmacı olmayanlara kız verilmezmiş. Geçmiş o günler. Ona benim de aklım ermiyor. O zamanlar Tokat'ta yedi tane büyük han varmış ve hepsi de yazmacıymış. Bütün bakkallar, manavlar yazmacıların öğle tatilini beklerlermiş ki, alışveriş yapılsın. O kadar çok yazmacı varmış. İşte o zamanlar yazmacı olmayana kız vermezlermiş. Şimdi o hanların çoğu yıkıldı, yerine pasajalar yapıldı.

Bana gelen siparişler şu durumda iyi. Ama ilerisi için bilemiyorum. Bir insan geçinemezse, ne yapacak, bırakıyor sanatı. Çoğu bıraktı. Tatmin edici para kazanamayınca bırakıyor. Bu defa sanatkâr azalıyor. Sanat azaldıkça iş çoğalmaya başlıyor. Ama gene ilerisi için bir şey diyemem, belki başka şeyler çıkar, sanat daha ölür. El sanatı hiç bir za-

Früher haben die Meister die Kunst nicht so einfach gelehrt. Sie haben sich davor gedrückt, wenn du lernen wolltest, solltest du deinen Meister im Auge behalten, ihn auf Schritt und Tritt verfolgen, damit du alles, was er tut, sehen konntest.

Die Farbe wurde gewogen. Wenn der Meister nach draußen ging, bin ich heimlich hingegangen und habe geschaut, wieviel Gramm Farbe er gewogen hatte.

Ich bin 1951 zum ersten Mal nach Istanbul gekommen. Ich bin von zu Hause abgehauen und hierher gekommen. Also die Wahrheit ist, ich bin wegen einem Mädchen von zu Hause weggerannt. Ich war mit dem Mädchen in Tokat befreundet. Ich besuchte keine Schule. Das Mädchen aber schon. Meine Mutter ist eine ganz altmodische Frau. In ihrer eigenen Familie gab es niemand, der die Schule besuchte. Ein Mädchen, das eine Schule besucht, wollte sie nicht. Sie dachte sich, wenn ein Mädchen eine Schule besucht, wird sie z. B. ihre Haare nicht bedecken. Das paßte ihr nicht.

In Istanbul machte ich 1953 mit einem Meister eine Werksatt auf. Ein Jahr lang arbeiteten wir zusammen. Damals waren wir jung. Am Tage haben wir gearbeitet, in der Nacht trieben wir uns in den Lokalen herum. Zwei Jahre haben wir gearbeitet, konnten aber kein Geld auf die Seite legen. Die Eltern von meinem Geschäftspartner haben sich über mich immer geärgert, weil ich manchmal in der Arbeit nicht so gut war. 1955 bin ich nach Tokat zurückgekehrt. Nach meinem Militärdienst arbeitete ich erst in einer Taschentuchfabrik und machte mich dann wieder mit einem Freund selbständig. Zwei Monate arbeiteten wir zusammen, dann war 1960 ein Militärputsch und es gab keine Aufträge mehr, und wir haben unsere Werkstatt aufgegeben. Ich ging zurück nach Tokat und arbeitete bei dem jüngsten Sohn meines Onkels. Zur gleichen Zeit wurde ich mit der Nichte der Ehefrau meines Onkels verlobt. 1961 heirateten wir in Tokat, aber ich wollte nicht dort bleiben, weil ich am Tag nur 10 Lira Lohn bekam, und weil ich mit meiner Frau bei meiner Mutter wohnen mußte. Nach einem Jahr ging ich wieder nach Istanbul. Ich ließ meine Frau dort, aber ich konnte nicht allein bleiben. Nach 6 Monaten holte ich sie zu mir.

Ich wurde krank und ich konnte nicht arbeiten, so gingen wir nach Tokat zurück. Eine Zeitlang arbeitete ich bei einem anderen Meister. 1963 kam ich zurück nach Istanbul. Ich arbeitete bei dem Meister Ohannes. 1964 machte ich meine erste, eigene Werkstatt auf. Ein Freund von mir hatte mir den Raum überlassen. Ich schrieb an meinen Schwager einen Brief, daß er meine Frau nach Istanbul bringen sollte. Sie kam und arbeitete mit

Bild/Resim 135

man ölmez ama, bu sanatı ayakta tutmak, canlandırmak için devletin biraz yardımcı olması lâzım. Avrupa'ya tanıtmalı. Şu andaki duruma pek iyi denemez. Pek tatmin edici değil. Aç bırakmıyor ama pek de doyum olmuyor. Yani bir arttırım olmuyor. Ben başörtüleri şablonla basıyorum. Ama şablon çıktı, sanatın özelliği kalmadı. Çünkü şablonda ustalık diye bir şey yok. Kim olsa, acemi de olsa çeker o rakleyi. Böylece bu iş fabrikasyon olmuş oluyor.

mir. Wir hatten zwei Kinder. Sie wurden in eine Holzkiste gegeben und meine Frau und ich arbeiteten daneben auf dem Arbeitstisch.

In der folgenden Zeit sind wir ständig umgezogen. Die Gründe waren sehr unterschiedlich: entweder waren die Räumlichkeiten nicht groß genug, oder wir hatten Ärger mit dem Vermieter. Dann hatte ich einen gut geeigneten Raum und auch keine Schwierigkeiten mit dem Vermieter, aber dann wurde 1970 das Haus von der Stadt Istanbul abgerissen, um Platz zu machen für eine Umgehungsstraße zur Bosporus-Brücke: Also wurde umgezogen. Aber das neue Haus dort war sehr klein und es gab nicht genug Wasser. Wir druckten die Tücher zu Hause und wuschen sie im Meer. Wenn Sommer war, haben wir sie auch am Strand trocknen lassen. Wenn Winter war, mußten wir die Tücher zum Trocknen nach Hause bringen, dort hatten wir eine kleine Terrasse, wo wir die Tücher aufhängen konnten. Das war sehr schwer, aber zu guter Letzt bekam ich dieses Haus. Es hatte zwei Stockwerke und einen eigenen Brunnen und einen Garten. Wir wohnten und arbeiteten hier. Die Aufträge gingen gut, und wir verdienten gut. Meine Frau arbeitete immer noch mit mir. Sie war eine große Hilfe für mich. Sie hat Tücher aufgehängt, wir haben sie gemeinsam zusammengelegt und inzwischen waren unsere Kinder groß geworden. Die beiden arbeiteten mit uns. Der Bruder meiner Frau und zwei Männer aus derselben Stadt wie ich, arbeiteten ebenfalls mit mir. Es lief alles sehr gut.

1978 kam plötzlich eine schlechte Zeit. Keine Aufträge, die Farben waren nicht zu bekommen und die Farben aus dem Ausland kamen nicht an. Der Vermieter hatte inzwischen die Miete erhöht. Ein Weile arbeitete ich unter diesen Umständen. Ich überließ das untere Stockwerk einem anderen Mieter, jetzt konnte ich den Garten nicht mehr benützen und mußte eine Terrasse bauen.. Jetzt soll unser Viertel abgerissen werden und einer Grünanlage weichen. Was dann werden soll, weiß ich noch nicht. Früher wollten alle Mütter in Tokat ihre Töchter einem Kattundrucker zur Frau geben. Das ist aber lange her.

Das weiß ich selber nicht, aber die Alten erzählen, daß damals in Tokat sieben große Geschäftsgebäude gab und alle waren Kattundrucker. Alle Krämer und Obsthändler haben darauf gewartet, daß die Drucker Mittagspause machen und einkaufen. So viel Drucker gab es. Und deshalb haben sie damals ihre Tochter niemandem gegeben, der nicht Drucker war. Jetzt sind viele dieser Werkstätten abgerissen, an ihrer Stelle hat man Einkaufspassagen gemacht.

Meine Bestellungen gehen im Augenblick ganz gut. Aber was in der Zukunft damit ist, weiß ich nicht. Die Kunsthandwerker werden immer weniger. Wenn man seinen Lebensunterhalt nicht bestreiten kann, hilft nichts als die Kunst sein zu lassen. Viele haben aufgegeben. Weil sie nicht ausreichend Geld damit verdienen können. Deshalb werden die Kunsthandwerker immer weniger. Aber indem die Künstler weniger werden, nimmt die Arbeit zu. Trotzdem möchte ich, was die Zukunft angeht, lieber nichts sagen, vielleicht ergeben sich noch andere Veränderungen, und es wird schlimmer. Eigentlich stirbt die Handwerkskunst nie, aber um diese Kunst am Leben zu erhalten, neu zu beleben, muß der Staat etwas Unterstützung geben. Man muß diese Dinge in Europa bekannt machen. Im Augenblick kann man nicht sagen, daß die Lage sehr gut ist. Nicht sehr zufriedenstellend. Ich verdiene eben nur so viel zum Leben. Sparen kann ich nichts.

Meine Tücher drucke ich nun mit Siebdruck. Als die Schablone kam, ist die besondere Eigenart der Kunst verschwunden. Weil es in der Schablone so etwas wie meisterliches Können nicht gibt. Wer auch immer, auch ein Anfänger, zieht diese "rakle" herunter. Das ist Fabrikation geworden.

Hans Rzejak

Dokuma mühendisi
Elisabeth Bala

Hasan Usta'nın Türkiye'deki durumu bana 1948 yılında göçmen olarak Laaber'e geldiğimiz zamanları anımsattı. O günleri hiç unutmam.

Biz Schnitzmannstadt'tan (bugün Çekoslovakya sınırları içinde) geldik. Schnitzmannstadt, aynı zamanda tekstil endüstrisi merkezidir. 1948 de geldiğimizde ne iş yapacağımızı bilmiyorduk. Ama daha sonra işimizi kurduk. Önce dokuma atölyesi, baskıhane, boyama atölyesi ve makinerlerle yapılan üretim, ama bunların hepsi küçük ölçülerde kuruldu. Belli bir süre baskı atölyesinin iyi iş yaptığı belli oldu. Ama 1950 lerde atölyemiz yandı. Bir atölyenin boyu 50 metre idi. Bir kasırga oldu. Daha işçiler çalışıyorlardı, bir cumartesi öğleden sonrasıydı. İşçiler bir şey olduğunu duyup dışarı fırlamışlardı. Atölyede neler varsa, şablonlar, kumaş topları, sanki yelken açmış gibi uçuşmuşlardı. 500 metre ötelere, pazar yerine kadar sürüklenmişlerdi.

O zamanlar, şablon baskısı için 30 metre uzunluğunda filmbaskı masalarımız vardı. Biz başörtüsü

Hans Rzejak

Textil-Ingenieur
Elisabeth Bala

Die Lage von Meister Hasan in der Türkei — erinnert mich an die Zeit, als wir 1948 als Flüchtlinge nach Laaber kamen. Das habe ich noch in guter Erinnerung.

Wir kamen von Schnitzmannstadt, da ist ja auch ein textiles Zentrum. Wir kamen 1948 an und wußten nicht, was man hier machen kann. Dann wurde erst mal der Betrieb gegründet: zuerst die Weberei, die Druckerei, die Färberei, und dann die Maschinenproduktion, alles in kleinem Rahmen.

Und dann hat sich bei uns im Laufe der Zeit herauskristallisiert, daß sich die Druckerei durchsetzen wird. In den 50er Jahren hatten wir einen Hallenbrand, wo uns sie ganze Weberei abgebrannt ist. Eine Halle, die 50 m lang war, unten im Tal, die hat eine Windrose weggerissen, am Samstagnachmittag, als die Leute noch gearbeitet haben. Sie sind raus, weil sie gehört haben, irgendwas passiert und sind in den Festbau gelaufen. Die Halle ist gepackt worden, Schablonen und Stoffballen als Segel sind bis zum Marktplatz, 500 m entfernt, gesegelt.

de çalışırdık. Başörtülerin desenlerini basarken, kumaşın üzerinde iki başörtü arasında belli bir mesafe bırakırdık ki, desenler üst üste gelmesin. Hem de başörtüleri buradan kesip birbirinden ayırırdık. Bu yüzden iki ayrı desen birbiri üzerine gelir diye bir korku yoktu. Sonra başörtülerin kenarları ya bastırılırdı ya da püskül yapılırdı. Makinayla değil, elle yapılırdı. 1950 lere kadar bu metodlarla çalıştık.

Şimdi şablon metodunu tamamen durdurduk. Ücretler çok yüksek olduğundan, kâr yapmak zorlaşmıştı. Almanya'nın neredeyse hiç bir yerinde artık bu metodla çalışana rastlanmaz.

1960'lı senerlere kadar başörtü satışından kazancımız çok iyiydi. En fazla da, o zamanlar moda olan kaşmir desenleri giderdi. Çalıştığımız boyutlar, 55 cm. lik küçük kadife başörtüden başlar, 65, 72, 80 cm. lik örtülere kadar giderdi. Başörtülerimizde, gül ya da "Kragenmotiv" dediğimiz desenleri kullanırdık. Fakat en çok da yünlü kumaş üzerine "Türk motifi" çalışırdık. Türk motifi dediklerimiz, en fazla sattıklarımızdı. Bu başörtüler her yerde satılırdı, köyden şehirdeki mağazaya kadar.

Sonra, Japonya'dan Hongkong'dan başörtü ithaline başlandı. Aynen bizdekiler gibi deseni, kenar baskısı, ambalajlı, satışa hazır bir halde geliyordu. Nakliyatı ve öteki saydıklarımla birlikte öylesine ucuza geliyordu ki, o paraya Almanya'da kumaşını bile dokumak olanaksızdı.

Bizde, tekstil endüstrisinde kazancın % 40 ya da % 50'si işçi ücretlerine gider. Yani bir Mark kazandığımızda, yarısı işçi ücreti olarak çıkarılmalıdır. Kısacası bu işten kazancın az olmasına karşın, o malı üretmek için oldukça fazla iş gücü gerekli. Günümüzde Almanya, en fazla tekstil malları ithal eden bir ülke ve bu şahıs başına yapılan bir hesaplama da değil. Şu küçük Federal Almanya, Amerika Birleşik Devletlerinden fazla kumaş ithal ediyor.

İşte bu yüzden, biz de sadece yünlü başörtü baskısına geçtik. Başörtü olsun, kadın elbisesi olsun, yani moda branşında her bölgede kendine has bir moda var. Bizim şu küçük ülkemizin de içinde çok büyük farklar var. Bizim firmamızın temsilcisinin güney Almanya'ya ya da kuzey Almanya'ya giderken yanına aldığı örneklerin renkleri ve desenleri birbirinden çok ayrıdır. İki bölge arasındaki anlayış, birbirinden çok farklı.

Yani Hasan Usta'nın her yöreye göre başörtü basması, aynı bizdeki gibi bölgesel değişiklikler gibi nedenlere bağlı. Ayrıca Türkiye'de elle üretim yaparak çalışan, pek de kazanç sağlayamayan atöyelerin yanında, çok büyük iş yerlerinin olduğu da söylenmelidir. Böyle iş yerlerinin, pamuk ekiminden kumaş üretimine kadar, her şeyi kendi elinin altında toplama olanağı var. Çok büyük kapital sahibi işyerleri var. İşte bütün fark burada. Bir tarafta her şeye sahip olanlar, öbür tarafta halk, ortada hiç bir şey yok. Böyle büyük fabrikalar çok iyi

Wir hatten damals für unseren Siebdruck Filmdrucktische von 30 m Länge. Da wurde die Ware mittels eines Klebers aufgetragen auf ein Gummituch. Wir haben damals z.B. Kopftücher gedruckt, die wurden in bestimmten Abständen gedruckt. Da mußte dann der Übergang nicht genau passen, es ist ja jedesmal zwischen den Kopftüchern geschnitten worden. Deshalb war das nicht so tragisch. Dann umgesäumt oder gefranst. Das macht man im Handbetrieb. Das haben wir bis in die 50er Jahre gemacht.

Jetzt haben wir das Siebdruckverfahren restlos eingestellt. Auch aus Gründen der Rentabilität, weil eben die Lohnkosten zu hoch sind. Man macht in Deutschland nahezu nirgends mehr dieses Verfahren.

Bis in die 60er Jahre hat man mit dem Kopftuch gute Geschäfte gemacht. Das waren vor allem Kaschmirdrucke für die modische Richtung. Wir hatten verschiedenste Größen, vom kleinen Nicki-Tuch 55 cm, über 65, 72, 80er Tücher. Es gab Rosenmotive, vor allem türkische Motive mit Kaschmir und Kragenmotive. Die Türkenmotive waren sehr gefragt. Überall konnte man die kaufen, ob im Dorf oder im Kaufhaus.

Und dann wurden viele Kopftücher von Japan und Hongkong importiert. Die gleichen wie bei uns, fix und fertig, die gedruckten, gesäumten oder gezupften und verpackten. Mit Transport und allem waren sie so billig, wie man in Deutschland nicht mal das Gewebe herstellen konnte.

Wir haben in der Textilindustrie Lohnkosten, im Schnitt, bei der Veredelung, von 40-50% des Umsatzes. D.h. wenn Sie eine Mark verdienen, stecken sie 50 Pfennig in die Lohnkosten. Man braucht also sehr viel Arbeitskräfte um relativ wenig umzusetzen. Und Deutschland ist heute das Land mit der höchsten Textileinfuhr und zwar nicht nur pro Kopf. Die kleine Bundesrepublik importiert mehr Textilien vom Volumen her als die USA.

Wir haben von der Kopftuchproduktion umgestellt auf Wolldrucke. In der Modebranche, sei es nun bei Kopftüchern oder Damenoberbekleidung, da gibt es regional ganz unterschiedliche Modeströmungen. Innerhalb unseres kleinen Landes gibt es da ganz extreme Unterschiede. Wenn also ein Vertreter unserer Kollektion Süddeutschland bereist, dann hat er andere Farbrichtungen und andere Dessins, als wenn er nach Norddeutschland fährt. Die Mentalität ist verschieden.

Wenn also Meister Hasan in der Türkei seine Kopftücher immer nur für ganz bestimmte Regionen druckt, so entspricht das diesen regionalen Unterschieden bei uns auch.

Nun muß man sagen, in der Türkei gibt es natürlich neben diesen kleinen Handwerkerbetrieben,

donatılmış. Ürettikleri malları Amanya'ya da satıyorlar.

Almanya'ya yapılan kumaş ihracatını durdurma çabaları var. Çünkü bu malların ithali, bir çok işyerinin kapanmasına neden oldu.

die sich wohl auch nicht so gut halten können, Riesenunternehmen. Sie haben ja da die Voraussetzungen, daß von der Baumwollplantage bis zum Fertigprodukt alles in einer Hand sein kann. Sie haben Betriebe dort, die mit enormem Kapital ausgerüstet sind. Da gibt es eben die großen Unterschiede. Hier die besitzende Schicht und da das Volk und dazwischen nichts. Die Industriebetriebe mit hohem Kapital sind teilweise super eingerichtet, und sie verkaufen dann ihre Massenprodukte auch bei uns.

Es gibt hier Bestrebungen, daß die Importe nach Deutschland ganz gestoppt werden sollen; denn es hat viele Betriebe die Existenz gekostet, weil die Importe plötzlich so hoch waren.

İşlemeli Başörtü Örnekleri

Beispiele der bestickten Kopftücher

Weißes Hörnertuch der historischen Tracht des Forchheimer Landes. Das gestickte Motiv ist ein Lebensbaum.

Beyaz Hörnertuch, Forchheim yöresinde tarihi folklor giysisi adı verilen (historische Tracht) giysiye ait bir başörtüdür. Bu giysi günümüzde sadece folklorik gösteriler ve törenler sırasında giyilir. Beyaz Hörnertuch üzerinde yaşam ağacı motifi işlidir.

Bild/Resim 136

Dieses Tuch wurde vor einigen Jahren auf Bestellung des Trachtenvereins Neunkirchen in China handgestickt nach alten Vorlagen. In Deutschland kann es nicht mehr hergestellt werden, da es zu teuer würde.

Resimde görülen başörtü, Neunkirchen Folklor Giysileri Derneği tarafından, Çin Halk Cumhuriyeti'ne sipariş edilmiştir. İşlemeye eldeki eski motifler örnek teşkil etmiştir. Almanya'da el işi için istenen ücretlerin yüksek olması, siparişin Çin Halk Cumhuriyeti'ne verilmesine neden olmuştur.

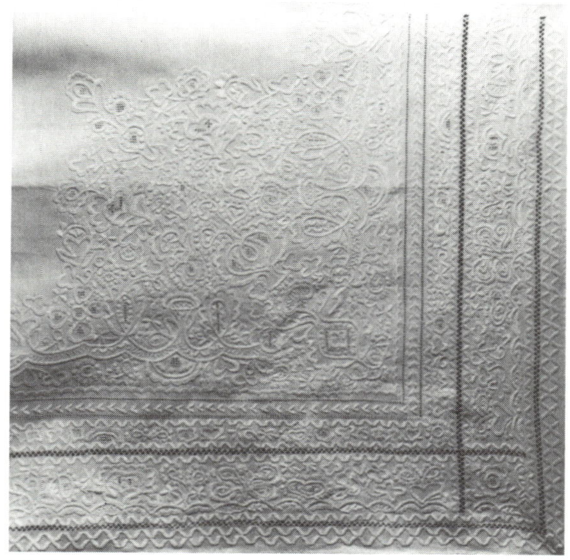

Bild/Resim 137

Bild/Resim 138

Kopftuch für Festtage in der "Forchheimer Tracht". Das Motiv wurde von Frau Luitgard Biermeier, geb. Kraus, aus Hetzlas ca. 1975 gestickt. Es gehört Frau Nepf aus Neunkirchen.

Forcheim köylü giysisi (forcheimer Tracht) bayram başörtüsü; Başörtünün motifi 1975 yıllarında Franken bölgesinde Hetzlas Köyünde yaşayan Luitgart Biermaier (Kraus) tarafından işlenmiştir. Başörtünün bugünkü sahibi, gene Franken bölgesinde Neunkirchen'de yaşayan Rosa Nepf'tir.

Festtagskopftuch der "Forchheimer Tracht". Maschinengestickt.

Forchheim yöresi, geleneksel köylü giysisi (Forchheimer Tracht) bayram başörtüsü. Makina ile işlenmiştir.

Bild/Resim 139

Forcheim Yöresi Geleneksel Köylü Giysisi »Tracht« ile Kullanılan Bayram Başörtüsü Nakış Örneği

Stickvorlage für ein Festagskopftuch der Tracht des Forcheimer Landes

1930 doğumlu Bayan Biermeier, 1950 yılından beri akrabaları, komşuları, komşuları veya tanıdıkları için başörtülere veya *geleneksel köylü giysisi (Tracht)* ile birlikte kullananılan önlükler üstüne iş işlemektedir. Bu işten fazla kazanç sağlanmaz. Küçük bir çiçeği bile işlemek, bir saat sürer. Bu işe harcanan emeğin, esas ücreti hesaplansa, ödenmeyecek boyutlara ulaşır. Bu yüzden, Bayan Biermaier, bir işin ücretini söylediğinde, o işi ısmarlayan kadın, biraz daha fazla örneğin, 100 Mark istediğinde, 150 Mark verir.

Bild/Resim 140

Bayan Biermaier, çiçek motiflerini, eski örneklerden saman kâğıda kopya ederek, kumaşa geçirmiştir. Çiçekler ve yaprakları sarma yapar. İşlerken motiflerden birisinin şeklinin iyi çıkmadığını farkederse, bu defa doğrudan doğruya kumaşın üzerinde düzeltme yapar. Çiçek ve yaprakların içi koyu, dışı açık renk işlenir. Eskiden ipek iplik kullanılırdı, savaştan sonra ipliğin suni ipek olanı kulanılmaya başlandı. Suni ipek iplikler, ipek iplikten kalın olduğu için, işlemesi daha kolay oluyor. Bundan bir süre önce, bir firma gene ipek iplik imalâtına başladı. Başörtü işlendiğinde, sadece ikiye katlandığında dışta kalan tarafı işlenir. İşlenen her motifin, ayrı adı vardır: *Baş çiçeği (Kopfblume), serpinti çiçekler (Streublume), uç motifi (Spitze), sağ uç motifi (großes Schnörfel), sol uç motifi (kleines Schnörfel).* Sağ uç motifi, sol uç motifinden daha büyük işlenir. Başörtü üzerindeki son motif, *kulak motifi (Ohrblume)* adını taşır.

Frau Biermeier ist 1930 geboren und hat das Sticken 1950 in einer Haushaltungsschule gelernt. Sie stickte dann für Verwandte, Nachbarinnen und Bekannte Kopftücher und Schürzen. Viel Geld hat man nicht damit verdient. Eine kleine Blume sticken dauerte schon eine Stunde, soviel kann man gar nicht verlangen. Frau Biemeier gab dann immer einen Preis an, und die Frauen haben dann mehr gegeben, z.B. wenn sie 100 Mark verlangt, geben die Frauen 150.-

Etwa um die gleiche Zeit, als sie mit dem Sticken anfing, hat sie selbst nach und nach ihre Tracht abgelegt. "Es war ein Trend und es war einfacher mit den kleinen Kindern und so". Heute trägt sie noch manchmal die Festtagstracht.

Bild/Resim 141

Frau Biermeier hat die Blumen von alten Mustern kopiert und mit Pauspapier auf den Stoff übertragen. Die Blüten und Blätter werden mit Blattstich gestickt. Wenn sie beim Sticken bemerkt, daß ein Blatt nicht so schön gezeichnet ist, oder hier und da noch eins fehlt, zeichnet sie es noch direkt auf den Stoff. Die Blüten und Blätter werden immer so gestickt, daß sie innen dunkler und außen heller sind. Früher wurden die Blumen mit Seidengarn gestickt, nach dem Krieg hat man Kunstseide genommen. Das ist etwas leichter zu sticken, weil sie dikker ist. Seit kurzer Zeit hat eine Firma wieder Seidengarn herausgebracht.

Bestickt wird eine Hälfte des Tuches mit: Kopfblume, Streublumen, Spitze, großem Schnörfel (normalerweise rechter Zipfel) und Schnörfel (linker Zipfel).

Oya Teknikleri

Zur Technik der Oyaherstellung

Das Frivolitätenschürzen/Mekik oyası

Bild/Resim 142

Bild/Resim 143

Nadelarbeit/Iğne oyası

Bild/Resim 144

Bild/Resim 145

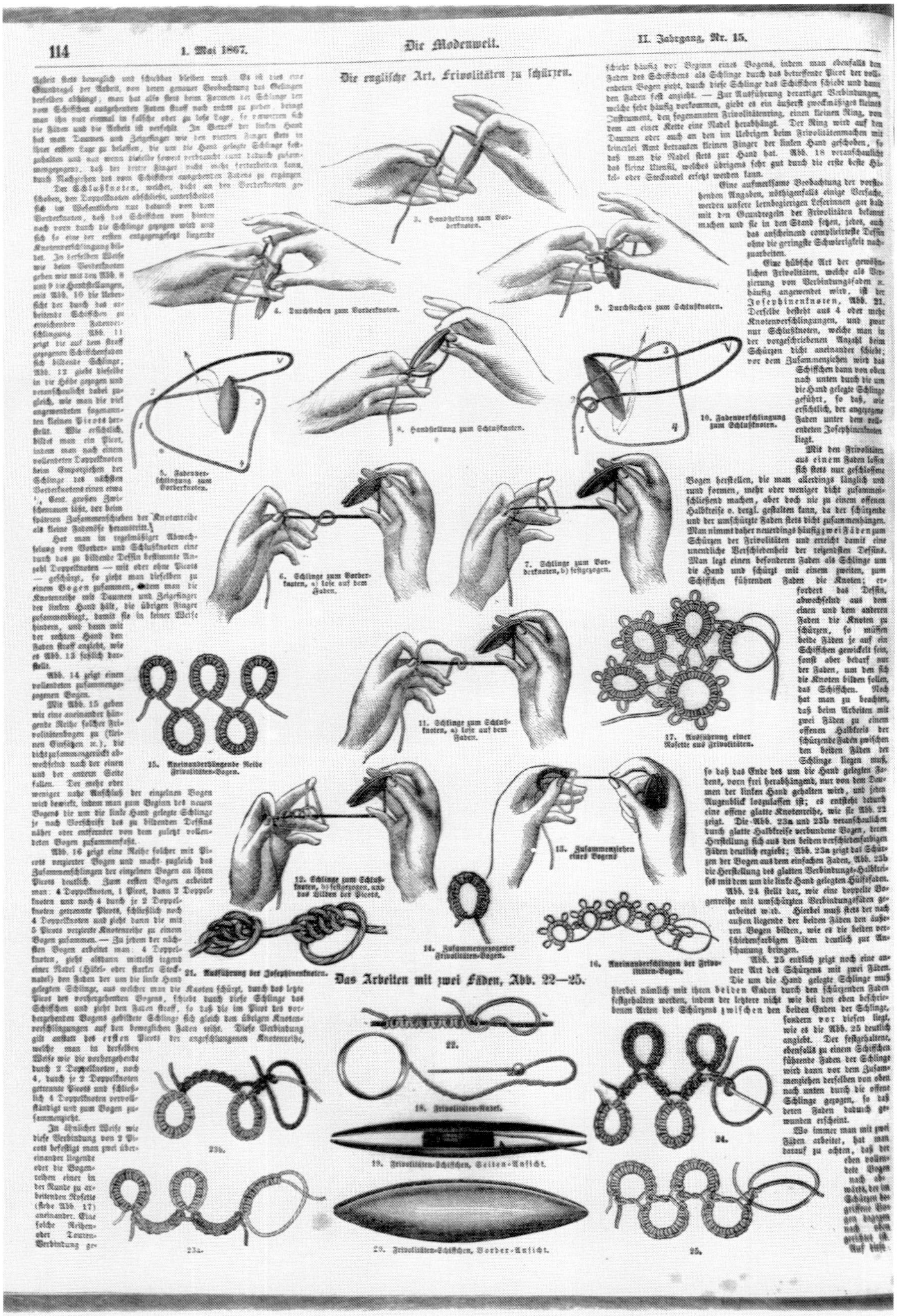

Bild/Resim 146
Die englische Art, Frivolitäten zu schürzen, 1867
İngiliz usulü mekik oyası, 1867

Häkeln/Tığ oyası

Bild/Resim 147

Bild/Resim 148

Perlen Oya, gehäkelt – Boncuk oya, boncuk araları tığla işlenmiştir.
Olivenblüten - Zeytin çiçeği
Adana

Perlen oya, gehäkelt – Boncuk oya, boncuk araları tığla işlenmiştir.
Orangenblüten/Portakal çiçeği
Basar von Antakya/Kapalı Çarşı, Antakya

Bild/Resim 149

(von links/soldan itibaren

–	*Tren yolu*	*Perlen, gehäkelt/ boncuk arası tığla işlenmiş oya*
–	*Göbek oya*	*Perlen, gehäkelt/ boncuk arası tığla işlenmiş oya*
–	*Pul-oya*	*Silberplättchen, gehäkelt/pul araları tığla işlenmiştir*
–	*kelebek-oya*	*Perlen, gehäkelt/ boncuk araları tığla işlenmiştir. Menteş köyü, Sandıklı/Afyon*

Bild/Resim 150

Bild/Resim 151

Staniolkügelchen Oya – Çukulata kağıdı oya Adana

Anmerkungen
Dipnotlar

Das Patriarchat und ein Stückchen Stoff
Ataerkil Düzen ve Baş Örtme

1. Forstner, Dorothea: Die Welt der Symbole, InnsbruckWien-München, 1961, S. 630
2. Kiener, Franz: Kleidung, Mode und Mensch. Versuch einer psychologischen Deutung, München-Basel 1956
3. Hoffmann-Krayer, E. (Hrsg.): Handwörterbuch des deutschen Aberglaubens, Berlin-Leipzig, 1935/36, S. 1207
4. Jeremias, Alfred: »Der Schleier von Sumer bis heute«: *Der Alte Orient,* Bd. 31, Heft 1/2, Leipzig 1931, S. 14
5. Cit. Haak, Hermann: »Der Schleier der Penelope,« *Sonderdruck der Zeitschrift Gymnasium,* Heft 5, 1959
6. Tracht der Frauen von Theben, Herakleides I, 18. cit. Hampe, Roland; Dimon, Erika: Griechisches Leben im Spiegel der Kunst, S. 34
7. Helbig, W.: Das homerische Epos aus Denkmälern erläutert, Leipzig 1887, S. 216; cf., Jeremias, A.: ibid., S. 35
8. Walther, Wiebke: Die Frau im Islam, Leipzig 1980, S. 148
9. ibid.
10. ibid.
11. Sürür, Ayten: Ege Bölgesi Kadın Kıyafetleri, İstanbul 1983, S. 11
12. Minai, Naila: Schwestern unterm Halbmond, Muslimische Frauen zwischen Tradition und Anpassung, Stuttgart 1984, S. 41
13. Völger, G; Welck, K.: (Hrsg.), Die Braut, Geliebt — verkauft — getauscht — geraubt. Zur Rolle der Frau im Kulturvergleich, Bd. 1 u. 2. Köln 1985
14. Jeremias, Alfred: ibid., S. 48
15. Völger, G.; Welck, K.: ibid., Bd.1. S. 176
16. Jeremias, Alfred: ibid., S. 48
17. Hoffmann-Krayer: ibid., S. 1211

Zur Entwicklung der Kopfbedeckungen
Başörtme ve Tarihçesi

Zur Kopfbedeckungen bei den Germanen und in Deutschland
Cermenler ve Almanya'da Baş Örtme

1. Lugn, Pehr: »Die magische Bedeutung der weiblichen Kopfbedeckung im schwedischen Volksglauben«, *Mitteilungen der Anthropologischen Gesellschaft in Wien,* 1920, S. 96
2. Schulz, Walter: Tracht und Schmuck im nordischen Raum, Leipzig 1939, S. 26
3. Lugn, Pehr: ibid., S. 102; cf., Foltin, HansFriedrich: Die Kopfbedeckungen und ihre Bezeichnungen im Deutschen, Gießen 1963, S. 47
4. Lugn, Pehr: ibid., S. 81
5. ibid., S. 99
6. Voigt, G.: Die Entwicklung der deutschen Frauenkleidung, Leipzig 1916, S. 12
7. Ennen, Edith: Frauen im Mittelalter, München 1984, S. 37
8. Voigt, G.: ibid., S. 24 f.
9. ibid., S. 42
10. Chretion de Troyes: 1140 — 1190, cit. Schier, Bruno: »Die mittelalterlichen Anfänge der weiblichen Kopftrachten im Spiegel des mittelhochdeutschen Schriftums«, *Beiträge zur sprachlichen Volksüberlieferung,* Berlin 1953, S. 146
11. Schmeller, Johann Andreas: Bayrisches Wörterbuch, 2. Aufl., Stuttgart 1872, S. 242
12. Schier, Bruno: ibid., S. 149
13. Falke, Jakob: »Zur Costümgeschichte des Mittelalters, II. Die weibliche Kopftracht«, *Mitteilungen der K.K. Central-Commission zur Erforschung und Erhaltung Baudenkmale,* Wien, Januar 1861, S. 36
14. Zander-Seidel, Jutta: »Das erbar gepent. Zur ständischen Kleidung in Nürnberg im 15. und 16. Jahrhundert«, *Waffen- und Kostümkunde,* Heft 2, 1985, S. 119
15. ibid.
16. Voigt, G.: ibid., S. 100
17. Foltin, H-F.: ibid., S. 63

18. Von Kopf bis Hut. Kopfbedeckungen aus der Textilsammlung des Münchener Stadtmuseums vom 18. Jahrhundert bis 1984, München 1984, S. 119
19. Deutsch / Almanca: Baschli(c)k; türkisch / Türkçe: Başlık; russisch / Rusça: Baslyk; polnisch /Polonyaca: Baszlyk; cf.Foltin: ibid., S. 92
20. Von Kopf bis Hut, ibid., S. 124

Das Kopftuch in den anatolischen Zivilisationen

Anadolu Uygarlıkları ve Baş Örtme

1. Interview mit Ümmü Dikbaş, s. S. ..., Sie nannte ihren Tscharschaf »zar«
   +Ümmü Dikbaş kendisiyle yapılan konuşmada (S. ...) çarşafı için »zar« adını kullandığını söylüyor.
2. Türkoğlu, Sabahattin: »Güneydoğu Anadolu'daki Bazı Halk Kıyafetlerinin Kaynağı«, *II. Uluslararası Türk Folklor Kongreleri Bildirileri*, Turizm Bakanlığı Folklor Dairesi Yayını, Ankara 1982, S. 250
3. Cf., Yalçın, Lale: Die Frauen von Sisin / Sisinli kadınlar S. ...
4. Türkoğlu, Sabahattin: ibid., S. 250

Das Kopftuch bei türkischen Frauen

Türk Kadınları ve Baş Örtme

1. Avcıoğlu, Doğan: Türklerin Tarihi, İstanbul 1980, S. 1372
2. Önder, Mehmet: Selçuklu Devri Kadın Başlıkları, Türk Etnoğrafya Dergisi, Sayı 13, Ankara 1973, S. 1-3
3. ibid.
4. Gökalp, Ziya: Türkçülüğün Esasları, İstanbul 1970, S.161
   Die Welt des Islams, Bd. XVIII, 3-4
5. Tahir, Kemal: Devlet Ana, Ankara 1971, S. 58

Kopfbedeckungen bei osmanischen Frauen

Osmanlı Kadınları ve Baş Örtme

1. Ibn Battuta, cit. Gotthard Jäschke: »Die Frauenfrage in der Türkei«, *Saeculum* X., 1959, S. 363
2. Grünebaum, G. E.: »Der Islam II, Die islamischen Reiche nach dem Fall Konstantinopels«, *Fischer Weltgeschichte*, Bd. 15, Frankfurt 1971, S. 171
3. ibid.
4 Şikari: Karaman Tarihi (Yazma nüsha), S. 113, cit. Pars Tuğlacı, Osmanlı Döneminde İstanbul Kadınları, İstanbul 1984, S. 68
5. della Valle, Pietro: »Eines vornehmen Römischen Patritii Reiß-Beschreibung in unterschiedliche Theile der Welt, Genff 1674«, cit. Walther Wiebke: *Die Frau im Islam*, Leipzig, 1980, S.173
6. Demirsipahi, Cemil: Türk Halk Oyunları, Ankara 1975, S. 100
7. ibid., S. 102
8. Tuğlacı, Pars: ibid., S. 11
9. ibid., S. 12
10. Sürür, Ayten: Ege Bölgesi Kadın Kıyafetleri, İstanbul 1983, S. 11
11. Bu Şehr-i İstanbul ki, Milliyet Yayınları, İstanbul, 1972, S. 373
12. ibid., S. 376
13. ibid., S. 102
14. Levant Herald, 15.8.1881, cit. Die Welt des Islams, N.S. Vol. III, Leiden 1954, S. 47
15. Le Courier d'Orient, 27.10.1883, ibid., S. 48
16. Tuğlacı, Pars: ibid., S. 71
17. Levant Herald, 27.7.1882, cit. Die Welt des Islams, ibid., S. 474
18. Zusammenstellung n. / derleme: Tuğlacı, Pars: ibid. S. 11-70

Orientalische Märchen — Das Unterbewußtsein des Westens
Binbir Gece Masalları — Batının Bilinçaltı

1. cf., Hartmann, Anton Theodor: Über die Ideale weiblicher Schönheit bei den Morgenländern, Düsseldorf 1798, S. 18 f.
2. Goytisolo, Juan: »Die Reise in die Türkei«, *ibid. Dissidenten*, Frankfurt 1984, S. 81
3. ibid., S. 90
4. cf., Loti, Pierre: Aziyadeh, Frankfurt 1983
5. Istrati, Panait: Kyra Kyralina, Frankfurt 1985
6. Lady Montagus Reiseberichte, Berlin-Leipzig 1907
   Lady Montagu: Türkiye Mektupları, Tercüman yayınları, İstanbul
7. Craven, Elisabeth Gräfin: Reise der Gräfin Elisabeth Craven über die Krimm nach Konstantinopel in den Jahren 1785/86. Taschenbibliothek der wichtigsten und interessantesten See- und Landreisen, Hrsg. Joachim, Heinrich Jäck, Nürnberg 1828, Bd. 37, S. 90 ff; cit. Gallwitz, Esther: Istanbul, Frankfurt 1981, S. 164

8. Pouquevilles Reise durch Morea und Albanien nach Constantinopel 1798-1801. Aus dem fransözischen von K.L.M.Müller, Verlag Conrad Hinrichs Leipzig, 1805, Bd. 2, S. 72 ff, cit. Gallwitz, Esther, Istanbul, ibid., S. 166, 170
9. Goytisolo, Juan: ibid., S. 60
10. Hartmann, Theodor: ibid., S. 60
11. ibid., S. 40
12. ibid., S. 126 f
13. ibid., S. 132
14. Castellan, A. L.: Sitten, Gebräuche und Trachten der Osmanen, Leipzig 1815, 3 Bde., Bd.1, S. 158
15. ibid., Bd.3, S. 157
16. Zusammenstellung nach /derleme: Tuğlacı, Pars: ibid., 9,33,47

Was treibt die verhüllte Frau hinter ihrem Schleier?
Örtünen Kadın Acaba Ne şeytanlık Düşünmekte?

1. zur Datierung / tarihler için: cf., Lehner, Julia: Die Mode im alten Nürnberg, Modische Entwicklung und sozialer Wandel in Nürnberg, aufgezeigt an den Nürnberger Kleiderordnungen, Nürnberg 1984, S. 9 ff
2. Weigel, Christof: Deutliche Vorstellung der Nürnbergischen Trachten. Nürnberg bey Johann Dav.Tyroff 1766, cit. Behnisch, Franz Jochaim: Die Tracht Nürnbergs und seines Umlandes vom 16. bis zur Mitte des 19. Jahrhunderts, Nürnberg 1963, S. 87 f
3. Minai, Naila: ibid., S. 56
4. Lady Mary Montagus Reiseberichte, übersetzt von Max Bauer, Berlin-Leipzig 1907
   Lady Montagu: Türkiye Mektupları, Tercüman Yayınları, İstanbul
5. Tristan, Flora: Meine Reise nach Peru, Frankfurt, 1983

Ein Lieblingsthema der Deutschen: Die türkische Frauenfrage
Almanların Dillerinden Düşmeyen Bir Konu: Türk Kadını Sorunu

1. cf.,: Marquardesen-Kamphövener: »Das Versunkene Reich der Frau des Orients», *Deutsche Frauenkleidung und Frauenkultur*, 1.heft, 1927, S. 2 — 7 ; Endres, Franz Carl: Die Türkei, Bilder und Skizzen von Land und Volk, München 1916; Jäckh, Ernst: Der aufsteigende Halbmond, Berlin 1911; Hartmann, Martin: »Die Frau im Islam«, *Der Orient, Vorträge und Abhandlungen zur Geographie und Kulturgeschichte der Länder des Ostens*, 7. Heft, S. 1909
2. cf., Marquardsen-Kamphövener, Else: Das Wesen der Osmanen. Ein Berater für Orientfahrer, München 1916, S. 53 ff
3. Lorenz, Charlotte: »Die Frauenfrage im osmanischen Reich mit besonderer Berücksichtigung der arbeitenden Klasse», *Die Welt des Islams*, Bd.6, 1918, Heft 3/4
4. ibid., S. 207
5. ibid., S. 78
6. ibid., S. 184
7. ibid., S. 144
8. cf., Hartmann, Martin: Die Frau im Islam, ibid. S. 15
9. Endres, Franz Carl: Kulturgeschichte der Frau, Bern 1942, S.555
10. Evliya Çelebi: Seyahatname (İstanbul 1314), cit. deutscher Übersetzung, Kreutel, R.F.: Im Reiche des goldenen Apfels, Graz 1957, S. 194 f
11. cf., Naila Minai: ibid., S. 60-63; cf., Zeynep Hanoum, A Turkish Woman's European Impressions, Philadelphia 1933
13. Firuze, Hanımlara Mahsus Edebi Gazete, Nr.4, 1340 (1924)

Kopfbedeckung im Zeichen der politischen und sozialen Veränderungen im 19. und 20. Jahrhundert
Ende des osmanischen Reiches — Gründung der türkischen Republik

19. ve 20. Yüzyıllardaki Politik ve Sosyal Tartışmalardaki Baş Giysileri Konusu
Osmanlı İmparatorlu'ğundan Türkiye Cumhuriyeti'ne

1. Tunaya, Tarık Zafer: Türkiye'de Siyasi Partiler, C. I, İkinci Meşrutiyet Dönemi, İstanbul 1984, S. 447
2. Selahattin Asım: Türk Kadınlığının Tereddisi yahut Karılaşmak, S. 4 f; 10, cit. Tunaya, Tarık Zafer: ibid., S.447
3. Halideh Edip Hanum: Das neue Turan, ein türkisches Frauenschicksal, Weimar 1916, S. 18
4. Lorenz, Charlotte: »Die Frauenfrage im osmanischen Reiche mit besonderer Berücksichtigung der arbeitenden Klasse«, *Die Welt des Islams*, Bd. 6, Heft 3/4, 1918, S. 75
5. Tunaya, Tarık Zafer: ibid., S. 447
6. Aksel, Malik: İstanbul'un Ortası, Ankara 1977, S. 74
7. cf., »Türkei«, *Lexikon der islamischen Welt*, Urban-Taschenbücher, Bd. 3, S. 142-143; v. Grunebaum, G. E. (hrsg.):»Der Islam II«, *Die islamischen Reiche nach dem Fall von Konstantinopel*, Fischer Weltgeschichte, Bd. 15, Frankfurt 1971, S. 21-159
8. Necmettin Erbakan gründete 1970 Partei der Nationalen Ordnung (Milli Nizam Partisi), die 1971 als verfassungswidrig aufgelöst wurde.
   Necmettin Erbakan'ın 1970 yılında kurduğu Milli Nizam Partisi, 1971 yılında anayasaya aykırı olduğu gerekçesiyle kapatıldı
9. Kadın ve Aile, Aralık 1985, S. 12

10. ibid., S. 10
11. Nürnberger Nachrichten, 25.2.1986, S. 11
12. TAZ 11.11.1985

Kopftuchkulturen
Başörtü Kültürü

1. Worschech Reinhard: Trachten in Bayern, Unterfranken, Würzburg 1982, S. 78
2. ibid., S. 79
3. ibid., S. 79 f
4. Behnisch, Franz Joachim: Die Tracht Nürnbergs und seines Umlandes vom 16. bis Mitte des 19. Jahrhunderts, Nürnberg 1963, S. 113
5. Fränkisches Volksleben im 19. Jahrhundert. Wunschbilder und Wirklichkeit, Möbel — Keramik — Textil in Unterfranken 1814 bis 1914, Würzburg 1985, S. 148
6. Moderner Stoff im Trachtenschnitt. Die Kleidung von Effeltrich und Umgebung, Museum für deutsche Volkskunde, Blatt 916/22
7. Fuchs, Hela: Die Frauentracht des Forchheimer Landes (ein Beitrag zur Volkskunde Ostfranken), Erlangen 1937, S. 15

Herstellung und Handel eines Stückchen Stoffes
Bir Parça Kumaşın Üretimi ve Ticareti

1. Zehtner, Ole: Naturprodukt Seide, Würzburg 1982, S. 13
2. Koch, Hugo Johannes: Mit Model, Krapp und Indigo, Hamburg 1984, S. 22
3. Koch, Hugo Johannes: ibid., S. 22
4. Völlig Entdeckter Cotton — oder Indienn-Druck, Carlsruhe 1771
5. Koch, Hugo Johannes: ibid., S. 27
6. Beiträge zur Wirtschaftsgeschichte Nürnbergs, Bd. II, Nürnberg 1967, S. 80
7. Koch, Hugo Johannes: ibid., S. 80
8. Dias / Slaytlar : Dia-Serie I und II des Lehrmittelangebots des Internationalen Baumwollinstituts, Frankfurt

Bibliographie
Kaynaklar

Ahmed, Leila, Early Feminist Movements in the Middle East, Turkey and Egypt, in: Hussain, Freda (Hrsg.), Muslim Women, London 1984

Aksel, Malik, İstanbul'un ortası, Ankara 1977

Amman, Jost, Frauentrachtenbuch, mit kolorierten Holzschnitten der Erstausgabe von 1586, Frankfurt 1986

Anadolu Medeniyetleri (Katalog z. gleichnamigen Ausstellung/aynı adlı serginin kataloğu), İstanbul 1983

Avcıoğlu, Doğan, Türklerin Tarihi, 5 c., İstanbul 1980

Bachmann, Manfred/Reitz, Günther, Der Blaudruck 1962

Behnisch, Franz Joachim, Die Tracht Nürnbergs und seines Umlandes vom 16. bis zur Mitte des 19. Jahrhunderts, Nürnberg 1963

Bindewald, Erwin/Kasper, Karl, Bunter Traum auf gewebtem Grund 1950

Bu şehr-i İstanbul ki, Milliyet Yay., İstanbul 1972

Demirsipahi, Cemil, Türk Halk Oyunları, Ankara 1975

Emre, Gültekin, 300 Jahre Türken an der Spree, Berlin 1983

Endres, Franz Carl, Kulturgeschichte der Frau, Bern 1942

Endres, Franz Carl, Die Türkei. Bilder und Skizzen von Land und Volk, München 1916

Enderwitz, Susanne, Der Schleier im Islam, in: Feministische Studien, Heft 2, 1983, S. 85-113

Ennen, Edith, Frauen im Mittelalter, München 1984

Eyüboğlu, Sabahattin,Fatih Albümüne bir bakış, İstanbul 1975

Falke, Jakob, Zur Costümgeschichte des Mittelalters. Die weibliche Kopftracht, in: Mittheilungen der k.k. Central-Commission zur Erforschung und Erhaltung der Baudenkmale, Nr. 1, Wien, 1861

Fischer Weltgeschichte, Byzanz, Bd. 13, Frankfurt 1983

Fischer Weltgeschichte, Der Islam I, Vom Ursprung bis zu den Anfängen des Osmanenreiches, Bd. 14, Frankfurt 1984

Fischer Weltgeschichte, Der Islam II, Die islamischen Reiche nach dem Fall von Konstantinopel, Bd. 15, Frankfurt 1984

Foltin, Hans-Friedrich, Die Kopfbedeckungen und ihre Bezeichnungen im Deutschen, Gießen 1963

Formann, Werner/Hetherington, Paul, Byzanz, Stadt des Goldes, Welt des Glaubens, Luzern 1982

Foner, Robert, Die Kunst des Zeugdruckes vom Mittelalter bis zur Empirezeit, 1898

Forstner, Dorothea, Die Welt der Symbole, Innsbruck-Wien-München, 1961

Fränkisches Volksleben im 19. Jahrhundert. Wunschbilder und Wirklichkeit, Würzburg 1985

Funkenberg, Alexander, (Hrsg.) Tracht und Schmuck im nordischen Raum, Bd. 1 u. 2., Leipzig 1939

Gallwitz, Esther,(Hrsg.)Istanbul, Frankfurt 1981

Gillmeister-Geisenhof, Evelyn, Weißenburger Land. Die protestantische Tracht, München 1985

Goytisolo, Juan, Die Reise in die Türkei, in: ders. Dissidenten, Frankfurt 1984

Halideh Edib Hanoum, Das neue Turan, ein türkisches Frauenschicksal, Weimar 1916

Hampe, Roland/Simon, Erika, Griechisches Leben im Spiegel der Kunst, Mainz 1985

Hartmann, Martin, Die Frau im Islam, in: Der Orient, Vorträge und Abhandlungen zu Geographie und Kulturgeschichte der Länder des Ostens, 7. Heft, Halle a.S. 1909

Hoffmann-Krayer, E., Handwörterbuch des deutschen Aberglaubens, Berlin/Leipzig, 1935/1936

İbn Batuta Seyahatnâmesi, terc. M. Şerif, İstanbul 1333-1335

Istrati, Panait, Kyra Kyralina, Frankfurt 1985
İbn Fazlan Seyahatnamesi tercümesi, Haz. R. Şeşen, İstanbul 1975
Der Koran, üb. von Paret, Rudi, Stuttgart 1979
Jäschke, Gotthard, Die Frauenfrage in der Türkei, in: Saeculum X, 1959, 360-369
Jeremias, Alfred, Der Schleier von Sumer bis heute, in: Der Alte Orient, Bd. 31, Heft 1/2, Leipzig 1931
Lehner, Julia, Die Mode im alten Nürnberg. Modische Entwicklung und sozialer Wandel in Nürnberg, aufgezeigt an den Nürnberger Kleiderordnungen, Nürnberg 1984
Lewis, Die Welt der Ungläubigen. Wie der Islam Europa entdeckte, Frankfurt 1983
Lipp, Franz Carl, Goldhaube und Kopftuch. Zur Geschichte und Volkskunde der österreichischen, vornehmlich Linzer Goldhauben und oberösterreichischen Kopftücher, Linz 1980
Lorenz, Charlotte, Die Frauenfrage im osmanischen Reiche mit besonderer Berücksichtigung der arbeitenden Klasse, in: Die Welt des Islams, Band 6, 1918, Heft 3/4
Loti, Pierre, Aziyadeh, Frankfurt 1983
Lugn, Pehr, Die magische Bedeutung der weiblichen Kopfbedeckung im schwedischen Volksglauben, in: Mitteilungen der Anthropologischen Gesellschaft in Wien, 1920, S. 81-105
Marquardsen-Kamphövener, Else, Das versunkene Reich der Frau des Orients, in: Deutsche Frauenkleidung und Frauenkultur, 1. Heft 1927, S. 2-7
Marquardsen-Kamphövener, Else, Das Wesen der Osmanen. Ein Berater für Orientfahrer, München 1916
Minai, Naila, Schwestern unterm Halbmond. Muslimische Frauen zwischen Tradition und Anpassung, Stuttgart 1984
Lady Montague, Türkiye'den mektuplar, çev. B. Şanda, İstanbul 1973
Meyne, Moriz, Körperpflege und Kleidung bei den Deutschen von den ältesten geschichtlichen Zeiten bis zum 16. Jahrhundert, Leipzig 1903
Musahipzade Celal, Eski İstanbul yaşayışı, İstanbul 1946
Ögel, B., İslamiyetten önce kültür tarihi, Ankara 1962
Türk kültürünün gelişme çağları, 2 c., İstanbul 1971
Önder, Mehmet, Selçuklu devri kadın başlıkları, in: Türk Etnoğrafya Dergisi, Nr. 12 Ankara 1973, S. 1-3
Reuter, Otto, Die Entwicklung der Augsburger Textilindustrie 1914
Schier, Bruno, Die mittelalterlichen Anfänge der weiblichen Kopftracht im Spiegel des mittelhochdeutschen Schrifttums, in: Beiträge zur sprachlichen Volksüberlieferung, Berlin 1953, S. 141-155
Sümer, F., Oğuzlar (Türkmenler), Ankara 1972
Sürür, Ayten, Ege bölgesi kadın kıyafetleri, İstanbul 1983
Tahir, Kemal, Devlet Ana, Ankara 1971
Tansuğ, Sabiha, Türkmen giyimi, İstanbul 1985
Thiel, Erika, Geschichte des Kostüms, Berlin (DDR) 1985
Tristan, Flora, Meine Reise nach Peru, Frankfurt 1983
Tuğlacı, Pars, Osmanlı Döneminde İstanbul Kadınları, İstanbul 1984
Walther, Wiebke, Die Frau im Islam, Leipzig 1980
Wildhaber, Robert, Kopfbedeckungen aus Europa, Basel 1963
Voigt, G., Die Entwicklung der deutschen Frauenkleidung, Leipzig 1916
Woodsmall, Ruth Frances, Der Aufstieg der mohammedanischen Frau, Erlenbach-Zürich 1938
Worschech, Reinhard, Trachten in Bayern. Unterfranken, Würzburg 1982
Zander-Seidel, Jutta, Das erbar gepent. Zur ständischen Kleidung in Nürnberg im 15. und 16. Jahrhundert, in: Waffen- und Kostümkunde, Heft 2, 1985, S. 119-140

Bilderquellenhinweis
Resim Kaynakçası

Bild/Resim 35
Archeologisches Institut der Universität Mainz

Bild/Resim 41
Petersen, Eugen, Domaszewski: et.al.: Die Markussäule auf Piazza Colonna in Rom, München 1896

Bild/Resim 42, 43, 44
Voigt,G.: Die Entwicklung der deutschen Frauen kleidung, Leipzig, 1916

Bild/Resim 45
Deutsche Fototek Dresden, Thil, Erika: Geschichte des Kostüms, Berlin (DDR)

Bild/Resim 46
Albrecht Dürer Museum, Nürnberg

Bild/Resim 49
Anadolu Medeniyetleri I, 18. Avrupa Sanat Sergisi Kataloğu, 1983 S.267

Bild/Resim 50
Anadolu Medeniyetleri II, Avrupa Sanat Sergisi Kataloğu, 1983 S. 282

Bild/Resim 51
Anadolu Medeniyetleri II, ibid., S.12

Bild/Resim 52
ibid., S. 44

Bild/Resim 53
Türkoğlu, Sabahattin: II. Milletlerarası Türk Folklor Kongresi Bildirileri, IV. Cilt, Ankara 1983, Levha XIX, S.251

Bild/Resim 54
Önder, Mehmet: »Selçuklu Devri Kadın Başlıkları«, Türk Etnoğrafya Dergisi, Nr.5 Ankara 1973, S.3

Bild/Resim 56
ibid. S.3

Bild/Resim 57
Hamse-i Nizami, Topkapı Sarayı Müzesi Kütüphanesi, İstanbul, Nr. H-762-167 a

Bild/Resim 58
Topkapı Sarayı Kütüphanesi, İstanbul, Nr.H.2164

Bild/Resim 59
Sammlung Sabiha Tansuğ / Sabiha Tansuğ özel arşivi

Bild/Resim 60
Tuğlacı, Pars: Osmanlı Döneminde İstanbul Kadınları, İstanbul 1984, S.71

Bild/Resim 61, 62, 63, 64
Friedrich, Jacob, Andrea: Graphische Sammlungen der Stadt Nürnberg

Bild/Resim 65
Staatsarchiv Nürnberg; Bestand Rst. Nürnberg; Amts- und Standbücher, Nr. 231

Bild/Resim 66,67,68
Staatsarchiv Nürnberg

Bild/Resim 72
Lady Mary Montagues Reisebriefe, Berlin-Leipzig 1907

Bild/Resim 73
Gattey, C. N., Raahm, Berta: Flora Tristan, Zürich 1971 Nr.9

Bild/Resim 74
Jäckh: der Aufsteigende Halbmond, Berlin 1911

Bild/Resim 75
Firuze, Nr.4 Hanımlara Mahsus Edebi Gazete, İstanbul 1340 (1924)

Bild/Resim 76
Şehbal Nr.100, S.75, Beyazıd Devlet Kütüphanesi, İstanbul

Bild/Resim 77
Şehbal Nr. 87, S. 291, Beyazıd Devlet Kütüphanesi, İstanbul

Bild/Resim 93,94,95,96,97
Sammlung Lale Yalçın /Lale Yalçın özel arşivi

Bild/Resim 99
Germanisches National Museum, Kupferstichkabinett, Nürnberg

Bild/Resim 100
Johann Trautner, 1797 »Nürnberger Ausruf«, Ger-

manische National Museum, Kupfersichkabinett, Nürnberg

Bild/Resim 103,104
Sammlung Evelyn Gillmeister-Geisenhof / Evelyn GillmeisterGeisenhof özel arşivi

Bild/Resim 121,122,123,124,125,126
Dias aus der Dia-Serie I II, des Lehrmittelangebots des Internationalen Baumwollinstituts, Frankfurt

Bild/Resim 127,128
Germanisches National Museum, Nürnberg

Bild/Resim 146
»Die Modenwelt« 1869

Weit entfernt von Kemal Atatürks Vision

Die Realitäten des Frauenlebens in der türkischen Gesellschaft

NERMIN ABADAN-ULAT (Hrsg.): *Die Frau in der türkischen Gesellschaft. Dagyeli Verlag. 347 Seiten, 29,80 Mark.*

Elf türkische Frauenrechtlerinnen, zehn davon promoviert, stellen uns in zwölf Essays „die Türkin" vor. Hier stocke ich schon. Denn das ist die erste Erkenntnis, die sie vermitteln: die Türkin gibt es nicht. Noch weniger als anderswo läßt sich in dem fernen Land am Rande Europas die Stellung der Frau generalisieren. Zwischen Islam und westlicher Aufklärung, zwischen geographischen und sozialen Extremen, von der Bäuerin in einsamen anatolischen Bergdörfern bis zur akademisch gebildeten Pädagogin in den drei Großstädten Istanbul, Ankara, Izmir, alle jedoch gleichermaßen vom patriarchalischen Gesellschaftssystem abhängig, schwankt ein wechselndes Frauenbild. Alle Aspekte werden im übrigen abgestützt durch Statistiken, die allerdings nicht auf dem letzten Stand sind. Allein die Tatsache, daß sie in Auftrag gegeben worden sind, zeigt immerhin das Aufbrechen eines Problembewußtseins in der Türkei unter dem Schutze der Wissenschaft.

Dabei begann die Geschichte der Frauen-Emanzipation am Bosporus mit einem Paukenschlag. Als der große Reformer Kemal Atatürk sein Land mit aller Kraft ins zwanzigste Jahrhundert puschen wollte, erklärte er als einziger islamischer Staatschef das herrschende Rechtssystem für ungültig, das auf religiösen Regeln aufgebaut war. Dafür übernahm er am 17. Februar 1926 das Schweizer Zivilrecht, womit er den sozialen Wandel beschleunigen wollte. Für ihn und seine Anhänger war die Gleichstellung von Mann und Frau vor dem Gesetz die Verwirklichung eines alten Versprechens. Darüber hinaus sollte es ein Symbol für die Welt sein, daß die Türkei „das Niveau zeitgenössischer Zivilisation erreichen" wollte. 1934 vollzog sich der Übergang zur Gleichstellung von Mann und Frau durch eine Verfassungsänderung, wobei die türkischen Frauen das Wahlrecht erhielten. Wenn Atatürk wüßte, daß noch heute im Jahr 1986 in zwei Schweizer Halbkantonen den Frauen das Wahl- und Stimmrecht verweigert wird!

So geht es mit den gesellschaftlichen Veränderungen, die von oben verordnet werden. Die Autorinnen weisen den Rückschlag auch in der Türkei nach, wo die Frauen-Emanzipation in langsamen Wellenbewegungen dahinfließt, solange gewisse demokratische Erkenntnisse nicht Allgemeingut geworden sind. Logischerweise hat die Wanderungsbewegung nach dem Zweiten Weltkrieg, von ökonomischen Zwängen ausgelöst, einen Wechsel in das Leben der Türkinnen gebracht. Sei es, daß sie – zurückgelassen von auswärts arbeitenden Männern – plötzlich selbst zum Haupt der Rumpffamilie aufstiegen –, sei es, daß sie beim Umzug vom Land in die rasch wachsenden Stadtrandgebiete der Großstädte oder ins Ausland zum erstenmal selbst gegen Lohn arbeiteten. Im Buch wird dies – durch Untersuchungen belegt – als Ausbeutung durch die Wirtschaft in Billigjobs gedeutet, aber auch als Ausbeutung der Unterschichtsfrauen durch die gesellschaftlich aufsteigenden Frauen der Mittel- und Oberschicht. Voraussetzung für eine Emanzipation in qualifizierten Berufen ist das schlechtbezahlte Dienstmädchen, wenn die Beamtin oder Akademikerin nicht auf Familie verzichten will. Denn natürlich hat der moderne türkische Staat kaum für die stützende Infrastruktur gesorgt: Kindergärten, Horte, Ganztagsschulen.

Schon in der innertürkischen Migration kollidieren unterschiedliche Familienstrukturen und Kulturebenen, was einerseits schon der Ausbildung von Mädchen auf breiterer Ebene zugute kommt, was andererseits aber auch mitten in den Sumpf des unreflektierten Konsums hineinführt. Getreu übernommene schlechte Vorbilder von oben werden unten kopiert – man kennt das.

Die Weichen hat der Gesetzgeber gestellt. Leben damit muß die einzelne Frau. Rechtsschutz, etwa bei Scheidung oder auf zustehende Ausbildung und Arbeitsförderung, steht auf dem Papier. In den großen Städten ist jeder fünfte Anwalt eine Anwältin, jeder sechste Arzt eine Ärztin – das ist eher eine Klassenfrage als eine Frage des Geschlechts. Daß man gleichzeitig in anderen Gebieten noch arrangierte Hochzeiten findet und die Sitte des Brautgelds, mag niemanden wundern, der sich das Land einmal auf einer Landkarte ansieht. Daß sich das Patriarchat hinter gewachsenen Traditionen versteckt, um seine Privilegien zu retten, ist kein spezifisch türkisches Problem.

Eine spezielle Untersuchung in der kleinen Stadt Eregli an der westlichen Schwarzmeerküste, der ein ganzes Kapitel gewidmet ist, macht das Familienleben der Mehrheit anschaulich. „Wenn die Tochter vor ihrer Verheiratung ein Problem hat, löst sie es mit Hilfe ihrer Mutter. Ihr Bruder mag ebenfalls helfen, aber seine Haltung wäre tendenziell autoritär und intolerant. Es ist die Mutter, die sowohl mit dem Vater als auch mit dem Bruder verhandelt, um die Probleme ihrer Tochter zu lösen. In dieser Zeit sucht das Mädchen die Mutter als Komplicin. Um ihre permissive Haltung der Tochter gegenüber zu verbergen, scheinen die Mütter den Männern und Söhnen gegenüber häufig die Rolle der zornigen alten Frau zu spielen. Heutzutage ist es nur die Mutter, die dem Mädchen gewisse Freiheiten in seinem Verhalten gestattet."

Das übliche Kartell der Unterdrückten, in dem sich langsam, langsam der Zündstoff sammelt, der eines (fernen) Tags zur Explosion führen wird. Mit dieser, wenn auch nicht allzu optimistischen, Gewißheit entläßt das Buch den aufmerksamen Leser, die wißbegierige Leserin, die sich klar werden, daß der Aufklärungsprozeß immer nach dem schwächsten Glied in der Menschenkette beurteilt werden muß – hierzulande und „drunten, weit in der Türkei".

ANNE ROSE KATZ

Nermin Abadan-Unat (Hrsg.)
Die Frau in der türkischen Gesellschaft
347 Seiten, broschiert, DM 29.80

Welt des Kindes

Gaby Franger, Hubert Kneipp (Hrsg.): Miteinander leben und feiern – Ausländische und deutsche Kindern feiern Feste, Dağyeli Verlag, Frankfurt 1984, DM 29,80

Viele Kindergärten und Tagesstätten sind in den letzten Jahren zu multinationalen Einrichtungen geworden, in ihnen leben, spielen und lernen türkische, griechische, italienische und jugoslawische Kinder gemeinsam mit vietnamesischen, polnischen oder Kindern aus arabischen Ländern. Immer mehr Erzieher – ebenso wie die Autoren des vorliegenden Buches – versuchen dieser Tatsache durch ein interkulturelles Erziehungsverständnis Rechnung zu tragen, indem sie die unterschiedlichen kulturellen und ethnischen Besonderheiten in ihre alltägliche Praxis einbeziehen und ihnen Raum gewähren.

Ein wesentlicher Aspekt der Lebens- und Ausdrucksformen ausländischer Familien sind ihre Feste, wie sie sie in ihrer Heimat oder – manchmal auch schon durch Einflüsse ihrer neuen Lebensumwelt verändert – hier bei uns feiern. Feste stellen nach Meinung der Autoren eine Möglichkeit des Aufeinanderzugehens dar, daher plädieren sie dafür, sie als Bereicherung des (Kindergarten-)Alltags und als Ausgangspunkt für Verständigung und Entwicklung von Gemeinsamkeit zu verstehen (S. 11).

Wie das im Kindergarten aussehen kann, dafür bieten die über 300 Seiten eine Fülle von Vorschlägen und Praxisbeispielen, angereichert durch viele nützliche Hinweise auf Rezepte, Lieder, Spiele, Bastelanregungen und Vorlesegeschichten. Sehr anschaulich und zugleich animierend wird zum einen auf Feste und Bräuche eingegangen, die in den Ländern ihren Ursprung haben, aus denen die Mehrzahl der ausländischen Kinder in den Einrichtungen kommen.

Aber auch der Frage, wie traditionelle deutsche Feste gemeinsam mit ausländischen Kindern gefeiert und eventuell neu

Gaby Franger/Hubert Kneipp (Hrsg.)
Miteinander leben und feiern
Ausländische und deutsche Kinder feiern Feste
334 Seiten DM 29.80

akzentuiert werden können, wird nachgegangen (sehr schön in diesem Zusammenhang die Berichte aus Kindergärten, die das türkische Opferfest zusammen mit dem Erntedanktag gefeiert haben). Andere in dem Buch vorgestellte Projekte wiederum versuchen, Feste und Gebräuche, vornehmlich aus Ländern der Dritten Welt, situationsorientiert einzubinden in längerfristige und umfassendere Beschäftigungen mit diesen Ländern . . .

Feste im Kindergarten sollen – trotz der sicher zu leistenden Mehrarbeit – allen Beteiligten Spaß machen und diese Freude am Feiern spricht aus allen Beiträgen und überträgt sich auf den Leser; und was in diesem »Werkstattbuch« an Anregungen, Tips, Hintergrundinformationen, Materialien und Projekten vorgestellt wird, ist für jeden, der in multinationalen Kindergruppen arbeitet, unbedingt eine Bereicherung und Hilfe!

Thomas Thiel